Edgar Allan Poe

Der Untergang des Hauses Usher

Ausgewählte Erzählungen
Auswahl und Vorwort
von Mary Hottinger
Aus dem Amerikanischen
von Gisela Etzel

Diogenes

Diese Auswahl erschien erstmals
1965 im Diogenes Verlag.
Das Vorwort wurde von
Peter Naujack übersetzt.
Umschlagzeichnung von Tomi Ungerer

Veröffentlicht als Diogenes Taschenbuch, 1976
Alle Rechte vorbehalten
Copyright © 1965 by
Diogenes Verlag AG Zürich
100/80/8/6
ISBN 3 257 20233 4

Inhalt

Detektivgeschichten:

Edgar Allan Poe
1809–1849

Edgar Allan Poe wurde 1809 in Boston geboren. Seine Eltern stammten aus Europa und waren beide Schauspieler. Während seine Mutter einiges Talent besaß und durch ihren Charme Erfolg hatte, besaß sein Vater kein Talent. 1810, als Edgar achtzehn Monate alt war, verließ sein Vater die Mutter und ließ nie wieder etwas von sich hören. Elizabeth Poe saß nun mit zwei kleinen Kindern da – ein drittes war unterwegs – und mußte für den gemeinsamen Unterhalt sorgen. Sie hatte Schwindsucht, die Krankheit war bereits sehr fortgeschritten, und nach einem heldenmütigen Kampf, die Kinder mit ihrer Schauspielertätigkeit zu ernähren, starb sie im Jahre 1812, als Poe drei Jahre alt war.

Natürlich ist es nicht gut möglich, Spekulationen daran zu knüpfen, ob Poe Zeuge ihres Todes gewesen sei; aber da die Mutter zusammen mit ihren drei Kindern in einem kleinen Zimmer hauste, muß er ihr Leiden zumindest teilweise miterlebt haben, und das wiederholte Auftauchen von sterbenden Heldinnen in seinen Erzählungen ist gewiß nicht nur eine Mode seiner Zeit.

Edgar wurde darauf von der reichen, wohltätigen, kinderlosen – und nicht sehr intelligenten – Mrs. Allan adoptiert (daher das ›Allan‹ in Poes Name), die ihn, im Gegensatz zu ihrem nüchterneren Mann, mit großen Erwartungen aufnahm. Sie taten beide ihr Bestes, nahmen ihn zu einem längeren Aufenthalt nach England und Schottland mit und schickten ihn eine Zeitlang auf eine englische Schule. Poes Vertrautheit mit den Klassikern geht wahrscheinlich zum Teil auf das Konto dieses Schulbesuchs in England.

Mr. Allan war Kaufmann und besaß keinen Funken von Verständnis für Poes frühreife Leidenschaft für die Poesie. Er versuchte zweimal, aus Poe einen Gentleman – so wie er diesen Begriff verstand – zu machen: einmal an der Universität und einmal an einer Militärakademie. Doch er hatte seine eigenen Ansichten darüber, wie man einen jungen Mann für das Leben rüstet, und hielt ihn in beiden Fällen mit Taschengeld sehr kurz. Dies gehört zu den scheinbar unbedeutenden Einzelheiten, die ein Leben formen. Die Situation eines jungen Mannes, der sich seinen Gefährten geistig überlegen weiß und dennoch unter einem Gefühl der Zweitrangigkeit leiden muß, ist zu bekannt, um eines Kommentars zu bedürfen. In Poes Fall führte sie zu einer voraussehbaren Entwicklung. Er begann zu trinken und zu spielen und bestätigte so Mr. Allans vorgefaßte Meinung, daß aus seinem Adoptivsohn nichts Rechtes werden würde. Als er starb, hinterließ er ihm nicht einen Cent.

So mußte Poe mittellos, erniedrigt und vereinsamt dem Leben die Stirn bieten. Erschwerend wirkte noch, daß er mit seinem Stolz, mit seiner übergroßen Emfpindsamkeit, seinem Hang zum Alkoholismus, der bereits immer stärker Gewalt über ihn bekam, und unter der unerträglichen Last seiner originellen schöpferischen Kraft am allerwenigsten dazu geschaffen war, der Welt allein standhalten zu können. Seine Tante, die Schwester seines Vaters, die selbst nur über ein sehr bescheidenes Einkommen verfügte, nahm ihn in ihr dürftiges Heim auf, und Poe heiratete später ihre Tochter Virginia, seine leibliche Cousine, als das Mädchen gerade erst dreizehn Jahre alt war.

Wegen dieser Heirat ist eine Menge Tinte geflossen, aber das Verwandtschaftsverhältnis ist nicht so wichtig wie die Tatsache, daß Poe seiner jungen Frau zärtlich zugetan war, und daß sie mit der gleichen Zuneigung auf ihn baute. Poe fand bei seiner Tante und bei Virginia all das, was der ganze Reichtum der Allans ihm nie geben konnte: Liebe, Unterstützung, Verzeihen. Doch die Hand des Schicksals lag schwer auf Poe. Das tragische Geschick seiner Mutter sollte sich bei Virginia wiederholen. Sie starb 1847 an der Schwindsucht, und nach ihrem Tode erlitt Poes Leben vollends Schiffbruch. Er starb 1849 unter Umständen, die nie ganz aufgeklärt wurden, aber gewiß hat der Alkohol dabei eine Rolle gespielt.

Die nach seinem Tode geschriebenen Briefe von Leuten, die ihn am besten gekannt haben, lassen keinen Zweifel daran, daß die ihm am nächsten Stehenden etwas in ihm gespürt haben müssen, das eine ungewöhnliche Liebe zu ihm hervorgerufen hat, wie geartet seine menschlichen Schwächen auch gewesen sein mögen.

Die Deutung von Poes Werk hat unter einer ganzen Serie von Mißverständnissen zu leiden gehabt. In den englisch sprechenden Ländern, und besonders in Amerika, wurde er als ein Mann ohne Fühlung mit der realen Welt betrachtet, der seine in Alkohol- und Opiumrausch geborenen Träume in einer Art Trance niederschrieb.

Man darf sogar fragen, ob die französischen Symbolisten, die ihn durch Baudelaire ›entdeckten‹ und die grundlegenden Wesenszüge seines schriftstellerischen Schaffens erkannten, sich nicht ebenfalls im Irrtum befanden, wenn sie in ihm so etwas wie einen Engel Israfel sahen oder, wie Mallarmé es so großartig in seinem Sonett an Poe ausdrückte:

›Calme bloc ici-bas chu d'un désastre obscur‹, als habe Poe sich durch ein zufälliges kosmisches Ereignis ›ici-bas‹ unter uns befunden.

Poe selbst tritt langsam, aber sicher aus diesem Dunkel hervor und erweist sich seinem innersten Wesen nach als ein sehr schwer zu befriedigender, selbstkritischer Künstler, der seine Arbeiten wieder und wieder korrigierte, bis sie seinem außerordentlich anspruchsvollen Geschmack genügten; und er erweist sich als ein Mann, der reale Gegebenheiten der Seele darzustellen hatte, die das Urteil, er sei dem wirklichen Leben entfremdet gewesen, nichtig erscheinen lassen. Poe schrieb nicht über das Entsetzen um des Entsetzens willen. Er schrieb darüber, weil er es selbst durchgemacht und darin einige der Seelenqualen entdeckt hatte, die empfindsame Menschen erdulden müssen, und weil er die passenden Bilder gefunden hatte.

Das ist der Grund, warum sich unter der Oberfläche einiger seiner phantastischsten Erzählungen ein Sinn findet, der sie lebendig gehalten hat und heute noch zu uns spricht, wenn wir Ohren haben zu hören. Es ist heutzutage große Mode unter Psychologen, von den ›Schrecken der Seele‹ zu sprechen und sie in Afrika oder bei anderen primitiven Völkerschaften aufspüren zu wollen. Diese Leute würden besser daran tun, sich mit Poe zu beschäftigen, denn dort werden die Schrecken der Seele offengelegt.

Das ist das Entsetzen des Roderick Usher, der weiß, daß sein großartiger Verstand am Rande des Wahnsinns einhertaumelt. Da ist das Grauen des Mannes in Wassergrube und Pendel, der sich nur vor der einen Art der Vernichtung rettet, um sogleich von einer anderen umschlossen zu werden. Da ist das Grauen des Mannes in *Hinab in den Maelström,* eines der hervorragendsten Bilder einer im Abgrund moralischer Vollkommenheit verstrickten Seele, die jedoch noch in ihrem tiefsten Fall das Wort Hoffnung vernimmt. Da ist die entsetzliche Angst vor dem Tode und vor der Sterblichkeit in *Das Manuskript in der Flasche* und in *Die Tatsachen im Falle Waldemar.* Da sind die Schrecken der Einsamkeit in *Der Mann der Menge* und das von Herausforderung überdeckte Grauen des William Wilson, der sich seinem besseren Ich gegenübersieht. Poe sondierte diese Schrecken wie ein Chirurg, der das Skalpell in das eigene Fleisch senkt. Was zwischen uns und ihm steht, ist nicht seine Lebensfremdheit, sondern sein Erforschen der Gegebenheiten des Lebens, was gerade heute nicht sehr in Gunst steht, da die Schrecken des Krieges und alles, was damit einhergeht, das Interesse von diesen Dingen abgelenkt haben. Doch diese Schrecken sind vorhanden, und eines Tages werden sie wieder emporsteigen.

Es gibt noch eine andere, ebenso bedeutende Seite von Poe. Er steht am Anfang so vieler Dinge im Schrifttum unserer Zeit, die wir einfach als selbstverständlich hinnehmen. Er erfand buchstäblich die Kurzgeschichte als eine große Literaturgattung. Und mit Recht hat man von ihm gesagt, daß er zwar vortrefflich über Poesie sprechen konnte, dafür aber, von wenigen Ausnahmen abgesehen, schlechte Gedichte schrieb. Die Atmosphäre, die er in Prosa so hervorragend zu schaffen vermag, scheint in seinen Gedichten billig zu werden.

Hier hat er unwissentlich als Prophet gewirkt, denn die Kurzgeschichte hat weitgehend die Poesie ersetzt, die der tägliche Lesestoff des 19. Jahrhunderts war. Und er schrieb seine Geschichten in einer Art, die da zeigte, daß sie aus dem Stoff der Poesie gewirkt sein mußten, um bestehen zu können – zum Beispiel die raffinierten Wiederholungen in *Der Untergang des Hauses Usher:* ›die toten, wie leere Augenhöhlen starrenden Fenster‹ am Anfang und am Ende des ersten Absatzes, oder die scharf herausgearbeiteten Einzelheiten im Rahmen einer allgemein gehaltenen, vagen Atmosphäre, was einfach zu jenen ›winzigen Kleinigkeiten‹ gehört, in denen nach Blake die Poesie wohnt.

Wir können das in der genauen Beschreibung des Maelströms durch den Mann, der in ihn hinabgesogen wird, erkennen, in der furchterregenden Beschreibung der schwarzen Katze mit dem Galgenmal auf der Stirn, vor allem aber im Haus Usher mit dem finsteren kleinen Bergsee daneben und dem kaum bemerkbaren Spalt, der sich öffnen, verbreitern und es verschlingen wird.

Und natürlich war er der wahre Erfinder der Detektivgeschichte. Man hat einmal von ihm gesagt, daß sein Verstand über die Grenzenlosigkeit der Musik und über die Exaktheit der Mathematik verfügte. Und sein mathematischer Verstand war es auch, der von Zeit zu Zeit, wenn die Furcht vor dem Wahnsinn ihn überfiel, der Ablenkung durch rein logisches Denken bedurfte. Auf jeden Fall aber hat er alles erfunden: das rätselhafte Verbrechen, den unbekannten Täter, die Entdeckung des Täters mit Hilfe reiner Deduktion. Er erfand das Detektivtrio: den aristokratischen Amateurdetektiv, der nur mit seinem Verstand arbeitet – es ist bemerkenswert, daß Dupin nur nachts lebt –, den Freund und Gefährten, der die Geschichte erzählt, und die ungeschickten, hilflosen Polizeibeamten. Er erfand das Rätsel des Mordes in einem verschlossenen Raum, er zeigte in *Der entwendete Brief*, daß ein Gegenstand immer an der auffälligsten, nicht an der verborgensten Stelle versteckt werden muß – ein Blatt im Walde, ein Mann in einer Schlacht und ein Brief in einem Briefbehälter. Alle diese Themen haben führenden Detektivschriftstellern Nahrung gegeben: das Detektivtrio finden wir bei Arthur Conan Doyle (Sherlock Holmes) wieder, den Mann in der Schlacht bei G. K. Chesterton und den Mord im verschlossenen Raum bei John Dickson Carr.

Wir wollen uns jetzt nicht mit Poes großen Schwächen beschäftigen, wie zum Beispiel seiner völligen Humorlosigkeit, dem Reimgeklingel vieler seiner Gedichte und der allzu alpdruckhaften Atmosphäre mancher seiner Erzählungen.

Aber eine Frage bleibt. Was kann uns Poe heute bedeuten? Können wir ihn, abgesehen vom historischen Interesse, wirklich noch lesen, oder müssen wir uns der Meinung von Sir Kenneth Clark anschließen, der über den deutschen Maler Elsheimer sagte: »Er war einer jener Künstler vom Schlage eines Edgar Allan Poe, deren Einfluß weit über ihre eigene Leistung hinausreichte.«

Zunächst muß gesagt werden, daß Poe mit jeder Faser ein Mensch seiner Zeit war, ein später Romantiker. Seine Sprache und seine Bilder entsprechen nicht mehr ganz unseren Vorstellungen und neigen dazu, viele Leser abzuschrecken, weil sie seinen Stil zu anstrengend finden.

Wir können ihn nicht aus seiner Zeit reißen, aber wir können – und sollten es vielleicht – erkennen, daß alles, was er zu sagen hat und in welchen Bildern er es auch ausdrücken mag, zum Kern der menschlichen Grundsituation vorstößt. Wir können von ihm lernen, daß die Phantasmagorie ein Weg sein kann, die letzte Wahrheit zu übermitteln – so war es in der Offenbarung des Johannes. Ob wir ihn nun wegen seiner Schreckensszenen lesen oder nicht, das Grauen gehört zu den profundesten Wirklichkeiten der menschlichen Seele. Und er kann wie Balsam gegenüber einer Literatur wirken, die in der Form des Naturalismus um die Randzonen sozialen Verhaltens herumplätschert oder ihr Ziel in verzweifelten Experimenten zu erreichen sucht, die keiner recht verstehen kann.

Mary Hottinger

Der Untergang des Hauses Usher

Son coeur est un luth suspendu;
Sitôt qu'on le touche il résonne.
De Beranger

Ich war den ganzen Tag lang geritten, einen grauen und lautlosen melancholischen Herbsttag lang – durch eine eigentümlich öde und traurige Gegend, auf die erdrückend schwer die Wolken herabhingen. Da endlich, als die Schatten des Abends herniedersanken, sah ich das Stammschloß der Usher vor mir. Ich weiß nicht, wie es kam – aber ich wurde gleich beim ersten Anblick dieser Mauern von einem unerträglich trüben Gefühl befallen. Ich sage *unerträglich*, denn dies Gefühl wurde durch keine der poetischen und darum erleichternden Empfindungen gelindert, mit denen die Seele gewöhnlich selbst die finstersten Bilder des Trostlosen oder Schaurigen aufnimmt. Ich betrachtete das Bild vor mir – das einsame Gebäude in seiner einförmigen Umgebung, die kahlen Mauern, die toten, wie leere Augenhöhlen starrenden Fenster, die paar Büschel dürrer Binsen, die weißschimmernden Stümpfe abgestorbener Bäume – mit einer Niedergeschlagenheit, die ich mit keinem anderen Gefühl besser vergleichen kann als mit dem trostlosen Erwachen eines Opiumessers aus seinem Rausche, dem bitteren Zurücksinnen in graue Alltagswirklichkeit, wenn der verklärende Schleier unerbittlich zerreißt. Es war ein frostiges Erstarren, ein Erliegen aller Lebenskraft – kurz, eine hilflose Traurigkeit der Gedanken, die kein noch so gewaltsames Anstacheln der Einbildungskraft aufreizen konnte zu Erhabenheit, zu Größe. Was mochte es sein – dachte ich, langsamer reitend –, ja, was mochte es sein, daß der Anblick des Hauses Usher mich so erschreckend überwältigte? Es war mir ein Rätsel; aber ich konnte mich der grauen Wahngespenster nicht erwehren; ich mußte mich mit der wenig befriedigenden Erklärung begnügen, daß es *tatsächlich* in der Natur ganz einfache Dinge *gibt*, die durch die Umstände, in denen sie uns erscheinen, geradezu niederdrückend auf uns wirken können, daß es aber nicht in unsere Macht gegeben ist, eine Definition dieser Gewalt zu finden. Es wäre möglich, überlegte ich, daß eine etwas andere Anordnung der einzelnen Bestandteile dieses Landschaftsbildes genügen würde, um die düstere Stimmung des Ganzen abzuschwächen, ja vielleicht sogar vollständig aufzuheben. Von diesem Gedanken getrieben, lenkte ich mein Pferd an den steilen Abhang eines schwarzen sumpfigen Teiches, der von keinem Hauch bewegt neben dem Schlosse lag, und spähte ins Wasser – doch ein Schauder, stärker als zuvor, schüttelte mich beim Anblick der auf den Kopf gestellten und verzerrten Bilder der grauen Binsen, der gespenstischen Baumstümpfe und der toten, wie leere Augenhöhlen starrenden Fenster.

Nichtsdestoweniger beschloß ich, in diesem schwermutvollen Hause einen Aufenthalt von mehreren Wochen zu nehmen. Sein Eigentümer, Roderick Usher, war einer meiner liebsten Jugendfreunde gewesen, doch seit unserer letzten Begegnung waren viele Jahre dahingegangen. Da hatte mich jüngst bei meinem Aufenthalt in einem entlegenen Teil des Landes ein Brief erreicht – ein Brief von ihm –, dessen seltsam ungestümer Charakter keine andere als eine persönliche und mündliche Beantwortung zuließ. Das Schreiben zeugte entschieden von nervöser Aufregung. Der Verfasser sprach von einer heftigen körperlichen Erkrankung – von niederdrückender geistiger Zerrüttung – und von dem innigen Wunsch, mich, der ich sein bester und tatsächlich sein einziger persönlicher Freund sei, wiederzusehen; er hoffe, meine erheiternde Gesellschaft werde seinem Zustande etwas Erleichterung bringen. Die Art und Weise, in der dies und vieles andere gesagt war – die *Herzensbedrängnis*, die aus seinem Verlangen sprach –, das war es, das mir kein Zögern erlaubte, und ich gehorchte daher dieser höchst seltsamen Aufforderung unverzüglich.

Obgleich wir als Knaben geradezu vertraute Kameraden gewesen waren, wußte ich dennoch recht wenig über meinen Freund. Seine Zurückhaltung war immer außerordentlich gewesen; sie war ihm ganz selbstverständlich erschienen. Immerhin war mir bekannt, daß seine sehr alte Familie seit unvordenklichen Zeiten wegen einer eigentümlichen Reizbarkeit des Temperaments bekannt gewesen war, einer Reizbarkeit, die lange Jahre hindurch in vielen erhaben eigenartigen Kunstwerken sich aussprach; später betätigte sich dies feinfühlige Empfinden in mancher Handlung großmütiger, doch unauffälliger Mildtätigkeit und in der leidenschaftlichen Hingabe an das *Studium* der Musik – weniger also an ihre altbekannten leichtfaßlichen Schönheitsformen, als an die tiefverborgenen Probleme dieser Kunst. Ich hatte auch die sehr bemerkenswerte Tatsache erfahren, daß der Stammbaum der Familie Usher, die jederzeit hochangesehen gewesen, zu keiner Zeit einen ausdauernden Nebenzweig hervorgebracht hatte, mit anderen Worten, daß die Abstammung der ganzen

Familie in direkter Linie herzustellen war. Und ich vergegenwärtigte mir, daß in dieser Familie neben dem ungeteilten Besitztum auch die besonderen Charaktereigentümlichkeiten sich ungeteilt von Glied zu Glied vererbten, und sann darüber nach, inwieweit im Laufe der Jahrhunderte die eine dieser Tatsachen die andere beeinflußt haben könne. Wahrscheinlich, so sagte ich mir, ist es eben dieser Mangel einer Seitenlinie, ist es dies von Vater zu Sohn immer sich gleichbleibende Erbe von Besitztum und Familienname, das schließlich beide so miteinander identifiziert hatte, daß der ursprüngliche Name des Besitztums in die wunderliche und doppeldeutige Bezeichnung ›das Haus Usher‹ übergegangen war – eine Benennung, die bei den Bauern, die sie anwendeten, beides, sowohl die Familie wie das Familienhaus, zu bezeichnen schien.

Ich sagte vorhin, daß der einzige Erfolg meines etwas kindischen Beginnens – meines Hinabblickens in den dunklen Teich – *der* gewesen war, den ersten sonderbaren Eindruck, den das Landschaftsbild auf mich gemacht hatte, noch zu vertiefen. Es ist zweifellos: das Bewußtsein, mit dem ich das Anwachsen meiner abergläubischen Furcht – denn dies ist der rechte Name für die Sache – verfolgte, diente nur dazu, diese Furcht selbst zu steigern. Denn ich kannte schon lange das paradoxe Gesetz aller Empfindungen, deren Ursprung das Entsetzen, das Grauen ist. Und einzig dies mag die Ursache gewesen sein einer seltsamen Vorstellung, die in meiner Seele entstand, als ich meine Augen von dem Spiegelbild im Pfuhl wieder hinaufrichtete auf das Wohnhaus selbst; es war eine Einbildung, so lächerlich in der Tat, daß ich sie nur erwähne, um zu zeigen, wie lebendig, wie stark die Eindrücke waren, die auf mir lasteten. Ich hatte so auf meine Einbildungskraft eingearbeitet, daß ich wirklich glaubte, das Haus und seine ganze Umgebung sei von einer nur ihm eigentümlichen Atmosphäre umflutet – einer Atmosphäre, die zu der Himmelsluft keinerlei Zugehörigkeit hatte, sondern die emporgedunstet war aus den vermorschten Bäumen, den grauen Mauern und dem stummen Pfuhl – ein giftiger, geheimnisvoller, trüber, träger, kaum wahrnehmbarer bleifarbener Dunst.

Von meinem Geist abschüttelnd, was Traum gewesen sein *mußte*, prüfte ich eingehender das wirkliche Aussehen des Gebäudes. Das auffallendste an ihm schien mir sein beträchtliches Alter zu sein. Die Zeitläufte hatten ihm seine ursprüngliche Farbe genommen. Ein winzig kleiner Pilz hatte alle Mauern wie mit einem Netzwerk überzogen, dessen feinmaschiges Geflecht von den Dachtraufen herabhing. Doch von irgendwelchem außergewöhnlichen Verfall war das Gebäude noch weit entfernt. Kein Teil des Mauerwerks war eingesunken, und die noch vollkommen erhaltene Gesamtheit stand in seltsamem Widerspruch zu der bröckelnden Schadhaftigkeit der einzelnen Steine. Dies Haus stand gleichsam da wie altes Holzgetäfel, das in irgendeinem unbetretenen Gewölbe viele Jahre lang vermoderte, ohne daß je ein Lufthauch von draußen es berührte, und das darum in all seinem inneren Verfall stattlich und lückenlos dasteht. Außer diesen Zeichen eines allgemeinen Verfalls bot das Haus jedoch nur wenige Merkmale von Baufälligkeit. Vielleicht hätte allerdings ein scharfprüfender Blick einen kaum wahrnehmbaren Riß entdecken können, der an der Frontseite des Hauses vom Dach im Zickzack die Mauer hinunterlief, bis er sich in den trüben Wassern des Teiches verlor.

Diese Dinge bemerkte ich, während ich über einen kurzen Dammweg zum Hause hinaufritt. Ein wartender Diener nahm mein Pferd, und ich trat unter den gotisch gewölbten Torbogen der Halle. Ein Kammerdiener mit leichtem, leisem Schritt führte mich schweigend durch dunkle und gewundene Gänge bis in das Arbeitszimmer seines Herrn. Vieles, was ich unterwegs erblickte, trug irgendwie dazu bei, das unbestimmte niederdrückende Gefühl, von dem ich schon gesprochen habe, zu verstärken. Diese Dinge um mich her – das Schnitzwerk der Deckentäfelung, der ebenholzglänzende Flur, die düsteren Wandteppiche mit ihrem phantastischen Waffenschmuck, der bei meinen Tritten rasselte –, das alles waren Dinge, die schon meiner Kindheit vertraut gewesen waren, wie ich mir unumwunden eingestehen mußte –, dennoch wunderte ich mich, was für unheimliche Vorstellungen so gewöhnliche Dinge erwecken konnten.

Auf einer der Treppen begegnete ich dem Hausarzt. Sein Gesichtsausdruck erschien mir gemein und durchtrieben, obgleich mein Anblick ihn verblüffte. Er begrüßte mich verwirrt und ging weiter. Jetzt riß der Kammerdiener eine Türe auf und führte mich hinein zu seinem Herrn.

Das Zimmer, in dem ich mich nun befand, war sehr groß und hoch. Die Fenster waren lang und schmal und hatten gotische Spitzbogenform; sie befanden sich so hoch über dem schwarzen eichenen Fußboden, daß man nicht an sie heranreichen konnte. Ein schwacher Schimmer rötlichen Lichtes drang durch die vergitterten Scheiben herein und reichte gerade hin, die hervortretenden Gegenstände

15

des Gemachs erkennbar zu machen; doch mühte sich das Auge vergebens, bis in die entfernten Winkel des Zimmers oder in die Tiefen der schmuckreichen Deckenwölbung vorzudringen. Dunkle Teppiche hingen an den Wänden. Die Einrichtung war im allgemeinen überladen prunkvoll, unbehaglich, altmodisch und schadhaft. Eine Menge Bücher und Musikinstrumente lagen umher, doch auch das vermochte nicht, die tote Starrheit des öden Raumes zu beleben. Ich fühlte, daß ich eine Luft einatmete, die schwer von Gram und Sorge war. Wie ernste, tiefe, unheilbare Schwermut lastete es hier auf allem.

Bei meinem Eintritt erhob sich Usher von einem Sofa, auf dem er lang ausgestreckt gelegen hatte, und begrüßte mich mit warmer Lebhaftigkeit, die mir zuerst übertrieben schien – etwa als gezwungene Liebenswürdigkeit des blasierten Weltmannes. Ein Blick jedoch auf sein Gesicht überzeugte mich von seiner völligen Aufrichtigkeit. Wir setzten uns, und da er nicht gleich sprach, betrachtete ich ihn minutenlang – und wurde von Mitleid und Grauen ergriffen. Sicherlich, kein Mensch hatte sich je in so kurzer Zeit so schrecklich verändert wie Roderick Usher! Nur mit Mühe gelang es mir, die Identität dieser gespenstischen Gestalt da vor mir mit dem Gefährten meiner Kindheit festzustellen. Doch seine Gesichtsbildung war immer merkwürdig und auffallend gewesen: eine leichenhafte Blässe; große klare und unvergleichlich leuchtende Augen; Lippen, die etwas schmal und sehr bleich waren – aber von ungemein schönem Schwunge; eine Nase von edelzartem jüdischen Schnitt, doch mit ungewöhnlich breiten Nüstern; ein schöngebildetes Kinn, dessen wenig kräftige Form einen Mangel an sittlicher Energie verriet; Haare, die feiner und zarter waren als Spinnenfäden. Diese einzelnen Züge, verbunden mit einer massigen Kraft und Breite der Stirn über den Schläfen, bildeten ein Antlitz, das man nicht leicht vergessen konnte. Und nun hatte die übertriebene Entwicklung dieser charakteristischen Einzelheiten genügt, den Ausdruck seiner Züge derart zu verändern, daß ich nicht einmal wußte, ob er es wirklich war. Vor allem war ich bestürzt, ja entsetzt von der jetzt gespenstischen Blässe der Haut und dem jetzt übernatürlichen Strahlen des Auges. Das seidige Haar hatte ein ungewöhnliches Wachstum entfaltet, und wie es da so seltsam wie hauchzarter Altweibersommer sein Gesicht umflutete, konnte ich beim besten Willen nicht dies arabeskenhaft verschlungene Gewebe mit dem einfachen Begriff Menschenhaar in Beziehung bringen.

Im Benehmen meines Freundes überraschte mich sofort eine gewisse Verwirrtheit – seiner Rede fehlte der Zusammenhang; und ich erkannte dies als eine Folge seiner wiederholten kraftlosen Versuche, ein ihm innewohnendes Angstgefühl, das ihn wie Zittern überkam, zu unterdrücken – einer heftigen nervösen Aufregung Herr zu werden. Ich war allerdings auf etwas Derartiges gefaßt gewesen; sowohl sein Brief als auch meine Erinnerung an bestimmte Wesenseigenheiten des Knaben hatten mich darauf vorbereitet, und auch sein Äußeres wie sein Temperament ließen dergleichen ahnen. Sein Wesen war abwechselnd lebhaft und mürrisch. Seine Stimme, die eben noch zitternd und unsicher war (wenn die Lebensgeister in tödlicher Erschlaffung ruhten), flammte plötzlich auf zu heftiger Entschiedenheit – wurde schroff und nachdrücklich – dann schwerfällig und dumpf, bleiern einfältig – wurde zu den sonderbar modulierten Kehllauten der ungeheuren Aufregung des sinnlos Betrunkenen oder des unverbesserlichen Opiumessers.

So sprach er also von dem Zweck meines Besuches, von seinem dringenden Verlangen, mich zu sehen, und von dem trostreichen Einfluß, den er von mir erhoffe. Nach einer Weile kam er auf die Natur seiner Krankheit zu sprechen. Es war, sagte er, ein ererbtes Familienübel, ein Übel, für das ein Heilmittel zu finden er verzweifle – nichts weiter als nervöse Angegriffenheit, fügte er sofort hinzu, die zweifellos bald vorübergehen werde. Sie äußere sich in einer Menge unnatürlicher Erregungszustände. Einige derselben, die er mir nun beschrieb, verblüfften und erschreckten mich, doch mochte an dieser Wirkung seine Ausdrucksweise, die *Form* seines Berichtes, schuld sein. Er litt viel unter einer krankhaften Verschärfung der Sinne; nur die fadeste Nahrung war ihm erträglich; als Kleidung konnte er nur ganz bestimmte Stoffe tragen; jeglicher Blumenduft war ihm zuwider; selbst das schwächste Licht quälte seine Augen, und es gab nur einige besondere Tonklänge – und diese nur von Saiteninstrumenten –, die ihn nicht mit Entsetzen erfüllten.

Ich sah, daß er der Furcht, dem Schreck, dem Grauen sklavisch unterworfen war. »Ich werde zugrunde gehen«, sagte er, ›ich *muß* zugrunde gehen an dieser beklagenswerten Narrheit. So, so und nicht anders wird mich der Untergang ereilen! Ich fürchte die Ereignisse der Zukunft – nicht sie selbst, aber ihre Wirkungen. Ich schaudere bei dem Gedanken, irgendein ganz geringfügiger Vorfall könne die unerträgliche Seelenerregung verschlimmern. Ich habe wirklich kein Entsetzen vor der Gefahr, nur vor ihrer unvermeidlichen Wirkung – vor dem Schrecken. In diesem entnervten, in diesem bedauernswerten Zustand fühle ich, daß früher oder später die Zeit kommen wird, da ich beides, Vernunft und Leben, hingeben muß – verlieren im Kampf mit dem gräßlichen Phantom: *Furcht*.«

Noch einen andern sonderbaren Zug seiner geistigen Verfassung erfuhr ich nach und nach aus abgerissenen, unbestimmten Andeutungen. Er war hinsichtlich des Hauses, das er bewohnte, in gewissen abergläubischen Vorstellungen befangen. Schon seit Jahren hatte er sich nicht mehr aus dem Hause herausgewagt – infolge eines Einflusses, dessen eingebildete Wirkung er mir in so unbestimmten, schattendunkeln Worten mitteilte, daß ich sie hier nicht wiedergeben kann. Wie er sagte, hatten einige Besonderheiten in der Bauart und dem Baumaterial seines Stammschlosses in dieser langen Leidenszeit auf seinen Geist Einfluß erlangt – einen Einfluß also, den das *Physische* der grauen Mauern und Türme und des trüben Pfuhls, in den sie alle hinabstarrten, auf seine *Psyche* ausübte.

Jedoch gab er zögernd zu, daß die seltsame Schwermut, unter der er leide, einer natürlicheren, gewissermaßen handgreiflicheren Ursache zugeschrieben werden könne – nämlich der schweren und langwierigen Krankheit – ja der offenbar nahen Auflösung – einer zärtlich geliebten Schwester – der einzigen Gefährtin langer Jahre – der letzten und einzigen Verwandten auf Erden. Ihr Hinscheiden, sagte er mit einer Bitterkeit, die ich nie vergessen kann, würde ihn (ihn, den Hoffnungslosen, Gebrechlichen) als den Letzten des alten Geschlechtes der Usher zurücklassen. Während er sprach, durchschritt Lady Magdalen – so hieß seine Schwester – langsam den entfernten Teil des Gemachs und verschwand, ohne meine Anwesenheit beachtet zu haben. Ich betrachtete sie mit maßlosem Erstaunen, das nicht frei war von Entsetzen – und dennoch konnte ich mir keine Rechenschaft geben über das, was ich fühlte. Wie Erstarrung kam es über mich, als meine Augen ihren entschwebenden Schritten folgten. Als sich die Tür hinter ihr geschlossen hatte, suchte mein Blick unwillkürlich und begierig das Antlitz des Bruders – aber er hatte das Gesicht in den Händen vergraben, und ich konnte nur bemerken, daß seine mageren Finger, zwischen denen viele leidenschaftliche Tränen hindurchsickerten, von noch gespenstischerer Blässe waren als gewöhnlich.

Schon lange hatte die Krankheit der Lady Magdalen der Geschicklichkeit der Ärzte gespottet. Eine beständige Apathie, ein langsames Hinwelken und häufige, wenn auch vorübergehende Anfälle, vermutlich kataleptischer Natur, das war die ungewöhnliche Diagnose. Bislang hatte sie standhaft der Gewalt der Krankheit getrotzt und war noch nicht bettlägerig geworden. Am Tage meiner Ankunft aber unterlag sie gegen Abend der vernichtenden Macht des Zerstörers – so berichtete ihr Bruder mir des Nachts in unaussprechlicher Aufregung, und ich erfuhr, daß der flüchtige Anblick, den ich von ihr gehabt, wohl auch der letzte gewesen sein werde – daß Lady Magdalen wenigstens *lebend* nicht mehr von mir erblickt würde.

In den nächsten Tagen wurde ihr Name weder von Usher noch von mir erwähnt; und während dieser Zeit war ich ernstlich und angestrengt bemüht, meinen Freund seinem Trübsinn zu entreißen. Wir malten und lasen zusammen, oder ich lauschte wie im Traum seinen seltsamen Improvisationen auf der Gitarre. Und wie nun eine innige und immer innigere Vertrautheit mich immer rückhaltloser eindringen ließ in die Tiefen seiner Seele, kam ich immer mehr zu der bitteren Erkenntnis, daß alle Versuche vergeblich sein mußten, ein Gemüt zu erheitern, dessen Schwermut wie eine ewig unwandelbare positive Eigenschaft sich ergoß und alle Dinge der Welt stetig und ausnahmslos mit düsteren Strahlen beflutete.

Ich werde stets ein Andenken bewahren an die vielen feierlich ernsten Stunden, die ich so allein mit dem Haupt des Hauses Usher zubrachte; dennoch ist es mir nicht möglich, einen Begriff zu geben von dem Charakter der Studien oder Beschäftigungen, in die er mich einspann oder zu denen er mich hinwies. Sein übertriebener, ruheloser, geradezu krankhafter Idealismus warf auf all unser Tun einen schwefelig feurigen Glanz. Seine langen improvisierten Klagegesänge werden mir ewig in den Ohren klingen; unter anderem habe ich in schmerzlichster, quälendster Erinnerung eine seltsame Variation – eine Paraphrase über ›Carl Maria von Webers letzte Gedanken‹. Die Bildwerke, die seine rastlose Phantasie erstehen ließ und die seine Hand in wunderbar verschwommenen Strichen wiedergab, weckten in mir ein tödliches Grauen, das umso grausiger war, als ich nicht enträtseln konnte, weshalb diese Bilder mich so schauerlich berührten; so lebhaft sie mir auch vor Augen stehen – ich würde mich vergeblich bemühen, mehr von ihnen wiederzugeben als eben möglich ist, mit Worten flüchtig anzudeuten. Durch die übertriebene Einfachheit, ja Nacktheit seiner Bilder fesselte er – erzwang er die Aufmerksamkeit. Wenn je ein Sterblicher vermochte, eine *Idee* zu malen, so war es Roderick Usher. Mich wenigstens überwältigte – unter den damals obwaltenden Umständen – bei den reinen Abstraktionen, die der Hypochonder wagte auf die Leinwand zu werfen –, mich überwältigte eine ganz unerhörte Ehrfurcht, von der ich nicht einen Schatten hatte empfinden können bei der Betrachtung der sicherlich glühenden, aber doch zu körperlichen Träume Füßlis.

Eines der phantastischen Gemälde meines Freundes, ein Bild, das nicht so streng abstrakt war, sei hier schattenhaft nachgezeichnet – so gut es Worte eben können. Es war ein kleines Bild und zeigte das Innere eines ungeheuer langen rechtwinkligen Gewölbes oder Tunnels mit niederen, glatten weißen Mauern, die sich ohne jede Teilung schmucklos und endlos hinzogen. Durch gewisse feine Andeutungen in der Zeichnung des Ganzen wurde im Beschauer der Gedanke erweckt, daß dieser Schacht sehr, sehr tief unter der Erde lag. Nirgends fand sich in dieser Höhle eine Öffnung, und keine Fackel noch andere künstliche Lichtquelle war wahrnehmbar – dennoch quoll durch das Ganze eine Flut intensiver Strahlen und tauchte alles in eine gespenstische und ganz unvermutete Helligkeit.

Ich habe vorhin schon von der krankhaften Überreizung der Gehörsnerven gesprochen, die dem Leidenden alle Musik unerträglich machte, ausgenommen die Klangwirkung gewisser Saiteninstrumente. Vielleicht war es hauptsächlich diese Einschränkung, durch die er auf die Gitarre angewiesen war, die seinen Vorträgen solch phantastischen Charakter lieh. Aber das erklärte noch nicht die feurige Lebendigkeit dieser Impromptus. Sicherlich waren sie, sowohl was die Töne als was die Worte anbetraf (denn nicht selten begleitete er sein Spiel mit improvisierten Versgesängen), das Resultat jener intensiven geistigen Anspannung und Konzentration, von der ich schon früher erwähnte, daß sie nur in besonderen Momenten höchster künstlerischer Erregtheit bemerkbar war. Die Worte einer dieser Rhapsodien sind mir noch gut in Erinnerung. Sie machten wohl einen um so gewaltigeren Eindruck auf mich, als ich in ihrem mystischen Inhalt eine verborgene Andeutung zu entdecken glaubte, daß Usher ein klares Bewußtsein davon habe, wie sehr seine erhabene Vernunft ins Wanken geraten sei. Die Verse, die betitelt waren ›Der verzauberte Palast‹, lauteten ungefähr – wenn nicht wörtlich – so:

> In der Täler grünstem Tale
>   Hat, von Engeln einst bewohnt,
> Gleich des Himmels Kathedrale
>   Golddurchstrahlt ein Schloß gethront.

Rings auf Erden diesem Schlosse
  Keines glich;
Herrschte dort mit reichem Trosse
Der Gedanke – königlich.

Gelber Fahnen Faltenschlagen
  Floß wie Sonnengold im Wind –
Ach, es war in alten Tagen,
  Die nun längst vergangen sind! –
    Damals kosten süße Lüfte
Lind den Ort,
Zogen als beschwingte Düfte
  Von des Schlosses Wällen fort.

Wandrer in dem Tale schauten
  Durch der Fenster lichten Glanz,
Geister zu dem Sang der Lauten
  Schreiten in gemeßnem Tanz
Um den Thron, auf dem erhaben,
  Marmorschön,
Würdig solcher Weihegaben
  War des Reiches Herr zu sehn.

Perlengleich, rubinenglutend
  War des stolzen Schlosses Tor,
Ihm entschwebten flutend, flutend
Süße Echos, die im Chor,
Weithinklingend, froh besangen
  – Süße Pflicht! –
Ihres Königs hehres Prangen
  In der Weisheit Himmelslicht.

Doch Dämonen, schwarze Sorgen,
  Stürzten roh des Königs Thron. –
Trauert, Freunde, denn kein Morgen
  Wird ein Schloß wie dies umloh'n!
Was da blühte, was da glühte
  – Herrlichkeit! –
Eine welke Märchenblüte
  Ist's aus längst begrabner Zeit.

Und durch glutenrote Fenster
   Werden heute Wandrer sehn
Ungeheure Wahngespenster
   Grauenhaft im Tanz sich drehn;
Aus dem Tor in wilden Wellen,
   Wie ein Meer,
Lachend ekle Geister quellen –
   Ach, sie lächeln niemals mehr!

Ich entsinne mich gut, daß diese Ballade uns auf ein Gespräch führte, in dem Usher eine seltsame Anschauung kundgab. Ich erwähne diese Anschauung weniger darum, weil sie etwa besonders neu wäre (denn andere haben ähnliche Hypothesen aufgestellt), als wegen der Hartnäckigkeit, mit der Usher sie vertrat. Seine Anschauung bestand in der Hauptsache darin, daß er den Pflanzen ein Empfindungsvermögen, eine Beseeltheit zuschrieb. Doch hatte in seinem verwirrten Geist diese Vorstellung einen kühneren Charakter angenommen und setzte sich in gewissen Grenzen auch ins Reich des Anorganischen fort. Es fehlen mir die Worte, um die ganze Ausdehnung dieser Idee, um die unbeirrte Hingabe meines Freundes an sie auszudrücken. Dieser sein Glaube knüpfte sich (wie ich schon früher andeutete) eng an die grauen Quadern des Heims seiner Väter. Die Vorbedingungen für solches Empfindungsvermögen waren hier, wie er sich einbildete, erfüllt in der Art der Anordnung der Steine, in dem sie zusammenhaltenden Bindemittel und ebenso auch in dem Pilzgeflecht, das sie überwucherte; ferner in den abgestorbenen Bäumen, die das Haus umgaben, und vor allem in dem nie gestörten, unveränderten Bestehen des Ganzen und in seiner Verdoppelung in den stillen Wassern des Teiches. Der Beweis – der Beweis dieser Beseeltheit – sei, so sagte er, zu erblicken (und als er das aussprach, schrak ich zusammen) in der hier ganz allmählichen, jedoch unablässig fortschreitenden Verdichtung der Atmosphäre – in dem eigentümlichen Dunstkreis, der Wasser und Wälle umgab. Die Wirkung dieser Erscheinung, fügte er hinzu, sei der lautlos und gräßlich zunehmende vernichtende Einfluß, den sie seit Jahrhunderten auf das Geschick seiner Familie ausgeübt habe; sie habe ihn zu dem gemacht, als den ich ihn jetzt erblicke – zu dem, was er nun sei. – Solche Anschauungen bedürfen keines Kommentars, und ich füge ihnen daher nichts hinzu.

Unsere Bücher – die Bücher, die jahrelang des Kranken hauptsächliche Geistesnahrung gebildet hatten – entsprachen, wie vermutet werden konnte, diesem phantastischen Charakter. Wir grübelten gemeinsam über solchen Werken wie ›Ververt et Chartreuse‹ von Grasset, ›Belphegor‹ von Macchiavelli, ›Himmel und Hölle‹ von Swedenborg, ›Die unterirdische Reise des Nicolaus Klimm‹ von Holberg, die Chiromantie von Robert Flud, von Jean d'Indaginé und von de la Chambre; brüteten über der ›Reise ins Blaue‹ von Tieck und der ›Stadt der Sonne‹ von Campanella. Ein Lieblingsbuch war eine kleine Oktav-Ausgabe des ›Directorium Inquisitorium‹ des Dominikaners Emmerich von Gironne, und es gab Stellen in ›Pomponius Mela‹ über die alten afrikanischen Satyrn und Ögipans, vor denen Usher stundenlang träumend sitzen konnte. Sein Hauptentzücken jedoch bildete das Studium eines sehr seltenen und seltsamen Buches in gotischem Quartformat – einem Handbuch einer vergessenen Kirche –, des ›Vigiliae Mortuorum secundum Chorum Ecclesiae Maguntinae‹.

Ich konnte nicht anders, als an das seltsame Ritual dieses Werkes und seinen wahrscheinlichen Einfluß auf den Schwermütigen denken, als er eines Abends, nachdem er mir kurz mitgeteilt hatte, daß Lady Magdalen nicht mehr sei, seine Absicht äußerte, den Leichnam vor seiner endgültigen Beerdigung in einer der zahlreichen Grüfte innerhalb der Grundmauern des Gebäudes aufzubewahren. Die rein äußere Ursache, die er für dieses Vorgehen angab, war solcher Art, daß ich mich nicht aufgelegt fühlte, darüber zu diskutieren. Er, der Bruder, war (wie er mir sagte) zu diesem Entschluß gekommen infolge des ungewöhnlichen Charakters der Krankheit der Dahingeschiedenen, infolge gewisser eifriger und eindringlicher Fragen ihres Arztes und infolge der abgelegenen und einsamen Lage des Begräbnisplatzes der Familie. Ich will nicht leugnen, daß, wenn ich mir das finstere Gesicht des Mannes ins Gedächtnis rief, dem ich am Tage meiner Ankunft auf der Treppe begegnete – daß ich dann kein Verlangen hatte, einer Sache zu widersprechen, die ich nur als eine harmlose und keineswegs unnatürliche Vorsichtsmaßregel ansah.

Auf Bitten Ushers half ich ihm bei den Vorkehrungen für die vorläufige Bestattung. Nachdem der Körper eingesargt worden war, trugen wir ihn beide ganz allein zu seiner Ruhestätte. Die Gruft, in der wir ihn beisetzten, war so lange nicht geöffnet worden, daß unsere Fackeln in der drückenden Atmosphäre fast erstickten und uns nur wenig gestatteten, Umschau zu halten. Die Gruft war eng, dumpfig und ohne jegliche Öffnung, die Licht hätte einlassen können; sie lag in beträchtlicher Tiefe, genau unter dem Teil des Hauses, in dem sich mein eigenes Schlafgemach befand. Augenscheinlich hatte sie in früheren Zeiten der Feudalherrschaft als Burgverlies übelste Verwendung gefunden und hatte später als Lagerraum für Pulver oder sonst einen leicht entzündlichen Stoff gedient, denn ein Teil ihres Fußbodens sowie das ganze Innere eines langen Bogenganges, von dem aus wir das Gewölbe erreichten, war sorgfältig mit Kupfer bekleidet. Die Tür aus massivem Eisen hatte ähnliche Schutzvorrichtungen. Ihr ungeheures Gewicht brachte einen ungewöhnlich scharfen kreischenden Laut hervor, als sie sich schwerfällig in den Angeln drehte.

Nachdem wir unsere traurige Bürde an diesem Ort des Grauens auf ein vorbereitetes Gestell niedergesetzt hatten, schoben wir den noch lose aufliegenden Deckel des Sarges ein wenig zur Seite und blickten in das Antlitz der Ruhenden. Eine verblüffende Ähnlichkeit zwischen Bruder und Schwester fesselte jetzt zum erstenmal meine Aufmerksamkeit, und Usher, der vielleicht meine Gedanken erriet, murmelte ein paar Worte, denen ich entnahm, daß die Verstorbene und er Zwillinge gewesen waren, und daß Sympathien ganz ungewöhnlicher Natur stets zwischen ihnen bestanden hatten. Unsere Blicke ruhten jedoch nicht lange auf der Toten – denn wir konnten sie nicht ohne Ergriffenheit und Grausen betrachten. Das Leiden, das die Lady so in der Blüte der Jugend ins Grab gebracht hatte – wie es bei Erkrankungen ausgesprochen kataleptischer Art gewöhnlich der Fall ist – auf Hals und Antlitz so etwas wie eine schwache Röte zurückgelassen und den Lippen ein argwöhnisch lauerndes Lächeln gegeben, das so schrecklich ist bei Toten. Wir setzten den Deckel wieder auf, schraubten ihn fest, und nachdem wir die Eisentüre wieder verschlossen hatten, nahmen wir mit Mühe unsern Weg hinauf in die kaum weniger düsteren Räumlichkeiten des oberen Stockwerkes.

Und jetzt, nachdem einige Tage bittersten Kummers vergangen waren, trat in der Geistesverwirrung meines Freundes eine merkliche Änderung ein. Sein ganzes Wesen wurde ein anderes. Seine gewöhnlichen Beschäftigungen wurden vernachlässigt oder vergessen. Er schweifte von Zimmer zu Zimmer mit eiligem, unsicherem und ziellosem Schritt. Die Blässe seines Gesichts war womöglich noch gespenstischer geworden – aber der feurige Glanz seiner Augen war ganz erloschen. Die gelegentliche Heiserkeit seiner Stimme war nicht mehr zu hören, und ein Zittern und Schwanken, wie von namenlosem Entsetzen, durchbebte gewöhnlich seine Worte. Es gab in der Tat Zeiten, wo ich vermeinte, sein unablässig arbeitender Geist kämpfe mit irgendeinem drückenden Geheimnis, zu dessen Bekenntnis er nicht den Mut finden könne. Zu andern Zeiten wieder war ich gezwungen, alles lediglich als Äußerungen seiner seltsamen Krankheit aufzufassen, denn ich sah, wie er stundenlang ins Leere starrte – und zwar mit dem Ausdruck tiefster Aufmerksamkeit, als lauschte er irgendeinem eingebildeten Geräusch. Es war kein Wunder, daß sein Zustand mich erschreckte, mich ansteckte. Ich fühlte, wie sich ganz allmählich, doch unablässig seine seltsamen Wahnvorstellungen, die er mir niemals mitteilte, in mich hinein-fraßen.

Es war besonders in der Nacht des siebenten oder achten Tages nach der Bestattung der Lady Magdalen in der Gruft, als ich mich sehr spät zum Schlafen zurückgezogen hatte, daß ich die volle Ge-walt dieser Empfindungen erfuhr. Kein Schlaf nahte sich meinem Lager, während die Stunden träge dahinkrochen. Ich bemühte mich, der Nervosität, die mich ergriffen hatte, Herr zu werden. Ich suchte mich zu überzeugen, daß an vielem – wenn nicht an allem –, was ich fühlte, die unheimliche Einrichtung des Gemachs schuld sei; denn es war unheimlich, wie die dunklen und zerschlissenen Wandteppiche, vom Atem eines nahenden Sturmes bewegt, stoßweise auf- und nie-derschwankten und gegen die Verzierungen des Bettes raschelten. Aber meine Anstrengungen waren fruchtlos. Ein nicht abzuschüt-telndes Grauen durchbebte meinen Körper, und schließlich hockte auf meinem Herzen ein Alp – ein furchtbarstes Entsetzen. Mit einem tiefen Atemzug rang ich mich frei aus diesem Bann und setzte mich im Bette auf, ich spähte angestrengt in das undurchdringliche Dunkel des Zimmers und lauschte – wie getrieben von seltsamen in-stinktiven Ahnungen – auf gewisse dumpfe, unbestimmbare Laute, die, wenn der Sturm schwieg, in langen Zwischenräumen von irgendwoher zu mir drangen. Überwältigt von unbeschreiblichem Entsetzen, das mir ebenso unerträglich wie unerklärlich schien, warf ich mich hastig in die Kleider (denn ich fühlte, daß ich in dieser Nacht doch keinen Schlaf mehr finden würde) und versuchte, mich aus meinem jammervollen Zustand aufzuraffen, indem ich eilig im Zimmer auf- und abwandelte.

Ich war erst ein paarmal so hin und her gegangen, als ein leichter Tritt auf der benachbarten Treppe meine Aufmerksamkeit erregte. Ich erkannte sogleich Ushers Schritt. Einen Augenblick später klopfte er leise an meine Tür und trat mit einer Lampe in der Hand ein. Sein Gesicht war wie immer leichenhaft blaß – aber schrecklicher war der Ausdruck seiner Augen: wie eine irrsinnige Heiterkeit flammte es aus ihnen – sein ganzes Gebaren zeigte eine mühsam gebändigte hysterische Aufregung. Sein Ausdruck entsetzte mich – doch alles schien erträglicher als diese fürchterliche Einsamkeit, und ich begrüßte sein Kommen wie eine Erlösung.

»Und du hast es nicht gesehen?« sagte er unvermittelt, nachdem er einige Augenblicke schweigend um sich geblickt hatte. »Du hast es also nicht gesehen? – Doch halt, du sollst!« Mit diesen Worten beschattete er sorgsam seine Lampe und lief dann an eins der Fenster, das er dem Sturm weit öffnete.

Die ungeheure Wut des hereinstürmenden Orkans hob uns fast vom Boden empor. Es war wirklich eine sturmrasende, aber doch sehr schöne Nacht –, eine Nacht, die grausig seltsam war in Schrecken und in Pracht. Ganz in unserer Nachbarschaft mußte sich ein Wirbelwind erhoben haben, denn die Windstöße änderten häufig ihre Richtung. Die ungewöhnliche Dichtigkeit der Wolken, die so tief hingen, als lasteten sie auf den Türmen des Hauses, verhinderte nicht die Wahrnehmung, daß sie wie mit bewußter Hast aus allen Richtungen herbeijagten und ineinanderstürzten – ohne aber weiterzuziehen.

Ich sage: selbst ihre ungewöhnliche Dichtigkeit verhinderte uns nicht, dies wahrzunehmen – dennoch erblickten wir keinen Schimmer vom Mond oder von den Sternen – ebensowenig aber einen Blitzstrahl. Doch die unteren Flächen der jagenden Wolkenmassen und alle umgebenden Dinge draußen im Freien glühten im unnatürlichen Licht eines schwach leuchtenden und deutlich sichtbaren gasartigen Dunstes, der das Haus umgab und einhüllte.

»Du darfst – du sollst das nicht sehen!« sagte ich schaudernd zu Usher, als ich ihn mit sanfter Gewalt vom Fenster fort zu einem Sessel führte. »Diese Erscheinungen, die dich erschrecken, sind nichts Ungewöhnliches; es sind elektrische Ausstrahlungen – vielleicht auch verdanken sie ihr gespenstisches Dasein der schwülen Ausdünstung des Teiches. Wir wollen das Fenster schließen; die Luft ist kühl und dir sehr unzuträglich. – Hier ist eines deiner Lieblingsbücher. Ich will vorlesen und du sollst zuhören, und so wollen wir diese fürchterliche Nacht zusammen verbringen.«

Der alte Band, den ich zur Hand genommen hatte, war der ›Mad Trist‹ von Sir Launcelot Canning, aber ich hatte ihn mehr in traurigem Scherz als im Ernst Ushers Lieblingsbuch genannt; denn in Wahrheit ist in seiner ungefügten und phantasielosen Weitschweifigkeit wenig, was für den scharfsinnigen und idealen Geist meines Freundes von Interesse sein konnte. Es war jedoch das einzige Buch, das ich zur Hand hatte, und ich nährte eine schwache Hoffnung, der aufgeregte Zustand des Hypochonders möge Beruhigung finden (denn die Geschichte geistiger Zerrüttung weist solche Widersprüche auf) in den tollen Übertriebenheiten, die ich lesen wollte. Hätte ich wirklich nach der gespannten, ja leidenschaftlichen Aufmerksamkeit schließen dürfen, mit der er mir zuhörte – oder zuzuhören schien–, so hätte ich mir zu dem Erfolg meines Vorhabens Glück wünschen dürfen.

Ich war in der Erzählung bei der allbekannten Stelle angelangt, wo Ethelred, der Held des ›Trist‹, nachdem er vergeblich friedlichen Einlaß in die Hütte des Klausners zu bekommen versucht hatte, sich anschickt, den Eintritt durch Gewalt zu erzwingen. Hier lautet der Text, wie man sich erinnern wird, so:

»Und Ethelred, der von Natur ein mannhaft Herz hatte und der nun, nachdem er den kräftigen Wein getrunken, sich unermeßlich stark fühlte, begnügte sich nicht länger, mit dem Klausner Zwiesprach zu halten, der wirklich voll Trotz und Bosheit war, sondern da er auf seinen Schultern schon den Regen fühlte und den herannahenden Sturm fürchtete, schwang er seinen Streitkolben hoch hinaus und schaffte in den Planken der Tür schnell Raum für seine behandschuhte Hand; und nun faßte er derb zu und zerkrachte und zerbrach – und riß alles zusammen, daß der Lärm des dürren, dumpf krachenden Holzes durch den ganzen Wald schallte und widerhallte.«

Bei Beendigung dieses Satzes fuhr ich auf und hielt mit Lesen inne, denn es schien mir so (obwohl ich sofort überlegte, daß meine erhitzte Phantasie mich getäuscht haben müsse), als kämen aus einem ganz entlegenen Teile des Hauses Geräusche her, die ein vollkommenes sehr fernes Echo hätten sein können von jenem Krachen und Bersten, das Sir Launcelot so charakteristisch beschrieben hatte. Zweifellos war es nur das Zusammentreffen irgendeines Geräusches mit meinen Worten, das meine Aufmerksamkeit gefesselt hatte. Denn inmitten des Rüttelns der Fensterläden und der vielfältigen Lärmlaute des anwachsenden Sturmes hatte der Laut an sich sicherlich nichts, was mich interessiert oder gestört haben könnte. Ich fuhr in der Erzählung fort:

»Aber als der werte Held Ethelred jetzt in die Türe trat, geriet er bald in Wut und Bestürzung, kein Zeichen des boshaften Klausners zu bemerken, sondern statt seiner ein ungeheurer schuppenrasselnder Drachen mit feuriger Zunge, der als Hüter vor einem goldenen Palast mit silbernem Fußboden ruhte. Und an der Mauer hing ein Schild aus schimmerndem Stahl mit der Inschrift:

›Wer hier herein will dringen, den Drachen muß er bezwingen;
Ein Held wird er sein, den Schild sich erringen.‹

Und Ethelred schwang seinen Streitkolben und schmetterte ihn auf den Schädel des Drachen, der zusammenbrach und seinen üblen Odem aufgab, und dieses mit einem so gräßlichen und schrillen und durchdringenden Schrei, daß Ethelred sich gern die Ohren zugehalten hätte vor dem schrecklichen Laut, desgleichen hievor niemalen erhört gewesen war.«

Hier hielt ich wieder bestürzt inne – und diesmal mit schauderndem Entsetzen –, denn es konnte kein Zweifel sein, daß ich in diesem Augenblick (wennschon es mir unmöglich war, anzugeben, aus welcher Richtung) einen dumpfen und offenbar entfernten, aber schrillen, langgezogenen, kreischenden Laut vernommen hatte – das vollkommene Gegenstück zu dem unnatürlichen Aufschrei des Drachen, wie der Dichter ihn beschrieb.

Obwohl ich durch dies zweite und höchst seltsame Zusammentreffen erschreckt war und tausend widerstreitende Empfindungen, in denen Erstaunen und äußerstes Entsetzen vorherrschten, mich bestürmten, hatte ich dennoch Geistesgegenwart genug, nicht etwa durch eine diesbezügliche Bemerkung die Nervosität meines Gefährten noch zu steigern. Ich war keineswegs sicher, daß er die in Frage stehenden Laute vernommen hatte, obgleich allerdings während der letzten Minuten eine sonderbare Veränderung mit ihm vorgegangen war. Anfänglich hatte er mir gegenüber gesessen, so daß ich ihm voll ins Gesicht sehen konnte; nach und nach aber hatte er seinen Stuhl so herumgedreht, daß er nun mit dem Gesicht zur Türe schaute. Ich konnte daher seine Züge nur teilweise erblicken, doch sah ich, daß seine Lippen zitterten, als flüstere er leise vor sich hin. Der Kopf war ihm auf die Brust gesunken, aber ich wußte, daß er nicht schlief, denn sein Profil zeigte mir seine weit und starr geöffneten Augen, und sein Körper bewegte sich unausgesetzt sanft und einförmig hin und her. Dies alles hatte ich mit raschem Blick erfaßt und nahm nun die Erzählung Sir Launcelots wieder auf:

»Und nun, da der Held der schrecklichen Wut des Drachen entronnen war und sich des stählernen Schildes erinnerte, dessen Zauber nun gebrochen, räumte er den Kadaver beiseite und schritt über das silberne Pflaster kühn hin zu dem Schild an der Wand. Der aber wartete nicht, bis er herangekommen war, sondern stürzte zu seinen Füßen auf den Silberboden nieder, mit gewaltig schmetterndem, furchtbar dröhnendem Getöse.«

Kaum hatten meine Lippen diese Worte gesprochen, da vernahm ich – als sei in der Tat ein eherner Schild schwer auf einen silbernen Boden gestürzt – deutlich, aber gedämpft, einen metallisch dröhnenden Widerhall. Gänzlich entnervt sprang ich auf die Füße, aber die taktmäßige Schaukelbewegung Ushers dauerte fort. Ich stürzte zu dem Stuhl, in dem er saß. Sein Blick war stier geradeaus gerichtet, und sein Antlitz schien wie zu Stein erstarrt. Aber als ich die Hand auf seine Schulter legte, befiel ein heftiges Zittern seine ganze Gestalt; ein krankes Lächeln zuckte um seinen Mund, und ich sah, daß er leise hastend und stotternd vor sich hin murmelte, so, als wisse er nichts von meiner Anwesenheit. Mich tief zu ihm hinabbeugend, trank ich schließlich den scheußlichen Sinn seiner Worte ein:

»Es nicht hören? – Oh, ich höre es wohl und *habe* es gehört. Lange – lange – lange – viele Minuten, viele Stunden, viele Tage habe ich es gehört – aber ich wagte nicht – oh, bedaure mich – elender Schurke, der ich bin! – Ich wagte nicht, ich *wagte* nicht zu reden! *Wir haben sie lebendig ins Grab gelegt!* Sagte ich nicht, meine Sinne seien scharf? Ich sage dir *jetzt*, daß ich ihre ersten schwachen Bewegungen im dumpfen Sarge hörte. Ich hörte sie – vor vielen, vielen Tagen schon – dennoch wagte ich nicht – *ich wagte nicht zu reden!* – Und jetzt – heute nacht – Ethelred – ha! ha! – Das Aufbrechen der Tür des Klausners, und der Todesschrei des Drachen, und das Dröhnen des Schildes! – Sage lieber: das Zerbersten ihres Sarges, und das Kreischen der eisernen Angeln ihres Gefängnisses, und ihr qualvolles Vorwärtskämpfen durch den kupfernen Bogengang des Gewölbes. Oh, wohin soll ich fliehen? Wird sie nicht gleich hier sein? Wird sie nicht eilen, um mir meine Eile vorzuwerfen? Hörte ich nicht schon ihren Tritt auf der Treppe? Kann ich nicht schon das schwere und schreckliche Schlagen ihres Herzens vernehmen? Wahnsinniger!« – hier sprang er wie rasend auf und kreischte, als wolle er mit diesen Worten seine Seele hinausbrüllen – »*Wahnsinniger! Ich sage dir, daß sie jetzt draußen vor der Türe steht!*«

Als läge in der übermenschlichen Kraft dieses Ausrufes die Macht eines Zaubers – so rissen jetzt die riesigen alten Türflügel, auf die der Sprecher hinzeigte, ihre gewaltigen ebenholzenen Kinnladen auf. Es war das Werk des rasenden Sturmes – aber siehe – draußen vor der Türe stand leibhaftig die hohe, ins Leichentuch gehüllte Gestalt der Lady Magdalen Usher. Es war Blut auf ihrer weißen Gewandung, und die Spuren eines erbitterten Kampfes waren überall an ihrem abgezehrten Körper zu erkennen. Einen Augenblick blieb sie zitternd und taumelnd auf der Schwelle stehen – dann fiel sie mit einem leisen schmerzlichen Aufschrei ins Zimmer auf den Körper ihres Bruders – und in ihrem heftigen und nun endgültigen Todeskampf riß sie ihn tot zu Boden – ein Opfer der Schrecken, die er vorausempfunden hatte.

Wie verfolgt entfloh ich aus diesem Gemach und diesem Hause. Draußen tobte das Unwetter in unverminderter Heftigkeit, als ich den alten Teichdamm kreuzte. Plötzlich schoß ein unheimliches Licht quer über den Pfad, und ich blickte zurück, um zu sehen, woher ein so ungewöhnlicher Glanz kommen könne, denn hinter mir lagen allein das weite Schloß und seine Schatten. Der Strahl war Mondglanz, und der volle, untergehende, blutrote Mond schien jetzt hell durch den einst kaum wahrnehmbaren Riß, von dem ich bereits früher sagte, daß er vom Dach des Hauses im Zickzack bis zum Erdboden lief. Während ich hinstarrte, erweiterte sich dieser Riß mit unheimlicher Schnelligkeit; ein wütender Stoß des Wirbelsturms kam; das volle Rund des Satelliten wurde in dem breit aufgerissenen Spalt sichtbar; mein Geist wankte, als ich jetzt die gewaltigen Mauern auseinanderbersten sah; es folgte ein langes tosendes Krachen wie das Getöse von tausend Wasserfällen, und der tiefe und schwarze Teich zu meinen Füßen schloß sich finster und schweigend über den Trümmern des *Hauses Usher*.

Grube und Pendel

Impia tortorum longas hic turba furores
Sanguinis innocui, non satiata, aluit.
Sospite nunc patria, fracto nunc funeris antro
Mors ubi dira fuit, vita salusque patent.
*Inschrift für ein Markttor, das für den Platz
des Jakobiner-Hauses in Paris bestimmt war.*

Ich war krank – erschöpft und todkrank infolge der langen Todes-angst –, und als man mir die Fesseln löste und mir erlaubte niederzu-sitzen, fühlte ich, daß mir die Sinne schwanden. Das Urteil, das ent-setzliche Todesurteil war der letzte Ausspruch, den meine Ohren deutlich vernahmen. Hiernach schmolzen die Stimmen der Richter in ein traumhaftes, ununterbrochenes Summen zusammen, das in meiner Seele die Vorstellung eines Kreislaufs erweckte – vielleicht, weil es an das Sausen eines Mühlrades erinnerte. Das dauerte nur kurze Zeit, denn bald hörte ich nichts mehr. Doch *sah* ich noch eine Zeitlang – aber in welch seltsamer, schrecklicher Verzerrtheit er-schien mir alles! Ich sah die Lippen der schwarzgekleideten Richter. Sie erschienen mir weiß – weißer als das Blatt, auf das ich diese Worte schreibe – und dünn bis zur Groteske; dünn und grausam fest ge-schlossen, dünn in unbeweglicher Härte, in strenger Verachtung aller Menschenleiden. Ich sah, daß Aussprüche, die mein Schicksal bedeuteten, noch immer über diese Lippen kamen, sah, wie sie sich im Sprechen des Todesurteils verzerrten. Ich sah sie die Silben mei-nes Namens bilden, und ich schauderte, weil kein Laut zu hören war. Ich sah auch für ein paar Augenblicke wahnsinnigen Schrek-kens das leise, kaum wahrnehmbare Schwanken der schwarzen Stoffe, mit denen die Wände des Gemachs bekleidet waren; und dann fiel mein Blick auf die sieben hohen Kerzen auf dem Tisch. Zu-erst blickten sie mitleidig drein und glichen schlanken weißen Engeln, die mich retten würden. Doch dann – ganz plötzlich – wurde mein Geist todmüde, jeder Nerv in mir erbebte, als hätte ich den Draht einer galvanischen Batterie berührt; die Engelsgestalten wurden gleichgültige Gespenster, deren Kopf eine Flamme war, und ich sah, daß von ihnen keine Hilfe kommen konnte. Und dann stahl sich in meine Seele gleich einem vollen tröstenden Akkord der Ge-danke, wie köstlich die Ruhe im Grabe sein müsse. Der Gedanke kam sanft und verstohlen, und es dauerte lange, bis er in voller Klarheit vor mir stand; doch gerade, als mein Geist ihn ganz begriff, ihn gleichsam innig fühlte, verschwanden wie durch Zauberschlag die Richter vor meinen Blicken; die hohen Kerzen versanken ins Nichts, ihre Flammen loschen aus; schwarze Finsternis siegte; alle Empfindungen gingen unter in einem tollen, rasenden Sturz – als falle die Seele in den Hades. Dann war meine Welt nur Schweigen und Stille und Nacht.

Ich lag in Ohnmacht, doch kann ich nicht sagen, daß mein Bewußtsein geschwunden war. Wieviel davon noch blieb, will ich nicht versuchen zu enträtseln oder zu beschreiben; doch war nicht *alles* geschwunden. Im tiefsten Schlummer – nein! Im Delirium – nein! In Ohnmacht und Betäubung – nein! Im Tode – nein! Selbst im Grabe ist nicht *alles Bewußtsein* geschwunden. Sonst gäbe es keine Unsterblichkeit. Aus dem tiefsten Schlummer erwachend, zerreißen wir das Spinngewebe eines Traumes; aber eine Sekunde später – so zart ist das Gewebe oft – wissen wir schon nicht mehr, daß wir geträumt. Bei dem Erwachen aus einer Ohnmacht gibt es zwei Stadien: zuerst das Gefühl geistigen oder seelischen – dann das Bewußtsein körperlichen Daseins. Es ist wahrscheinlich, daß wir, falls es uns gelänge, im zweiten Zustand die Eindrücke des ersten zurückzurufen, diese Eindrücke voll fänden von Erinnerungen aus dem Abgrund des Jenseits. Und dieser Abgrund ist – was? Wie sollen wir seine Schatten von denen des Grabes unterscheiden? Wenn nun aber die Eindrücke dessen, was ich den ersten Zustand nannte, nicht willkürlich hervorgerufen werden können, kommen sie nicht – nach langer Pause oft – ungerufen und uns befremdend? Wer nie in Ohnmacht lag, der gehört nicht zu denen, die oft in der Kohlenglut seltsame Paläste und merkwürdig bekannte Gesichter erschauen; gehört nicht zu denen, die in der Luft düstere Visionen erblicken, die der Menge verborgen bleiben; gehört nicht zu denen, die über den Duft einer neuen Blume tiefsinnig grübeln; gehört nicht zu denen, deren Hirn sich nach dem geheimnisvollen Sinn irgendeiner musikalischen Strophe abmüht, die nie vorher ihre Aufmerksamkeit erregte.

Bei meinen häufigen bewußten Anstrengungen, mich zu erinnern, bei meinen gewaltsamen Mühen, irgendein Merkmal aus dem Zustand scheinbaren Nichtseins, in den meine Seele entglitten, ins klare Bewußtsein herüberzuretten, gab es Augenblicke, in denen ich ein Gelingen träumte; es gab kurze, sehr kurze Momente, in denen ich Erinnerungen heraufbeschwören, die mir in der hellen Vernunft späteren völligen Wachseins als unbedingt jenem Zustand scheinbarer Bewußtlosigkeit entstammend erschienen. Diese Schatten eines Erinnerns reden undeutlich von hohen Gestalten, die mich aufhoben und schweigend abwärts trugen, hinab – hinab – und tiefer hinab, bis ein furchtbares Schwindelgefühl mich erfaßte bei dem bloßen Gedanken der Unendlichkeit des Niedergleitens. Sie reden auch von dumpfem Schreckgefühl im Herzen, weil dieses Herz so unnatürlich still war. Dann kommt ein Empfinden völliger Unbewegtheit aller Dinge, als ob die, die mich trugen – ein gespenstischer Zug – in ihrem Abwärtsdringen die Grenzen des Grenzenlosen überschritten hätten und nun ausruhten von der Mühsal ihres Werks. Hiernach erinnere ich mich an ein flach ausgestrecktes Liegen, an feuchte Dunst; und dann ist alles Wahnsinn – Wahnsinn eines Bewußtseins, das sich mit dem Unfaßbaren, dem Verbotenen abmüht.

Ganz plötzlich empfand meine Seele wieder Bewegung und Klang: die stürmischen Schläge des Herzens – und in den Ohren ihren Widerhall. Dann eine Pause, in der alles nichts war. Dann wieder Klang und Bewegung und Gefühl, ein Prickeln durch den ganzen Körper. Dann das bloße Bewußtsein des Daseins, ohne jeglichen Gedanken – ein Zustand, der lange dauerte. Dann, ganz plötzlich, das *Denken* und schaudernder Schrecken und ernstliches Mühen, meine wahre Lage zu erfassen. Dann ein gieriges Verlangen, in Fühllosigkeit zurückzusinken. Dann ein heftiges Neuerwachen der Seele und ein erfolgreicher Versuch zur Bewegung. Und nun ein volles Erinnern an das Verhör, an die Richter, an die düsteren Wandbehänge, an den Urteilsspruch, an die Ohnmacht. Dann völliges Vergessen alles Folgenden: alles dessen, was ein späterer Tag und eifriges Bemühen mir unklar wieder ins Gedächtnis rief.

Bis dahin hatte ich die Augen nicht geöffnet. Ich fühlte, daß ich ungefesselt auf dem Rücken lag. Ich streckte die Hand aus, und sie fiel schwer auf etwas Feuchtes und Hartes. Da ließ ich sie viele Minuten liegen, während ich versuchte, mir vorzustellen, *wo* und *was* ich wohl sei. Ich hätte gern die Augen geöffnet, aber ich wagte es nicht. Ich fürchtete den ersten Blick auf meine Umgebung. Es war nicht Furcht, etwas Entsetzliches zu erblicken, sondern das Grauen, *nichts* zu sehen. Endlich, mit wilder Verzweiflung im Herzen, öffnete ich schnell die Augen. Meine schlimmsten Ahnungen bestätigten sich. Schwarze, ewige Nacht umgab mich. Die Dichtigkeit der Finsternis lastete auf mir und ließ mich erstarren. Die Luft war unerträglich dumpf. Ich lag immer noch still und strengte mich an, meine Vernunft in Gang zu bringen. Ich rief mir den Verlauf der

33

Gerichtsverhandlung ins Gedächtnis zurück und versuchte von da aus meine jetzige Lage abzuleiten. Das Urteil war gesprochen, und es schien mir, als sei seitdem eine lange Zeit vergangen. Dennoch nahm ich keinen Augenblick an, daß ich tot sei. Solch eine Vorstellung ist, was auch darüber geschrieben sein mag, völlig unvereinbar mit dem wirklichen Leben. Doch wo und in welcher Verfassung war ich? Ich wußte, die zum Tode Verurteilten endeten in einem Autodafé, und ein solches war in der Nacht, die meiner Verurteilung folgte, abgehalten worden. War ich in den Kerker geführt worden, um die nächste Hinopferung abzuwarten, die erst in einigen Monaten stattfinden würde? Das konnte nicht sein. Es war geradezu ein Mangel an Opfern gewesen. Auch entsann ich mich, daß mein Kerker, wie alle Gefängniszellen in Toledo, einen Steinboden hatte und nicht ganz ohne Lichtzutritt war.

Ein fürchterlicher Gedanke trieb plötzlich mein Blut in Wogen zum Herzen, und für kurze Zeit sank ich von neuem in Bewußtlosigkeit. Als ich mich erholt hatte, sprang ich sofort auf die Füße; jeder Nerv in mir zuckte. Ich streckte die Arme in die Höhe und rundum nach allen Seiten. Ich fühlte nichts und fürchtete dennoch, einen Schritt zu machen, aus Angst, an die Mauern eines *Grabes* zu stoßen. Der Angstschweiß brach mir aus allen Poren und stand in großen kalten Tropfen auf meiner Stirn.

Die Angst der Ungewißheit wurde schließlich unerträglich, und ich bewegte mich vorsichtig mit ausgebreiteten Armen vorwärts; meine Augen drangen fast aus ihren Höhlen, so gierig hoffte ich, einen schwachen Lichtstrahl zu erhaschen. Ich machte viele Schritte vorwärts, doch noch immer war alles Finsternis und Leere. Ich atmete freier. Es war offenbar, daß meiner wenigstens nicht das scheußlichste Geschick harrte.

Und nun, während ich mich vorsichtig weiter tastete, drängten sich tausend unbestimmte Gerüchte über die Schrecken von Toledo meinem Gedächtnis auf. Seltsame Geschichten waren über die Kerker im Umlauf – unwahr hatte ich sie immer genannt –, aber sie waren furchtbar und so grausig, daß man nur davon flüsterte. Hatte man mich für den Hungertod in dieser ewigen unterirdischen Nacht bestimmt, oder welches vielleicht noch gräßlichere Schicksal erwartete mich? Daß das Ende Tod sein würde, und zwar ein Tod von mehr als gewöhnlicher Bitternis, schien mir, der ich den Charakter meiner Richter kannte, gewiß. Die Art und die Stunde des Sterbens war das einzige, was mich noch beschäftigte und beunruhigte.

Meine ausgestreckten Hände fanden endlich ein festes Hemmnis. Es war eine Mauer – sehr glatt, schlüpfrig und kalt. Ich folgte ihr mit all der mißtrauischen Vorsicht, die gewisse Berichte uralter Begebenheiten in mir erweckt hatten. Dieses Vorgehen brachte mir aber keinen Aufschluß über den Umfang meines Kerkers; denn ich konnte, ohne es zu wissen, seinen ganzen Umkreis umschritten haben und wieder am Ausgangspunkt angelangt sein – so glatt und gleichmäßig schien die Mauer. Ich suchte daher nach dem Messer, das sich in meiner Tasche befunden hatte, als man mich in das Untersuchungszimmer geführt; es war fort. Man hatte meine Kleider gegen eine Umhüllung von grober Wolle vertauscht. Ich hatte beabsichtigt, die Klinge in irgendeinen feinen Spalt des Mauerwerks zu stoßen, um so einen Ausgangspunkt festzustellen. Dies war übrigens nicht so schwierig, als es mir anfangs in meiner Sinnesverwirrung erschien. Ich riß ein Stückchen von meinem Kleidersaum und legte den Fetzen in voller Länge rechtwinklig zur Mauer auf den Boden. Wenn ich meinen Weg rund um mein Gefängnis machte, mußte ich selbstredend bei Vollendung des Umkreises wieder auf den Fetzen stoßen. So dachte ich wenigstens. Aber ich hatte weder mit der Ausdehnung des Kerkers noch mit meiner eigenen Schwäche gerechnet. Der Boden war feucht und schlüpfrig. Ich war eine Zeitlang vorwärts getappt, als ich strauchelte und fiel. Meine ungeheure Müdigkeit zwang mich, ausgestreckt liegen zu bleiben, und bald befiel mich in dieser Lage der Schlaf.

Als ich erwachte und den Arm ausstreckte, fand ich neben mir ein Stück Brot und einen Krug Wasser. Ich war zu erschöpft, um über diesen Umstand nachzudenken; sofort aß und trank ich gierig. Bald darauf vollendete ich meinen Rundgang in dem Gefängnis und kam nach vieler Mühe wieder bei dem Wollfetzen an. Bis zu dem Augenblick, da ich hinfiel, hatte ich zweiundfünfzig Schritte gezählt, und als ich nun meinen Gang fortsetzte, zählte ich achtundvierzig, bis ich bei meinem Zeichen wieder ankam. Das ergab zusammen hundert Schritt, und indem ich je zwei Schritt als einen Meter rechnete, schloß ich, daß mein Kerker einen Umfang von fünfzig Meter habe. Doch ich hatte eine Menge Winkel in der Mauer gefunden und konnte mir daher keine Vorstellung über die Form der Gruft bilden – denn eine Gruft war es nach meinem Dafürhalten.

Ich fand wenig Sinn – jedenfalls keine Hoffnung – in diesen Nachforschungen, aber eine unbestimmte Neugier veranlaßte mich, sie fortzusetzen. Ich verließ die Wand und beschloß, den Raum zu durchqueren. Zuerst ging ich mit äußerster Vorsicht voran, denn obgleich der Boden anscheinend aus festem Material war, war er doch äußerst schlüpfrig. Endlich aber faßte ich Mut und zögerte nicht, sicher auszuschreiten, wobei ich mich bemühte, in möglichst gerader Linie hinüberzugelangen. Auf diese Weise war ich zehn oder zwölf Schritte vorwärts gekommen, als der zerrissene Saum meines Gewandes sich an meinen Füßen verfing. Ich trat darauf und fiel mit voller Gewalt vornüber zu Boden.

In der ersten Verwirrung bemerkte ich nicht sogleich einen befremdenden Umstand, der jetzt, ein paar Sekunden später und während ich noch ausgestreckt dalag, meine Aufmerksamkeit erregte. Es war folgendes: Mein Kinn ruhte auf dem Boden des Kerkers, meine Lippen aber und der obere Teil des Kopfes, die meinem Gefühl nach tiefer lagen als das Kinn, *berührten nichts.* Gleichzeitig schien meine Stirn in klebrigen Dämpfen zu baden, und der unverkennbare Geruch verwesender Schwämme drang mir in die Nase. Ich streckte den Arm aus und schauderte, als ich fand, daß ich genau am Rande einer kreisrunden Brunnenöffnung hingefallen war, deren Umkreis festzustellen natürlich gegenwärtig nicht in meiner Macht lag. Es gelang mir, von dem feuchten Mauerrand ein Steinchen loszubröckeln; ich ließ es in den Abgrund fallen. Viele Sekunden lang horchte ich dem Widerhall, den sein Anschlagen an die Seitenwände verursachte; endlich hörte ich ein dumpfes Aufklatschen im Wasser, dem ein vielfältiges Echo folgte. Im selben Augenblick ertönte ein Geräusch wie das rasche Öffnen und Wiederzuschlagen einer Türe mir zu Häupten, während ein schwacher Lichtschimmer durch das Dunkel huschte und ebenso schnell wieder verschwand.

Ich erkannte, welches Los man mir zugedacht hatte, und beglückwünschte mich zu dem rechtzeitigen Unfall, der mich rettete. Noch einen Schritt weiter vor meinem Sturz – und die Welt hätte mich nicht wiedergesehen! Die Form der Urteilsvollstreckung, der ich soeben durch einen Zufall entronnen war, entsprach ganz den mir bekannten Berichten über die Inquisition, die ich jedoch stets als Erfindung und alberne Übertreibung angesehen hatte. Ihren Opfern blieb nur die Wahl zwischen Sterben unter entsetzlichen Körperqualen und Sterben unter unerhörten Geistesschrecken. Mich hatte man für diese aufbewahrt. Durch lange Leiden waren meine Nerven so zerrüttet, daß ich beim Klang meiner eigenen Stimme erbebte und in jeder Hinsicht ein geeignetes Objekt für die auserlesenen Martern geworden war, die man mir zugedacht.

An allen Gliedern zitternd, tastete ich meinen Weg zur Mauer zurück. Ich war entschlossen, lieber dort zu sterben, als mich in die Schrecken der Brunnen zu wagen; meine Phantasie malte sich jetzt aus, daß ihrer viele hier im Raum verteilt seien. In anderer Seelenverfassung hätte ich vielleicht den Mut gehabt, mein Elend durch einen Sprung in solch einen Abgrund zu enden, jetzt aber war ich der Feigste der Feigen. Auch konnte ich nicht vergessen, was ich über diese Brunnen gelesen: daß das sofortige Auslöschen des Lebens keineswegs in der Absicht derer lag, die diese entsetzlichen Gruben angelegt hatten.

Die Seelenaufregung hielt mich viele lange Stunden wach. Schließlich aber schlief ich wieder ein. Als ich erwachte, fand ich wie vorher ein Stück Brot und einen Krug voll Wasser neben mir. Brennender Durst erfaßte mich, und ich leerte das Gefäß auf einen Zug. Dem Wasser mußte ein Schlafmittel beigemengt sein, denn kaum hatte ich ausgetrunken, als mich unwiderstehliche Schlafsucht befiel. Ich sank in eine Art Todesschlummer. Wie lange er währte, weiß ich natürlich nicht; als ich aber wieder die Augen öffnete, waren die Dinge um mich her sichtbar. Ein seltsamer schwefliger Glanz, dessen Ursprung ich zunächst nicht feststellen konnte, gestattete mir, den Umfang und das Aussehen meines Kerkers wahrzunehmen.

In seiner Größe hatte ich mich gewaltig geirrt. Die ganze Mauerrundung umfaßte nicht mehr als fünfundzwanzig Meter. Minutenlang verursachte mir diese Tatsache eine Welt von überflüssiger Beunruhigung; wirklich überflüssig – denn was war unter den Schrecken, die mich umgaben, bedeutungsloser als der Umfang meiner Zelle? Doch meine Seele nahm ein merkwürdiges Interesse an Kleinigkeiten, und ich plagte mich sehr, den Irrtum aufzudecken, der mich zu so falscher Messung veranlaßt hatte. Endlich fand ich die Ursache. Bei meinem ersten Versuch zur Erforschung des Raumes hatte ich bis zu meinem Hinfallen zweiundfünfzig Schritt gezählt; ich mußte damals nur noch zwei oder drei Schritt von dem Wollstreifen entfernt gewesen sein und also den Umkreis beinahe vollendet gehabt haben. Dann schlief ich ein, und nach dem Erwachen muß ich meine Schritte rückwärts gelenkt haben, das heißt, ich durchmaß nochmals die vorher bereits zurückgelegte Strecke und berechnete so den Umfang doppelt so groß, als er tatsächlich war. Meine Geistesverwirrung war schuld, daß es mir nicht auffiel, daß ich bei Beginn des Rundgangs die Mauer links, bei der Fortsetzung dagegen rechts gehabt hatte.

Auch über die Form des Gefängnisses hatte ich mich getäuscht. Beim Abtasten der Mauer hatte ich viele Winkel gefunden und so den Eindruck großer Unregelmäßigkeit erhalten – so sehr kann völlige Dunkelheit jenen täuschen, der aus Ohnmacht oder Schlaf erwacht! Die Winkel waren nichts als leichte Vertiefungen, die der Zahn der Zeit in unregelmäßigen Zwischenräumen in die Mauer gefressen hatte. Die Grundform des Gefängnisses war ein Viereck. Was ich zuerst für Steinmauern gehalten, schien mir jetzt Eisen oder sonst ein Metall zu sein, dessen große Platten da, wo sie aneinandergenietet waren, die leichten Vertiefungen bildeten. Die ganze Fläche dieser erzenen Wände war mit groben Zeichnungen bemalt, mit all den abscheulichen und abstoßenden Darstellungen, wie der Aberglaube der Mönche sie erfunden. Drohende Teufelsfratzen auf Totenskeletten und andere noch viel gräßlichere Gestalten bedeckten und verunzierten die Wände. Ich stellte fest, daß die Umrisse dieser Ungeheuerlichkeiten ziemlich klar, die Farben dagegen, anscheinend infolge der Einwirkung einer feuchten Atmosphäre, verblichen und fleckig waren. Ich betrachtete nun auch den Fußboden, der von Stein war. In seiner Mitte gähnte das runde Brunnenloch, dessen Schlund ich entronnen; es war indes nur dieses einzige im Kerker.

Nur undeutlich und mit vieler Mühe konnte ich dies alles erblicken, denn während meines Schlafes hatte sich meine Lage sehr verändert. Ich lag jetzt lang ausgestreckt auf einer Art niedrigem Holzrahmen. Ich lag auf dem Rücken und war mit einem langen Riemen, der einem Sattelgurt glich, an das Holz festgebunden. Der Riemen war mir vielemal um Leib und Glieder geschlungen und ließ nur dem Kopf und dem linken Arm so viel Bewegungsfreiheit, daß ich mich mit vieler Anstrengung aus einer irdenen Schüssel am Boden mit Nahrung versehen konnte. Ich sah zu meinem Entsetzen, daß man den Krug fortgenommen hatte; ich sage: zu meinem Entsetzen, denn ich war von unerträglichem Durst geplagt. Diesen Durst zu erwecken, schien in der Absicht meiner Peiniger zu liegen, denn das mir gebotene Mahl bestand aus scharfgewürztem Fleisch.

Aufwärts blickend betrachtete ich die Decke meines Gefängnisses. Sie war etwa dreißig bis vierzig Fuß hoch und aus demselben Material wie die Seitenwände. Auf einem der Deckenfelder erregte eine sonderbare Figur meine ganze Aufmerksamkeit. Es war eine gemalte Gestalt der *Zeit*, so wie sie gewöhnlich dargestellt wird, nur daß sie anstatt der Sichel etwas in den Händen hielt, was ich auf den ersten Blick als ein gemaltes Pendel ansah, dergleichen man oft auf alten Uhren findet. Dennoch war da etwas in der Erscheinung des Instruments, was mich veranlaßte, es aufmerksamer zu betrachten. Während ich nun senkrecht hinaufstarrte – denn es befand sich genau über mir –, bildete ich mir ein, daß es sich bewege. Eine Minute später bestätigte sich meine Einbildung. Seine Schwingungen waren kurz und selbstredend langsam. Ich beobachtete es einige Minuten etwas ängstlich, doch vor allem verwundert. Schließlich ermüdeten mich aber die langsamen Bewegungen, und ich wandte meine Blicke anderen Dingen zu.

Ein leises Geräusch erregte meine Aufmerksamkeit; ich sah auf den Boden und gewahrte mehrere riesenhafte Ratten. Sie waren aus dem Brunnen gekommen, der rechter Hand gerade meinen Blicken sichtbar war. Noch während ich hinstarrte, kamen sie scharenweise und hastig herauf, und ihre Augen suchten gierig nach dem Fleisch, das sie gerochen. Es bedurfte vieler Mühe und Aufmerksamkeit, sie von der Schüssel abzuhalten.

Es mochte eine halbe Stunde vergangen sein, vielleicht sogar eine ganze Stunde – denn ich konnte die Zeit nur unvollkommen berechnen –, als ich meine Augen wieder aufwärts wandte. Was ich nun sah, verwunderte und entsetzte mich. Die Schwingungen des Pendels hatten an Ausdehnung fast um einen Meter zugenommen. Als natürliche Folge war auch die Schnelligkeit viel größer; was mich aber hauptsächlich beunruhigte, war die Tatsache, daß es sich merklich *herabgesenkt* hatte. Ich bemerkte jetzt mit namenlosem Schrekken, daß sein unterer Teil in einem Halbmond aus blitzendem Stahl bestand, der von einem Horn zum andern etwa einen Fuß maß; die Hörner waren nach oben gerichtet, und die untere Kante schien scharf wie ein Rasiermesser. Das Pendel schien auch so massiv und schwer wie ein solches, denn es verdickte sich nach oben zusehends. Es hing an einem dicken Messingstab, und das Ganze zischte beim Durchschneiden der Luft.

Ich konnte nicht länger zweifeln, welche neue Todesmarter die in Grausamkeit so erfinderischen Mönche für mich ausgewählt hatten. Es war den Knechten der Inquisition nicht entgangen, daß ich den Brunnen entdeckt hatte – den Brunnen, dessen Schrecken für mich verstockten Ketzer bestimmt gewesen, – den Brunnen, diesen Höllenpfuhl, von dem das Gerücht ging, daß er das schlimmste aller ihrer Marterinstrumente sei. Dem Sturz in den Brunnen war ich durch einen bloßen Zufall entronnen, und ich wußte, daß zum Wesen dieser schauerlichen Kerkertode eine Geißelung durch immer wieder neue Schrecken gehörte. Da ich dem Sturz entgangen war, hatten meine Henker, die mich nicht etwa gewaltsam hinabstürzen würden, von jenem teuflischen Plane Abstand genommen, und es erwartete mich also eine andere, mildere Todesart. Milder! Ich mußte trotz meines Grauens über diese Bezeichnung lächeln.

Was nützt es, die langen, langen Stunden übermenschlichen Entsetzens zu schildern, in denen ich die sausenden Schwingungen des scharfen Stahles zählte! Zoll um Zoll – Linie um Linie – mit einer allmählichen Senkung, die nur in großen Zwischenräumen, die mir wie Jahre schienen, zu bemerken war – kam es herab und immer tiefer herab! Tage vergingen – es können viele Tage gewesen sein –, ehe es so dicht über mich hinfegte, daß mich sein heißer Atem fächelte. Der Geruch des scharfen Stahls drang mir in die Nase. Ich betete – ich beschwor den Himmel, ein schnelleres Ende zu machen. Ich wurde toll und rasend und strengte mich an, um mich dem Schwung der fürchterlichen Schneide entgegenzuheben. Und dann wurde ich plötzlich ruhig und lag und lächelte auf zu dem glitzernden Tod, wie ein Kind wohl ein seltsames Spielzeug anlächelt.

Wieder befiel mich Bewußtlosigkeit; sie dauerte nicht lange, denn als ich wieder zu mir kam, war keine wesentliche Senkung des Pendels zu bemerken. Sie konnte allerdings trotzdem lange gedauert haben, denn ich wußte, daß die Teufel mich beobachteten und die Schwingungen nach Willkür gehemmt haben konnten. Nach meinem Wiedererwachen fühlte ich mich – oh! unaussprechlich schwach und elend, als hätte ich lange gehungert. Selbst inmitten solcher Todesqualen verlangte die Natur ihre Rechte. Mit schmerzvoller Anstrengung streckte ich den linken Arm aus, soweit meine Fesseln es erlaubten, und ergriff den kleinen Rest der Speise, den mir die Ratten noch übriggelassen hatten. Als ich ein Stückchen in den Mund schob, durchzuckte es mich wie eine Ahnung von Freude – von Hoffnung. Dennoch, welchen Grund hatte ich zur Hoffnung? Es war, wie ich sagte, nur eine Ahnung, ein halber Gedanke, wie er den Menschen manchmal überkommt, aber ich fühlte auch, daß sich dieses Empfinden zu keinem klaren Begriff formen ließ. Vergebens mühte ich mich darum; langes Leiden hatte meine Geisteskräfte untergraben. Ich war ein Dummkopf, ein Idiot.

Die Schwingungen des Pendels liefen rechtwinklig zu meiner Körperlänge. Ich sah, daß der Halbmond bestimmt war, mir quer durchs Herz zu schneiden. Er würde den Stoff meines Kleides schlitzen; er würde zurückschwingen und den Schnitt wiederholen – wieder und wieder. Ungeachtet seiner schrecklich weiten Schwingung (einige dreißig Fuß oder mehr) und der pfeifenden Gewalt im Niedersausen, die wohl sogar diese Eisenwände zu durchschneiden vermochte, würde das Pendel doch minutenlang nur meine Kleider schlitzen, und bei diesem Gedanken hielt ich inne. Ich wagte nicht weiter zu denken. Ich prüfte ihn mit hartnäckiger Aufmerksamkeit – als ob ich bei dem Verweilen gerade hier den Stahl aufhalten könnte. Ich zwang mich, mir den Ton auszumalen, mit dem der Halbmond das Gewand durchschneiden würde – das eigentümlich fröstelnde Empfinden, das das Zerschneiden von Stoff auf unsere Nerven auszuüben pflegt. Ich grübelte über alle diese Kleinigkeiten, bis meine Zähne klapperten.

Nieder – langsam und stetig kroch es nieder! Ich fand ein wahnsinniges Vergnügen darin, die Schnelligkeit der Schwingungen nach oben und nach unten miteinander zu vergleichen. Nach rechts – nach links – auf und ab – mit dem Kreischen einer verdammten Seele! Los auf mein Herz mit dem schleichenden Tritt des Tigers! Ich lachte und heulte abwechselnd, je nachdem die eine oder andere Vorstellung in mir die Oberhand gewann.

Nieder – nieder ohne Erbarmen! Nur noch drei Zoll über meiner Brust sauste es dahin. Ich mühte mich wild – rasend –, um meinen linken Arm ganz frei zu bekommen; er war nur vom Ellbogen bis zur Hand frei. Letztere konnte ich mit großer Anstrengung vom Teller neben mir zum Munde führen, weiter aber nicht. Hätte ich die Gurte über dem Ellbogen sprengen können, so würde ich das Pendel erfaßt und versucht haben, es zum Stehen zu bringen. Gerade so gut hätte ich versuchen können, eine Lawine aufzuhalten!

Nieder – unaufhaltsam – unerbittlich nieder! Der Atem versagte mir, und ein Krampf schüttelte mich bei jeder Schwingung. Meine Augen folgten der Aufwärtsbewegung mit dem Eifer sinnlosester Verzweiflung; sie schlossen sich krampfhaft beim Niedersausen, obgleich Tod eine unaussprechliche Erlösung gewesen wäre. Und dennoch erbebte ich in jedem Nerv bei dem Gedanken, welch eines geringen Sinkens der Maschinerie es noch bedurfte, um den scharfen gleißenden Stahl durch meine Brust zu treiben. Es war *Hoffnung*, die meine Nerven erschauern – meinen Körper zusammenzucken ließ. Es war Hoffnung – Hoffnung, die über die Foltern triumphierte –, die selbst den zum Tode Verurteilten in den Kerkern der Inquisition von neuem Leben raunt.

Ich sah, daß weitere zehn oder zwölf Schwingungen den Stahl nun tatsächlich in Berührung mit meinen Kleidern bringen würden, und bei dieser Beobachtung überkam meinen Geist ganz plötzlich die klare gesammelte Ruhe der Verzweiflung. Zum ersten Male seit vielen Stunden oder vielleicht Tagen *dachte* ich. Ich gewahrte jetzt, daß die Riemen oder Gurte, die mich umschlangen, aus einem einzigen Stück bestanden. Ich war nirgends mit einem besonderen Seile festgebunden. Der erste Schnitt des rasiermesserscharfen Halbmondes würde also meine gesamten Fesseln derart lösen, daß ich sie mit Hilfe meiner linken Hand abwinden konnte. Doch wie gefahrvoll war in diesem Fall die Schärfe des Stahls! Die Folge des geringsten Aufbäumens war der Tod. War es übrigens anzunehmen, daß meine Marterknechte jene Möglichkeit nicht vorausgesehen und ihr vorgebeugt hatten? War es wahrscheinlich, daß die Fesseln gerade an der Stelle meine Brust kreuzten, die das Pendel berühren würde? Besorgt, meine schwache, und, wie es schien, letzte Hoffnung zerstört zu sehen, hob ich den Kopf so hoch, daß ich meine Brust deutlich überblicken konnte. Die Gurte umwanden Glieder und Körper nach allen Richtungen – *nur nicht in der Schnittbahn des störenden Pendels!*

Kaum war mein Kopf in seine frühere Lage zurückgesunken, als in meiner Seele etwas aufleuchtete, was ich nicht anders beschreiben kann, als daß ich es die zweite Hälfte jenes vorerwähnten Gedankens an Befreiung nenne, der mir damals, als ich die Speise an die Lippen führte, nur unklar vorgeschwebt. Jetzt hatte sich der ganze Gedanke klar geformt – zaghaft, unsicher, kaum faßbar –, aber dennoch klar und ganz. Ich begann sofort mit der Willenskraft der Verzweiflung an seine Ausführung zu gehen.

Seit vielen Stunden wimmelten die Ratten um den niedrigen Holzrahmen, auf dem ich lag. Sie waren wild, frech, zudringlich, ihre roten Augen glühten mich an, als warteten sie nur darauf, daß ich mich nicht mehr rührte, um über mich herzufallen. ›An welche Nahrung‹, dachte ich, ›mochten sie im Brunnenloch gewöhnt gewesen sein?‹

Trotz aller meiner Anstrengungen, sie davon abzuhalten, hatten sie den Inhalt meines Speisenapfes bis auf einen geringen Rest aufgezehrt. Ich hatte die Hand unausgesetzt über dem Napf hin und her geschwenkt, und schließlich hatte die unbewußte Gleichmäßigkeit der Bewegung diese ihrer Wirkung beraubt. In seiner Habgier hatte das Ungeziefer häufig seine scharfen Zähne in meine Finger geschlagen. Mit den Stückchen des fettigen und stark gewürzten Fleisches, das mir noch geblieben, rieb ich nun die Gurte überall da ein, wo sie mir erreichbar waren; dann zog ich die Hand zurück und lag atemlos still.

Zuerst waren die raubgierigen Tiere darüber, daß die Bewegung der Hand aufgehört hatte, verblüfft und erschreckt. Sie flohen in Scharen zurück; viele eilten zum Brunnen. Doch nur für einen Augenblick. Ich hatte nicht umsonst auf ihre Gefräßigkeit gerechnet. Als sie bemerkten, daß ich regungslos verharrte, sprangen ein oder zwei der kühnsten auf den Holzrahmen und schnüffelten an den Gurten. Dies schien das Signal zu einem allgemeinen Sturm. Aus dem Brunnen ergoß es sich in neuen Schwärmen. Sie klammerten sich ans Holz, stürzten darüber her und sprangen zu Hunderten auf mich herauf. Das gleichmäßige Schwingen des Pendels störte sie nicht im mindesten. Seinen Streichen ausweichend, befaßten sie sich mit den eingefetteten Gurten; sie stürmten mich, sie ergossen sich auf mich in immer neuen Scharen; sie krochen über meinen Hals; ihre kalten Lippen suchten die meinen; der immer zunehmende Druck erstickte mich fast. Ein Ekel, für den es keine Worte gibt, hob meine Brust und legte sich wie eisige Klammern um mein Herz. Doch ich fühlte: noch eine Minute – und der Kampf war zu Ende! Deutlich empfand ich, wie sich die Fesseln lockerten. Ich wußte, daß sie an mehr als an einer Stelle schon zernagt sein mußten. Mit übermenschlicher Willenskraft lag ich still.

Ich hatte mich in meiner Berechnung nicht geirrt, ich hatte nicht umsonst ausgehalten. Ich fühlte endlich, daß ich *frei* war. Die Gurte hingen in Fetzen um meinen Leib. Aber das schwingende Pendel berührte schon meine Brust. Es hatte den Stoff meines Kleides geschlitzt. Es hatte das Hemd durchschnitten. Zwei weitere Schwingungen machte es, und ein stechender Schmerz zuckte mir durch alle Nerven. Aber der Augenblick der Befreiung war gekommen. Auf einen schnellen Wink mit der Hand jagten meine Befreier entsetzt von dannen. Ruhig und vorsichtig, mich seitwärts zusammenkrümmend, entglitt ich langsam den umschlingenden Bändern und dem Bereich der stählernen Schneide. Für den Augenblick wenigstens *war ich frei.*

Frei! – Und in den Klauen der Inquisition! Ich war kaum von meinem hölzernen Marterbett auf den Steinboden der Zelle getreten, als die Bewegung der Höllenmaschine aufhörte und ich gewahrte, wie sie von irgendeiner unsichtbaren Kraft zur Decke emporgezogen wurde. Das war eine Lehre, die mir verzweifelt zu Herzen ging. Jede meiner Bewegungen wurde offenbar überwacht. Frei! – Ich war nur einer Todesart entgangen, um nun vielleicht Schlimmeres als Tod zu finden. Bei diesem Gedanken prüften meine angstvollen Blicke die Eisenwände, die mich einschlossen. Irgend etwas Ungewöhnliches – eine Veränderung, die ich zunächst nicht genau feststellen konnte – hatte unverkennbar hier stattgefunden. Viele Minuten lang quälte ich mich in tiefer Versonnenheit mit vergeblichen Vermutungen. In dieser Zeit gewahrte ich zum erstenmal die Quelle des schwefeligen Scheines, der meine Zelle erhellte. Er drang aus einem Spalt von etwa eines halben Zolles Breite, der am Boden der Kerkerwände um den ganzen Raum lief und so Wände und Fußboden völlig trennte. Ich versuchte natürlich vergeblich, durch diese Fuge hinunterzuspähen.

Als ich mich nach diesem Versuch wieder erhob, begriff ich auf einmal die geheimnisvolle Veränderung des Raumes. Ich erwähnte schon, daß die Konturen der auf den Wänden befindlichen Darstellungen deutlich hervortraten, daß aber die Farben verblaßt und unklar schienen. Diese Farben erstrahlten jetzt von Augenblick zu Augenblick in immer stärker werdendem Glanze, der den gespenstischen Teufelsfratzen ein Ansehen gab, das auch stärkere Nerven als meine angegriffen haben dürfte. Seltsam gespensterhafte Augen glotzten mich von tausend Seiten an – die vorher gar nicht dagewesen waren – und glühten im schauerlichen Glanze eines Feuers, das hinter den Wänden flammen mußte, so sehr ich mir auch einzureden suchte, es bestände nur in meiner Einbildung.

Einbildung! Bei jedem Atemzug drang in meine Nase der Dunst von glühendem Eisen. Ein erstickender Geruch beherrschte den ganzen Raum. Immer tiefer erglühten die tausend Augen, die meines Todeskampfes harrten. Ein satteres Karmin ergoß sich über die blutigen Gemälde. Ich keuchte. Ich rang nach Atem. An der Absicht meiner Peiniger war nicht zu zweifeln – o erbarmungslose, o satanische Menschen! Ich flüchtete vor dem glühenden Metall in die Mitte der Zelle. Gegenüber der Vernichtung durch das Feuer, die meiner wartete, erschien mir der Gedanke an die Kühle des Brunnens wie lindernder Balsam. Ich eilte an seinen gefahrvollen Rand; ich spähte gespannt hinunter. Der Glutschein von der glühenden Decke erleuchtete seine verborgensten Winkel. Dennoch – eine verzweifelte Minute lang – sträubte sich mein Geist, den Sinn zu erfassen, was ich da unten sah. Doch endlich zwang – wand es sich in meine Seele –, brannte es sich ein in meinen schaudernden Verstand. O entsetzliches Begreifen! O wortloser Ekel! – O Grauen über alles Maß! – »Alle andern Schrecken, nur nicht diese!« ächzte ich und stürzte schreiend vom Brunnenrande fort; ich vergrub das Gesicht in die Hände und weinte bitterlich.

Die Hitze nahm rasch zu, und wiederum hob ich den Blick, halb wahnsinnig, zur Decke. Eine neue Veränderung hatte sich vollzogen – eine Veränderung an der Form der Zelle. Wie vorher war es vergeblich, daß ich mich bemühte, den Vorgang zu begreifen und einzusehen, was damit beabsichtigt war. Doch nicht lange ließ man mich im Zweifel. Zweimal war ich dem Tode entronnen, die Rachsucht der Inquisitoren war aufs äußerste angestachelt, man zögerte nicht, mich nun gewaltsam mit dem König der Schrecken bekannt zu machen. Der Raum war quadratisch gewesen. Jetzt sah ich, daß zwei seiner Eisenecken spitzwinklig geworden waren. Die schreckliche Veränderung ging mit leisem Knarren immer weiter vorwärts. Einen Augenblick später hatte der Raum die Gestalt eines schiefen Vierecks. Aber die Bewegung hielt hier nicht inne – ich hoffte und wünschte dies nicht einmal. Ich hätte die rotglühenden Wände an meine Brust ziehen mögen, wie ein Gewand ewiger Ruhe. »Tot!« sagte ich. »Willkommen jeder Tod, nur nicht der im Brunnen!« Narr, der ich war! Mußte ich nicht wissen, daß es der einzige Zweck des brennenden Eisens war, *mich in den Brunnen zu drängen*? Konnte ich denn der Glut Widerstand leisten? Und wenn ich es gekonnt – mußte ich nicht seiner pressenden Kraft nachgeben? Und jetzt – enger und immer enger schob sich das Viereck zusammen mit einer Schnelligkeit, die mir keine Zeit zum Überlegen ließ. Seine Mitte und also auch sein weitester Raum bildete sich genau über dem gähnenden Abgrund. Ich wich zurück – aber die schließenden Wände preßten mich Schritt um Schritt vorwärts. Endlich gab es für meinen wunden, zuckenden Körper keinen Zoll Raum mehr auf dem festen Boden. Ich kämpfte nicht länger, aber die Todesangst meiner Seele schrie auf in einem einzigen langen, lauten, verzweifelten Schrei. Ich fühlte, wie ich auf dem Brunnenrande wankte – ich wandte die Augen ab.

Ein verworrenes Geräusch wie von Menschenstimmen! Ein lauter Ton wie gewaltiger Trompetenstoß! Ein Dröhnen und Krachen wie tausendfacher Donner! Die feurigen Wände wichen zurück! Ein Arm packte den meinigen, als ich ohnmächtig in den Abgrund zu fallen drohte. Es war der Arm des Generals Lasalla. Die französische Armee war in Toledo eingezogen. Die Inquisition befand sich in den Händen ihrer Feinde.

Die Maske des roten Todes

Lange schon wütete der ›Rote Tod‹ im Lande; nie war eine Pest verheerender, nie eine Krankheit gräßlicher gewesen. Blut war der Anfang, Blut das Ende – überall das Rot und der Schrecken des Blutes. Mit stechenden Schmerzen und Schwindelanfällen setzte es ein, dann quoll Blut aus allen Poren, und das war der Beginn der Auflösung. Die scharlachroten Tupfen am ganzen Körper der unglücklichen Opfer – und besonders im Gesicht – waren des Roten Todes Bannsiegel, das die Gezeichneten von der Hilfe und der Teilnahme ihrer Mitmenschen ausschloß; und alles, vom ersten Anfall bis zum tödlichen Ende, war das Werk einer halben Stunde.

Prinz Prospero aber war fröhlich und unerschrocken und weise. Als sein Land schon zur Hälfte entvölkert war, erwählte er sich unter den Rittern und Damen des Hofes eine Gesellschaft von tausend heiteren und leichtlebigen Kameraden und zog sich mit ihnen in die stille Abgeschiedenheit einer befestigten Abtei zurück. Es war dies ein ausgedehnter prächtiger Bau, eine Schöpfung nach des Prinzen eigenem exzentrischen, aber vornehmen Geschmack. Das Ganze war von einer hohen, mächtigen Mauer umschlossen, die eiserne Tore hatte. Nachdem die Höflingsschar dort eingezogen war, brachten die Ritter Schmelzöfen und schwere Hämmer herbei und schmiedeten die Riegel der Tore fest. Es sollte weder für die draußen wütende Verzweiflung noch für ein etwaiges törichtes Verlangen der Eingeschlossenen eine Türe offen sein. Da die Abtei mit Proviant reichlich versehen war und alle erdenklichen Vorsichtsmaßregeln getroffen worden waren, glaubte die Gesellschaft der Pestgefahr Trotz bieten zu können. Die Welt da draußen mochte für sich selbst sorgen! Jedenfalls schien es unsinnig, sich vorläufig bangen Gedanken hinzugeben. Auch hatte der Prinz für allerlei Zerstreuungen Sorge getragen. Da waren Gaukler und Komödianten, Musikanten und Tänzer – da war Schönheit und Wein. All dies und dazu das Gefühl der Sicherheit war drinnen in der Burg – draußen war der Rote Tod.

Im fünften oder sechsten Monat der fröhlichen Zurückgezogenheit versammelte Prinz Prospero – während draußen die Pest noch mit ungebrochener Gewalt raste – seine tausend Freunde auf einem Maskenball mit unerhörter Pracht. Reichtum und zügellose Lust herrschten auf dem Feste. Doch ich will zunächst die Räumlichkeiten schildern, in denen das Fest abgehalten wurde.

Es waren sieben wahrhaft königliche Gemächer. Im allgemeinen bilden in den Palästen solche Festräume – da die Flügeltüren nach beiden Seiten bis an die Wand zurückgeschoben werden können – eine lange Zimmerflucht, die einen weiten Durchblick gewährt. Dies war hier jedoch nicht der Fall. Des Prinzen Vorliebe für alles Absonderliche hatte die Gemächer vielmehr so zusammengegliedert, daß man von jedem Standort immer nur einen Saal zu überschauen vermochte. Nach Durchquerung jedes Einzelraumes gelangte man an eine Biegung, und jede dieser Wendungen brachte ein neues Bild. In der Mitte jeder Seitenwand befand sich ein hohes, schmales gotisches Fenster, hinter dem eine schmale Galerie den Windungen der Zimmerreihe folgte. Diese Fenster hatten Scheiben aus Glasmosaik, dessen Farbe immer mit dem vorherrschenden Farbenton des betreffenden Raumes übereinstimmte. Das am Ostende gelegene Zimmer zum Beispiel war in Blau gehalten, und so waren auch seine Fenster leuchtend blau. Das folgende Gemach war in Wandbekleidung und Ausstattung purpurn, und auch seine Fenster waren purpurn. Das dritte war ganz in Grün und hatte dementsprechend grüne Fensterscheiben. Das vierte war orangefarben eingerichtet und hatte orangefarbene Beleuchtung. Das fünfte war weiß, das sechste violett. Die Wände des siebenten Zimmers aber waren dicht mit schwarzem Sammet bezogen, der sich auch über die Deckenwölbung spannte und in schweren Falten auf einen Teppich von gleichem Stoffe niederfiel. Und nur in diesem Raume glich die Farbe der Fenster nicht derjenigen der Dekoration: hier waren die Scheiben scharlachrot – wie Blut.

Nun waren sämtliche Gemächer zwar reich an goldenen Ziergegenständen, die an den Wänden entlang standen oder von der Decke herabhingen, kein einziges aber besaß einen Kandelaber oder Kronleuchter. Es gab weder Lampen- noch Kerzenlicht. Statt dessen war draußen auf der an den Zimmern hinlaufenden Galerie vor jedem Fenster ein schwerer Dreifuß aufgestellt, der ein kupfernes Feuerbecken trug, dessen Flamme ihren Schein durch das farbige Fenster hereinwarf und so den Raum schimmernd erhellte. Hierdurch wurden die phantastischsten Wirkungen erzielt. In dem westlichsten oder schwarzen Gemach aber war der Glanz der Flammenglut, der durch die blutig roten Scheiben in die schwarzen Sammetfalten fiel, so gespenstisch und gab den Gesichtern der hier Eintretenden ein derart erschreckendes Aussehen, daß nur wenige aus der Gesellschaft kühn genug waren, den Fuß über die Schwelle zu setzen.

In diesem Gemach befand sich an der westlichen Wand auch eine hohe Standuhr in einem riesenhaften Ebenholzkasten. Ihr Pendel schwang mit dumpfem, wuchtigem, eintönigem Schlag hin und her; und wenn der Minutenzeiger seinen Kreislauf über das Zifferblatt beendet hatte und die Stunde schlug, so kam aus den ehernen Lungen der Uhr ein voller, tiefer, sonorer Ton, dessen Klang so sonderbar ernst und so feierlich war, daß bei jedem Stundenschlag die Musikanten des Orchesters, von einer unerklärlichen Gewalt gezwungen, ihr Spiel unterbrachen, um diesem Ton zu lauschen. So mußte der Tanz plötzlich aussetzen, und eine kurze Mißstimmung befiel die heitere Gesellschaft. So lange die Schläge der Uhr ertönten, sah man selbst die Fröhlichsten erbleichen, und die Älteren und Besonneneren strichen mit der Hand über die Stirn, als wollten sie wirre Traumbilder oder unliebsame Gedanken verscheuchen. Kaum aber war der letzte Nachhall verklungen, so durchlief ein lustiges Lachen die Versammlung. Die Musikanten schämten sich lächelnd ihrer Empfindsamkeit und Torheit, und flüsternd vereinbarten sie, daß der nächste Stundenschlag sie nicht wieder derart aus der Fassung bringen solle. Allein wenn nach wiederum sechzig Minuten (dreitausendsechshundert Sekunden der flüchtigen Zeit) die Uhr von neuem anschlug, trat dasselbe allgemeine Unbehagen ein, dasselbe Bangen und Sinnen wie vordem.

Doch wenn man hiervon absah, war es eine prächtige Lustbarkeit. Der Prinz hatte einen eigenartigen Geschmack bewiesen. Er hatte ein feines Empfinden für Farbenwirkungen. Alles Herkömmliche und Modische war ihm zuwider, er hatte seine eigenen kühnen Ideen, und seine Phantasie liebte seltsame glühende Bilder. Es gab Leute, die ihn für wahnsinnig hielten. Sein Gefolge aber wußte, daß er es nicht wahr. Doch man mußte ihn sehen und kennen, um dessen *gewiß* zu sein.

Die Einrichtung und Ausschmückung der sieben Gemächer war eigens für dieses Fest ganz nach des Prinzen eigenen Angaben gemacht worden, und sein eigener merkwürdiger Geschmack hatte auch den Charakter der Maskerade bestimmt. Gewiß, sie war grotesk genug. Da gab es viel Prunkendes und Glitzerndes, viel Phantastisches und Pikantes. Da gab es Masken mit seltsam verrenkten Gliedmaßen, die Arabesken vorstellen sollten, und andere, die man nur mit den Hirngespinsten eines Wahnsinnigen vergleichen konnte. Es gab viel Schönes und viel Üppiges, viel Übermütiges und viel Groteskes, und auch manch Schauriges – aber nichts, was irgendwie widerwärtig gewirkt hätte. In der Tat, es schien, als wogten in den sieben Gemächern eine Unzahl von Träumen durcheinander. Und diese Träume wanden sich durch die Säle, deren jeder sie mit seinem besonderen Licht umspielte, und die tollen Klänge des Orchesters schienen wie ein Echo ihres Schreitens. Von Zeit zu Zeit aber riefen die Stunden der schwarzen Riesenuhr in dem Sammetsaal, und eine kurze Weile herrschte eisiges Schweigen – nur die Stimme der Uhr erdröhnte. Die Träume erstarrten. Doch das Geläut verhallte – und ein leichtes halbunterdrücktes Lachen folgte seinem Verstummen. Die Musik rauschte wieder auf, die Träume belebten sich von neuem und wogten noch fröhlicher hin und her, farbig beglänzt durch das Strahlenlicht der Flammenbecken, das durch die vielen bunten Scheiben strömte. Aber in das westliche der sieben Gemächer wagte sich jetzt niemand mehr hinein, denn die Nacht war schon weit vorgeschritten, und greller noch floß das Licht durch die blutroten Scheiben und überflammte die Schwärze der düsteren Draperien; wer den Fuß hier auf den dunklen Teppich setzte, dem dröhnte das dumpfe, schwere Atmen der nahen Riesenuhr warnender, schauerlicher ins Ohr als allen jenen, die sich in der Fröhlichkeit der anderen Gemächer umhertummelten.

Diese anderen Räume waren überfüllt, und in ihnen schlug fieberheiß das Herz des Lebens. Und der Trubel rauschte lärmend weiter, bis endlich die ferne Uhr den Zwölfschlag der Mitternacht erschallen ließ. Und die Musik verstummte, so wie früher; und der Tanz wurde jäh zerrissen, und wie früher trat ein plötzlicher unheimlicher Stillstand ein. Jetzt aber mußte der Schlag der Uhr zwölfmal ertönen; und daher kam es, daß jenen, die in diesem Kreis die Nachdenklichen waren, noch trübere Gedanken kamen, und daß ihre Versonnenheit noch länger andauerte. Und daher kam es wohl auch, daß, bevor noch der letzte Nachhall des letzten Stundenschlages erstorben war, manch einer Muße genug gefunden hatte, eine Maske zu bemerken, die bisher noch keinem aufgefallen war. Das Gerücht von dieser neuen Erscheinung sprach sich flüsternd herum, und es erhob sich in der ganzen Versammlung ein Summen und Murren des Unwillens und der Entrüstung – das schließlich zu Lauten des Schreckens, des Entsetzens und höchsten Abscheus anwuchs.

Man kann sich denken, daß es keine gewöhnliche Erscheinung war, die den Unwillen einer so toleranten Gesellschaft erregen konnte. Man hatte in dieser Nacht der Maskenfreiheit zwar sehr weite Grenzen gezogen, doch die fragliche Gestalt war in der Tat zu weit gegangen – über des Prinzen weitgehende Duldsamkeit hinaus. Auch in den Herzen der Übermütigsten gibt es Saiten, die nicht berührt werden dürfen, und selbst für die Verstocktesten, denen Leben und Tod nur Spiel ist, gibt es Dinge, mit denen sie nicht Scherz treiben lassen. Einmütig schien die Gesellschaft zu empfinden, daß in Tracht und Benehmen der befremdenden Gestalt weder Witz noch Anstand sei. Lang und hager war die Erscheinung, von Kopf zu Fuß in Leichentücher gehüllt. Die Maske, die das Gesicht verbarg, war dem Antlitz eines Toten täuschend nachgebildet. Und doch, all dieses hätten die tollen Gäste des tollen Gastgebers, wenn es ihnen auch nicht gefiel, noch hingehen lassen. Aber der Verwegene war so weit gegangen, die Gestalt des ›Roten Todes‹ darzustellen. Sein Gewand war mit Blut besudelt, und seine breite Stirn, das ganze Gesicht sogar, war mit dem scharlachroten Todesspiegel gefleckt.

Als die Blicke des Prinzen Prospero diese Gespenstergestalt entdeckten, die, um ihre Rolle noch wirkungsvoller zu spielen, sich langsam und feierlich durch die Reihen der Tanzenden bewegte, sah man, wie er im ersten Augenblick von einem Schauer des Entsetzens oder des Widerwillens geschüttelt wurde; im nächsten Moment aber rötete sich seine Stirn in Zorn.

»Wer wagt es«, fragte er mit heiserer Stimme die Höflinge an seiner Seite, »wer wagt es, uns durch solch gotteslästerlichen Hohn zu empören? Ergreift und demaskiert ihn, damit wir wissen, wer es ist, der bei Sonnenaufgang an den Zinnen des Schlosses aufgeknüpft werden wird!«

Es war in dem östlichen, dem blauen Zimmer, in dem Prinz Prospero diese Worte rief. Sie hallten laut und deutlich durch alle sieben Gemächer – denn der Prinz war ein kräftiger und kühner Mann, und die Musik war durch eine Bewegung seiner Hand zum Schweigen gebracht worden.

Das blaue Zimmer war es, in dem der Prinz stand, umgeben von einer Gruppe bleicher Höflinge. Sein Befehl brachte Bewegung in die Höflingsschar, als wolle man den Eindringling angreifen, der gerade jetzt ganz in der Nähe war und mit würdevoll gemessenem Schritt dem Sprecher näher trat. Doch das namenlose Grauen, das die wahnwitzige Vermessenheit des Vermummten allen eingeflößt hatte, war so stark, daß keiner die Hand ausstreckte, um ihn aufzuhalten. Ungehindert kam er bis dicht an den Prinzen heran – und während die zahlreiche Versammlung zu Tode entsetzt zur Seite wich und sich in allen Gemächern bis an die Wand zurückdrängte, ging er unangefochten seines Weges, mit den nämlichen feierlichen und gemessenen Schritten wie zu Beginn. Und er schritt von dem blauen Zimmer in das purpurrote – von dem purpurroten in das grüne – von dem grünen in das orangefarbene – und aus diesem in das weiße – und weiter noch in das violette Zimmer, ehe eine entscheidende Bewegung gemacht wurde, um ihn aufzuhalten. Dann aber war es Prinz Prospero, der rasend vor Zorn und Scham über seine eigene unbegreifliche Feigheit die sechs Zimmer durcheilte – er allein, denn von den andern vermochte infolge des tödlichen Schreckens kein einziger ihm zu folgen. Den Dolch in der erhobenen Hand war er in wildem Ungestüm der weiterschreitenden Gestalt bis auf drei oder vier Schritte nahe gekommen, als diese, die jetzt das Ende des Sammetgemaches erreicht hatte, sich plötzlich zurückwandte und dem Verfolger gegenüberstand. Man hörte einen durchdringenden Schrei, der Dolch fiel blitzend auf den schwarzen Teppich, und im nächsten Augenblick sank auch Prinz Prospero im Todeskampf zu Boden.

Nun stürzten mit dem Mute der Verzweiflung einige der Gäste in das schwarze Gemach und ergriffen den Vermummten, dessen hohe Gestalt aufrecht und regungslos im Schatten der schwarzen Uhr stand. Doch unbeschreiblich war das Grauen, das sie befiel, als sie in den Leichentüchern und hinter der Leichenmaske, die sie mit rauhem Griffe packten, nichts Greifbares fanden – sie waren *leer* . . .

Und nun erkannte man die Gegenwart des Roten Todes. Er war gekommen wie ein Dieb in der Nacht. Und einer nach dem andern sanken die Festgenossen in den blutbetauten Hallen ihrer Lust zu Boden und starben – ein jeder in der verzerrten Lage, in der er verzweifelnd niedergefallen war. Und das Leben in der Ebenholzuhr erlosch mit dem Leben des letzten der Fröhlichen. Und die Gluten in den Kupferpfannen verglommen. Und unbeschränkt herrschte über alles mit Finsternis und Verwesung der Rote Tod.

Das Faß Amontillado

Alle die tausend kränkenden Reden Fortunatos ertrug ich, so gut ich konnte, als er aber Beleidigungen und Beschimpfungen wagte, schwor ich ihm Rache. Ihr werdet doch nicht annehmen – ihr, die ihr so gut das Wesen meiner Seele kennt –, daß ich eine Drohung laut werden ließ. *Einmal* würde ich gerächt sein! Aber die Bestimmtheit, mit der ich meinen Entschluß faßte, verbot mir alles, was mein Vorhaben gefährden konnte. Ein Unrecht ist nicht bestraft, wenn den Rächer Vergeltung trifft für seine Rachetat; es ist auch nicht bestraft, wenn es dem Rächer nicht gelingt, sich als solcher seinem Opfer zu zeigen.

Es muß vorausgeschickt werden, daß ich Fortunato weder mit Wort noch Tat Grund gegeben, meine gute Gesinnung anzuzweifeln. Ich war weiter liebenswürdig zu ihm, und er gewahrte nicht, daß mein Lächeln jetzt dem Gedanken seiner Vernichtung galt.

Er hatte eine Schwäche, dieser Fortunato – obschon er in anderer Hinsicht ein geachteter und sogar gefürchteter Mann war. Er brüstete sich damit, daß er ein Weinkenner sei. Nur wenige Italiener besitzen den wahren Kunstverstand. Sie begeistern sich meist nur für eine einzige Sache: für betrügerische Manipulationen gegenüber britischen und österreichischen Millionären. In der Beurteilung von Bildern und Edelsteinen war Fortunato, gleich seinen Landsleuten, ein unwissender Prahlhans, in bezug auf alte Weine aber hatte er ein ehrliches und sicheres Urteil. Hierin stand ich selbst ihm kaum nach; ich kannte die italienischen Weine gut und kaufte viel, sooft sich mir günstige Gelegenheit bot.

Es war in der tollen Karnevalszeit, als ich an einem dämmerigen Abend meinem Freunde begegnete. Er begrüßte mich mit übertriebener Wärme, denn er hatte viel getrunken. Der Mann war maskiert. Er trug ein enganliegendes, zur Hälfte gestreiftes Gewand, und auf seinem Kopfe erhob sich die konisch geformte Narrenkappe. Ich freute mich so sehr, ihn zu sehen, daß ich gar kein Ende finden konnte, ihm die Hand zu schütteln.

Ich sagte zu ihm: »Mein lieber Fortunato, es freut mich, dich zu treffen. Wie prächtig du heute aussiehst – außerordentlich wohl! Doch höre: ich habe ein Faß Wein bekommen, das für Amontillado gilt, und ich habe meine Zweifel.«

»Wie?« sagte er, »Amontillado? Ein Faß? Unmöglich! Und mitten im Karneval?«

»Ich habe meine Zweifel«, erwiderte ich. »Und ich war töricht genug, den vollen Amontillado-Preis zu zahlen, ohne dich erst zu Rate zu ziehen. Du warst nicht zu finden, und ich fürchtete, durch eine Verzögerung den ganzen Handel zu verlieren.«

»Amontillado!«

»Ich habe meine Zweifel.«

»Amontillado!«

»Und ich muß sie zum Schweigen bringen.«

»Amontillado!«

»Da du beschäftigt bist, werde ich Luchesi aufsuchen. Wenn einer ein kritisches Urteil hat, ist er es. Er wird mir sagen –«

»Luchesi kann Amontillado nicht von Sherry unterscheiden!«

»Und doch behaupten so ein paar Narren, daß sein Weinverstand dem deinigen gleichkomme.«

»Komm, laß uns gehen.«

»Wohin?«

»In deine Kellereien.«

»Nein, mein Freund; ich will nicht deine Gutmütigkeit ausnützen. Ich sehe, du bist beschäftigt. Luchesi –«

»Ich bin nicht beschäftigt, komm!«

»Lieber Freund, nein! Es ist ja nicht nur das, daß du etwas anderes vorhattest; du bist ernstlich erkältet. Die Kellergewölbe sind unerträglich feucht. Sie haben eine Salpeterkruste angesetzt.«

»Laß uns trotzdem gehen! Die Erkältung ist nicht der Rede wert. Amontillado! Man hat dich betrogen; und Luchesi – der kann Sherry von Amontillado nicht unterscheiden.«

Mit diesen Worten zog Fortunato mich fort. Ich nahm eine schwarze Seidenmaske vors Gesicht, hüllte mich dicht in meinen Mantel und duldete, daß er mich eilends zu meinem Palazzo geleitete.

Die Dienerschaft war nicht zu Hause; der Karneval hatte sie hinausgelockt. Ich hatte den Leuten gesagt, daß ich nicht vor dem nächsten Morgen heimkommen würde, und ihnen streng verboten, sich aus dem Hause zu rühren. Ich wußte, daß dies genügte, damit alle zusammen, sobald ich ihnen den Rücken wandte, davonliefen.

Ich nahm aus den Ringen an der Wand zwei Fackeln, gab Fortunato eine davon und komplimentierte ihn durch mehrere Zimmerreihen in den Bogengang, der zu den Gewölben führte. Ich schritt eine lange gewundene Treppe hinab und bat ihn, mir vorsichtig zu folgen. Endlich kamen wir unten an und standen zusammen in der feuchten Tiefe der Katakomben der Montresors.

Der Gang meines Freundes war unsicher, und die Schellen an seiner Kappe klingelten bei jedem Schritt.

»Das Faß!« sagte er.

»Das ist weiter hinten«, antwortete ich. »Siehst du das weiße Gewebe, das da ringsum von den Kellermauern leuchtet?«

Er wandte sich mir zu und sah mir in die Augen. Seine Blicke waren feucht von Schnupfen und Trunkenheit.

»Salpeter?« fragte er schließlich.

»Salpeter«, erwiderte ich. »Wie lange hast du schon diesen Husten?«

Er hustete, hustete, hustete. Mein armer Freund konnte minutenlang keine Antwort geben.

»Es ist nichts«, erwiderte er dann.

»Komm«, sagte ich sehr bestimmt, »wir wollen umkehren; deine Gesundheit ist kostbar. Du bist reich, geachtet, bewundert, geliebt; du bist glücklich, wie ich einst war. Du würdest eine Lücke hinterlassen. Um mich ist es nicht schade. Wir wollen umkehren! Du wirst krank werden, und ich kann das nicht verantworten. Übrigens kann ja Luchesi – «

»Genug!« sagte er. »Der Husten ist ganz belanglos; er wird mich nicht umbringen. Ich werde nicht daran zugrunde gehen.«

»Wahr – wahr«, erwiderte ich. »Wirklich, ich hatte nicht die Absicht, dich unnötig zu beunruhigen – aber du solltest die Vorsicht nicht außer acht lassen. Ein Schluck Médoc wird uns vor der Einwirkung der Dünste schützen.«

Bei diesen Worten zog ich aus einer langen Flaschenreihe, die längs der Mauer auf der Erde lag, eine Flasche hervor und schlug ihr den Hals ab.

»Trink«, sagte ich und bot ihm den Wein. Er setzte ihn an die Lippen. Er hielt inne und nickte mir vertraulich zu; seine Glöckchen klingelten.

»Ich trinke«, sagte er, »auf die Toten, die hier unten ruhen.«

»Und ich auf dein langes Leben!«

Er nahm von neuem meinen Arm, und wir gingen weiter.

»Diese Gewölbe«, sagte er, »sind weitläufig.«

»Die Montresors«, erwiderte ich, »waren eine große und zahlreiche Familie.«

»Ich vergaß dein Wappenzeichen.«

»Ein riesiger goldener Fuß in blauem Felde; der Fuß zertritt eine sich bäumende Schlange, deren Zähne ihm in der Ferse sitzen.«

»Und das Motto?«

»*Nemo me impune lacessit.*«

»Gut!« sagte er.

Der Wein flackerte aus seinen Augen, und die Glöckchen klingelten. Auch mir stieg der Médoc zu Kopfe. Wir waren an einer ganzen Reihe aufgestapelter Skelette und Fässer vorbei bis in den entferntesten Teil der Katakomben gelangt. Ich blieb wieder stehen, und diesmal wagte ich es, Fortunato am Arm zu rütteln.

»Der Salpeter!« sagte ich. »Sieh, wie es immer mehr wird. Er hängt an den Wölbungen wie Moos. Wir sind unter dem Flußbett. Die Nässe tropft durch die Skelette. Komm, wir wollen umkehren, ehe es zu spät ist. Dein Husten –«

»Nicht der Rede wert«, sagte er; »laß uns weitergehen. Vorher aber . . . noch einen Schluck Médoc.«

Ich schlug einer Flasche de Grave den Hals ab und reichte sie ihm. Er leerte sie mit einem Zug. In seinen Augen flackerte ein wildes Licht. Er lachte und warf die Flasche mit einer seltsamen Bewegung zur Decke – eine Geste, die ich nicht verstand.

Ich sah ihn verwundert an. Er wiederholte die absonderliche Geste.

»Du verstehst nicht?« fragte er.

»Nicht im geringsten«, antwortete ich.

»Du gehörst nicht zur Bruderschaft!«

»Wie?«

»Du bist kein Maurer.«

»Ja, ja«, sagte ich. »Jawohl, ja.«

»Du? Unmöglich! Ein Maurer?«

»Ein Maurer«, antwortete ich.

»Ein Zeichen!« sagte er.

»Hier ist es«, erwiderte ich, aus den Falten meines Überwurfs eine Maurerkelle hervorziehend.

»Du spaßest«, rief er aus und wich vor mir zurück. »Aber komm weiter zum Amontillado!«

»Gut also«, sagte ich, nahm die Kelle wieder unten den Mantel und bot ihm den Arm. Er lehnte sich schwer darauf. Wir setzten unseren Weg fort. Wir gingen durch mehrere niedere Bogengänge, gingen hinab, hinauf und wieder hinab, und betraten nun eine tiefe Gruft, wo die Luft so modrig war, daß unsere Fackeln nicht mehr flammten, sondern nur noch schwelten.

Am entlegensten Ende der Gruft kam eine andere, kleinere zum

Vorschein. An ihren Wänden waren bis zur Decke hinauf Menschenknochen aufgestapelt gewesen, ähnlich wie in den großen Katakomben von Paris. Drei Seiten dieser innersten Gruftkammer waren noch jetzt so geschmückt.

Von der vierten waren die Knochen weggeräumt; sie lagen auf dem Boden herum und waren an einer Stelle zu einem Haufen aufgetürmt. Inmitten der so bloßgelegten Mauer bemerkten wir noch eine letzte Höhlung. Sie war etwa vier Fuß tief, drei Fuß breit und sechs bis sieben Fuß hoch. Sie schien nicht zu irgendeinem besonderen Zwecke gemacht worden zu sein, sondern bildete lediglich den Zwischenraum zwischen drei der mächtigen Stützpfeiler, die die Deckenwölbung der Katakomben trugen; ihre Rückwand wurde von einer der massiven Granitmauern gebildet.

Vergeblich hob Fortunato seine trübe Fackel, um in die Tiefe der Höhlung zu spähen. Das schwache Licht gestattete nicht, die Rückwand zu erblicken.

»Geh weiter«, sagte ich. »Hier drin ist der Amontillado. Übrigens könnte Luchesi –«

»Er ist ein Dummkopf«, fiel mir mein Freund ins Wort, während er unsicher vorwärts schritt; ich folgte ihm auf den Fersen. Einen Augenblick später hatte er das Ende der Höhlung erreicht; verdutzt stand er vor der Mauer, die ihm Halt gebot. Und noch einen Augenblick später hatte ich ihn an den Granit gefesselt. In der Mauer befanden sich auf gleicher Höhe und in zwei Fuß Entfernung voneinander zwei Schließhaken; an einem derselben hing eine kurze Kette, am andern ein Vorlegeschloß. Ich warf die Kette um Fortunatos Leib und befestigte sie im Schloß. Das Ganze war das Werk weniger Sekunden. Er war zu verblüfft, um Widerstand entgegenzusetzen. Ich zog den Schlüssel ab und trat aus der Nische zurück.

»Streich mit der Hand über die Mauer«, sagte ich. »Du wirst den Salpeter fühlen. Wahrhaftig, es ist *bedenklich* feucht darin. Noch einmal: laß dich *beschwören*, umzukehren! Nein? Dann muß ich dich wirklich verlassen. Aber zuerst muß ich dir noch alle die kleinen Aufmerksamkeiten erweisen, die in meiner Macht stehen.«

»Der Amontillado!« rief mein Freund, der sich von seinem Erstaunen noch nicht erholt hatte.

»Wahr«, erwiderte ich; »der Amontillado.«

Bei diesen Worten machte ich mir am Knochenhaufen zu schaffen, von dem ich vorhin gesprochen habe. Ich warf die Knochen beiseite und legte bald eine Anzahl Bausteine und ein Häufchen Mörtel bloß. Mit diesen Materialien und mit Hilfe der Maurerkelle begann ich, eilig den Eingang der Nische zuzumauern.

Ich hatte kaum die erste Reihe des Mauerwerks errichtet, als ich entdeckte, daß Fortunatos Betrunkenheit sehr nachgelassen hatte. Das erste Anzeichen dafür gab mir ein leiser klagender Schrei, der aus der Tiefe der Höhlung kam. Es war *nicht* der Schrei eines Betrunkenen. Dann folgte ein langes eigensinniges Schweigen. Ich mauerte eine zweite Reihe – und eine dritte und vierte; und dann hörte ich das wütende Stoßen und Schwingen der festgespannten Kette. Das Geräusch dauerte mehrere Minuten, während welcher ich, um besser lauschen zu können, meine Arbeit einstellte und mich auf den Knochenhaufen setzte. Als das hastige Klirren endlich aufhörte, ergriff ich von neuem die Kelle und vollendete ohne Unterbrechung die fünfte, die sechste und die siebente Reihe. Der Wall war nun fast in gleicher Höhe mit meiner Brust. Ich hielt von neuem inne, hob die Fackel über das Mauerwerk und warf damit ein paar schwache Strahlen auf die Gestalt da drinnen.

Da stieß der Gefesselte plötzlich wilde Schreie aus – viele laute gellende Schreie, die mich zurücktaumeln machten. Einen Augenblick zögerte ich – zitterte ich. Ich zog den Degen und stach damit in das Dunkel der Nische hinein. Doch nach kurzer Überlegung beruhigte ich mich wieder. Ich legte die Hand auf das massige Gemäuer der Katakomben und war befriedigt. Ich trat wieder an meine Mauer. Ich antwortete auf das Geheul des Rufenden. Ich ahmte es nach – verstärkte es – übertönte es. Das tat ich eine Weile, und der Schreier wurde still.

Es war jetzt Mitternacht, und meine Arbeit nahte sich ihrem Ende. Ich hatte die achte, die neunte und die zehnte Reihe vollendet. Ich hatte einen Teil der elften und letzten Reihe beendet; es blieb nur noch ein einziger Stein einzusetzen und festzumauern. Ich rang mit seinem Gewicht. Ich hob ihn an seinen Platz, konnte ihm jedoch nicht sogleich eine richtige Lage geben. Jetzt kam aus der Nische ein leises Lachen, das mir die Haare auf dem Kopf zu Berge stehen machte. Dann sprach eine traurige Stimme, die ich nur schwer als die Stimme des edlen Fortunato erkennen konnte. Die Stimme sagte:

»Ha ha ha – he he – wahrhaftig ein guter Spaß, wir werden im Palazzo noch oft darüber lachen – he he he – über unsern Wein – he he he!«

»Den Amontillado!« sagte ich.

»He he he – – he he – ja, den Amontillado. Aber ist es nicht schon spät? Werden sie uns nicht im Palazzo erwarten? Die Lady Fortunato und die andern? Laß uns gehen.«

»Ja«, sagte ich, »laß uns gehen.«

»Bei der Liebe Gottes, Montresor!«

»Ja«, sagte ich, »bei der Liebe Gottes!«

Aber auf diese Worte erwartete ich vergeblich eine Antwort. Ich wurde ungeduldig, ich rief laut:

»Fortunato!«

Keine Antwort.

Ich rief wieder:

»Fortunato!«

Noch keine Antwort.

Ich nahm seine Fackel, stieß sie durch die Öffnung und ließ sie drinnen zu Boden fallen. Als Antwort kam nur ein Klingeln der Schellen. Mein Herz wurde schwer – infolge der Moderluft in den Katakomben. Ich beeilte mich, meine Arbeit zu beenden. Ich zwang den letzten Stein in seine richtige Lage. Ich mauerte ihn ein. Gegen das neue Mauerwerk türmte ich den alten Knochenwall auf. Seit einem halben Jahrhundert hat kein Sterblicher ihn angerührt. *In pace requiescat!*

Die schwarze Katze

Daß man den so unheimlichen und doch so natürlichen Geschehnissen, die ich jetzt berichten will, Glauben schenkt, erwarte ich nicht, verlange es auch nicht. Ich müßte wirklich wahnsinnig sein, wenn ich da Glauben verlangen wollte, wo ich selbst das Zeugnis meiner eigenen Sinne verwerfen möchte. Doch wahnsinnig bin ich nicht – und sicherlich träume ich auch nicht. Morgen aber muß ich sterben, und darum will ich heute meine Seele entlasten. Aller Welt will ich kurz und sachlich eine Reihe von rein häuslichen Begebenheiten enthüllen, deren Wirkungen mich entsetzt – gemartert – vernichtet haben. Ich will jedoch nicht versuchen, sie zu deuten. Mir brachten sie die fürchterlichste Qual – anderen werden sie vielleicht nicht mehr scheinen als groteske Zufälligkeiten. Es ist wohl möglich, daß später einmal irgendein besonderer Geist sich findet, der meine anscheinend phantastischen Berichte als nüchterne Selbstverständlichkeiten zu erklären vermag – ein klarer und scharfer Geist, weniger exaltiert als ich, der in den Umständen, die ich mit bebender Scheu enthülle, nichts weiter sieht als die einfache Folge ganz natürlicher Ursachen und Wirkungen.

Seit meiner Kindheit galt ich als ein weichherziger und anschmiegsamer Mensch. Ja, meine hingebende Herzlichkeit trat so offen hervor, daß sie oft den Spott meiner Kameraden herausforderte. Da ich eine ganz besondere Zuneigung für die Tiere empfand, beglückten mich meine Eltern gern mit allerlei Lieblingen. Mit diesen verbrachte ich all meine freie Zeit, und nie war ich glücklicher, als wenn ich sie fütterte und liebkoste. Diese Liebhaberei wuchs mit mir heran, und noch im Mannesalter war sie mir eine Hauptquelle meiner Freuden. Wer jemals für einen treuen und klugen Hund wahre Zärtlichkeit hegte, den brauche ich nicht auf die innige Dankbarkeit, die das Tier uns dafür entgegenbringt, hinzuweisen. In der selbstlosen und opferfreudigen Liebe eines Tieres ist etwas, das jedem tief zu Herzen gehen muß, der je Gelegenheit hatte, die armselige ›Freundschaft‹ und geschwätzige Treue des ›erhabenen‹ Menschen zu erproben.

Ich heiratete früh und war herzlich froh, in meinem Weibe ein mir verwandtes Gemüt zu finden. Als sie meine Liebhaberei für allerlei zahmes Getier erkannt hatte, versäumte sie keine Gelegenheit, solche Hausgenossen der angenehmsten Art anzuschaffen. Wir besaßen Vögel, Goldfische, einen schönen Hund, Kaninchen, einen kleinen Affen und – eine Katze.

Diese letztere war ein auffallend großes und schönes Tier, ganz schwarz und erstaunlich klug. Wenn wir auf ihre Intelligenz zu sprechen kamen, gedachte meine Frau, die übrigens nicht im geringsten abergläubisch war, manchmal des alten Volksglaubens, daß Hexen oft die Gestalt schwarzer Katzen anzunehmen pflegen. Nicht, daß sie damit jemals eine ernstliche Anspielung hätte machen wollen – ich erwähne es nur, weil ich gerade jetzt daran denken mußte.

Die Katze war mein bevorzugter Freund und Spielkamerad. Ich selbst fütterte sie, und wo ich im Hause stand und ging, war sie bei mir. Nur schwer konnte ich sie davon zurückhalten, mir auch auf die Straße zu folgen.

So bestand und bewährte sich unsere Freundschaft mehrere Jahre lang. In dieser Zeit aber hatte mein Charakter infolge meiner teuflischen Trunksucht – ich erröte bei diesem Bekenntnis – eine völlige Wandlung zum Bösen durchgemacht. Ich wurde von Tag zu Tag mürrischer, reizbarer, rücksichtsloser gegen die Gefühle anderer. Ich erlaubte mir selbst meiner Frau gegenüber rohe Worte. Schließlich schlug ich sie sogar. Meine Tiere mußten unter meiner Verkommenheit selbstverständlich ganz besonders leiden. Ich vernachlässigte sie nicht nur, sondern mißhandelte sie auch. Auf die Katze indessen nahm ich noch immer so viel Rücksicht, daß ich sie nicht ebenso schlecht behandelte wie die Kaninchen, den Affen und auch den Hund, die ich bei jeder Gelegenheit mißhandelte, wenn sie mir zufällig oder aus alter Anhänglichkeit in den Weg liefen. Doch mein Leiden wuchs – denn welches Leiden ist lebenszäher als der Hang zum Alkohol! –, und endlich mußte selbst die Katze, die jetzt alt und daher etwas grämlich wurde, die Ausbrüche meiner Übellaunigkeit fühlen.

Eines Nachts, als ich schwer betrunken aus einer meiner Schnapsspelunken nach Hause kam, schien es mir so, als ob die Katze mir ausweiche. Ich packte sie – und da, wahrscheinlich erschreckt durch meine Heftigkeit, riß sie mir mit den Zähnen eine leichte Schramme über die Hand. Im Augenblick geriet ich in wahnsinnige Wut. Ich war nicht mehr ich selbst. Mein wahres Wesen war plötzlich entflohen, und an seiner Stelle spannte eine viehische, trunkene Bosheit jeden Nerv in mir. Ich nahm aus der Westentasche ein Federmesser, öffnete es, riß das arme Tier am Halse empor und bohrte bedachtsam eins seiner Augen aus der Augenhöhle heraus! – Die brennende Glut der Scham und kalte Schauer des Entsetzens überfallen mich jetzt, da ich jener höllischen Verruchtheit gedenke.

Am andern Morgen, nachdem ich meinen Rausch verschlafen hatte und mir die Vernunft zurückgekehrt war, empfand ich halb Grauen, halb Reue über das Verbrechen, dessen ich mich schuldig gemacht hatte; aber es war das nur ein schwaches, oberflächliches Gefühl, und meine Seele blieb unbewegt. Ich stürzte mich aufs neue in wüste Ausschweifungen, und bald war im Wein jede Erinnerung an meine Untat ersäuft.

Inzwischen erholte sich die Katze langsam. Die leere Augenhöhle bot allerdings einen schrecklichen Anblick, aber Schmerzen schien das Tier nicht mehr zu haben. Wie früher ging es im Hause umher, floh aber, wie nicht anders zu erwarten, in wahnsinniger Angst davon, sobald ich in seine Nähe kam. Es war mir noch immer so viel von meinem Gefühl geblieben, daß ich diese offenbare Abneigung eines Geschöpfes, das mich vordem so geliebt hatte, anfangs schmerzlich empfand. Doch dieses Empfinden wich bald einem anderen – der Erbitterung. Und dann kam, wie zu meiner endgültigen und unaufhaltsamen Vernichtung, noch der Geist des *Eigensinns* hinzu. Diesen Geist beachtet die Philosophie nicht, und dennoch bin ich wie von dem Leben meiner Seele davon überzeugt, daß Eigensinn eine der ursprünglichsten Regungen des menschlichen Wesens ist – eine der elementaren, primären Eigenschaften oder Empfindungen, die dem Charakter des Menschen seine Richtung geben. Wer hat nicht schon hundertmal eine gemeine oder dumme Handlung begangen, einzig und allein weil er wußte, daß er eigentlich *nicht* so handeln sollte! Haben wir nicht eine beständige Neigung, das *Gesetz* zu übertreten, nur weil wir eben wissen, daß es ›Gesetz‹ ist? Ich sage, dieser Geist des Eigensinns war es, der mich endgültig umwarf. Es war jene unergründliche Gier der Seele, sich selbst zu quälen und im Trotz gegen ihre erhabene Reinheit allein um des Bösen willen das Böse zu tun, die mich antrieb, meine Schuld an der wehrlosen Katze noch zu erweitern, so weit nur eben möglich. So legte ich ihr eines Morgens eine Schlinge um den Hals und knüpfte sie an einem Baumast auf; ich erhängte sie unter strömenden Tränen und bittersten Gewissensqualen; erhängte sie, eben *weil* ich wußte, daß sie mich geliebt hatte, und *weil* ich fühlte, daß sie mir keinen Grund zu dieser Greueltat gegeben hatte; erhängte sie, *weil* ich wußte, daß ich damit eine Sünde beging – eine Todsünde, die meine unsterbliche Seele so befleckte, daß, wenn irgendeine Sünde *nicht* vergeben werden könnte, die unendliche Gnade des allbarmherzigen Gottes sich *meiner* Seele nicht erbarmen könnte.

In der auf diese grausame Tat folgenden Nacht wurde ich durch Feuerlärm aus dem Schlafe aufgeschreckt. Meine Bettvorhänge brannten. Das ganze Haus stand in Flammen. Mit knapper Not entrannen wir, meine Frau, unsere Magd und ich, dem Feuertode. Alles wurde vernichtet. Meine ganze irdische Habe war dahin, und ich überließ mich von nun an haltloser Verzweiflung.

Ich habe nicht die Schwäche, zwischen meiner Schandtat und diesem Unglück einen Zusammenhang, wie etwa Ursache und Wirkung, suchen zu wollen. Da ich aber eine Kette von Tatsachen anführe, so glaube ich, auch das allerkleinste Glied nicht unerwähnt lassen zu dürfen. An dem Tage nach dem Brande besichtigte ich die Trümmerstätte. Die Mauern waren bis auf eine eingestürzt. Dies war eine nicht sehr starke Scheidewand, ungefähr aus der Mitte des Hauses, gegen die das Kopfende meines Bettes gelehnt hatte. Sie hatte der Einwirkung des Feuers hartnäckig widerstanden, eine Tatsache, die ich dem Umstand zuschrieb, daß dort der Bewurf erst kürzlich erneuert worden war. Vor dieser Mauer stand eine dichte Menschenmenge, und einzelne Personen schienen eine bestimmte Stelle eingehend und aufmerksam zu untersuchen. Die Worte ›sonderbar!‹ ›seltsam!‹ und andere ähnliche Ausrufe erregten meine Neugier. Ich trat heran – und sah auf die helle Fläche eingedrückt das Reliefbild einer großen Katze. Der Abdruck war erstaunlich naturgetreu. Um den Hals des Tieres lag ein Strick.

Als ich zuerst diesen Höllenspuk erblickte – denn für etwas anderes konnte ich es nicht halten –, geriet ich außer mir vor Staunen und Entsetzen. Schließlich aber kam mir die Überlegung zu Hilfe. Der Garten, in dem ich die Katze erhängt hatte, lag dicht bei dem Hause. Auf den Feuerlärm hin war sofort eine Menschenmenge in den Garten eingedrungen, und irgendeiner mußte dort das Tier abgeschnitten und durch das offenstehende Fenster in mein Zimmer geworfen haben, wahrscheinlich in der guten Absicht, mich dadurch aus dem Schlaf zu wecken. Durch stürzendes Mauerwerk war das Opfer meiner Grausamkeit in die Masse des frisch aufgetragenen Bewurfs eingedrückt worden, und der Kalk dieses letzteren in Verbindung mit der Brandglut und dem Ammoniak des Kadavers hatten dann das Reliefbild so wunderbar geprägt, wie es nun zu sehen war.

Obgleich ich dieser eigenen vernünftigen Erklärung bereitwillig Glauben schenkte, konnte mein Gewissen sich nicht so leicht beruhigen, und das Ereignis lastete schwer auf meiner Seele. Monatelang beschäftigte sich meine Phantasie mit der Katze, und es erwachte in mir ein Gefühl, das beinahe Reue sein konnte. Es kam so weit, daß ich den Verlust des Tieres bedauerte und mich in den Spelunken, in denen ich mich jetzt meistens herumtrieb, nach einer anderen Katze umsah, die der ermordeten möglichst ähnlich sein und deren Platz bei mir ausfüllen sollte.

Als ich einmal in der Nacht halb stumpfsinnig vor Trunkenheit in einer ganz gemeinen Schnapskneipe saß, wurde ich plötzlich auf einen schwarzen Gegenstand aufmerksam, der oben auf einem riesenhaften Oxhoft Branntwein oder Rum, dem Hauptmöbel der dunstigen Höhle, thronte. Da ich schon einige Minuten lang stier auf die Höhe des Fasses geblickt hatte, war ich jetzt erstaunt darüber, daß ich den Gegenstand dort oben nicht schon früher bemerkt hatte. Es war eine schwarze Katze – eine sehr große – gerade so groß wie die ermordete und dieser auch in allem ähnlich – bis auf eins: die meine hatte nicht ein einziges weißes Haar an ihrem ganzen Körper, diese Katze aber hatte einen großen, allerdings nicht scharf abgegrenzten weißen Fleck, der fast die ganze Brust bedeckte.

Als ich sie berührte, erhob sie sich sofort, schnurrte laut, rieb sich an meiner Hand und schien von der Beachtung, die ich ihr schenkte, entzückt zu sein. Das war also ganz ein Geschöpf, wie ich es suchte. Ich bot dem Wirt sofort an, ihm das Tier abzukaufen; der aber erhob keinen Anspruch auf die Katze: er kenne sie gar nicht – habe sie nie vorher gesehen.

Ich liebkoste das Tier, und als ich mich zum Heimgehen anschickte, zeigte es Lust, mich zu begleiten. Das erlaubte ich ihm. Unterwegs beugte ich mich manchmal zu ihm nieder und streichelte es. In meinem Hause fühlte sich die Katze sofort heimisch, und auch mit meiner Frau war sie vom ersten Tage an sehr befreundet.

In mir aber regte sich bald eine Abneigung gegen die Katze; das war gerade das Gegenteil dessen, was ich erwartet hatte, aber – ich weiß nicht, wie und weshalb es so kam – ihre aufdringliche Liebe zu mir war mir unangenehm, ja sogar zuwider. Nach und nach steigerte sich dieses Gefühl der Abneigung und des Ekels bis zu bitterstem Haß. Ich ging dem Vieh aus dem Wege; was mich davon zurückhielt, es zu mißhandeln, war allein ein gewisses Schamgefühl und die Erinnerung an meine frühere Greueltat. Einige Wochen lang konnte ich mich noch so weit beherrschen, die Katze weder zu schlagen noch sonstwie absichtlich schlecht zu behandeln, aber allmählich – mit jedem Tage mehr – sah ich sie nur noch mit unaussprechlichem Abscheu und floh bei ihrem unerträglichen Anblick entsetzt davon, wie vor dem Gifthauch der Pestilenz.

Was meinen Haß gegen das Katzenvieh zweifellos genährt hatte, war eine Entdeckung gewesen, die ich sofort, nachdem ich es zu mir genommen, gemacht hatte – die Entdeckung, daß es, wie die erste Katze, um eins seiner Augen beraubt war. Für meine Frau hingegen, die, wie ich schon sagte, jene unendliche Herzensgüte besaß, die auch mich einst auszeichnete und mir viele reine und harmlose Freuden gebracht hatte, war dies nur ein Grund mehr, das Tier zu lieben.

Mit meiner Abneigung gegen die Katze schien deren Vorliebe für mich nur zu wachsen. Sie folgte meinen Schritten mit einer unbeschreiblichen Beharrlichkeit, von der man sich kaum einen Begriff machen kann. Wenn ich mich setzte, kroch sie unter meinen Stuhl oder sprang auf meine Knie und belästigte mich mit ihren widerwärtigen Liebkosungen. Wenn ich aufstand, um fortzugehen, lief sie mir zwischen die Beine, so daß ich in Gefahr geriet, hinzufallen, oder sie hing sich mit ihren langen und scharfen Krallen in meine Kleider und kletterte mir bis zur Brust hinauf. Obwohl ich mich dann stets versucht fühlte, sie mit einem Faustschlag umzubringen, schreckte ich doch davor zurück, teils im Gedanken an mein früheres Verbrechen, hauptsächlich aber – ich will es nur gleich bekennen – aus sinnloser Angst vor der Bestie.

Diese Angst war nicht gerade Furcht davor, daß mir das Tier irgendeine Verletzung zufügen könnte, aber ich wüßte auch nicht, wie ich sie anders erklären sollte. Ich kann nur mit Beschämung gestehen – ja, selbst in dieser Verbrecherzelle schäme ich mich dessen –, daß die Gefühle des Schreckens und Entsetzens, die das Tier in mir hervorrief, durch ein Hirngespinst, wie man sich kaum eines närrischer denken kann, maßlos gesteigert wurden. Meine Frau hatte mich mehr als einmal auf die Form des weißen Brustfleckes aufmerksam gemacht, von dem ich bereits gesprochen habe, und der das einzig sichtbare Unterscheidungsmerkmal zwischen dieser fremden und der von mir umgebrachten Katze bildete. Man wird sich meiner obigen Beschreibung entsinnen, wonach dieser Fleck, obschon er ziemlich groß war, ursprünglich nur undeutlich hervortrat; doch nach und nach, in kaum merklich fortschreitendem Wachstum – einem Vorgang, den meine Vernunft lange Zeit als reine Augentäuschung zu verwerfen strebte –, wurde dieses Zeichen in scharfen Umrissen deutlich sichtbar. Es hatte nun die Form eines

Gegenstandes, den ich nur mit Grausen nennen kann und dessen Abbild mich mehr als alles andere schreckte und entsetzte, so daß ich das Scheusal am liebsten umgebracht hätte, wenn ich nur den Mut dazu hätte finden können. Es war das Bild – so sei es denn herausgesagt – eines *Galgens!* – O schrecklich drohendes Werkzeug des greuelhaften Mordens – des martervollen Todes!

Und jetzt war ich wirklich elend – elend weit über alles Menschenelend hinaus. Und ein vernunftloses Vieh – von dessen Geschlecht ich eines verächtlich umgebracht hatte – ein vernunftloses Vieh konnte *mich* – mich, den Menschen, das Ebenbild Gottes – so unsäglich elend machen! Ach, ich kannte nicht mehr den Segen der Ruhe, weder bei Tag noch bei Nacht! Bei Tage ließ das Tier mich nicht einen Augenblick allein, und in der Nacht fuhr ich fast jede Stunde aus qualvollen Angstträumen empor, um den heißen Atem des Viehes über mein Gesicht wehen zu fühlen und den Druck seines schweren Gewichts – wie die Verkörperung eines Alpgespenstes, das ich nicht abzuschütteln vermochte – auf meiner Brust zu tragen.

Unter der Wucht solcher Qualen erlag in mir der schwache Rest des Guten. Böse Gedanken wurden die Vertrauten meiner Seele – schwarze, ekle Höllengedanken! Meine bisherige Stimmung schwoll an zu bösem Haß gegen alles in der Welt und gegen die ganze Menschheit; und meistens war es nun, ach! mein schweigend duldendes Weib, die das unglückliche Opfer meiner häufigen, plötzlichen und zügellosen Wutausbrüche wurde.

Eines Tages begleitete sie mich irgendeines häuslichen Geschäftes wegen in den Keller des alten Gebäudes, das wir in unserer Armut zu bewohnen genötigt waren. Die Katze folgte mir die Stufen der steilen Treppe hinab und war mir dabei so hinderlich, daß ich beinahe kopfüber hinuntergestürzt wäre. Das machte mich rasend. In sinnlosem Zorn vergaß ich die kindische Furcht, die meine Hand bisher zurückgehalten hatte, ergriff eine Axt und führte einen Hieb nach dem Tier, der augenblicklich tödlich gewesen wäre, wenn er sein Ziel getroffen hätte. Aber meine Frau fiel mir in den Arm. Diese Einmischung brachte mich in wahrhaft teuflische Wut. Ich entwand mich ihrem Griff und schlug die Axt tief in ihren Schädel ein. Sie brach lautlos zusammen.

Nachdem dieser gräßliche Mord geschehen war, machte ich mich sogleich und mit voller Überlegung daran, den Leichnam zu verbergen. Ich wußte, daß ich ihn weder am Tage noch in der Nacht aus dem Hause schaffen konnte, ohne dabei Gefahr zu laufen, von den

Nachbarn beobachtet zu werden. Mancherlei Pläne schossen mir durch den Sinn. Zuerst dachte ich daran, den Körper in kleine Stücke zu zerhacken und diese durch Feuer zu vernichten. Dann beschloß ich, ihm im Boden des Kellers ein Grab zu graben. Ich überlegte mir aber auch, ob ich ihn nicht lieber im Hof in den Brunnen werfen sollte – oder ob ich ihn wie eine Ware in eine mit unauffälligen Aufschriften versehene Kiste packen und diese durch einen Träger fortschaffen lassen sollte. Endlich kam ich auf einen Gedanken, der mir der richtige Ausweg zu sein schien: ich entschloß mich, die Leiche in den Keller einzumauern – ganz so, wie es alten Erzählungen zufolge die Mönche des Mittelalters mit ihren bedauernswerten Opfern gemacht haben mochten.

Zur Ausführung gerade dieses Plans war der Keller sehr geeignet. Die Mauern waren leicht gebaut und erst kürzlich mit einem groben Mörtel beworfen worden, der infolge der Feuchtigkeit der Kellerluft noch nicht hart geworden war. Überdies war an einer der Mauern ein Vorsprung, hinter dem sich ein unbenutzter Rauchschlot oder eine Feuerstelle befand und der neuerdings wieder ausgefüllt und den übrigen Wänden des Kellers gleichgemacht worden war. Ich zweifelte nicht daran, daß es mir leicht möglich sein würde, an dieser Stelle die Ziegelsteine herauszunehmen, den Leichnam in die Höhlung hineinzubringen und die Wand wieder zuzumauern, so daß kein Mensch etwas Verdächtiges entdecken könnte.

Und diese Berechnung täuschte mich nicht. Mit Hilfe eines Brecheisens gelang es mir mühelos, die Steine zu lockern; nachdem ich den Leichnam mit aller Vorsicht aufrecht gegen die innere Wand gelehnt hatte, stützte ich ihn in dieser Stellung fest und füllte das Mauerloch ohne Schwierigkeit wieder aus, genau so, wie es zuvor gewesen war. Ich hatte mir in aller Stille Mörtel, Sand und Haar zu verschaffen gewußt und stellte daraus einen Bewurf her, der von dem der anderen Wände nicht zu unterscheiden war; mit diesem bestrich ich sehr sorgfältig die neue Vermauerung. Als ich damit fertig war, fand ich zu meiner Befriedigung, daß nun alles in Ordnung sei. Man sah der Mauer nicht im geringsten an, daß sie aufgebrochen worden war. Den Schutt am Boden hatte ich mit peinlichster Sorgfalt entfernt. Triumphierend sah ich auf mein Werk und sagte zu mir selbst: »Hier wenigstens ist deine Arbeit nicht umsonst gewesen.«

Das nächste, was ich nun tat, war, mich nach der Bestie umzusehen, die so viel Elend veranlaßt hatte, denn ich hatte ihr inzwischen längst das Urteil gesprochen: sie mußte sterben! Hätte sie sich jetzt vor mir blicken lassen, so wäre es zweifellos sofort um sie geschehen gewesen; aber es schien, als ob das verschlagene Tier, noch beunruhigt durch meinen heftigen Wutanfall, es mit Absicht vermied, mir in meiner gegenwärtigen Stimmung vor die Augen zu kommen. Es ist unmöglich zu beschreiben oder auch nur sich vorzustellen, wie tief beruhigend das Gefühl der Erlösung war, das ich über die Abwesenheit der verhaßten Katze empfand. Auch in der Nacht ließ sie sich nicht blicken – und so schlief ich, seitdem ich sie in mein Haus gebracht hatte, wenigstens eine Nacht hindurch tief und ruhig; ja, ich *schlief*, selbst mit der Last des Mordes auf der Seele.

Der zweite und der dritte Tag vergingen, ohne daß mein Quälgeist zurückkehrte. Ich atmete wieder auf wie ein Befreiter. Der Schrekken hatte das Ungeheuer für immer vertrieben. Ich sollte es nie mehr erblicken! Meine Seligkeit war grenzenlos! Das Bewußtsein meiner schwarzen Tat störte mich nur wenig. Ein paar Nachfragen, die erhoben worden waren, hatte ich schlagfertig beantwortet. Selbst eine Haussuchung hatte stattgefunden – aber natürlich war nichts zu entdecken gewesen. Ich brauchte also für die Zukunft nichts mehr zu befürchten.

Am vierten Tage nach dem spurlosen Verschwinden meiner Frau kam ganz unerwartet eine Polizeikommission und begann von neuem, alle Räumlichkeiten gründlich zu durchsuchen. Ich war jedoch nicht im geringsten darüber beunruhigt, da ich sicher war, daß die Leiche in ihrem geheimen Versteck nicht entdeckt werden konnte. Die Beamten forderten mich auf, sie bei der Durchsuchung zu begleiten. Sie übersahen keinen Winkel, kein Versteck. Schließlich stiegen sie zum dritten- oder viertenmal in den Keller hinab. Ich blieb ruhig wie Stein. Mein Herz schlug so friedlich wie das eines Menschen, der in Unschuld schläft. Ich folgte den Herren von einem Ende des Kellers bis zum andern. Die Arme über der Brust verschränkt, ging ich festen Schrittes einher. Die Beamten waren vollkommen beruhigt und schickten sich an, fortzugehen. Die Freude meines Herzens war zu groß – ich mußte sie irgendwie äußern! Ich brannte darauf, wenigstens ein Wort des Triumphes auszurufen, das zugleich aber auch die Herren in ihrer Überzeugung von meiner Unschuld bestärken sollte.

»Meine Herren«, sagte ich, als sie bereits wieder die Kellerstufen emporstiegen, »ich bin entzückt, Ihren Verdacht zerstreut zu haben. Ich wünsche Ihnen viel Glück und ein wenig mehr Höflichkeit. Nebenbei bemerkt, meine Herren, dies – dies ist ein sehr gut gebautes Haus« (in dem verrückten Wunsch, irgend etwas Herausforderndes zu sagen, wußte ich kaum, was ich überhaupt redete), »ich möchte sagen, ein hervorragend gut gebautes Haus. Diese Mauern – gehen Sie schon, meine Herren? –, diese Mauern sind solide aufgeführt.« Und hier – rein aus tollem Übermut – schlug ich mit einem Stock, den ich gerade bei der Hand hatte, kräftig auf die Stelle des Mauerwerks, hinter der sich die Leiche meines einst so geliebten Weibes befand.

Aber – möge Gott mir gnädig sein und mich retten aus den Krallen meines Erzfeindes! – kaum war der Schall meiner Schläge verhallt, als eine Stimme aus dem Grabe mir Antwort gab. Es war ein Schreien, zuerst erstickt und abgebrochen wie das Weinen eines Kindes, dann aber schwoll es an zu einem ununterbrochenen, durchdringenden und unheimlichen Gekreisch, das keiner menschlichen Stimme mehr zu vergleichen war – zu einem bald jammervoll klagenden, bald höhnisch johlenden Geheul, wie es nur aus der Hölle kommen kann, wenn das Wehklagen der zu ewiger Todespein Verdammten sich mit dem Frohlocken der Höllengeister zu einem Schall vereint.

Es ist wohl überflüssig, noch davon zu sprechen, was ich in diesem Augenblick empfand. Ohnmächtig taumelte ich an die gegenüberliegende Mauer. Die Leute auf der Treppe standen regungslos, von Schreck und Entsetzen gelähmt. Im nächsten Moment aber arbeitete ein Dutzend kräftiger Hände daran, die Mauer einzureißen. Sie fiel. Der schon stark in Verwesung übergegangene und mit geronnenem Blut bedeckte Leichnam stand aufrecht vor den Augen der Männer. Auf seinem Kopfe saß, mit weit aufgesperrtem roten Rachen und dem einen glühenden Auge, die fürchterliche Katze, deren teuflische Gewalt mich zum Mörder gemacht und deren Stimme mich nun den Henkern überlieferte. Ich hatte das Scheusal in das Grab mit eingemauert.

Der Mann der Menge

Ce grand malheur, de ne pouvoir être seul.
La Bruyère

Es war nicht schlecht, dies ›*Es läßt sich nicht lesen*‹, was man von einem gewissen deutschen Buche sagte. Es gibt Geheimnisse, die nicht gestatten, daß man sie ausspricht. Menschen sterben nachts in Betten, pressen die Hände gespenstischer Beichtväter, blicken ihnen Erbarmen suchend ins Auge – sterben mit verzweifelndem Herzen und gekrampfter Kehle, denn die entsetzlichen Geheimnisse, die *nicht dulden*, daß man sie enthüllt, erdrücken sie. Ach, hie und da nimmt das Gewissen der Menschen eine Last auf, die so entsetzlich ist in ihrer Schwere, daß sie nicht früher abgeworfen werden kann als im Grabe. Und so wird das innerste Wesen des Verbrechens nicht offenbart.

Vor nicht allzu langer Zeit saß ich in der Abenddämmerung an einem großen Bogenfenster des D... schen Kaffeehauses in London. Ich war einige Monate krank gewesen, nun aber auf dem Wege der Besserung, und je mehr meine Kräfte zurückkehrten, desto glücklicher wurde meine Stimmung, die man als das Gegenteil von Langeweile bezeichnen muß; es war ein Zustand voll inneren Aufmerkens, voll heftiger Begier nach Neuem, es war mir gewissermaßen, als blicke mein geistiges Auge zum erstenmal frei und unverschleiert – das ἀχλὺς ἣ πρὶν ἐπῆεν – und der angespannte Intellekt überragt dann so sehr seinen gewöhnlichen Zustand, wie der feurige und doch aufrichtige Verstand eines Leibniz die tolle und haltlose Beredsamkeit eines Gorgias. Nur zu atmen, war schon Freude, und selbst aus den Quellen des Schmerzes wußte ich Genuß zu schöpfen. Ich nahm an allem ein stilles, doch eindringliches Interesse. Eine Zigarre im Mund und eine Zeitung auf den Knien, hatte ich mich den Nachmittag über damit unterhalten, in die Zeitung zu blicken oder die anderen Gäste zu beobachten oder durch die rauchgetrübten Scheiben auf die Straße zu schauen.

Diese Straße, eine der Hauptverkehrsadern der Stadt, war schon den ganzen Tag über sehr belebt gewesen; aber mit zunehmender Dämmerung wuchs die Menge der Passanten noch von Minute zu Minute, und als die Laternen angezündet wurden, wogte unaufhörlich nach beiden Richtungen ein dichter Menschenstrom vorüber.

Noch nie vorher hatte ich mich zu dieser Tageszeit in einer ähnlichen Lage befunden, und das stürmende Menschenheer da draußen gab mir seltsam neue, berauschende Gefühle. Bald kümmerte ich mich gar nicht mehr um das, was drinnen vorging, sondern vertiefte mich ganz in die Betrachtung des Straßengewoges.

Meine Beobachtungen waren zunächst ganz allgemeiner Art. Ich sah die Passanten nur als Gruppen und stellte mir ihre Beziehungen zueinander vor. Bald jedoch ging ich zu Einzelheiten über und prüfte mit eingehendem Interesse die zahllosen Verschiedenheiten in Gestalt, Kleidung, Haltung und Mienenspiel.

Die meisten der Vorübergehenden hatten ein zufriedenes Aussehen, wie Geschäftsleute, und schienen nur daran zu denken, sich einen Weg durchs Gedränge zu bahnen. Ihre Brauen waren gerunzelt, und ihre Augen blickten lebhaft umher. Wurden sie von anderen gestoßen, so zeigten sie keine Ungeduld, sondern brachten ihren Anzug wieder in Ordnung und eilten weiter. Andere – und auch sie waren sehr zahlreich – hatten hastige Bewegungen und gerötete Gesichter; sie gestikulierten und sprachen mit sich selbst, als fühlten sie sich inmitten des Getriebes in größter Einsamkeit. Wurden sie am Weitergehen gehindert, so hielten sie plötzlich mit Murmeln inne, verdoppelten aber ihre Gestikulationen und ließen mit abwesendem und müdem Lächeln die Nachdrängenden vorüber. Wenn einer gegen sie anrannte, so verneigten sie sich viele Male und schienen von Verlegenheit überwältigt. Außer dem Ebenerwähnten hatten diese beiden großen Gruppen nichts Bemerkenswertes. Ihre Kleidung entsprach der, die man nicht ohne Ironie die ›anständige‹ genannt hat. Es waren unzweifelhaft Adelige, Kaufleute, Anwälte, Börsenleute – Patrizier und Allerweltsleute –, müßige und tätige Menschen, die ihre eigenen Wege gingen und selbständig Geschäfte machten. Sie nahmen meine Aufmerksamkeit nicht weiter in Anspruch.

Die Klasse der Angestellten war leicht zu überblicken, und ich konnte sie in zwei Gruppen einteilen. Da waren die jüngeren Leute von schnell emporgeblühten, aber unsicheren Geschäftshäusern, junge Männer mit enganliegenden Röcken, glänzenden Schuhen, pomadisiertem Haar und hochnäsigem Ausdruck. Abgesehen von einer gewissen Diensteifrigkeit, die sie nicht verleugnen konnten und die man füglich die ›Schreiberseele‹ nennen könnte, erschienen mir diese Leute als die vollkommene Nachahmung dessen, was vor zwölf bis achtzehn Monaten ›bon ton‹ gewesen war. Sie hatten die abgelegten Manieren der ersten Gesellschaftskreise, und das, glaube ich, ist am bezeichnendsten für diese Gruppe.

Die Gruppe der höheren Angestellten solider Firmen war ebensowenig zu verkennen. Man erkannte sie an ihren schwarzen oder braunen Röcken und Beinkleidern, die stets bequem saßen, an ihren weißen Westen und Krawatten, den breiten derben Schuhen und groben Strümpfen oder Gamaschen. Sie hatten alle schon einen Ansatz von Glatze, und ihr rechtes Ohr, das schon so viele Jahre die Feder getragen, hatte die komische Gewohnheit, weit abzustehen. Ich bemerkte, daß sie stets mit beiden Händen an ihren Hüten rückten und Uhren trugen, die an kurzen goldenen Ketten von plumper altmodischer Form hingen. Sie hatten ein etwas gekünstelt ehrbares Auftreten, wenn Ehrbarkeit überhaupt gekünstelt sein kann.

Ferner gab es viele entschlossen und kühn aussehende Gestalten, die ich mühelos als zur Zunft der Taschendiebe gehörig erkannte, von der alle Großstädte heimgesucht werden. Ich beobachtete diese Herren sehr genau und konnte mir kaum vorstellen, wie sie von wirklich vornehmen Leuten jemals für ihresgleichen gehalten werden könnten. Die Weite ihrer Manschetten und ein gewisser übertriebener Freimut mußte sie sogleich verraten.

Die Spieler, von denen ich nicht wenige entdeckte, waren noch leichter herauszufinden. Sie trugen die verschiedenste Kleidung, von der des tollkühnen Taschenspielers mit Samtweste, phantastischem Halstuch, goldenen Ketten und Filigranknöpfen bis zu der des sorgfältig gekleideten Geistlichen, denn gerade dies Gewand erregt am wenigsten Verdacht. Sie alle zeichneten sich durch eine gewisse dunkle Gesichtsfarbe, ein mattes Auge und bleiche zusammengekniffene Lippen aus. Und noch zwei andere Merkmale waren es, an denen ich sie erkennen konnte; sie sprachen stets in gesucht leisem Ton und hielten den Daumen rechtwinklig zur Hand weit abgestreckt. Oft sah ich in Gesellschaft dieser Gauner eine Klasse von Leuten mit etwas anderem Gebaren, die aber dennoch Vögel derselben Gattung waren. Man könnte sie die Herren nennen, die von ihren Witzen leben. Sie scheinen in zwei Bataillonen auf Beute auszuziehen: als Stutzer und als Militärs. Die Hauptkennzeichen der ersten Art sind langes Haar und Lächeln, die der zweiten schnürenbesetzte Röcke und Stirnrunzeln.

Weiter herabsteigend auf der Stufenleiter der menschlichen Gesellschaft, fand ich dunklere und schwierigere Aufgaben zum Analysieren. Ich sah jüdische Hausierer mit Falkenaugen, die aus Gesichtern blitzten, in denen alles andere nur das Gepräge kriechender Demut trug; freche gewerbsmäßige Bettler, die mit schalen Blicken jene Genossen besseren Schlages musterten, die nur Verzweiflung, Mitleid heischend, in die Nacht getrieben: gebrechliche, gespenstisch dürre Gestalten, auf die der Tod schon seine schwere Hand gelegt, die kraftlos daherschwankten und jedermann flehend ins Antlitz blickten, als suchten sie einen Trost, eine verlorene Hoffnung; bescheidene junge Mädchen, die von langer Arbeit in ihr freudloses Heim zurückkehrten und eher mit tränenvollem Blick als mit Entrüstung den frechen Augen der Wüstlinge auswichen, mit denen im Gedränge selbst eine Berührung nicht zu vermeiden war; Dirnen aller Art und jeden Alters: die unvergleichliche Schönheit in der Blüte ihrer Weiblichkeit, die an die Statue erinnert, von der Lukian berichtet, daß sie außen aus köstlichem parischen Marmor, innen aber mit Kot gefüllt war – das ekelhafte, ganz verkommene Weib in Lumpen – die runzlige, juwelengeschmückte, mit Schminke überkleisterte alte Vettel, die eine letzte Anstrengung macht, jugendlich zu erscheinen – das unentwickelte zarte Kind, das aber, durch lange Gewöhnung in allen Künsten der Koketterie erfahren, vor Ehrgeiz brennt, den älteren Schwestern im Laster gleichzukommen; Trunkenbolde, zahllos und nicht zu beschreiben; manche in Flicken und Lumpen, mit verglasten Augen und blödem Schwatzen dahertaumelnd – manche in ganzen, wenngleich schmierigen Kleidern, mit unsicher schwankendem Schritt, dicken sinnlichen Lippen und dreist blickenden, rot gedunsenen Gesichtern – andere, deren Anzügen man ansah, daß sie aus gutem Stoff und selbst jetzt noch gebürstet waren, Leute, deren Schritt übertrieben fest und elastisch, deren Antlitz jedoch erschreckend bleich war, deren rote Augen abstoßend wild blickten, und die, wie sie da durch die Menge schoben, mit zitternden Fingern nach allem tasteten, was in ihren Bereich kam.

Je mehr die Nacht hereinbrach, desto mehr steigerte sich auch mein Interesse an der Szene, denn nicht nur änderte sich der allgemeine Charakter der Dinge (die milden Züge verschwanden im gleichen Maße, in dem sich der bessere Teil der Leute zurückzog, und die rohen Elemente drängten sich kühner hervor, je mehr die späte Stunde alle Gemeinheit aus ihren Höhlen lockte), sondern es hatten jetzt auch die Strahlen der Gaslaternen, die zuerst im Kampf mit dem sterbenden Tageslicht nur schwach gewesen, die Herrschaft erlangt und warfen über alles ein flackerndes, glänzendes Licht. Alles war dunkel und dennoch strahlend – gleich jenem Ebenholz, mit dem man den Stil Tertullians verglichen hat.

Die seltsamen Lichtwirkungen fesselten meine Blicke an einzelne Gesichter; und obgleich die Schnelligkeit, mit der die Menge da draußen in Licht und wieder in Schatten trat, mich verhinderte, mehr als *einen* Blick auf jedes Antlitz zu werfen, so schien es doch, als ob ich infolge meiner besonderen Geistesverfassung imstande sei, in einem Augenblick die Geschichte langer Jahre zu lesen.

Die Stirn an den Scheiben, war ich solcherart beschäftigt, die Menge zu studieren, als plötzlich ein Gesicht auftauchte (das eines hinfälligen alten Mannes von etwa fünfundsechzig oder siebzig Jahren) – ein Gesicht, das mich sofort in Bann hielt und mit der unerhörten Eigenart seines Ausdrucks meine ganze Aufmerksamkeit in Anspruch nahm. Nie vorher hatte ich etwas gesehen, das so sonderbar gewesen wäre wie dieser Gesichtsausdruck. Mein erster Gedanke bei seinem Anblick war, wie ich mich gut erinnere, der, daß Retzsch, hätte er es gesehen, ihm unbedingt vor allen anderen Modellen zu seiner Verkörperung des Satans den Vorzug gegeben haben würde. Als ich während der kurzen Zeit, da ich den Alten das erstemal sah, mir schnell über den Eindruck, den er auf mich machte, Rechenschaft zu geben suchte, tauchten vor meinem geistigen Auge die wirren und widersprechenden Vorstellungen auf von unendlicher Geisteskraft, Vorsicht, Dürftigkeit, Geiz, Kälte, Bosheit, Blutdurst, von Frohlocken, Heiterkeit, wildestem Entsetzen und tiefer, unendlicher Verzweiflung. Ich fühlte mich seltsam aufgeregt, angezogen und in Bann gehalten. ›Welch eigenartige Geschichte‹, sagte ich zu mir selbst, ›ist diesem Busen eingegraben!‹ Dann befiel mich ein heftiges Verlangen, den Mann im Auge zu behalten, mehr von ihm zu erfahren. Eilig zog ich meinen Mantel an, nahm Hut und Stock und eilte auf die Straße, wo ich mir in der Richtung, die ich ihn nehmen gesehen hatte, durch die Menge einen Weg bahnte; denn er war schon verschwunden. Mit einiger Mühe gelang es mir, ihn wieder in Sicht zu bekommen; ich näherte mich ihm und folgte ihm dicht, doch vorsichtig, um nicht seine Aufmerksamkeit zu erregen.

Ich hatte jetzt gute Gelegenheit, ihn eingehend zu mustern. Er war von kleiner Gestalt, sehr mager und ersichtlich sehr hinfällig. Seine Kleidung war im großen und ganzen schmierig und zerlumpt; doch als er hie und da ins helle Licht einer Laterne trat, gewahrte ich, daß seine Wäsche, wenn auch schmutzig, so doch von feinstem Ge-

74

webe war; und wenn mein Auge mich nicht täuschte, so erspähte ich durch einen Riß in seinem festzugeknöpften und offenbar aus zweiter Hand erstandenen Regenmantel den Schimmer sowohl eines Diamanten als eines Dolches. Diese Beobachtungen erhöhten meine Neugier, und ich beschloß, dem Fremden zu folgen, wohin er auch gehen mochte.

Es war jetzt tiefe Nacht, und ein dichter, feuchter Nebel lagerte über der Stadt, der bald in andauernden heftigen Regen überging. Dieser Witterungswechsel hatte auf die Menge eine große Wirkung: ein wildes Hasten setzte ein, und eine Welt von Regenschirmen wogte darüber hin. Das Drängen, das Stoßen und das Summen verstärkte sich um das Zehnfache. Ich für mein Teil machte mir nicht viel aus dem Regen – obgleich das noch nicht ganz überstandene Fieber in mir der feuchten Kühle gar zu bedenklich entgegenlechzte. Ich band mir ein Taschentuch um den Mund und schritt weiter. Eine halbe Stunde lang bahnte der Mann sich mühsam seinen Weg durch die belebte Straße; und hier ging ich dicht an seiner Seite, aus Furcht, ihn aus den Augen zu verlieren. Da er nie den Kopf wandte, um zurückzuschauen, bemerkte er mich nicht. Endlich bog er in eine Querstraße ein; auch dort war das Gedränge sehr stark, immerhin aber bei weitem nicht so wie in der soeben von uns verlassenen Hauptstraße. Jetzt änderte er sein Benehmen. Er ging langsamer und planloser als vorher – er zögerte. Er kreuzte wiederholt und ohne sichtlichen Grund die Straße, und das Gedränge war noch so groß, daß ich bei jeder solchen Gelegenheit ihm dicht auf den Fersen bleiben mußte. Die Straße war lang und schmal, und er verfolgte sie wohl eine Stunde lang; in dieser Zeit hatte die Zahl der Passanten abgenommen – bis etwa zu der Menge, wie man sie mittags auf dem Broadway nahe beim Park antrifft. So groß ist der Unterschied zwischen der Einwohnerzahl von London und der der belebtesten Stadt Amerikas. Eine weitere Wendung brachte uns auf einen glänzend erleuchteten, von Leben übersprudelnden Platz. Der Fremde nahm sein altes Gebaren wieder an. Er ließ das Kinn auf die Brust sinken, während seine Augen unter den gerunzelten Brauen gegen alle, die ihm in den Weg kamen, Blitze schossen. Er verfolgte seinen Weg ruhig und mit Ausdauer. Ich war indessen nicht wenig erstaunt, als er, nachdem er die Runde um den Platz beendet, kehrtmachte und seine Schritte wieder zurücklenkte. Noch mehr erstaunte ich darüber, daß er diese Runde mehrmals wiederholte – wobei er mich einmal bei einer plötzlichen Wendung fast entdeckte.

Mit dieser Leibesübung brachte er eine weitere Stunde zu, gegen deren Schluß uns weit weniger Passanten begegneten als vorher. Es regnete in Strömen; die Luft wurde kalt, und die Menschen zogen sich in ihre Behausungen zurück. Mit einer Gebärde der Ungeduld wandte sich der Wanderer einer verhältnismäßig öden Seitenstraße zu. Diese lief er wohl eine Viertelstunde lang mit einer Eilfertigkeit hinunter, wie ich sie bei einem so bejahrten Manne nicht vermutet hätte, und die es mir schwer machte, ihm zu folgen. In wenigen Minuten hatten wir einen großen und sehr besuchten Bazar erreicht, mit dessen Lokalitäten der Fremde wohlvertraut zu sein schien, und wo er wieder wie vorher im Gedränge sich planlos zwischen der Schar von Käufern und Verkäufern hindurchschob.

Während der etwa anderthalb Stunden, die wir hier zubrachten, bedurfte es meinerseits der größten Vorsicht, um mich in seiner Nähe zu halten, ohne seine Aufmerksamkeit zu erregen. Glücklicherweise trug ich ein Paar Gummischuhe und konnte mich daher lautlos vorwärtsbewegen. Er gewahrte nicht einen Augenblick, daß ich ihn beobachtete. Er ging von Laden zu Laden, trat in jeden hinein, sprach kein Wort und besah sich alles mit irren, ausdruckslosen Blicken. Ich war jetzt über sein Benehmen aufs höchste verblüfft und nahm mir fest vor, nicht eher von ihm zu weichen, bis ich einigermaßen über ihn Bescheid wußte.

Eine laut tönende Uhr schlug elf, und die Menge verließ eilig den Bazar. Ein Ladenbesitzer, der einen Schalter einhängte, stieß den Alten an, und im selben Augenblick sah ich ihn zusammenschauern. Er eilte in die Straße, sah sich einen Augenblick ängstlich um und lief dann mit unglaublicher Geschwindigkeit durch viele krumme menschenleere Gassen, bis wir von neuem in der großen Verkehrsader auftauchten, von der wir ausgegangen waren – der Straße des D...schen Kaffeehauses. Sie bot indessen nicht mehr denselben Anblick. Sie erstrahlte noch immer im Licht der Gaslaternen, aber der Regen fiel heftig, und es waren nur wenig Leute zu sehen. Der Fremde erbleichte. Er machte mürrisch einige Schritte auf der vordem so belebten Straße, schlug dann mit einem schweren Seufzer die Richtung nach dem Flusse ein, und durch eine Menge verschiedener Straßen hindurchhastend, kam er schließlich bei einem der Haupttheater heraus. Es war kurz vor Toresschluß, und die Besucher strömten aus den Pforten. Ich sah, wie der alte Mann tief Atem holte, als er sich in die Menge stürzte, ich sah aber auch, daß die tiefe Pein in seinen Zügen etwas nachgelassen hatte.

Sein Kopf sank wieder auf die Brust; er machte wieder denselben Eindruck wie zu Anfang. Ich bemerkte, daß er jetzt die Richtung nahm, welche die größere Anzahl der Theaterbesucher eingeschlagen – im ganzen aber gab ich es nun auf, hinter sein wunderliches Tun zu kommen.

Während er so seinen Weg fortsetzte, zerstreuten sich die Leute allmählich, und seine alte Unrast befiel ihn von neuem. Eine Zeitlang folgte er einer Gesellschaft von etwa zehn bis zwölf Nachtschwärmern; doch um einen nach dem andern verringerte sich diese Zahl, bis schließlich nur noch drei in einer engen und düsteren menschenleeren Gasse zurückblieben. Der Fremde hielt inne und schien für einen Augenblick in Gedanken versunken; dann eilte er mit allen Anzeichen innerer Aufregung einen Weg hinunter, der uns an die äußerste Grenze der Stadt führte, in weit andere Gegenden, als wir bisher durchquert hatten. Es war das geräuschvollste Viertel Londons, wo alles den Eindruck erbärmlichster Armut und verzweifelten Verbrechertums machte. Beim düsteren Licht einer vereinzelten Laterne sah man hohe, alte, wurmstichige Holzbauten, die in so verschiedenen und wunderlichen Stellungen dem Einsturz entgegensanken, daß die Gäßchen zwischen ihnen kaum noch angedeutet waren. Die Pflastersteine lagen, von üppig wucherndem Gras aus ihren Betten gehoben, lose umher. Ekelhafter Unrat verweste in den verstopften Gossen. Die ganze Atmosphäre war getränkt von Gram und Elend. Doch vernahmen wir, als wir so weiter gingen, allmählich wieder menschliche Laute, und schließlich sah man ganze Banden des verworfensten Londoner Pöbels hin und her taumeln. Des alten Mannes Lebensgeister flammten wieder auf wie eine Lampe vorm Verlöschen. Noch einmal strebte er elastischen Schrittes vorwärts. Als wir plötzlich um eine Ecke bogen, drang eine Flut von Licht auf uns ein, und wir standen vor einem der riesigen Vorstadttempel der Unmäßigkeit, einem Palast des Branntweinteufels.

Es war jetzt fast Tagesanbruch; doch eine stattliche Anzahl elender Trunkenbolde drängte im protzigen Eingang hin und her. Mit einem leisen Freudenschrei erzwang der Alte sich den Zutritt, nahm sofort sein ursprüngliches Wesen wieder an und schritt ohne ersichtliches Ziel inmitten der Menge umher. Er war jedoch noch nicht lange beschäftigt, als ein Drängen nach den Türen verriet, daß der Wirt sich anschickte, sie für die Nacht zu schließen. Es war mehr als Verzweiflung, was ich jetzt auf dem Antlitz des seltsamen

Wesens geschrieben sah, dessen Beobachtung ich mich so ausdauernd gewidmet hatte. Aber er hielt in seinem Lauf nicht inne, sondern lenkte mit wahnsinniger Hartnäckigkeit seine Schritte wieder dem Herzen des mächtigen London zu. Rastlos und eilig floh er dahin, während ich ihm in höchster Verblüffung folgte, fest entschlossen, nicht von diesem Studium zu lassen, für das ich jetzt ein verzehrendes Interesse fühlte.

Die Sonne ging auf, während wir weiterschritten, und als wir wiederum jenen belebtesten Teil der volkreichen Stadt, die Straße des D . . . schen Kaffeehauses erreicht hatten, bot diese ein Bild von Hast und Emsigkeit, das hinter dem vom Vorabend kaum zurückstand. Und hier, inmitten des von Minute zu Minute zunehmenden Gewirrs, setzte ich standhaft die Verfolgung des Fremden fort. Er aber ging wie immer hin und zurück und verließ während des ganzen Tages nicht das Getümmel jener Straße. Und als die Schatten des zweiten Abends niedersanken, ward ich todmüde und stellte mich dem Wanderer kühn in den Weg und blickte ihm fest ins Antlitz. Er bemerkte mich nicht. Er nahm seinen traurigen Gang wieder auf, indes ich, von der Verfolgung abstehend, in Gedanken versunken zurückblieb. »Dieser alte Mann«, sagte ich schließlich, »ist das Urbild und der Dämon des Triebes zum Verbrechen. Er kann nicht allein sein. *Er ist der Mann der Menge.* Es wäre vergeblich, ihm zu folgen, denn ich werde weder ihn noch sein Tun tiefer durchschauen. Das schlechteste Herz der Welt ist ein umfangreicheres Buch als der ›Hortulus Animae‹, und vielleicht ist es nur eine der großen Gnadengaben Gottes, dies: ›*Es läßt sich nicht lesen.*‹ «

Das schwatzende Herz

Wahr ist es: nervös, entsetzlich nervös war ich damals und bin es
noch. Warum aber müßt ihr durchaus behaupten, daß ich wahnsinnig sei? Mein nervöser Zustand hatte meinen Verstand nicht zerrüttet, sondern ihn geschärft, hatte meine Sinne nicht abgestumpft,
sondern wachsamer gemacht. Vor allem hatte sich mein Gehörsinn
wunderbar fein entwickelt. Ich hörte alle Dinge im Himmel und auf
Erden. Ich hörte viele Dinge in der Hölle. Und das sollte Wahnsinn
sein? Hört zu und merkt auf, wie sachlich, wie ruhig ich die ganze
Geschichte erzählen kann.

Ich kann nicht sagen, wann der Gedanke mich zum erstenmal
überfiel. Er war urplötzlich da und verfolgte mich Tag und Nacht.
Ein wichtiges Motiv war nicht vorhanden. Haß war nicht
vorhanden. Ich liebte den alten Mann. Er hatte mir nie etwas zuleid
getan. Er hatte mir nie eine Kränkung zugefügt. Nach seinem Geld
trug ich kein Verlangen. Ich glaube, es war sein Auge. Ja, das war es!
Eins seiner Augen glich vollständig dem Auge eines Geiers – ein
blasses blaues Auge mit einem Häutchen darüber. Wann immer es
mich anblickte, erstarrte mir das Blut. Und so – nach und nach –
immer zwingender – setzte sich der Gedanke in mir fest, dem alten
Mann das Leben zu nehmen und mich auf diese Weise für immer von
dem Auge zu befreien.

Nun merkt wohl auf! Ihr haltet mich für verrückt. Verrückte
erwägen nichts. Aber *mich* hättet ihr sehen sollen! Ihr hättet sehen
sollen, wie klug ich vorging – mit wieviel Vorsicht – mit wieviel Umsicht – mit wieviel Heuchelei ich zu Werke ging! Ich war nie freund-
licher zu dem alten Mann als während der ganzen Woche, bevor ich
ihn umbrachte. Und jede Nacht gegen Mitternacht drückte ich auf
seine Türklinke und öffnete die Tür – oh, so leise! Und dann, wenn
der Spalt weit genug war, daß ich den Kopf hindurchstecken konnte,
hielt ich eine verdunkelte, ganz geschlossene Laterne ins Zimmer; sie
war ganz geschlossen, so daß kein Lichtschein herausdrang. Und
dann folgte mein Kopf. Oh, ihr hättet gelacht, wenn ihr gesehen
hättet, wie geschickt ich ihn vorstreckte! Ich bewegte ihn ganz
langsam vorwärts, um nicht den Schlaf des alten Mannes zu stören.
Ich brauchte eine Stunde dazu, den Kopf so weit durch die Öffnung
zu schieben, daß ich den Alten in seinem Bette sehen konnte. Ha!
wäre ein Wahnsinniger wohl so weise vorgegangen? Und dann,

79

wenn ich meinen Kopf glücklich im Zimmer hatte, öffnete ich vorsichtig die Laterne – oh, so vorsichtig! Ganz sachte, denn die Scharniere kreischten, öffnete ich sie so weit, daß ein einziger feiner Strahl auf das Geierauge fiel. Und das tat ich sieben Nächte lang, jede Nacht gerade um Mitternacht. Aber ich fand das Auge immer geschlossen, und so war es unmöglich, das Werk zu vollenden; denn es war nicht der alte Mann, der mich ärgerte, sondern sein Scheelauge. Und jeden Morgen, wenn der Tag anbrach, ging ich kühn zu ihm hinein und sprach mit ihm. Ich nannte ihn munter und herzlich beim Namen und fragte ihn, ob er eine gute Nacht verbracht habe. Ihr seht also, er hätte wirklich ein sehr schlauer Mann sein müssen, um zu vermuten, daß ich allnächtlich um zwölf Uhr, während er schlief, zu ihm hereinsah.

In der achten Nacht ging ich beim Öffnen der Tür mit ganz besonderer Vorsicht zu Werke. Der Minutenzeiger einer Uhr rückt gewiß schneller voran, als damals meine Hand. Niemals vor dieser Nacht hatte ich die Größe meiner Macht, meines Scharfsinns so gefühlt. Ich konnte kaum meinen Triumph unterdrücken. Da war ich nun hier und öffnete ganz sacht, ganz allmählich die Tür – und ihm träumte nicht einmal von meinem geheimen Tun und Denken. Ich kicherte bei diesem Gedanken, und vielleicht hörte er mich, denn er rührte sich – wie erschreckt. Jetzt könntet ihr denken, ich sei zurückgefahren. Aber nein! Sein Zimmer war ganz dunkel, denn er hatte die Fensterladen aus Furcht vor Einbrechern fest geschlossen; es war pechschwarz. Und ich wußte also, daß er das Öffnen der Tür nicht sehen konnte, und ich fuhr fort, sie langsam, langsam aufzumachen.

Ich war mit dem Kopf im Zimmer und machte mich daran, die Laterne zu öffnen; da glitt mein Daumen an dem Blechverschluß ab, und der alte Mann schrak im Bett empor und schrie: »Wer ist da?«

Ich verhielt mich ganz still und sagte nichts. Eine volle Stunde lang rührte ich kein Glied, und in dieser ganzen Zeit hörte ich nicht, daß er sich wieder niederlegte. Er saß noch aufrecht im Bett und horchte – gerade so, wie ich Nacht um Nacht auf das Ticken der Totenuhren an den Stubenwänden gehorcht habe.

Da hörte ich ein leises Ächzen, und ich wußte, das war das Ächzen tödlichen Entsetzens. So stöhnte nicht Schmerz und nicht Kummer – o nein! es war das Grauen! Das war der dumpfe, erstickte Laut, der aus den Tiefen der Seele kommt, wenn das Grauen sie gepackt hält. Ich kannte diesen Laut gut. In mancher Nacht, wenn alle Welt schlief, in mancher Mitternacht war er aus meiner eigenen Brust heraufgequollen und hatte mit seinem schrecklichen Klang das Entsetzen, das mich von Sinnen brachte, noch vermehrt.

Ich sage, ich kannte diesen ächzenden Laut gut. Ich wußte, was der alte Mann fühlte, und ich bemitleidete ihn, obschon ich innerlich kicherte. Ich wußte, daß er wach gelegen, schon seit dem ersten schwachen Geräusch, das ihn aufgeschreckt hatte. Seitdem war seine Angst von Minute zu Minute gewachsen. Er hatte versucht, sie als grundlos anzusehen, aber es gelang ihm nicht. Er hatte sich gesagt: »Es ist weiter nichts als der Wind im Schornstein«, oder: »Es ist nur eine Maus, die durchs Zimmer läuft«, oder: »Es ist nur eine Grille, die ein einziges Mal gezirpt hat.« Ja, er hatte versucht, sich mit diesen Vermutungen zu beruhigen; aber es war alles vergebens gewesen. *Alles vergebens*, weil der nahende Tod schon vor ihn hingetreten war und sein Opfer mit schwarzem Schatten umhüllte. Und die dunkle Gewalt des unsichtbaren Schattens war es, die ihn – obschon er weder sah noch hörte – *fühlen* ließ, daß mein Kopf im Zimmer war.

Nachdem ich lange Zeit sehr geduldig gewartet hatte, ohne doch zu hören, daß er sich wieder niederlegte, beschloß ich endlich, einen kleinen – einen winzig kleinen Spalt der Laterne zu öffnen. Ich begann also – ihr könnt euch gar nicht vorstellen, wie bedachtsam, wie leise – die Laterne zu öffnen, bis schließlich ein einziger matter, spinnfadenfeiner Strahl herausdrang und auf das Geierauge fiel.

Es war offen, weit offen, und ich wurde rasend, als ich daraufhin starrte. Ich sah es mit vollkommener Deutlichkeit: nichts als ein stumpfes Blau mit einem ekelhaften Schleier darüber. Ich erschauerte bis ins Mark. Aber ich konnte von des alten Mannes Gesicht und Gestalt nichts weiter sehen, denn ich hatte den Strahl wie instinktiv ganz genau auf die verfluchte Stelle gerichtet.

Und nun – habe ich euch nicht gesagt, daß das, was ihr für Wahnsinn haltet, nur eine Überfeinerung der Sinne ist? – nun, sage ich, vernahm mein Ohr ein leises, dumpfes, schnelles Geräusch, ein Geräusch wie das Ticken einer Uhr, die man mit einem Tuch umwickelt hat. Auch diesen Laut kannte ich gut. Es war des alten Mannes Herz, das so schlug. Es steigerte meine Wut, wie das Schlagen einer Trommel den Soldaten zu mutigerem Vorgehen anreizt.

Aber selbst jetzt bezwang ich mich und blieb still. Ich atmete kaum. Ich hielt die Laterne regungslos. Ich versuchte den Strahl so beständig wie möglich auf das Auge zu heften. Inzwischen steigerte sich das höllische Trommeln des Herzens. Es wurde jede Minute schneller und schneller und lauter und lauter. Das Entsetzen des alten Mannes muß furchtbar gewesen sein. Das Klopfen wurde lauter, sage ich, lauter von Minute zu Minute! – Hört ihr mich wohl? Ich habe euch gesagt, daß ich nervös sei, und das bin ich. Und nun, in so toter Nachtstunde, in diesem alten Hause, das so grauenhaft schweigsam war, erweckte dies eine seltsame Geräusch in mir ein maßloses Entsetzen. Doch noch einige Minuten länger bezwang ich mich und stand still. Aber das Klopfen wurde lauter und lauter! Ich dachte, das Herz müsse zerspringen. Und nun faßte mich eine neue Angst: das Geräusch könnte von einem Nachbarn vernommen werden!

Da war des Alten Stunde gekommen! Mit einem lauten Geheul riß ich die Blendlaterne auf und sprang ins Zimmer. Er schrie auf – nur ein einziges Mal! Im Augenblick zerrte ich ihn auf den Boden hinunter und zog das schwere Federbett über ihn. Dann lächelte ich, froh, die Tat so weit vollbracht zu sehen. Aber noch viele Minuten hörte ich den erstickten Laut des klopfenden Herzens. Das kümmerte mich jedoch nicht. Das konnte nicht durch die Wände hindurch gehört werden. Endlich hörte es auf. Der alte Mann war tot. Ich entfernte das Bett und untersuchte den Leichnam. Ja, er war tot – tot wie ein Stein. Ich legte ihm meine Hand aufs Herz und ließ sie minutenlang da liegen. Kein Pulsschlag war zu spüren. Er war endgültig tot. Sein Auge würde mich nicht mehr belästigen.

Solltet ihr mich noch immer für wahnsinnig halten, so werdet ihr eure Anschauung sicher ändern, wenn ich euch schildere, welch kluge Vorsichtsmaßregeln ich ergriff, um den Leichnam zu verbergen. Die Nacht schwand hin, und ich arbeitete eilig, aber in großer Stille.

Aus dem Fußboden des Zimmers hob ich drei Dielen heraus und bereitete darunter dem Toten sein Grab. Dann legte ich die Bretter wieder an Ort und Stelle. So geschickt, so sorgfältig tat ich dies, daß kein menschliches Auge – nicht einmal das *seine* – irgend etwas Auffallendes hätte bemerken können. Da gab es nichts wegzuwaschen – keinen Fleck irgendwelcher Art – nicht das kleinste Bluttröpfchen. Dafür war ich viel zu bedachtsam vorgegangen.

Als ich mit dieser Arbeit fertig war, war es vier Uhr – noch immer schwarz wie Mitternacht. Als die Turmuhr die Stunde anschlug, pochte es am Haustor. Ich ging leichten Herzens hinunter, um zu öffnen – denn was hatte ich *jetzt* zu fürchten? Es traten drei Männer herein, die sich sehr liebenswürdig als Polizeibeamte vorstellten. Ein

Nachbar hatte in der Nacht einen Schrei vernommen; man hatte Verdacht gefaßt, hatte dem Polizeiamt Mitteilung gemacht, und sie, die drei Beamten, waren abgesandt worden, um nach der Ursache zu forschen.

Ich lächelte – denn *was* hatte ich zu fürchten? Ich hieß die Herren willkommen. Den Schrei, sagte ich, hätte ich selbst ausgestoßen, in einem Traum. Der alte Mann sei abwesend, sei aufs Land gereist, bemerkte ich. Ich führte die Besucher durchs ganze Haus. Ich bat sie, sich umzusehen – *gut* umzusehen. Ich führte sie schließlich in *sein* Zimmer. Ich zeigte ihnen seine Wertsachen vollzählig und unberührt. Begeistert über meine Gewissensruhe brachte ich Stühle herbei und ersuchte die Herren, sich *hier* von ihrer Ermüdung zu erholen, während ich, im Bewußtsein meines vollständigen Sieges, voll ausgelassener Kühnheit meinen eigenen Stuhl genau dorthin stellte, wo unter den Dielen der Leichnam des Opfers ruhte.

Die Beamten waren zufrieden. Mein Benehmen hatte sie überzeugt. Ich war ungewöhnlich aufgeräumt. Sie saßen also, und während ich fröhlich Antwort gab, plauderten sie von privaten Angelegenheiten. Aber nicht lange, da fühlte ich, daß ich erbleichte, und ich wünschte sie fort. Mein Kopf schmerzte, und ich glaubte, Ohrensausen zu haben; aber noch immer saßen sie da und plauderten. Das Sausen wurde deutlicher – es hörte nicht auf und wurde immer deutlicher. Ich sprach noch unbefangener, um das seltsame Gefühl loszuwerden. Aber es blieb und nahm zu an Deutlichkeit – bis mir endlich klar wurde, daß das Geräusch *nicht* in den Ohren selbst war.

Zweifellos: jetzt wurde ich *sehr* bleich – aber ich redete noch eifriger und mit erhobener Stimme. Doch das Geräusch wurde lauter – und was konnte ich tun? Es war *ein leises, dumpfes, schnelles Geräusch – ein Geräusch wie das Ticken einer Uhr, die man mit einem Tuch umwickelt hat.* Ich rang nach Atem – und dennoch – die Beamten hörten es noch immer nicht. Ich sprach schneller – heftiger, aber das Geräusch wuchs beständig. Ich stand auf und redete gereizt und zornig; meine Stimme war schrill, und ich gestikulierte wild – aber das Geräusch wuchs beständig. Warum *gingen* sie denn nicht? Ich lief mit wuchtigen Schritten auf und ab, als ob mich die Reden der Männer in Wut gebracht hätten – aber das Geräusch nahm fortwährend zu. O Gott! Was *konnte* ich tun? Ich schäumte – ich raste – ich fluchte! Ich ergriff den Stuhl, auf dem ich gesessen, und kratzte damit auf den Dielen hin und her – aber das Geräusch erhob sich über alles und nahm fortgesetzt zu. Es wurde lauter – lauter – *lauter!* Und immer noch plauderten die Männer freundlich und lächelten. War es möglich, daß sie nicht hörten? Allmächtiger Gott! – nein, nein! Sie hörten! – sie argwöhnten! – sie *wußten!* Sie trieben Spott mit meinem Entsetzen! – Das war es, was ich dachte, und das denke ich noch. Aber alles andere war besser als diese Pein. Alles war erträglicher als dieser Hohn. Ich konnte dies heuchlerische Lächeln nicht länger ertragen. Ich fühlte, daß ich hinausschreien mußte – oder sterben! – Und jetzt – wieder! – horch! lauter! lauter! lauter! *lauter ...* !

»Schurken!« kreischte ich, »verstellt euch nicht länger! Ich bekenne die Tat! – Reißt die Dielen auf! – Hier, hier! – Es ist das Schlagen dieses fürchterlichen Herzens.«

William Wilson

Was von ihm sagen? Was sagt grimm Gewissen,
Jenes Gespenst in meinem Weg?
                    W. *Chamberlaynes Pharonnid*

Erlaubt, daß ich mich William Wilson nenne. Das reine, schöne Blatt hier vor mir soll nicht mit meinem wahren Namen befleckt werden, der meine Familie mit Abscheu und Entsetzen, ja mit Ekel erfüllt. Haben nicht die empörten Winde seine Schmach bis in die entlegensten Länder der Erde getragen? Verworfenster aller verlassenen Verworfenen, bist du für die Welt nicht auf immer tot? Tot für ihre Ehren, ihre Blumen, ihre goldenen Hoffnungen? Und hängt sie nicht ewig zwischen deinem Hoffen und dem Himmel – die dichte, schwere, grenzenlose, graue Wolke?

Selbst wenn ich es könnte, würde ich es doch vermeiden, von dem unaussprechlichen Elend und der unverzeihlichen Verdorbenheit meiner letzten Jahre hier zu reden. Von dieser Zeit – von diesen letzten Jahren, die meine Seele so mit Schändlichkeit belastet, will ich nur insofern reden, als ich versuchen will, hier niederzulegen, was mich so in die Tiefen des Bösen hineingetrieben. Gewöhnlich sinkt der Mensch nur nach und nach. Von mir fiel alle Tugend in einem Augenblicke ab, gleich einem Mantel. Aus verhältnismäßig geringer Schlechtigkeit wuchs ich mit Riesenkraft zu den Ungeheuerlichkeiten eines Heliogabalus auf. Welcher Zufall – welches eine Ereignis dies veranlaßte, will ich euch jetzt berichten. Mir naht der Tod, und der Schatten, der ihm vorhergeht, hat meinen Geist sanftmütig gemacht. Da ich nun das düstere Tal durchschreiten muß, verlangt es mich nach dem Mitgefühl, fast hätte ich gesagt, nach dem Mitleid meiner Menschenbrüder. Ich möchte sie gern davon überzeugen, daß ich in gewissem Grade der Sklave von Umständen gewesen bin, die außerhalb menschlicher Berechnung liegen. Ich möchte, daß sie inmitten der Einzelheiten, die ich hier wiedergeben will, in all der Wüste von Fehl und Verirrung, hie und da wie eine Oase die unerbittliche *Schicksalsfügung* fänden. Ich möchte, daß sie eingeständen, daß – wie sehr auch wir Menschen von Anbeginn der Welt versucht worden – nicht einer *so* versucht wurde wie ich und gewißlich nicht einer *so* unterlag. Lebte ich nicht vielleicht in einem Traum und sterbe als Opfer geheimer, schrecklicher Kräfte, die in uns wirken?

Ich bin der Abkömmling eines Geschlechts, das sich von jeher durch eine starke Einbildungskraft und ein leicht erregbares Temperament auszeichnete; und schon in frühester Kindheit bewies ich, daß ich ein echter Erbe dieser Familienveranlagung war. Je mehr ich heranwuchs, desto mehr entwickelten sich jene Eigenschaften, die aus vielen Gründen meinen Freunden zu einer Quelle der Besorgnis und mir selbst zum Kummer wurden. Ich wurde eigensinnig, ein Sklave all meiner wunderlichen Leidenschaften. Meine willensschwachen Eltern, die im Grunde an denselben Fehlern litten wie ich, konnten wenig tun, um meine bösen Neigungen zu unterdrükken. Einige schwache und unrichtig angefangene Versuche endeten für sie mit einem vollkommenen Mißerfolg und stellten infolgedessen für mich, einen glänzenden Triumph dar. Von nun ab war mein Wort Gesetz im Hause, und in einem Alter, in dem andere Kinder fast noch am Gängelband hängen, war ich in Tun und Lassen mein eigener Herr.

Meine ersten Erinnerungen an einen regelrechten Unterricht sind mit einem großen, weitläufigen Hause im elisabethanischen Stil in einem düsteren Städtchen Englands verknüpft, wo es eine große Menge riesiger, knorriger Bäume gab und alle Häuser uralt waren. Ja wirklich, es war ein Städtchen wie in einem stillen Traum; alles dort wirkte ehrwürdig und beruhigend. Jetzt, da ich das schreibe, fühle ich wieder im Geiste die erfrischende Kühle seiner tiefschattigen Alleen, atme den Duft seiner tausend Büsche und Hecken und erschauere von neuem unter dem tiefdunklen Ton seiner Kirchenglocken, die Stunde für Stunde mit plötzlichem Dröhnen die Sonnennebel durchbrachen, in die der verwitterte gotische Kirchturm friedvoll eingebettet lag.

Das Verweilen bei diesen Einzelheiten der Schule und ihrer Umgebung bereitet mir vielleicht die einzige Freude, deren ich jetzt noch fähig bin. Mir, der ich so tief im Elend stecke, der ich die Wirklichkeit so dunkel lastend empfinde, wird man verzeihen, daß ich geringe und zeitweilige Erholung suche im Verweilen bei solchen Einzelheiten, die überdies, so unbedeutend und vielleicht sogar lächerlich sie scheinen mögen, in meiner Erinnerung von großer Wichtigkeit sind, da sie zu einer Zeit und einem Orte in Beziehung stehen, in denen mir die erste unklare Kunde wurde von dem dunklen Geschick, das mich später so ganz umschattete. Erlaubt mir also diese Rückerinnerungen.

Das Haus, ich sagte es schon, war uralt und von weitläufiger, unregelmäßiger Bauart. Das Grundstück war sehr umfangreich und von einer hohen festen Backsteinmauer umschlossen, die oben mit Mörtel bestrichen war, in dem Glassplitter steckten. Dieser Festungswall, diese Gefängnismauer bildete die Grenze unseres Reichs, das wir nur dreimal in der Woche verlassen durften: einmal Samstagnachmittag, wenn wir, von zwei Unterlehrern begleitet, gemeinsam einen kurzen Spaziergang in die angrenzenden Felder machen durften, und zweimal des Sonntags, wenn man uns in Reih und Glied zum Morgen- und Abendgottesdienst in die Stadtkirche führte. Der Pfarrer dieser Kirche war unser Schulvorsteher. Mit welch tiefer Verwunderung, ja Ratlosigkeit pflegte ich ihn von unserem entlegenen Platz auf dem Chor aus zu betrachten, wenn er mit feierlich abgemessenen Schritten zur Kanzel empor stieg! Dieser heilige Mann, mit der so gottergebenen Miene, im strahlenden Priestergewande, mit sorgsam gepuderter, steifer und umfangreicher Perücke – konnte das derselbe sein, der mit saurer Miene und tabakbeschmutzter Kleidung, den Stock in der Hand, drakonische Gesetze ausübte? O ungeheurer Widerspruch, o ewig unbegreifliches Rätsel!

In einem Winkel der gewaltigen Mauer drohte ein noch gewaltigeres Tor. Es war mit Eisenstangen verriegelt und von Eisenspießen überragt. Welch tiefe Furcht flößte es ein! Es öffnete sich nie, außer für die drei regelmäßig wiederkehrenden wöchentlichen Ausgänge; dann aber fanden wir in jedem Kreischen seiner mächtigen Angeln eine Fülle des Geheimnisvollen, eine Welt von Stoff für ernstes Gespräch oder stumme Betrachtung.

Das zweite Grundstück war von unregelmäßiger Form und hatte manche umfangreiche Plätze. Drei oder vier der größten bildeten den Spielhof. Er war eben und mit feinem harten Kies bedeckt; weder Bäume noch Bänke standen dort. Natürlich lag er in der Nähe des Hauses. Vor dem Hause lag ein schmaler Rasenplatz, mit Buchsbaum und anderem Strauchwerk eingefaßt; diesen geheiligten Teil überschritten wir jedoch nur selten, etwa bei Ankunft in der Schule, oder bei der endgültigen Abreise, oder wenn ein Verwandter oder Freund uns eingeladen, die Weihnachts- oder Sommerferien bei ihm zu verleben.

Aber das Haus! – Was war es für ein komischer alter Bau! Für mich ein wahres Zauberschloß! Seine Winkel und Gänge, seine unbegreiflichen Ein- und Anbauten nahmen kein Ende. Es war jederzeit schwierig anzugeben, in welchem seiner beiden Stockwerke man sich gerade befand. Man konnte sicher sein, von einem Zimmer zum andern immer ein paar Stufen hinauf oder hinunter zu müssen. Dann gab es zahllose Seitengänge, die sich trennten und wieder vereinigten, oder sich wie ein Ring in sich selbst schlossen, so daß der klarste Begriff, den wir vom ganzen Haus hatten, beinahe der Vorstellung gleichkam, die wir uns von der Unendlichkeit machten. Während der fünf Jahre, die ich hier verlebte, konnte ich nie mit Sicherheit feststellen, in welchem entlegenen Teile der kleine Schlafsaal lag, der mir und etlichen achtzehn oder zwanzig anderen Schülern zugewiesen war.

Das Schulzimmer schien mir der größte Raum im Haus – ja, in der ganzen Welt! Es war sehr lang, schmal und auffallend niedrig, mit spitzen, gotischen Fenstern und einer Decke aus Eichenholz. In einem entlegenen, Schrecken einflößenden Winkel befand sich ein viereckiger Verschlag von acht oder zehn Fuß Durchmesser, der während der Unterrichtsstunden das ›sanctum‹ unseres Schulvorstehers, des Reverend Dr. Bransby bildete. Dieser Verschlag war durch eine mächtige Tür wohlverwahrt, und wir wären lieber unter Martern gestorben, als daß wir gewagt hätten, in Abwesenheit des Dominus die Tür zu öffnen. In anderen Winkeln standen zwei ähnliche Kästen, vor denen wir weniger Ehrfurcht, aber immerhin Furcht hatten. Einer derselben war das Katheder des Lehrers für die klassichen Sprachen, der andere das für den Lehrer des Englischen, der gleichzeitig Mathematiklehrer war. Verstreut im Saal, kreuz und quer in wüster Unregelmäßigkeit, standen zahllose Bänke und Pulte, schwarz, alt und abgenützt, mit Stapeln abgegriffener Bücher bedeckt und so mit Initialen, ganzen Namen, komischen Figuren und anderen künstlerischen Schnitzversuchen bedeckt, daß sie ganz ihre ursprüngliche Form, die sie in längst vergangenen Tagen besessen haben mußten, eingebüßt hatten. Am einen Ende des Saales stand ein riesiger Eimer mit Wasser, am anderen eine Uhr von verblüffenden Dimensionen.

Eingeschlossen von den gewaltigen Mauern dieser ehrwürdigen Anstalt, verbrachte ich das dritte Lustrum meines Lebens – doch weder in Langeweile noch Unbehagen. Die überschäumende Gestaltungskraft des kindlichen Geistes verlangt keine Welt der Ereignisse, um Beschäftigung oder Unterhaltung zu finden, und die anscheinend düstere Einförmigkeit der Schule brachte mir stärkere Erregungen, als meine reifere Jugend aus dem Wohlleben, oder meine volle Manneskraft aus dem Verbrechen schöpfte. Ich muß allerdings annehmen, daß meine geistige Entwicklung eine ungewöhnliche, ja fast krankhafte gewesen ist. Die meisten Menschen haben in reifen Jahren selten noch eine frische Erinnerung an die großen Ereignisse aus ihrer frühen Kindheit. Alles ist schattenhaft grau – wird schwach und unklar empfunden –, ein unbestimmtes Zusammensuchen matter Freuden und eingebildeter Leiden. Mit mir war es anders. Ich muß schon als Kind mit der Empfindungskraft eines Erwachsenen alles das erlebt haben, was noch jetzt mit klaren, tiefen und unverwischbaren Schriftzügen, wie die Inschriften auf den karthagischen Münzen, in meinem Gedächtnis eingegraben steht.

Und doch, wie wenig – wenig vom Standpunkt der Menge aus – gab es, was der Erinnerung wert gewesen wäre! Das morgendliche Erwachen, der abendliche Befehl zum Schlafengehen, der Unterricht; die jeweiligen schulfreien Nachmittage mit ihren Streifzügen; der Spielplatz mit seiner Kurzweil, seinem Streit, seinen kleinen Intrigen – all dieses, was meinem Geist wie durch einen Zauber lange Zeit ganz entrückt gewesen, war dazu angetan, eine Fülle von Empfindung, eine Welt reichen Geschehens, eine Unendlichkeit vielfältiger Eindrücke und Leidenschaften zu erwecken. *O le bon temps, que ce siècle de fer!* Es ist Tatsache: mein feuriges, begeistertes, überlegenes Wesen zeichnete mich vor meinen Schulkameraden aus und hob mich nach und nach über alle empor, die nicht etwa bedeutend älter waren als ich selbst – über alle, mit einer Ausnahme! Diese Ausnahme war ein Schüler, der, obwohl er kein Verwandter von mir war, doch den gleichen Vor- und Zunamen trug wie ich – ein an sich unbedeutender Umstand. Denn ungeachtet meiner edlen Abkunft trug ich einen Namen, der in unvordenklichen Zeiten durch das Recht der Verjährung jedermann freigegeben worden sein mochte. Ich habe mich also hier in meiner Erzählung William Wilson genannt – ein Name, der von meinem wirklichen Namen nicht allzusehr abweicht. Von allen Kameraden, die bei unseren Spielen meine ›Bande‹ bildeten, wagte es mein Namensvetter allein, sowohl im Unterricht als auch in Sport und Spiel mit mir zu wetteifern, meinen Behauptungen keinen Glauben zu schenken, sich meinem Willen nicht unterzuordnen – kurz, sich in allem gegen meine ehrgeizige Oberherrschaft aufzulehnen. Wenn es aber auf Erden einen überlegenen und unbeschränkten Despotismus gibt, so ist es der, den der Herrschergeist eines Knaben auf seine weniger willensstarken Gefährten ausübt.

Wilsons Widersetzlichkeit war für mich eine Quelle der Verwir-

rung, um so mehr, als ich trotz der prahlerischen Großtuerei, mit
der ich ihn und seine Anmaßungen vor den anderen behandelte, ihn
im geheimen fürchtete und annehmen mußte, daß nur wahre Über-
legenheit ihn befähige, sich mit mir zu messen; mich aber kostete es
beständige Anstrengung, nicht von ihm überflügelt zu werden.
Doch wurde seine Ebenbürtigkeit in Wahrheit nur von mir selbst
bemerkt; unsere Kameraden schienen in unerklärlicher Blindheit
diese Möglichkeit nicht einmal zu ahnen. Auch äußerte sich seine
Nebenbuhlerschaft und sein hartnäckiger Widerspruch weniger laut
und aufdringlich als insgeheim. Es hatte den Anschein, als mangele
ihm sowohl der Ehrgeiz, zu herrschen, als auch die leidenschaftliche
Willenskraft, sich durchzusetzen. Man konnte glauben, daß nur das
launische Vergnügen, mein Erstaunen zu erwecken oder mich zu är-
gern, seine Nebenbuhlerschaft veranlasse; trotzdem gab es Zeiten,
wo ich voll Verwunderung, Beschämung und Trotz wahrnehmen
mußte, daß er neben seinen Angriffen, Beleidigungen und Widerre-
den eine gewisse unangebrachte und mir durchaus unerwünschte
Liebenswürdigkeit, ja Zuneigung verriet. Ich konnte mir sein Betragen nur als die Folge ungeheuren Dünkels erklären, der es ja immer
liebt, sich in überlegenes Wohlwollen zu kleiden.

Vielleicht war es dieser letztere Zug in Wilsons Benehmen, verbunden mit der Übereinstimmung unserer Namen und dem bloßen
Zufall, daß wir beide am nämlichen Tage in die Schule eingetreten
waren, was bei den oberen Klassen die Meinung verbreitet hatte, wir
seien Brüder; doch pflegten sich die älteren Schüler mit den Angelegenheiten der jüngeren wenig zu befassen. Ich habe schon vorher gesagt, daß Wilson nicht im entferntesten mit meiner Familie verwandt
war. Doch *wären* wir Brüder gewesen, so hätten wir Zwillinge sein
müssen; denn nachdem ich die Anstalt Dr. Bransbys verlassen, erfuhr ich durch Zufall, daß mein Namensvetter am 19. Januar 1813
geboren war – und dieser Umstand ist einigermaßen bemerkenswert, denn es ist genau das Datum meiner eigenen Geburt.

Es mag seltsam erscheinen, daß ich, trotz der fortgesetzten Angst,
in die mich die Rivalität Wilsons versetzte, und trotz seines unerträglichen Widerspruchsgeistes, mich nicht dahin bringen konnte, ihn
wirklich zu hassen. Gewiß, wir hatten fast täglich Streit miteinander, und wenn er mir dann auch öffentlich die Siegespalme überließ,
so gelang es ihm doch, mich irgendwie fühlen zu lassen, daß eigentlich er es war, der sie verdiente; aber ein gewisser Stolz meinerseits
und eine echte Würde seinerseits hielten uns davon ab, ernstlich mit-

einander zu zanken. In unseren Charakteren jedoch gab es viel Verwandtes, und nur unser seltsamer Wetteifer war schuld daran, daß meine Gefühle für ihn nicht zu wahrer Freundschaft reiften. Es ist tatsächlich schwer, das Empfinden, das ich für ihn hatte, zu bestimmen oder zu erklären. Es war ein buntes und widersprechendes Gemisch: etwas eigensinnige Feindseligkeit, die dennoch nicht Haß war, etwas Achtung, mehr Bewunderung, viel Furcht und eine Welt rastloser Neugier. Für Seelenkenner ist es unnötig hinzuzufügen, daß Wilson und ich die unzertrennlichsten Gefährten waren.

Sicherlich lag es an diesen ganz außergewöhnlichen Beziehungen, daß ich meine Angriffe auf ihn – und es gab deren genug, sowohl offene als versteckte – in Form einer bösen Neckerei oder eines Schabernacks ausführte, als scheinbaren Spaß, der dennoch Schmerz bereitete; eine derartige Handlungsweise lag meiner Stimmung für ihn näher als etwa ausgesprochene Feindseligkeit. Doch meine Unternehmungen gegen ihn waren keineswegs immer erfolgreich, mochte ich meine Pläne auch noch so pfiffig ausgeheckt haben; denn mein Namensvetter hatte in seinem Wesen so viel vornehme Zurückhaltung, daß er keine Achillesferse bot; wohl spottete er gern selbst, *ihn* aber lächerlich zu machen, war beinahe unmöglich. Ich konnte tatsächlich nur *einen* wunden Punkt an ihm entdecken: es war eine persönliche Eigenheit, die vielleicht einem körperlichen Übel entsprang und wohl von jedem anderen Gegner, der nicht wie ich am Ende seiner Weisheit angelangt gewesen, geschont worden wäre. Mein Rivale hatte eine Schwäche der Sprechorgane, die ihn hinderte, seine Stimme *über ein sehr leises Flüstern* zu erheben. Ich verfehlte nicht, aus diesem Übel meinen armseligen Vorteil zu ziehen.

Wilson dankte mir das auf mannigfache Weise, und besonders *eine* Form der Rache hatte er, die mich unbeschreiblich ärgerte. Woher er die Schlauheit genommen, herauszufinden, daß solche scheinbare Kleinigkeit mich kränken könne, ist eine Frage, die ich nie zu lösen vermochte; als er die Sache aber einmal entdeckt hatte, nutzte er sie weidlich aus. Ich hatte stets einen Widerwillen vor meinem unfeinen Familiennamen und meinem so gewöhnlichen, ja, geradezu plebejischen Vornamen empfunden. Sein Klang war meinen Ohren abstoßend, und als ich am Tage meines Schulantritts erfuhr, daß gleichzeitig ein zweiter William Wilson eintrete, war ich auf diesen zornig, weil er den verhaßten Namen trug, und dem Namen doppelt feind, weil auch noch ein Fremder ihn führte, der nun schuld war, daß ich ihn doppelt so oft hören mußte – ein Fremder, den ich beständig um mich haben sollte, und dessen Angelegenheiten, so wie der Lauf der Schule nun einmal war, infolge der verwünschten Namensgleichheit unvermeidlicherweise mit den meinigen verknüpft und verwechselt werden mußten.

Mein durch diese Umstände hervorgerufener Verdruß nahm bei jeder Gelegenheit zu, bei der eine geistige oder leibliche Ähnlichkeit zwischen meinem Nebenbuhler und mir zutage trat. Ich hatte damals die bemerkenswerte Tatsache, daß wir ganz gleichaltrig waren, noch nicht entdeckt; aber ich sah, daß wir von gleicher Größe waren und sogar im allgemeinen Körperumriß und in den Gesichtszügen einander glichen. Auch ärgerte mich das in den oberen Klassen umlaufende Gerücht, daß wir miteinander verwandt seien – mit einem Wort, nichts konnte mich so ernstlich verletzen, ja geradezu beunruhigen (obgleich ich diese Unruhe sorgfältig zu verbergen wußte), wie irgendein Wort darüber, daß wir einander an Geist oder Körper oder Betragen ähnlich seien. Doch hatte ich eigentlich, mit Ausnahme des Gerüchts von unserer Verwandtschaft, keinen Grund zu der Annahme, daß unsere Ähnlichkeiten jemals zur Sprache gebracht oder überhaupt von unseren Mitschülern wahrgenommen würden. Nur Wilson selbst bemerkte sie offenbar ebenso klar wie ich; daß er darin aber ein so fruchtbares Feld für seine Quälereien fand, kann, wie ich schon einmal sagte, nur seinem ungewöhnlichen Scharfsinn zugeschrieben werden.

Die Rolle, die er spielte, bestand in einer bis ins kleinste vollendeten Nachahmung meines Ich in Wort und Ton, und er spielte sie zum Bewundern gut. Meine Kleidung nachzuahmen, war ein leichtes; meinen Gang und meine Haltung eignete er sich ohne Schwierigkeit an; abgesehen von dem Hemmnis, das ihm sein Sprachfehler in den Weg legte, entging nicht einmal meine Stimme seiner Nachahmungskunst. Wirklich laute Töne konnte er selbstredend nicht wiederholen, aber sein Tonfall war ganz der meine, und *sein eigenartiges Flüstern wurde zum vollkommenen Echo meiner eigenen Stimme.*

Wie sehr dies vortreffliche Porträt mich quälte – denn eine Karikatur kann man es nicht einmal nennen –, will ich nicht zu beschreiben versuchen. Ich hatte nur einen Trost: die Tatsache, daß diese Imitation offenbar nur von mir selbst wahrgenommen wurde, und daß ich als einziger Mitwisser nur meinen spöttisch lächelnden Namensvetter hatte. Befriedigt, in meinem Herzen den gewünschten Erfolg erzielt zu haben, schien er innerlich über den mir glücklich beigebrachten Stich zu kichern und war bezeichnenderweise gleichgültig gegen den allgemeinen Beifall, den der Erfolg seiner schlauen Bemühungen leicht hätte einheimsen können. Daß die Schüler tatsächlich seine Absicht nicht fühlten, seine Meisterschaft nicht wahrnahmen und sich an meiner Verspottung nicht beteiligten, war mir monatelang ein unlösbares Rätsel. Vielleicht war es das *allmähliche* Heranreifen seiner Kopierkunst, was diese so unauffällig machte, oder noch wahrscheinlicher verdankte ich meine Sicherheit vor den anderen dem weisen Maßhalten des Kopisten, der die groben Äußerlichkeiten verachtete (also alles das, was bei einem Bilde oberflächlichen Beschauern auffallen könnte) und vor allem den ganzen *Geist* seines Originals wiederzugeben suchte – für *meine* Augen und zu meinem Kummer.

Ich habe bereits mehr als einmal davon gesprochen, welch abscheuliche Beschützermiene er mir gegenüber aufsetzte, und wie vorwitzig er gegen meine Anordnungen Einspruch erhob. Seine Einmischungen geschahen oft in Gestalt von Ratschlägen – nicht offen gebotenen, aber heimlich angedeuteten. Ich nahm sie mit einem Widerwillen entgegen, der mit den Jahren immer heftiger wurde. Doch heute, nach so langer Zeit, muß ich ihm jedenfalls die Gerechtigkeit widerfahren lassen, daß ich mich keiner Gelegenheit erinnere, wo die Einflüsterungen, ja, man kann sagen die beabsichtigten Suggestionen meines Rivalen, eine üble oder leichtfertige Richtung genommen hätten, wie sie von seinem unreifen Alter, seiner scheinbaren Unerfahrenheit wohl zu erwarten gewesen wäre. Ich muß ferner gestehen, daß zumindest sein sittliches Fühlen, wenn auch nicht seine allgemeine Begabung, weit stärker war als das meine, und daß ich heute wohl ein besserer und darum glücklicherer Mensch sein könnte, hätte ich die Ratschläge, die sein bedeutsames Flüstern andeutete, weniger oft zurückgewiesen; aber ich haßte und verachtete jedes Wort, das aus seinem Munde kam.

Mehr und mehr sträubte ich mich gegen seine widerwärtige Bevormundung und wehrte mich von Tag zu Tag offener gegen das, was ich für unerträgliche Anmaßung hielt. Ich sagte schon, daß in den ersten Jahren unserer Schulkameradschaft meine Gefühle für ihn leicht hätten in Freundschaft ausreifen können; in den letzten Monaten meines Aufenthaltes in der Schule aber, in denen übrigens seine Zudringlichkeit mehr und mehr nachgelassen hatte, verwandelte sich mein Empfinden in fast demselben Verhältnis in wirklichen Haß. Ich glaube, er bemerkte das bei irgendeiner Gelegenheit und mied mich von da an – oder tat doch so.

Es war etwa um diese Zeit, wenn ich mich recht erinnere, daß er in einem heftigen Wortwechsel, den wir miteinander hatten, seine Zurückhaltung mehr als gewöhnlich aufgab und mit einer seiner Natur eigentlich fremden Offenheit auftrat. Und bei dieser Gelegenheit entdeckte ich in seinem Tonfall, seiner Miene und seiner ganzen Erscheinung ein Etwas, das mich zuerst verblüffte und dann tief fesselte. Erinnerungen, Vorstellungen aus meiner frühesten Kindheit – seltsame, verwirrte und einander überstürzende Vorstellungen aus einer Zeit, in der mein Gedächtnis noch nicht geboren war, überfielen meinen Geist. Ich kann das sonderbare Gefühl, das mich erfaßte, wohl am besten wiedergeben, wenn ich sage, daß es mir schwer wurde, den Glauben abzuschütteln, diesem Wesen, das da vor mir stand, vor langer Zeit einmal, ja vielleicht in unendlich ferner Vergangenheit, verwandt gewesen zu sein. Die Täuschung verschwand jedoch so schnell, wie sie gekommen, und ich erwähne sie nur, weil sie mir am Tag der letzten Unterredung mit meinem eigentümlichen Namensvetter kam.

Das riesige alte Haus mit seinen zahllosen Räumen hatte mehrere sehr große Zimmer, die miteinander in Verbindung standen und in denen die Mehrzahl der Schüler ihr Nachtlager hatte. Doch gab es auch, wie das bei einem so ungünstig gebauten Haus selbstverständlich war, viele kleine Kammern und Schlupfwinkel; und diese hatte der haushälterische Geist Dr. Bransbys ebenfalls zu Schlafräumen hergerichtet, wenn auch ein jeder so eng war, daß er nur einen einzigen Menschen beherbergen konnte. In einer dieser kleinen Kammern schlief Wilson.

Eines Nachts, gegen Ende meines fünften Schuljahres und kurz nach dem vorhin erwähnten Wortwechsel, erhob ich mich, als alles schlief, und schlich, mit einer kleinen Lampe in der Hand durch ein Labyrinth von Gängen nach der Schlafkammer meines Rivalen. Da mir meine Rachepläne so oft mißlungen waren, hatte ich mir nun einen neuen Schabernack ausgedacht, der ihn die ganze Bosheit fühlen lassen sollte, deren ich fähig war. Als ich sein Kämmerchen erreicht hatte, trat ich geräuschlos ein, nachdem ich die abgeblendete Lampe draußen zurückgelassen. Ich trat einen Schritt vor und hörte ihn ruhig atmen. Als ich mich davon überzeugt hatte, daß er schlief, ging ich zurück, holte die Lampe und trat ans Bett. Es war von Vorhängen umschlossen, die ich langsam und leise beiseite schob, da sie mich an der Ausführung meines Vorhabens hinderten. Das helle Licht der Lampe traf den Schläfer, als meine Blicke auf sein Antlitz fielen. Ich blickte – und Betäubung, eisige Erstarrung befielen mich. Meine Knie wankten, ich rang nach Atem, meine ganze Seele erfüllte ein unerklärliches, unerträgliches Entsetzen. Atemlos brachte ich die Lampe dem Gesicht noch näher. – *Dieses* waren die Züge William Wilsons? Ich sah es, daß es die seinen waren, aber ich schauderte wie in einem Fieberanfall bei der Vorstellung, sie wären es nicht. Was war an ihnen, das mich so verwirrte? Ich spähte, während tausend unzusammenhängende Gedanken mein Hirn durchkreuzten. Nicht so erschien er – sicherlich nicht *so* in seinen lebhaft wachen Stunden. Derselbe Name, dieselbe Gestalt, derselbe Antrittstag in der Schule! Und dann sein beharrliches und sinnloses Nachahmen meines Ganges, meiner Stimme, meiner Kleidung und meines Gebarens! Lag es denn wirklich im Bereich des Möglichen – konnte das, *was ich jetzt sah*, lediglich das Resultat seiner spöttischen Gewohnheit, mich nachzuahmen, sein? Angsterfüllt und mit wachsendem Schauder löschte ich das Licht, ging leise aus dem Zimmer und verließ sogleich die Hallen jenes alten Schulhauses, um sie nie wieder zu betreten.

Nach Verlauf einiger Monate, die ich daheim in Nichtstun verbrachte, kam ich als Student nach Eton. Die kurze Zeit hatte genügt, um die Erinnerung an die Ereignisse im Hause Dr. Bransbys abzuschwächen oder doch, um einen großen Wechsel in der Natur meiner Gefühle herbeizuführen. Das Drama hatte seine Tragik verloren. Ich fand jetzt Zeit, den Wahrnehmungen meiner Sinne zu mißtrauen, und dachte selten daran zurück ohne eine gewisse Verwunderung über die autosuggestive Kraft im Menschen und ein Lächeln über die starke Einbildungskraft, mit der ich erblich belastet war. Dieser Skeptizismus konnte auch durch das Leben, das ich in Eton führte, nicht vermindert werden. Der Strudel gedankenloser Tollheit, in den ich dort sogleich und gründlich hinabtauchte, wusch von meinem vergangenen Leben alles bis auf den Schaum ab, verschluckte sofort jeden großen, ernsten Eindruck und ließ in meinem Gedächtnis nur ganz belanglose Äußerlichkeiten haften.

Ich beabsichtige aber nicht, hier näher auf meine Verworfenheit einzugehen – die ruchlosen Ausschweifungen zu schildern, mit denen ich die Gesetze verachtete und der Wachsamkeit meiner Lehrmeister spottete. Drei tolle Jahre waren ohne geistigen Gewinn verpraßt und hatten mir nichts gebracht als lasterhafte Gewohnheiten, die meiner körperlichen Entwicklung allerdings sonderbarerweise sehr vorteilhaft gewesen waren. Nach solch einer Woche gehaltloser

Zerstreuungen lud ich einmal eine Anzahl der lockersten Vögel, Mitstudenten, zu einem geheimen Zechgelage auf meine Zimmer. Wir versammelten uns zu später Nachtstunde, denn die Völlerei sollte bis zum Morgen ausgedehnt werden. Der Wein floß in Strömen, und es fehlte nicht an anderen und vielleicht gefährlicheren Verführungen; es dämmerte schon schwach im Osten, als unsere tolle Ausgelassenheit ihren Höhepunkt erreicht hatte. Aufgeregt vom Wein und Kartenspiel, bestand ich darauf, einen ungewöhnlich ruchlosen Trinkspruch auszubringen, als meine Aufmerksamkeit plötzlich auf das heftige Öffnen einer Tür und die dringliche Stimme eines Dieners hingelenkt wurde. Der Mann sagte, es wolle mich jemand, der es anscheinend sehr eilig habe, draußen im Vorzimmer sprechen.

In meiner fröhlichen Weinstimmung fühlte ich mich von der unerwarteten Störung weniger überrascht als entzückt. Ich schwankte sofort hinaus und stand nach wenigen Schritten draußen in der Vorhalle. In dem niedrigen und schmalen Raum hing keine Laterne, und gegenwärtig war er überhaupt nicht erleuchtet – abgesehen von dem sehr schwachen Morgengrauen, das durch das halbrunde Fenster drang. Als ich den Fuß über die Schwelle setzte, gewahrte ich die Gestalt eines jungen Mannes von etwa meiner Größe, der, ganz meiner momentanen Kleidung entsprechend, einen nach neuestem Schnitt gearbeiteten Hausrock aus weißem Kaschmir trug. So viel enthüllte mir das matte Tageslicht, seine Gesichtszüge konnte ich nicht erkennen. Bei meinem Eintritt kam er eilig auf mich zu, ergriff mich mit heftiger Ungeduld am Arm und flüsterte mir die Worte »William Wilson« ins Ohr.

Ich wurde sofort vollkommen nüchtern.

Da war etwas im Wesen dieses Fremden, im Zittern seines warnend erhobenen Fingers, der im Zwielicht vor meinen Augen schwankte – da war etwas, was mich mit unbegrenztem Staunen erfüllte. Aber nicht das war es, was mich so heftig erregen konnte – es war der inhaltsschwere feierliche Verweis, der in der eigenartigen, leise gezischten Äußerung lag, und vor allem der besondere *Tonfall,* in dem diese zwei wohlbekannten Worte *geflüstert* wurden, und der mit tausend Erinnerungen vergangener Tage auf mich einstürmte und meine Seele traf wie mit einem elektrischen Schlag. Bevor ich wieder Herr meiner Sinne wurde, war die Gestalt verschwunden.

Obgleich der Eindruck, den das Erlebnis auf meine zügellose Phantasie machte, ein sehr tiefer war, war er doch nicht von langer

Dauer. Einige Wochen allerdings plagte ich mich mit ernsten Fragen und war von krankhaften Vorstellungen umdüstert. Ich versuchte nicht, an der Identität dieses seltsamen Wesens mit jenem, das sich früher schon so hartnäckig in meine Angelegenheiten mischte und mich mit seinem aufdringlichen Rat quälte, zu zweifeln. Doch wer und was war dieser Wilson? Und woher kam er? Und was waren seine Absichten? Auf keine dieser Fragen fand ich eine befriedigende Antwort – nur das eine stellte ich fest, daß ein plötzlich eingetretenes Familienereignis sein Ausscheiden aus Dr. Bransbys Lehranstalt am Nachmittag desselben Tages zur Folge gehabt hatte, an dem ich von dort entflohen war. Nach kurzer Zeit aber ließen meine Gedanken von dieser Sache ab, da meine beabsichtigte Übersiedelung nach Oxford mich vollauf in Anspruch nahm. Bald darauf führte ich diese aus, und die Freigebigkeit meiner Eltern verschaffte mir eine Ausstattung und einen jährlichen Wechsel, der es mir ermöglichte, in all dem mir schon so unentbehrlich gewordenen Luxus zu schwelgen und in der Verschwendungssucht mit den hochfahrenden Erben der reichsten Grafschaften Großbritanniens zu wetteifern.

Durch meine reichen Mittel zum Laster angespornt, brach mein ursprüngliches Temperament mit verdoppeltem Feuer hervor und widersetzte sich sogar der so selbstverständlichen Zügelung, die Sitte und Anstand jedem gebildeten Menschen auferlegen. Doch es wäre unsinnig, wenn ich mich bei den Einzelheiten meines lasterhaften Lebens aufhalten wollte. Mag das Bekenntnis genügen, daß ich als Verschwender selbst den Herodes in den Schatten stellte, und daß ich der langen Liste der Laster, die damals an der ausschweifendsten Universität Europas üblich waren, durch Erfindung einer Fülle von neuen Schandtaten einen umfangreichen Anhang hinzufügte.

Und doch ist es wohl schwer zu glauben, daß ich sogar so weit gekommen war, mir die gemeinsten Schliche der Gewohnheitsspieler anzueignen und meine Erfahrung in ihrer verächtlichen Wissenschaft dazu zu benutzen, auf Kosten meiner harmlosen Mitstudenten meine ohnedies ungeheuren Einnahmen zu vergrößern. Aber es war so; und dieses unerhörte Hohnsprechen auf alle Ehre und Manneswürde war zweifellos der Hauptgrund, ja, wohl der einzige Grund, daß ich straflos ausging. Wer unter meinen verwegensten Kameraden würde nicht eher die Klarheit seiner Sinne angezweifelt, als den heiteren, freimütigen, verschwenderischen William Wilson – den vornehmsten und gebildetsten Studenten von Oxford – solcher Gemeinheiten für fähig gehalten haben – ihn, dessen Tollheiten (so sagten die Parasiten) nur die Tollheiten seiner überschäumenden Jugend und ungezügelten Phantasie, dessen Fehler nur seltsame Launen, dessen dunkelste Laster nur sorglose, sprudelnde Torheiten waren?

Schon zwei Jahre lang war ich in dieser Weise erfolgreich tätig gewesen, als ein junger, erst jüngst geadelter Emporkömmling namens Glendinning die Universität bezog. Man sagte, er sei reich wie Herodes Atticus und sei auch so leicht wie dieser zu seinen Reichtümern gelangt. Ich entdeckte bald, daß er kein großer Schlaukopf war, und hielt ihn für ein sehr passendes Objekt für die Anwendung meiner einträglichen Kunst. Ich forderte ihn des öfteren zum Spiel auf, und mit der üblichen List des Falschspielers ließ ich ihn zunächst beträchtliche Summen gewinnen, um ihn später desto sicherer einzufangen. Als mein Plan ausgereift war, traf ich ihn in der Wohnung eines Herrn Preston, eines Mitstudenten, in der bestimmten Absicht, daß diese Begegnung die letzte und entscheidende sein sollte. Preston war mit jedem von uns befreundet, hatte aber natürlich nicht die leiseste Ahnung von meinem Vorhaben. Um der Sache einen harmlosen Anstrich zu geben, hatte ich mich bemüht, eine Gesellschaft von acht oder zehn jungen Leuten dort zu haben, und war peinlich darum besorgt, daß man nur wie zufällig nach den Karten griff und daß mein Opfer selbst danach verlangen sollte. Um kurz zu sein: ich hatte keinen der niedrigen Kunstgriffe verschmäht, die bei solchen Gelegenheiten so regelmäßig angewendet werden, daß es geradezu ein Wunder ist, wenn es noch immer Dumme gibt, die diese Ränke nicht durchschauen, sondern ihnen zum Opfer fallen.

Unser Beisammensein hatte sich schon bis tief in die Nacht ausgedehnt, als es mir endlich gelang, Glendinning als einzigen Partner zu bekommen. Wir waren bei meinem Lieblingsspiel, dem Ecarté. Die anderen nahmen so lebhaften Anteil an unserem Spiel, daß sie selbst die Karten beiseite gelegt hatten und uns als Zuschauer umringten. Der Emporkömmling, den ich anfänglich zu reichlichem Trinken veranlaßt hatte, mischte, gab und spielte mit einer Nervosität, für die seine Trunkenheit nur zum Teil die Ursache sein konnte. In sehr kurzer Zeit schuldete er mir bereits beträchtliche Summen. Nun aber tat er einen tiefen Zug aus seinem Portweinglas und schlug mir vor – was meine kühle Berechnung nicht anders erwartet hatte –, unseren bereits übertrieben hohen Einsatz zu verdoppeln. Mit gut gespieltem Widerstreben und nicht ehe meine wiederholte Weigerung ihn zu ein paar ärgerlichen Worten veranlaßt hatte, die mein Nachgeben gewissermaßen herausforderten, willigte ich schließlich ein. Der Erfolg bewies selbstverständlich nur, wie rettungslos der Partner mir ins Garn gegangen: in kaum einer Stunde hatte er seine Schuld vervierfacht. Seit einer Weile schon hatte sein Gesicht den rosigen Anhauch verloren, den ihm der Wein verliehen, jetzt aber sah ich zu meinem Erstaunen, daß es grauenhaft bleich geworden war. Ich sage, zu meinem Erstaunen, denn man hatte mir Glendinning bei meinen eifrigen Nachforschungen als unermeßlich reich hingestellt, und wenn seine Verluste auch sehr hoch waren, so konnten sie ihn doch, wie ich annahm, nicht ernstlich schädigen, wieviel weniger so tief erschüttern. Der nächstliegende Gedanke war natürlich, seinen Zustand als eine Folge des übertriebenen Weingenusses anzusehen; aber als ich, mehr zu dem Zweck, mich vor den Kameraden in ein gutes Licht zu setzen, als aus irgendeinem anderen Grunde, gerade die feste Absicht kundtun wollte, das Spiel abzubrechen, machten mir ein paar Äußerungen der hinter mir Stehenden und ein Ruf der Verzweiflung seitens Glendinnings klar, daß ich seinen vollständigen Ruin herbeigeführt, und zwar unter Umständen, die ihn zum Gegenstand des allgemeinen Mitleids machten und ihn wohl selbst vor den Bosheiten eines Teufels hätten bewahren müssen.

Wie ich mich nun weiter verhalten haben würde, ist schwer zu sagen. Der bedauernswerte Zustand meines Gimpels hatte uns alle in eine gewisse Verlegenheit versetzt; es herrschte minutenlanges Schweigen, und ich fühlte, wie meine Wangen unter den vielen zornigen und vorwurfsvollen Blicken brannten. Ich mußte sogar zugeben, daß mir durch die nun plötzlich eintretende unerwartete Unterbrechung für einen kurzen Augenblick eine schwere Last, ein unerträgliches Gefühl der Beklemmung vom Herzen genommen wurde. Die großen, schweren Flügeltüren wurden auf einmal mit heftigem Ungestüm aufgeworfen, so daß wie mit einem Zauberschlag alle Lichter im Raum erloschen. In ihrem Hinflackern sahen wir noch, daß ein Fremder eingetreten war; er hatte ungefähr meine Größe und war eng in einen Mantel gehüllt. Schnell aber war es vollständig dunkel geworden, und wir konnten nur *fühlen,* daß er in unserer Mitte stand. Ehe einer von uns sich von dem Staunen erholt hatte, in das dies ungeheure Gebaren uns alle versetzte, vernahmen wir die Stimme des Eindringlings.

»Meine Herren«, sagte er in einem leisen, deutlichen und wohlbekannten Flüsterton, der mir bis ins Mark drang, »meine Herren, ich versuche nicht, mein Auftreten zu entschuldigen, denn ich komme, um meine Pflicht zu erfüllen. Sie sind zweifellos über den wahren Charakter des Herrn, der heute nacht beim Ecarté dem Lord Glendinning eine große Summe abgenommen, nicht unterrichtet. Ich will Ihnen daher mitteilen, wie Sie sich rasch und sicher die nötigen Aufklärungen verschaffen können. Bitte, untersuchen Sie nur gründlich das Futter seines linken Ärmelaufschlags und die verschiedenen kleinen Päckchen, die sich in den reichlich großen Taschen seines bestickten Hausrocks finden werden.«

Während er sprach, herrschte eine so tiefe Stille, daß man das Niederfallen einer Stecknadel hätte hören können. Als er geendet, verließ er das Zimmer ebenso plötzlich, wie er es betreten. Kann ich – soll ich meine Gefühle schildern? Muß ich sagen, daß ich alle Schrecken der Verdammten durchlebte? Ich hatte wenig Zeit zum Nachdenken. Viele Hände packten mich rauh, und es wurde sofort wieder Licht gemacht. Die Suche begann. Im Futter meines Ärmels fand man alle zum Ecarté gehörigen hohen Karten und in den Taschen meines Hausrocks eine Anzahl Kartenspiele, die den bei unseren Sitzungen gebräuchlichen vollkommen glichen, nur gehörten meine zu denen, die man mit einem Fachausdruck als die ›abgerundeten‹ bezeichnete: die *hohen* Karten waren *oben* und *unten*, die *niederen* an den *Seiten* leicht konvex. Wenn nun der Gimpel beim Abnehmen die Karten, wie es üblich ist, seitwärts abhebt, so wird er jedesmal seinem Partner eine hohe Karte zuteilen; während der Falschspieler an der Schmalseite abhebt und folglich seinem Opfer keine Karte gibt, die im Spiel von irgendwelchem Wert ist.

Wäre man nach dieser Entdeckung in Entrüstung ausgebrochen – ich hätte es leichter ertragen können als die schweigende Verachtung und hohnvolle Gelassenheit, mit der man die Sache aufnahm. »Herr Wilson«, sagte unser Gastgeber, während er sich bückte und einen kostbaren Pelzmantel aufhob, »Herr Wilson, der Mantel gehört wohl Ihnen. (Es war kaltes Wetter, und als ich meine Wohnung verließ, hatte ich daher, da ich nur im Hausrock war, einen Mantel übergeworfen, den ich dann hier im Hause abgelegt.) Ich denke, es ist überflüssig, auch hier noch nach weiteren Beweisen Ihrer Hinterlist zu suchen. (Er betrachtete den Mantel mit bitterem Lächeln.) Wir haben schon genug davon. Sie sehen wohl selbst die Notwendigkeit ein, Oxford zu verlassen – jedenfalls aber, sofort meine Wohnung zu verlassen.«

Verhöhnt und gedemütigt, wie ich durch diese Rede war, hätte ich mich wahrscheinlich sofort durch eine tätliche Beleidigung gerächt, wäre nicht im selben Augenblick meine ganze Aufmerksamkeit durch eine höchst sonderbare Tatsache gefesselt worden. Der Mantel, den ich bei meinem Herkommen getragen, war aus sehr seltenem Pelzwerk; wie selten, wie außerordentlich kostbar es war, wage ich gar nicht zu sagen. Auch entstammte seine Machart meinem eigenen Erfindergeist, denn ich war, was meine Kleidung anlangte, geradezu geckenhaft eitel. Als mir daher Herr Preston jenen Mantel reichte, den er in der Nähe der Flügeltür vom Boden aufgehoben, gewahrte ich mit Staunen und Entsetzen, daß ich den meinigen bereits auf dem Arm hatte (ich hatte ihn anscheinend ganz unwillkürlich schon ergriffen), und daß der mir dargebotene in jedem, selbst dem kleinsten Teilchen, sein vollkommenes Gegenstück war. Das merkwürdige Wesen, das mich so schrecklich bloßgestellt, war, wie ich mich erinnerte, in einen Mantel gehüllt gewesen, und keiner aus unserer Gesellschaft außer mir hatte einen solchen umgehabt. Mit einiger Geistesgegenwart nahm ich den Mantel, den Preston mir reichte, legte ihn unbemerkt über den anderen auf meinen Arm und verließ mit finsteren, trotzigen Blicken das Zimmer. Am anderen Morgen trat ich vor Tagesanbruch eine Reise nach dem Kontinent an, gehetzt von Scham und Entsetzen.

Ich floh vergebens! Mein böses Geschick verfolgte mich frohlokkend und zeigte, daß seine geheimnisvolle Macht eigentlich jetzt erst beginne. Kaum hatte ich meine Schritte nach Paris gelenkt, als ich neue Beweise von der Anteilnahme erhielt, die dieser fürchterliche Wilson an meinen Angelegenheiten nahm. Jahre vergingen – ich fand keine Erlösung. Der Schurke! – mit welch ungelegener, welch gespenstischer Geschäftigkeit trat er in Rom zwischen mich und meine ehrgeizigen Pläne! Und in Wien ebenso – in Berlin – in Moskau! Wo, ja wo ward mir nicht bittere Ursache, ihn aus tiefstem Herzen zu verwünschen? Schließlich floh ich vor seiner rätselhaften Tyrannei wie ein halb Wahnsinniger – und bis an das Ende der *Welt floh ich vergebens.*

Und wieder und wieder fragte meine Seele sich in geheimer Zwiesprache mit sich selbst: ›Wer ist er? – Woher kam er? Und was sind seine Absichten?‹ Doch keine Antwort war zu finden. Und nun forschte ich mit peinlichster Genauigkeit der Art, dem Vorgehen, den herrschenden Zügen seiner unverschämten Überwachung nach. Aber selbst hier gab es nur wenig, worauf sich eine Vermutung gründen ließ. Es war allerdings auffallend, daß es ihm bei jedem der zahlreichen Fälle, in denen er seit kurzem meinen Weg kreuzte, lediglich darauf ankam, solche Pläne zu vereiteln oder solche Handlungen zunichte zu machen, die, wenn sie zur vollen Ausführung gelangt wären, schlimmes Elend gezeitigt hätten. Welch eine armselige Rechtfertigung für eine so gewalttätige Bevormundung – für ein so hartnäckiges, so freches Eingreifen in meine natürlichen Rechte der Selbstbestimmung!

Ich hatte ferner festgestellt, daß mein Peiniger, der mit wundersamer Geschicklichkeit meine Erscheinung bis ins kleinste nachahmte, es bei seinen jedesmaligen Einmischungen so einzurichten gewußt hatte, daß ich seine Gesichtszüge nicht zu sehen bekam. Mochte Wilson sein, wer er wollte, *das* jedenfalls war die abgeschmackteste Ziererei und Albernheit. Konnte er nur einen Augenblick annehmen, daß ich in dem Warner aus Eton – in dem Zerstörer meiner Ehre zu Oxford –, in ihm, der in Rom meine hochfliegenden Pläne, in Paris meine Rachegelüste, in Neapel meine leidenschaftliche Liebe vereitelte und in Ägypten ein Vorhaben zerstörte, das er fälschlicherweise meiner Habgier zuschrieb – daß ich in diesem, meinem Erbfeind und bösen Geist den William Wilson meiner Schuljahre nicht wiedererkennen würde – den Namensvetter, den Kameraden, den Rivalen – den verhaßten und gefürchteten Rivalen im Hause Dr. Bransbys? Unmöglich? – Doch laßt mich zu der letzten ereignisreichen Szene des Dramas kommen.

Bis jetzt hatte ich mich seiner Herrschaft blindlings unterworfen. Die tiefe Ehrfurcht, mit der ich gewohnt war, den überlegenen Charakter, die göttliche Weisheit, die scheinbare Allgegenwart und Allmacht Wilsons anzusehen, hatte, gemischt mit dem Entsetzen, mit dem gewisse andere Züge seines Wesens mich erfüllten, mich von meiner eigenen Schwäche und Hilflosigkeit überzeugt und eine vollständige, wenn auch widerstrebende Unterwerfung unter seinen despotischen Willen herbeigeführt. In letzter Zeit aber hatte ich mich ganz dem Wein ergeben, und sein aufreizender Einfluß auf mein ererbtes Temperament machte mir dies Überwachtsein immer unerträglicher. Ich begann zu murren – zu überlegen – zu widerstreben. Und war es nur Einbildung, was mich glauben ließ, daß mit meiner zunehmenden Festigkeit diejenige meines Peinigers im entsprechenden Verhältnis abnahm? Sei dem, wie ihm wolle, ich begann jetzt zu fühlen, daß brennende Hoffnung in mir erwachte, und nährte schließlich in meinen geheimsten Gedanken den festen und verzweifelten Entschluß, meine sklavische Unterwerfung abzuschütteln.

Es war in Rom, als ich im Karneval des Jahres 18.. einem Masken-fest im Palazzo des neapolitanischen Herzogs di Broglio beiwohnte. Ich hatte noch reichlicher als sonst dem Weine zugesprochen, und jetzt quälte mich die erstickende Luft der überfüllten Räume uner-träglich. Auch die Schwierigkeit, mit der ich mir durch das Gewühl der Gäste meinen Weg bahnen mußte, trug nicht wenig dazu bei, meine Stimmung reizbar zu machen, denn ich suchte (laßt mich ver-schweigen, aus welch unwürdigem Grunde), suchte eifrig die junge und fröhliche und wunderschöne Frau des alten und kindischen Narren di Broglio. In sorglosem Vertrauen hatte sie mir verraten, welches Maskengewand sie tragen werde, und nun hatte ich sie er-späht und eilte, in ihre Nähe zu gelangen. In diesem Augenblick fühlte ich eine leichte Hand auf meiner Schulter, und in meinem Ohr das unvergeßliche, verwünschte Flüstern.

In einem wahren Wutanfall wandte ich mich dem Störer zu und ergriff ihn heftig beim Kragen. Er war, wie ich es erwartet, in genau das gleiche Gewand gekleidet wie ich selbst; so trug also auch er ei-nen spanischen Mantel aus blauem Samt und einen karminroten Gürtel, in dem ein Rapier steckte. Eine schwarze Seidenmaske be-deckte sein Gesicht.

»Schurke!« sagte ich mit vor Wut heiserer Stimme, während jede Silbe, die ich sprach, meinen Zorn mit neuen Gluten schürte; »Schurke! Betrüger! Verfluchter Schuft! Du sollst mich nicht – *du wirst mich nicht* zu Tode hetzen! Folge mir, oder ich steche dich hier auf der Stelle nieder!« – Und ich bahnte mir aus dem Ballsaal einen Weg in das angrenzende kleine Vorzimmer und zog ihn mit Gewalt mit mir.

Als ich dort eintrat, schleuderte ich ihn wütend von mir fort. Er schwankte gegen die Wand, ich schloß fluchend die Tür und gebot ihm, den Degen zu ziehen. Er zögerte nur einen Augenblick, dann seufzte er leise, zog den Degen und stellte sich in Bereitschaft.

Der Zweikampf war kurz genug. Ich war in rasender Aufregung und blinder Wut und fühlte in meinem Arm die Kraft von Hunder-ten. In wenigen Sekunden drängte ich ihn gegen die Wand zurück, und da ich ihn nun ganz in meiner Gewalt hatte, stach ich ihm die Waffe in viehischer Gier wieder und wieder durchs Herz.

Da versuchte jemand, die Tür zu öffnen. Ich eilte hin, um eine Störung fernzuhalten, kehrte aber sofort zu meinem sterbenden Gegner zurück. Doch welche menschliche Sprache kann das Erstau-nen – das Entsetzen wiedergeben, das mich bei dem Schauspiel erfaßte, das sich nun meinen Blicken bot! Der kurze Augenblick, für den ich die Augen abgewendet, hatte genügt, um drüben am anderen Ende des Zimmers eine Veränderung zu schaffen. Ein großer Spiegel – so schien es mir zuerst in meiner Verwirrung – stand jetzt da, wo vorher keiner gewesen war; und als ich im höchsten Entsetzen zu ihm hinschritt, näherten sich mir aus seiner Fläche meine eigenen Züge – bleich und blutbesudelt –, meine eigene Gestalt, ermatteten Schrittes.

So schien es, sage ich, doch war es nicht so. Es war mein Gegner – es war Wilson, der da im Todeskampfe vor mir stand. Seine Maske und sein Mantel lagen auf dem Boden, da, wo er sie hingeworfen. Kein Faden an seinem Anzug – keine Linie in den ausgeprägten und eigenartigen Zügen seines Antlitzes, die nicht bis zur vollkommenen Identität *mein eigen* gewesen wären!

Es war Wilson; aber seine Sprache war kein Flüstern mehr, und ich hätte mir einbilden können, ich selber sei es, der da sagte: »Du hast gesiegt, und ich unterliege. Dennoch, von nun an bist auch du tot – tot für die Welt, den Himmel und die Hoffnung! In mir lebtest du – und nun ich sterbe, sieh hier im Bilde, das dein eigenes ist, wie du dich selbst ermordet hast.«

Hopp-Frosch

Ich habe niemals jemanden gekannt, der so sehr zu Scherz und Spaß aufgelegt war wie der König; es war geradezu sein Lebenselement. Eine lustige Geschichte gut erzählen – das war der sicherste Weg, um sich bei ihm in Gunst zu setzen. So kam es, daß seine sieben Minister alle dafür bekannt waren, vollendete Spaßmacher zu sein. Sie glichen auch sonst dem König: sie waren nicht nur unvergleichliche Witzbolde, sondern auch große, korpulente, fette Männer. Ob die Leute vom Scherzen fett werden, oder ob die Veranlagung zu Spaß und Scherz bei fetten Leuten besonders stark entwickelt ist, habe ich nie ganz genau feststellen können; Tatsache aber ist, daß ein magerer Spaßmacher ein *rara avis in terris* ist.

Aus den Feinheiten oder, wie er sagte, dem ›Geist‹ des Witzes machte der König sich wenig. Er bewunderte hauptsächlich die *Breite* eines Scherzes, und um ihretwillen ließ er sich auch die *Länge* gefallen. Über-Feinheiten langweilten ihn. Er würde Rabelais' ›Gargantua‹ dem ›Zadig‹ Voltaires vorgezogen haben, und alles in allem gefiel es ihm besser, einen Streich *auszuführen*, als einen *erzählt* zu bekommen.

Zu der Zeit, in der meine Geschichte spielt, waren berufsmäßige Spaßmacher bei Hofe noch nicht ganz aus der Mode gekommen. Mehrere ›Großmächte‹ des Kontinents hatten noch ihre ›Narren‹ in Narrenkleid und Schellenkappe, die zum Dank für die Brosamen, die ihnen an des Königs Tische zufielen, stets zu Spott und Witz bereit sein mußten.

Unser König hatte selbstverständlich noch seinen Hofnarren. Tatsache ist, daß er ein wenig Narrheit um sich brauchte – sei es auch nur als Gegengewicht gegen die ungeheure Weisheit der sieben weisen Männer, seiner Minister – von ihm selbst gar nicht zu reden.

Sein Narr oder Spaßmacher von Beruf war jedoch nicht *nur* ein Narr. Sein Wert wurde in den Augen des Königs dadurch verdreifacht, daß er außerdem ein Zwerg und ein Krüppel war. In jenen alten Tagen waren die Zwerge nicht seltener als die Narren, und viele Herrscher hätten es schwer gefunden, die Tage hinzubringen (und bei Hofe sind die Tage länger als sonstwo) ohne einen Spaßmacher, *mit* dem sie lachen und einen Zwerg, *über* den sie lachen konnten. Doch wie ich schon bemerkte, sind in neunundneunzig von hundert Fällen die Witzbolde fett, rund und schwerfällig – so daß unser König sich wirklich gratulieren konnte, in Hopp-Frosch (das war des Narren Name) in einer Person einen dreifachen Schatz zu besitzen.

Ich glaube nicht, daß der Zwerg schon bei der Taufe den Namen Hopp-Frosch zuerteilt bekam, er verdankte ihn vielmehr dem weisen Rat der sieben Minister und seiner eigenen Unfähigkeit, wie andere Menschen aufrecht einherzugehen. Hopp-Frosch konnte sich nur mittels eines ganz absonderlichen Verfahrens vorwärts bewegen – es war halb ein Sprung, halb ein schlängelndes Vorschleudern des Körpers – eine Gangart, die allen bei Hofe unglaublichen Spaß machte und dem König ein rechter Trost war, denn im Vergleich zu seinem Narren galt er selbst trotz seines gewaltig vorspringenden Leibes und seines chronischen Wasserkopfes für einen schöngebauten Mann.

Doch obgleich Hopp-Frosch infolge seiner mißgestalteten Beine sich auf ebener Erde nur mühsam und unter Schmerzen vorwärts zu bewegen vermochte, konnte er da, wo es sich um Klettern handelte, ganz Außergewöhnliches leisten; denn die Natur hatte ihn für die Unvollkommenheit seiner unteren Gliedmaßen mit einer unerhörten Muskelkraft der Arme ausgestattet. Wenn er so auf Bäumen und an Seilen herumkletterte, glich er weit eher einem Eichhörnchen oder einem kleinen Affen als einem Frosch.

Ich bin nicht imstande, mit Bestimmtheit anzugeben, aus welchem Lande Hopp-Frosch stammte. Jedenfalls war es irgendeine unwirtliche Gegend, von der niemand etwas wußte – und weit entfernt vom Hofe unseres Königs. Hopp-Frosch und ein junges Mädchen von fast ebenso zwerghafter Gestalt wie er selbst (nur daß sie wohlproportioniert und eine wunderbare Tänzerin war) waren aus ihrer Heimat gewaltsam in benachbarte Provinzen verschleppt worden, von wo einer seiner stets siegreichen Generale sie dem König zum Geschenk sandte.

Unter solchen Umständen ist es nicht verwunderlich, daß zwischen den beiden kleinen Gefangenen eine innige Freundschaft erwuchs. Hopp-Frosch, der trotz seiner Kurzweiligkeit keineswegs beliebt war, war nicht in der Lage, Tripetta große Dienste erweisen zu können; sie aber wurde (trotz ihrer Zwergengestalt) dank einer seltenen Anmut und Lieblichkeit allgemein verehrt und verhätschelt; sie hatte also eine große Macht und versäumte nie, sich ihrer, sobald es not tat, zugunsten Hopp-Froschs zu bedienen.

Anläßlich irgendeines großen Staatsereignisses (was es war, habe ich vergessen) hatte der König beschlossen, ein Maskenfest zu geben; und wann immer ein Maskenfest oder dergleichen an unserem Hofe stattfinden sollte, rief man die Talente sowohl Hopp-Froschs wie Tripettas zu Hilfe. Hopp-Frosch vor allem war so erfinderisch in der Zusammenstellung von Festaufzügen und wußte so prächtige Masken zu ersinnen, daß es war, als sei ohne seinen Beistand nichts zu machen.

Die Festnacht war gekommen. Eine glänzende Halle war unter Tripettas Aufsicht mit allem ausgeschmückt worden, was geeignet schien, einen stimmungsvollen Hintergrund zu einem Maskenfest zu schaffen. Der ganze Hof war in fieberhafter Erwartung. Was die Wahl der Masken und Kostüme anlangte, so darf wohl angenommen werden, daß ein jeder seine Entscheidung getroffen hatte. Viele hatten schon Wochen, ja Monate vorher beschlossen, welche Rolle sie zu spielen gedachten; und wirklich gab es auch keine Unentschlossenheit mehr – ausgenommen beim König und seinen sieben Ministern. Warum gerade sie noch zögerten, wüßte ich nicht zu sagen, es sei denn, weil ihnen dies spaßhaft vorkam. Wahrscheinlicher ist es, daß es ihnen schwerfiel, für ihre fetten Gestalten eine passende Rolle zu finden. Kurzum, die Zeit entfloh, und als letzte Rettung ließen sie Tripetta und Hopp-Frosch rufen.

Als die beiden kleinen Freunde dem Befehl des Königs nachkamen, fanden sie ihn mit den sieben Mitgliedern seines Kabinettrates beim Weine sitzen. Aber der Herrscher schien sehr übler Laune zu sein. Er wußte, daß Hopp-Frosch den Wein nicht liebte, da das Trinken den armen Krüppel bis zum Wahnsinn aufregte, und Wahnsinn ist kein angenehmer Zustand. Aber dem König, der es liebte, jemandem einen Schabernack zu spielen, machte es Spaß, Hopp-Frosch zum Trinken zu zwingen und ihn (wie der König es nannte) lustig zu machen.

»Komm her, Hopp-Frosch«, sagte er, als der Spaßmacher und seine kleine Gefährtin ins Zimmer traten. »Leere diesen Becher auf die Gesundheit deiner fernen Freunde (hier seufzte Hopp-Frosch), und dann begnade uns mit deiner Erfindungsgabe. Wir brauchen Rollen – Rollen, Mann – irgend etwas Neues – noch nicht Dagewesenes! Wir haben das ewige Einerlei satt. Komm, trink! Der Wein wird dich erleuchten.«

Hopp-Frosch versuchte wie immer so auch diesmal, des Königs wohlwollende Ansprache mit einem Scherz zu beantworten, aber die Anstrengung war zu groß. Gerade heute nämlich war des armen Zwerges Geburtstag, und der Befehl, seinen ›abwesenden Freunden‹

zuzutrinken, zwang ihm Tränen in die Augen. Große und bittere Tropfen fielen in den Kelch, den er demütig aus der Hand des Tyrannen entgegennahm.

»Ah! Hahaha!« grölte letzterer, als der Zwerg den Becher widerwillig leerte. »Seht, was so ein Glas guten Weins vermag! Wahrhaftig, deine Augen glänzen schon!«

Armer Kerl! Seine großen Augen glänzten nicht nur, sie glühten; denn auf sein leicht erregbares Hirn hatte der Wein nicht nur eine gewaltige, sondern auch eine augenblickliche Wirkung. Er stellte den Becher mit bebender Hand auf den Tisch und sah sich mit halb irrsinnigen Blicken in der Gesellschaft um. Alle Anwesenden hatten ihre Freude an dem sichtlichen Erfolg des königlichen ›Scherzes‹.

»Und jetzt an die Arbeit!« sagte der Premierminister, ein *sehr* fetter Mann.

»Ja«, sagte der König. »Komm, Hopp-Frosch, leihe uns deinen Beistand. Charakterrollen, mein hübscher Junge! Es mangelt uns an Charakteren – uns allen – hahahaha!« Und da diese Äußerung offenbar scherzhaft gemeint war, lachten seine sieben Minister mit.

Hopp-Frosch lachte auch – aber nicht sehr herzhaft.

»Vorwärts, vorwärts«, sagte der König ungeduldig, »kannst du uns keinen Vorschlag machen?«

»Ich bin bemüht, etwas Neues zu ersinnen«, antwortete der Zwerg zerstreut, denn er war trunken vom Wein.

»Bemüht!« schrie der Tyrann wütend; »was meinst du damit? Ah, ich sehe, du bist mißgestimmt und brauchst noch mehr Wein. Hier, trink!« Und er goß einen zweiten Becher voll und bot ihn dem Krüppel; der rang nach Atem und rührte sich nicht.

»Trink, sage ich!« brüllte der Unhold, »Oder beim Teufel . . .«

Der Zwerg zögerte. Der König wurde purpurrot vor Zorn. Die Höflinge schmunzelten. Tripetta näherte sich leichenblaß dem König, warf sich vor ihm auf die Knie und beschwor ihn, ihren Freund zu schonen.

Der Tyrann war von ihrer Kühnheit verblüfft. Einen Augenblick sah er sie verwundert an. Er schien in großer Verlegenheit: – was sollte er tun, was sagen, wie seinem Zorn Luft machen? Endlich stieß er sie wortlos zurück und schüttete ihr den ganzen Inhalt des Bechers ins Gesicht.

Das arme Mädchen erhob sich wankend und nahm – ohne auch nur einen Seufzer zu wagen – ihren Platz am Fuße des Tisches wieder ein.

Eine halbe Minute lang herrschte Totenstille; man hätte ein Blatt zu Boden fallen hören können. Da tönte in das Schweigen ein leiser, doch scharfer und anhaltender knirschender Ton, der zu gleicher Zeit aus allen Ecken des Raumes hervorzuknarren schien.

»Warum – warum – warum, sage ich, machst du dieses Geräusch?« wandte sich der König wütend an den Zwerg.

Letzterer schien sich von seiner Betrunkenheit ganz erholt zu haben, er sah dem König scharf, doch ruhig ins Gesicht und sagte:

»Ich – ich? Wie könnte *ich* das getan haben?«

»Der Laut schien von außen hereinzudringen«, bemerkte einer der Höflinge. »Vermutlich war es der Papagei dort am Fenster, der seinen Schnabel an den Gitterstäben des Käfigs wetzte.«

»Möglich«, erwiderte der Herrscher und atmete befreit auf; »doch bei meinem Ritterwort, ich hätte schwören mögen, daß es das Zähneknirschen des Schurken hier war.«

Jetzt lachte der Zwerg (der König war ein zu eingefleischter Spaßmacher, als daß er irgendeinem das Lachen verübelt hätte) und enthüllte zwei Reihen großer, kräftiger, abstoßend wirkender Zähne. Überdies gab er seine völlige Bereitwilligkeit zu erkennen, so viel Wein zu schlucken, als man nur wünsche. Der König war befriedigt. Und nachdem Hopp-Frosch ohne ersichtlich üble Wirkung einen weiteren Becher geleert hatte, begann er sogleich und mit Eifer sich für die geplante Maskerade zu interessieren.

»Ich kann nicht sagen, wie die Ideenverbindung mir kam«, bemerkte er so ruhig, als habe er nie in seinem Leben einen Schluck Wein über die Lippen gebracht, »aber gerade *nachdem* Eure Majestät das Mädchen fortgestoßen und ihr den Wein ins Gesicht geschüttet hatten – *gerade nachdem* Sie das getan, und während der Papagei draußen am Fenster das seltsame Geräusch vollführte, kam mir ein köstlicher Spaß in den Sinn – einer der lustigen Streiche aus meiner Heimat und bei unseren Maskenfesten sehr beliebt – hier aber wird er sicherlich ganz neu sein. Leider jedoch gehören dazu genau acht Personen, und . . .«

»Hier sind wir ja!« rief der König und lachte über seine rasche Entdeckung der Zahlenübereinstimmung. »Genau acht Mann – ich und meine sieben Minister. Vorwärts! Erzähle uns deinen Streich!«

»Wir nennen ihn«, erwiderte der Krüppel, »die acht zusammengeketteten Orang-Utans, und gut ausgeführt ist er wirklich von großartiger Wirkung.«

»Wir wollen ihn ausführen«, bemerkte der König und stand mit schweren Augenlidern auf.

»Der Hauptwitz des Spiels liegt in dem Entsetzen, das es bei den Frauen verursacht«, fuhr Hopp-Frosch fort.

»Ausgezeichnet!« grölten der Monarch und seine Minister im Chor.

»Ich werde Sie also als Orang-Utans einkleiden«, sprach der Zwerg weiter. »Überlassen Sie alles mir. Die Ähnlichkeit wird so verblüffend sein, daß die ganze Maskengesellschaft Sie für wirkliche Tiere halten wird – und natürlich wird man ebenso entsetzt wie erstaunt sein.«

»Oh, das ist herrlich!« rief der König. »Hopp-Frosch! Aus dir will ich noch einen Mann machen!«

»Die Ketten dienen dazu, durch ihr Klirren die Verwirrung zu erhöhen. Es muß so scheinen, als seien Sie Ihren Wächtern ›en masse‹ entronnen. Eure Majestät können sich gar nicht vorstellen, wie wirkungsvoll bei solch einer Maskerade acht zusammengekettete Orang-Utans sein müßten, da die meisten aus der Gesellschaft Sie für wirkliche Bestien halten werden, wenn Sie mit wildem Geschrei mitten zwischen all die prächtig und lieblich gekleideten Männer und Frauen hineinrasen. Der Kontrast wird unbeschreiblich sein.«

»Wir machen es unbedingt«, sagte der König. Und der versammelte Rat löste sich auf, denn es war schon spät, und man mußte sich beeilen, den Plan Hopp-Froschs zur Ausführung zu bringen.

Sein Verfahren, den König und seine Vertrauten in Orang-Utans zu verkleiden, war einfach, aber für seine Zwecke wirkungsvoll genug. Die zur Darstellung zu bringenden Tiere waren zu der Zeit, in der meine Geschichte spielt, in der zivilisierten Welt noch kaum gesehen worden. Und da die von dem Zwerg vorgenommene Verkleidung wahrhaft scheußlich und bestienhaft war, war der Erfolg der Täuschung gesichert. Der König und seine Minister wurden zunächst in enganliegende braune wollene Hemden und Unterhosen gesteckt. Dann wurden diese mit Teer getränkt. Jetzt schlug einer Federn vor, aber der Zwerg verwarf diesen Vorschlag und überzeugte die acht, daß das Fell eines Orang-Utans weit naturgetreuer durch Flachs dargestellt werden könne. Eine dicke Schicht von letzterem wurde nun auf die Teerschicht festgedrückt. Dann brachte man eine lange Kette herbei. Sie wurde zuerst dem König um den Leib gelegt und *festgeknotet*; mit den sieben anderen Teilnehmern wurde genau ebenso verfahren. Als alle derart angekettet und so weit als möglich voneinander entfernt aufgestellt waren, bildeten sie einen Kreis; und um das Ganze recht naturgetreu erscheinen zu lassen, zog der Zwerg den Rest der Kette zweimal diametral durch den Kreis. Dies war ganz die Art, nach der noch heutzutage auf Borneo große Affen zusammengekoppelt werden.

Der große Saal, in dem das Maskenfest stattfinden sollte, war ein kreisrunder, sehr hoher Raum, der sein Licht durch ein einziges, im Mittelpunkt der Deckenwölbung angebrachtes Fenster erhielt. Bei Nacht – und besonders für Nachtfeste war der Saal bestimmt – empfing er sein Licht hauptsächlich von einem großen Kronleuchter, der an einer Kette von der Mitte des Kuppelfensters herniederhing und wie üblich mittels eines Gegengewichtes herabgelassen und wieder hinaufgezogen werden konnte; doch hatte man letzteres aus Schönheitsgründen außerhalb der Kuppel über das Dach hinweggeführt.

Die Ausschmückung des Festgemachs hatte man Tripettas Oberaufsicht überlassen; in einigen Dingen jedoch hatte sie sich der überlegenen Umsicht ihres Freundes, des Zwerges, gefügt. Seinem Rate folgend, hatte man für diese Gelegenheit den Kronleuchter entfernt. Die Wachstropfen, die nicht zu vermeiden gewesen wären, würden der kostbaren Gewandung der Gäste sehr nachteilig gewesen sein, andererseits aber konnten in einem überfüllten Raume nicht alle Leute der Mitte – also dem Platz unter dem Kronleuchter – ausweichen. Zahlreiche Kandelaber wurden an den Wänden der Halle aufgestellt, und jeder der fünfzig bis sechzig Karyatiden wurde eine Wohlgeruch spendende Fackel in die rechte Hand gegeben.

Die acht Orang-Utans warteten auf Hopp-Froschs Rat mit ihrem Erscheinen geduldig bis Mitternacht, bis der Saal von Masken gedrängt voll sein würde. Kaum jedoch war der letzte Schlag der Mitternachtstunde verhallt, als sie hineinstürmten, vielmehr rollten – denn die hindernden Ketten rissen die meisten von ihnen zu Boden, und wer nicht hinfiel, stolperte.

Das Entsetzen der Maskengesellschaft war ungeheuer und füllte das Herz des Königs mit Entzücken. Wie man vorausgesehen hatte, gab es unter den Gästen nicht wenige, die diese grimmig aussehenden Wesen wenn auch nicht gerade für Orang-Utans, so doch für wilde Bestien hielten. Viele der Frauen wurden ohnmächtig vor Schreck, und hätte der König nicht die Vorsichtsmaßregel getroffen, das Waffentragen für diesen Abend zu verbieten, so hätten er und seine Gefährten den Schabernack wohl mit ihrem Blute büßen müssen. So aber trachteten alle, die Türen zu gewinnen; der König hatte jedoch Befehl gegeben, dieselben gleich nach dem Eintritt der Affenbande abzuschließen, und einer Anregung des Zwerges gemäß, hatte man diesem selbst die Schlüssel ausgeliefert.

Als der Tumult aufs höchste gestiegen und jeder Gast nur auf seine eigene Rettung bedacht war – denn das Gedränge war inzwischen lebensgefährlich geworden –, hätte man sehen können, wie die Kette, die sonst den Kronleuchter getragen hatte und die nach dessen Entfernung hinaufgezogen worden war, sich ganz allmählich herabsenkte, bis ihr Endhaken nur noch drei Fuß über dem Erdboden hing.

Bald darauf geschah es, daß der König und seine sieben Freunde, nachdem sie den Saal nach allen Richtungen durchtaumelt hatten, sich schließlich in dessen Mittelpunkt und selbstredend auch in naher Berührung mit der Kette befanden. Als sie so standen, ergriff der Zwerg, der ihnen stets gefolgt war und sie zu immer wilderem Gebaren angefeuert hatte, die Kette, an der sie gefesselt waren, genau an der Stelle, wo die beiden Diametrallinien zusammentrafen. Blitzschnell hängte er hier in das Mittelglied den Kronleuchterhaken ein, und augenblicklich wurde durch eine unsichtbare Kraft die Kronleuchterkette so hoch hinaufgezogen, daß der Haken nicht mehr erreichbar war. Diese Aufwärtsbewegung riß die Orang-Utans ganz nah zusammen, sie standen Gesicht an Gesicht gedrängt.

Inzwischen hatten die Maskengäste sich von ihrer Verblüffung erholt, sie begannen, das Ganze als einen wohlvorbereiteten Scherz anzusehen, und brachen über die sonderbare Situation der Affen in lautes Gelächter aus.

»Überlaßt sie *mir*!« kreischte jetzt Hopp-Frosch auf, mit seiner schrillen Stimme all den Lärm übertönend. »Überlaßt sie *mir*! Ich glaube, *ich* kenne sie. Wenn ich sie mir nur einmal recht anschauen könnte, *ich* würde euch gleich sagen, wer sie sind!«

Und über die Köpfe der Menge hinwegkriechend, gelangte er zur Saalwand, nahm einer der Karyatiden die Fackel aus der Hand, kehrte auf demselben Wege wie vorher in die Mitte zurück und sprang mit Affengeschwindigkeit dem König auf den Kopf und von da an der Kette hinauf. Ein paar Fuß über den Orang-Utans senkte er seine Fackel, leuchtete ihnen ins Antlitz und schrie von neuem: »Ich werde bald heraushaben, wer sie sind!«

Und jetzt, während alle Anwesenden – die Affen mit einbegriffen

– sich vor Lachen schüttelten, ließ der Spaßmacher einen schrillen Pfiff ertönen; die Kette flog etwa dreißig Fuß empor und zog die bestürzten und um sich schlagenden Orang-Utans mit sich; da hingen sie nun zappelnd genau in halber Höhe des Saales. Hopp-Frosch, der sich an die Kette festgeklammert hatte, verharrte noch in derselben Stellung wie vorher; noch immer – so, als sei nichts geschehen – senkte er seine Fackel zu ihnen hinunter, als bemühte er sich, festzustellen, wer sie seien.

So völlig verblüfft war man von diesem plötzlichen Aufstieg, daß wohl eine Minute lang Totenstille herrschte. Da ertönte wieder das leise, scharfe, knirschende Geräusch, das zuvor dem König, als er Tripetta den Wein ins Gesicht schüttete, so seltsam aufgefallen war. Jetzt aber konnte kein Zweifel darüber sein, wo der Laut herkam. Er kam von den Raubtierzähnen des Zwerges: es war ein Knirschen aus seinem schäumenden Mund; sein Blick flammte mit dem Ausdruck wahnsinniger Wut in die aufwärts gewendeten Gesichter des Königs und seiner sieben Gefährten.

»Aha!« sagte der Spaßmacher. »Aha! Ich fange an zu begreifen, wer diese Leute sind!« Und wie um den König heller zu beleuchten, näherte er die Fackel dem Pelz, in dem jener steckte, so daß der Flachs augenblicklich in heller Garbe aufflammte. In weniger als einer halben Minute brannten die acht Orang-Utans lichterloh, und drunten kreischte die entsetzte Menge und starrte wie gebannt zu den flammenden Körpern empor, denen sie keine Hilfe bringen konnte.

Endlich wurden die aufwärts leckenden Flammen so heftig, daß der Narr, um ihnen auszuweichen, höher hinaufklettern mußte, und diese Bewegung machte die Menge einen Augenblick lang stumm. Der Zwerg ergriff die Gelegenheit und sprach noch einmal.

»Jetzt sehe ich *deutlich*«, sagte er, »welcher Art Leute die Maskierten sind. Es ist ein großer König mit seinen sieben Ministern – ein König, der sich kein Gewissen daraus macht, ein wehrloses Mädchen zu schlagen, und seine sieben Berater, die seiner schmachvollen Tat Vorschub leisten. Was mich anbetrifft, so bin ich nur Hopp-Frosch, der Spaßmacher, und *das ist mein letzter Spaß.*«

Infolge der hohen Brennbarkeit sowohl des Flachses wie des Teers war das Rachewerk schon vollbracht, als der Zwerg seine kurze Rede kaum beendet hatte. Die acht Leichname schaukelten in ihren Ketten – eine stinkende, geschwärzte, ekelhafte, unkenntliche Masse. Der Krüppel schleuderte seine Fackel auf sie herab, kletterte be-

hende bis zur Decke empor und verschwand durch das Kuppelfen-
ster.

Es ist anzunehmen, daß Tripetta, auf dem Dach des Kuppelsaales
stehend, ihrem Freund bei seinem schauerlichen Racheakt Beihilfe
leistete, und daß sie zusammen ihre Flucht in ihr Heimatland be-
werkstelligten, denn beide wurden nie mehr gesehen.

Hinab in den Maelström

Die Wege Gottes in der Natur wie auch in der
Vorsehung sind nicht wie *unsere* Wege; noch
sind die Dinge, die wir bilden, irgendwie der
Unendlichkeit, Abgründigkeit und Unerforsch-
lichkeit seiner Werke vergleichbar, die eine
Tiefe in sich haben – ungemessener als der Brunnen des Demoktitus.

Joseph Glanville

Wir waren auf dem Gipfel der höchsten Klippe angelangt. Einige
Minuten schien der Alte zu erschöpft, um zu sprechen. »Vor drei
Jahren noch«, sagte er schließlich, »hätte ich diesen Weg gerade so
leicht und ohne Ermüdung gemacht wie der jüngste meiner Söhne;
aber dann hatte ich ein Erlebnis, wie wohl kein Sterblicher vor mir –
wenigstens wie keiner es überlebte, um davon zu berichten –, und
die sechs Stunden tödlichen Entsetzens, die ich damals durchgemacht, haben mich an Leib und Seele gebrochen. Sie halten mich für
einen *sehr* alten Mann – aber ich bin es nicht. Weniger als ein Tag
reichte hin, um meine tiefschwarzen Haare weiß zu machen, meinen
Gliedern die Kraft, meinen Nerven die Spannung zu nehmen, so daß
ich bei der geringsten Anstrengung zittere und vor einem Schatten
erschrecke. Können Sie sich denken, daß ich kaum über diese kleine
Klippe zu schauen vermag, ohne schwindlig zu werden?«

Die ›kleine Klippe‹, an deren Rand er sich so sorglos niedergeworfen, daß der gewichtigere Teil seines Körpers darüber hinausthing,
während allein der Halt, den ihm seine auf den schlüpfrigen Felsrand
aufgestützten Ellbogen gewährten, ihn am Hinunterfallen hinderte –
diese ›kleine Klippe‹ erhob sich als ein steiler, wilder Berg schwarz-
glänzender Felsmassen etwa fünfzehn- bis sechzehnhundert Fuß
hoch aus dem Meere empor. Nicht um alles in der Welt hätte ich
mich näher als etwa sechs Meter an den Rand herangewagt. Ja wirklich, die gefährliche Stellung meines Begleiters entsetzte mich so
sehr, daß ich mich der Länge nach zu Boden warf, mich ans Ge-
strüpp anklammerte und nicht einmal wagte, gen Himmel zu blicken
– indes ich mich vergeblich mühte, den Gedanken loszuwerden, daß
der Berg bis in seine Grundfesten von den stürmenden Winden er-
schüttert werde. Es dauerte lange, ehe ich mich so weit zur Vernunft
brachte, daß ich mich aufrichten und in die Ferne schauen konnte.

»Sie müssen Ihre Angstvorstellungen überwinden«, sagte der

Führer, »habe ich Sie doch hierher gebracht, damit Sie die Szene des Ereignisses, das ich eben erwähnte, so gut als möglich vor Augen haben, denn ich will Ihnen hier angesichts des Ortes die ganze Geschichte berichten.«

»Wir befinden uns jetzt«, fuhr er mit jener eingehenden Sachlichkeit fort, die ihm eigentümlich war, »wir befinden uns jetzt an der norwegischen Küste – auf dem achtundsechzigsten Breitengrad, in der großen Provinz Nordland und im trübseligen Distrikt Lofoten. Der Berg, auf dessen Gipfel wir sitzen, ist Helseggen, der Bewölkte. Richten Sie sich jetzt ein wenig auf – halten Sie sich am Grase fest, wenn Sie sich schwindlig fühlen – so – und blicken Sie über den Nebelgürtel unter uns hinaus ins Meer.«

Ich schaute auf und gewahrte eine weite Meeresfläche, deren Wasser so tintenschwarz war, daß mir sofort des nubischen Geographen Bericht von dem *Mare Tenebrarum* in den Sinn kam. Selbst die kühnste Phantasie könnte sich kein Panorama von gleich trostloser Verlassenheit ausdenken. Rechts und links, soweit das Auge reichte, breiteten sich gleich Wällen, die die Welt abschlossen, Reihen schwarzer, drohend ragender Klippen aus, deren grausiges Dunkel noch schärfer hervortrat in der tosenden Brandung, die mit ewigem Heulen und Kreisen ihren gespenstischen weißen Schaum an ihnen emporwarf. Dem Vorgebirge, auf dessen Gipfel wir saßen, gerade gegenüber und etwa fünf, sechs Meilen weit ins Meer hinein war eine schmale, schwärzliche Insel sichtbar – oder richtiger: man vermochte durch den Brandungsschaum, der sie umgab, ihre Umrisse zu erkennen. Etwa zwei Meilen näher an Land erhob sich eine andere, kleinere, entsetzlich steinig und unfruchtbar, der hie und da schwarze Felsklippen vorgelagert waren.

Der Anblick des Meeres zwischen der entfernteren Insel und der Küste war ein sehr ungewöhnlicher. Obgleich ein so heftiger Wind landwärts blies, daß eine Brigg draußen in der offenen See unter doppelt gerafftem Schnausegel lag und beständig mit ihrem ganzen Rumpf in den Wogen versank, so war hier doch keine regelrechte Deining, sondern nur ein kurzes, schnelles, zorniges Aufklatschen des Wassers nach allen Richtungen – sowohl mit als gegen den Wind. Schaum gab es nur wenig, außer in der nächsten Umgebung der Felsen.

»Die ferne Insel«, fuhr der alte Mann fort, »wird von den Norwegern Vurrgh genannt. Die eine näherliegende heißt Moskoe. Jene dort, eine Meile nordwärts, ist Ambaaren. Dort drüben liegen Islesen, Hotholm, Keildhelm, Suarven und Buckholm. Weiter draußen, zwischen Moskoe und Vurrgh liegen Otterholm, Flimen, Sandflesen und Stockholm. Das sind die Namen der Orte; warum man es überhaupt für nötig fand, ihnen Namen zu geben, das ist wohl Ihnen wie mir unbegreiflich. – Hören Sie etwas? Sehen Sie eine Veränderung im Wasser?«

Wir waren jetzt etwa zehn Minuten auf der Spitze des Helseggen, zu dem wir aus dem Innern von Lofoten aufgestiegen waren, so daß wir keinen Schimmer vom Meere erblickt hatten, bis es, als wir oben auf dem Gipfel angelangt waren, plötzlich in voller Weite vor uns lag. Während der Alte sprach, kam mir ein lautes, langsam zunehmendes Tosen zum Bewußtsein, ein Lärm wie das Brüllen einer ungeheuren Büffelherde auf einer amerikanischen Prärie. Und im selben Augenblick gewahrte ich, daß das ›Hacken‹ des Meeres unter uns sich mit rasender Schnelligkeit in eine östliche Strömung verwandelte. Während ich hinsah, nahm diese Strömung noch mit unheimlicher Geschwindigkeit zu. Jeder Augenblick verzehnfachte ihre Hast, ihr maßloses Ungestüm. In fünf Minuten tobte der ganze Ozean bis nach Vurrgh hinaus in gewaltigem Sturm; aber zwischen Moskoe und der Küste toste der Aufruhr am tollsten. Hier stürmte die ungeheure Wasserflut in tausend einander entgegengesetzte Kanäle, brach sich plötzlich in wahnsinnigen Zuckungen, keuchte, kochte und zischte – kreiste in zahllosen riesenhaften Wirbeln, und alles stürmte heulend und sich überstürzend nach Osten, mit einer Geschwindigkeit, wie sie sich nur bei den rasendsten Wasserstürzen findet.

Einige Minuten später hatte sich die Szene wiederum völlig verändert. Die gesamte Oberfläche wurde ein wenig glatter, und die Strudel verschwanden einer nach dem andern, während mächtige Schaumstreifen sich überall da zeigten, wo vorher gar kein Schaum gewesen war. Diese Streifen, die sich immer weiter und weiter ausdehnten und miteinander verbanden, nahmen nun die drehende Bewegung der verschwundenen Strudel an und schienen den Rand eines neuen, ganz gewaltigen Strudels zu bilden. Plötzlich – sehr plötzlich – nahm der Wirbel deutliche und bestimmte Form an und wurde zu einem Kreis von mehr als einer Meile Durchmesser. Umrandet war der Wirbel von einem breiten Gürtel schimmernden Schaums; doch nicht der kleinste Teil desselben glitt in den Schlund des schrecklichen Trichters, dessen Innenwand, soweit das Auge es ergründen konnte, von einer glatten, leuchtenden und kohlschwar-

117

zen Wassermauer gebildet wurde, die sich in einem Winkel von etwa fünfundvierzig Grad zum Horizont hinneigte und sich in schwingender, schwindelnder Rastlosigkeit im Kreise drehte und dabei so eine fürchterliche, kreischende und heulende Stimme gen Himmel sandte, wie sie selbst der mächtige Niagarafall in seiner Todesangst nicht hervorbrächte.

Der Berg erbebte in seinen Grundfesten, und der Fels schwankte. Ich warf mich zur Erde, verbarg mein Gesicht und klammerte mich in einem Anfall nervöser Aufregung an das spärliche Strauchwerk.

»Dies kann«, sagte ich endlich zu dem Alten, »dies *kann* nichts anderes sein als der große Strudel des Maelström.«

»So wird er manchmal genannt«, sagte der Mann. »Wir Norweger nennen ihn Moskoeström, nach der Insel Moskoe in seiner Nähe.«

Die bekannten Berichte über diesen Strudel hatten mich in keiner Hinsicht auf das vorbereitet, was ich da sah. Die Beschreibung, die Jonas Ramus gibt, und die vielleicht die umständlichste von allen ist, kann weder von der Großartigkeit noch von dem Grauen des Ganzen oder von dem seltsam verwirrenden Gefühl des ›Neuartigen‹, das den Beschauer befällt, auch nur die geringste Vorstellung erwecken. Ich bin nicht sicher, von welchem Punkt aus jener Schriftsteller das Naturschauspiel beobachtete, noch zu welcher Zeit; aber es konnte weder vom Gipfel des Helseggen noch während eines Sturmes gewesen sein. Immerhin hat seine Beschreibung einige Stellen, die erwähnenswert sind, obschon ihre Wirkung im Vergleich mit dem Schauspiel selbst nur eine sehr schwache sein kann.

»Zwischen Lofoten und Moskoe«, berichtet er, »schwankt die Tiefe des Wassers zwischen fünfunddreißig und vierzig Faden; nach der anderen Seite aber, in der Richtung von Ver (Vurrgh) nimmt diese Tiefe ab, so daß ein Schiff dort nicht passieren kann, ohne Gefahr zu laufen, an den Klippen zu zerschellen, was selbst bei ruhigem Wetter vorkommen kann. Wenn Flutzeit ist, so geht die Strömung landwärts zwischen Lofoten und Moskoe in lärmender Hast dahin, das Tosen ihrer Ebbe zum Meere hin aber wird selbst von den lautesten und fürchterlichsten Katarakten nicht erreicht – man hört das Getöse viele Meilen weit, und die Strudel oder Abgründe sind von solcher Tiefe und Ausdehnung, daß ein Schiff, das in ihren Kreislauf gerät, unvermeidlich angezogen und in den Abgrund gerissen wird, wo es an den Felsen zerschellt und, wenn die Wasser sich beruhigen, in Trümmern wieder emporgetragen wird. Solche Ruhepausen gibt es aber nur beim Übergang von Ebbe zu Flut und von Flut zu Ebbe und nur bei ruhigem Wetter, auch dauern sie nur eine Viertelstunde, dann nimmt der Wirbel langsam wieder zu. Wenn die Strömung am heftigsten und ihre Wut durch einen Sturm gesteigert ist, ist es gefährlich, ihr auf eine norwegische Meile nahe zu kommen. Boote, Yachten und auch größere Schiffe wurden mit fortgerissen, weil sie sich dem Bereich des Strudels nicht fern genug hielten. Es kommt auch vor, daß Walfische der Strömung zu nahe kommen und in ihre Gewalt geraten, und es ist unmöglich, das Heulen und Bellen zu beschreiben, das sie bei ihren vergeblichen Anstrengungen ausstoßen. Einmal wurde ein Bär, der von Lofoten nach Moskoe zu schwimmen versuchte, von der Strömung erfaßt und hinabgerissen, und sein entsetzliches Gebrüll wurde bis ans Ufer gehört. Große Vorräte von Fichten und Kiefern kamen, nachdem sie im Strudel gewesen, so zersplittert und zerfetzt an die Oberfläche, daß sie aussahen wie seltsame Borstentiere; und dies zeigt klar, daß im Abgrund des Strudels Felsgrate sind, zwischen denen sie hin und her geschleudert wurden. Die Strömung wird durch Ebbe und Flut reguliert – so daß alle sechs Stunden hohes und niederes Wasser miteinander wechseln. Im Jahre 1645, am Sonntag Sexagesima, raste sie mit solchem Getöse, daß die Häuser an der Küste zusammenstürzten.«

Was nun die Tiefe des Wassers anlangt, so begriff ich nicht, wie sie in der Nähe des Strudels überhaupt hatte gemessen werden können. Die vierzig Faden konnten sich nur auf Teile des Kanals nahe der Küste von Moskoe oder Lofoten beziehen. Die Tiefe inmitten des Moskoeström muß unermeßlich viel größer sein, und man kann keinen besseren Beweis für diese Tatsache finden, als wenn man vom höchsten Grat des Helseggen seitwärts in den Abgrund hinabblickt. Ich, der ich vom Gipfel oben in den heulenden Phlegeton hinuntersah, konnte mich eines Lächelns nicht erwehren über die Einfalt, mit der der ehrenwerte Jonas Ramus die seiner Ansicht nach fast unglaubwürdigen Anekdoten von den Walfischen und dem Bären berichtet; mir schien es tatsächlich ganz selbstverständlich, daß das größte Linienschiff, wenn es in jene tödliche Anziehungskraft geriet, ihr ebensowenig widerstehen konnte wie eine Feder dem Orkan und sogleich und für immer verschwinden müsse.

Die Erklärungsversuche für das Phänomen, deren einige mir beim Durchlesen ziemlich einleuchtend erschienen waren, sah ich jetzt in ganz anderem Lichte und mußte sie als völlig unzureichend verwerfen. Die Anschauung, der am meisten Glauben geschenkt wird, ist, daß dieser Strudel, gleich drei anderen kleineren in der Gegend der Ferroe-Inseln, seinen Ursprung habe in dem Zusammenprall der Wogen an unterirdischen Felsenriffen, die das Wasser derart einengen, daß es zur Zeit der Flut gewaltig aufschäumen, zur Zeit der Ebbe aber in große Tiefen zurückfallen muß. Die natürliche Folge des Ganzen ist ein Strudel, dessen wunderbare Einsaugekraft man schon an kleineren Versuchen erproben kann. So etwa sagt die ›Encyclopaedia Britannica‹. Kircher und andere nehmen an, daß in der Mitte des Maelström-Kanals ein Abgrund sich befinde, der den Erdball durchbohre und in irgendeiner fernen Gegend endige – irgendwer bezeichnet übrigens mit ziemlicher Bestimmtheit den Bottnischen Meerbusen als Durchbruchstelle des Strudelkanals. Diese an sich recht törichte Annahme erschien mir jetzt beim Anblick des gewaltigen Naturereignisses gar nicht so unhaltbar; ich sprach davon zu meinem Führer, der mir zu meiner Verwunderung erwiderte, obgleich er wisse, daß diese Auffassung der Sache von den meisten Norwegern geteilt werde, so könne er selbst ihr doch nicht beistimmen. Was die vorher erwähnte Annahme des Jonas Ramus betreffe, so müsse er gestehen, daß er sie nicht begreifen könne, und darin mußte ich ihm beipflichten, denn so glaubwürdig sie sich auch auf dem Papier ausgenommen, so unverständlich, ja geradezu absurd erschien sie hier inmitten des Sturmgetöses des Strudels selbst.

»Sie haben sich jetzt den Strudel gut betrachten können«, sagte der alte Mann, »und wenn Sie sich nun hier auf die andere Seite des Felsvorsprungs niederlassen würden, wo wir vor dem Wind geschützt sind und das Brausen der Wellen weniger laut hören, so werde ich Ihnen eine Geschichte erzählen, die Sie davon überzeugen wird, daß ich wohl etwas vom Moskoeström wissen muß.«

Ich setzte mich so, wie er es wünschte, und er fuhr fort:

»Meine beiden Brüder und ich besaßen eine schonerartig aufgetakelte Schmack von etwa siebzig Tonnen Tragfähigkeit, mit der wir zwischen den Inseln hinter Moskoe nahe bei Vurrgh zu fischen pflegten. Überall wo das Meer heftig brandet, ist zu geeigneten Zeiten der Fischfang gut, wenn man nur den Mut hat, ihn zu wagen; doch unter allen Küstenbewohnern der Lofoten waren wir drei die einzigen, die es sich regelrecht zum Beruf machten, nach jenen Inseln hinauszufahren. Die eigentlichen Fischgründe sind eine gute Strecke weiter nach Süden gelegen. Dort kann man zu allen Zeiten fangen, und es ist keine Gefahr dabei; darum werden jene Plätze bevorzugt. Die ertragreichen Fangplätze hier zwischen den Felsen aber liefern nicht nur die besten Sorten, sondern diese sogar in reichstem Maße, so daß wir oft in einem einzigen Tage so viel fingen, wie ängstlichere Fischer mühsam in einer Woche zusammenbrachten. Es war in der Tat ein verzweifeltes Unternehmen, bei dem das Wagnis die Arbeit ersetzte und Mut das Anlagekapital war.

Der Ankerplatz unseres Schiffes war in einer Bucht, die etwa fünf Meilen von dieser hier entfernt ist, und es war unsere Gewohnheit, bei schönem Wetter die Viertelstunde Totwasser zwischen Ebbe und Flut auszunutzen, um über den Hauptkanal des Moskoeström weit oberhalb des Strudels hinüber zu segeln und irgendwo in der Nähe von Otterholm oder Sandflesen, wo die Brandung nicht allzu heftig ist, vor Anker zu gehen. Hier pflegten wir zu bleiben, bis wiederum Totwasser einsetzte, worauf wir die Anker lichteten und uns auf den Heimweg machten. Wir unternahmen diese Fahrt nur dann, wenn wir für Hin- und Rückfahrt auf beständigen Wind rechnen konnten – einen Wind, von dem wir überzeugt waren, daß er uns bei der Rückfahrt nicht im Stich lassen werde –, und in dieser Hinsicht war unsere Berechnung selten falsch. Zweimal in sechs Jahren waren wir genötigt, die ganze Nacht vor Anker zu liegen, infolge einer gerade hier äußerst seltenen völligen Windstille, und einmal mußten wir fast eine Woche draußen bei den Fischplätzen ausharren und waren dem Hungertode nahe; aber wir konnten die Überfahrt nicht wagen, denn ein Sturmwind blies, der den Kanal allzu gefährlich machte. Bei dieser Gelegenheit wären wir trotz aller Anstrengungen in die See hinausgetrieben worden, denn die Strudel warfen uns so heftig herum, daß wir schließlich den Anker einzogen, wären wir nicht zufällig in eine der zahlreichen Gegenströmungen geraten, die heute da sind und morgen wieder fort. Diese Strömung trieb uns in die windgeschützte Gegend von Flimen, wo wir das Glück hatten, landen zu können.

Ich könnte Ihnen nicht den zwanzigsten Teil all der Schwierigkeiten aufzählen, mit denen wir an den Fangplätzen zu kämpfen hatten, denn selbst bei gutem Wetter ist es da draußen übel genug; dennoch gelang es uns immer, den Moskoeström selbst ohne Unfall zu passieren, obgleich mir oft genug das Herz erschrak, wenn wir bisweilen ein oder zwei Minuten vor oder nach dem Totwasser dort waren. Der Wind war manchmal nicht so stark, wie wir beim Ausfahren gedacht hatten, und dann kamen wir langsamer voran als wünschenswert war, und verloren in der Strömung die Gewalt über das Schiff. Mein ältester Bruder hatte einen achtzehnjährigen Sohn, und ich selbst besaß zwei kräftige Buben. Diese wären zu solchen Zeiten beim Ein- und Ausziehen der Fischtaue wie auch beim Fischen selbst sehr brauchbar gewesen, aber obwohl wir für uns die Gefahr nicht fürchteten, hatten wir doch nicht das Herz, die Jungen dem Wagnis auszusetzen – denn es ist schon so und muß gesagt werden: es war ein entsetzliches Wagnis.

Es sind jetzt in wenigen Tagen drei Jahre, seit sich das ereignete, was ich Ihnen nun erzählen will. Es war der zehnte Juli 18.., ein Tag, den man hierzulande nie vergessen wird, denn es blies der schrecklichste Orkan, der je aus den Himmeln niederstürzte; und doch hatte am Vormittag und sogar bis in den späten Nachmittag ein sanfter Südwest geweht, während die Sonne heiter strahlte, so daß die ältesten Seeleute unter uns nicht hätten voraussehen können, was sich später ereignete.

Wir drei – meine beiden Brüder und ich – waren gegen zwei Uhr nachmittags zu den Inseln hinübergekreuzt und hatten bald die Schmack mit edlen Fischen voll, die, wie wir alle bemerkten, an diesem Tage zahlreicher als je aufgetreten waren. Auf meiner Uhr war es gerade sieben, als wir lichteten und die Heimfahrt antraten, um den schlimmsten Teil des Ström bei Totwasser zurückzulegen, das nach unserer Erfahrung um acht einsetzen mußte.

Ein frischer Wind kam von Steuerbord her, und eine Zeitlang hatten wir eilige Fahrt und ließen uns keine Gefahr träumen, denn wir sahen nicht den geringsten Grund dazu. Ganz plötzlich aber wurden wir von einer Brise von Helseggen her rückwärts getrieben. Das war höchst seltsam – etwas, das sich noch nie ereignet hatte –, und ich begann unruhig zu werden, ohne recht zu wissen, weshalb. Wir stellten das Boot nach dem Winde, konnten aber infolge der starken Brandung nicht vorwärts kommen, und ich wollte gerade den Vorschlag machen, zum Ankerplatz zurückzukehren, als wir, rückwärts blickend, den ganzen Horizont von einer einzigen kupferfarbenen Wolke bedeckt sahen, die mit unheimlicher Schnelligkeit heraufzog.

Währenddessen hatte sich der Wind, der uns soeben zurückgeworfen, ganz plötzlich gelegt, und in der Totenstille trieb unser Schiff haltlos umher. Dieser Zustand dauerte jedoch nicht so lange, daß wir Zeit gehabt hätten, ihn zu bedenken. In kaum einer Minute war der Sturm über uns – in kaum zweien war der ganze Himmel schwarz, und es wurde so dunkel, daß wir im Schiff einander nicht mehr erkennen konnten.

Es wäre Wahnsinn, den Orkan, der nun einsetzte, beschreiben zu wollen. Der älteste Seemann in ganz Norwegen hatte dergleichen nicht erlebt. Wir hatten unsere Segel dem Wind überlassen, ehe dieser uns richtig packte. Nun flogen beim ersten Stoß unsere beiden Masten über Bord, als seien sie abgemäht – und der Hauptmast nahm meinen jüngsten Bruder mit sich, der sich sicherheitshalber an ihn angebunden hatte.

Unser Boot war das federleichteste Ding, das je auf dem Wasser geschwommen. Es hatte ein vollkommen geschlossenes Verdeck mit nur einer Luke nahe am Bug, und diese Luke pflegten wir immer bei Annäherung an den Ström zu schließen, um uns gegen die Sturzseen zu sichern. Ohne diese gewohnte Vorsichtsmaßregel wären wir sofort zugrunde gegangen – denn wir waren minutenlang buchstäblich im Wasser begraben. Wie mein älterer Bruder der Vernichtung entrann, kann ich nicht sagen; ich hatte nie Gelegenheit, das festzustellen. Ich für mein Teil warf mich sofort flach zu Boden, nachdem ich das Vordersegel losgelassen, stemmte die Füße gegen das schmale Schandeck des Bugs und erfaßte mit den Händen einen Ringbolzen in der Nähe des Vormastes. Es war lediglich Instinkt, was mich zu solchem Handeln trieb, denn zum Denken war ich viel zu verwirrt – aber ich hätte jedenfalls gar nichts Besseres tun können.

Minutenlang waren wir, wie ich schon sagte, vollkommen unter Wasser; und während dieser ganzen Zeit hielt ich den Atem an und klammerte mich an den Ring. Als ich es nicht mehr aushalten konnte, erhob ich mich auf die Knie und bekam so den Kopf frei; den Ring hielt ich noch immer fest. Da schüttelte sich unser kleines Boot, gerade wie ein Hund, wenn er aus dem Wasser kommt, und befreite sich dadurch ein wenig aus den Wellen. Ich versuchte nun, der Bestürzung, die mich überrumpelt hatte, Herr zu werden und meine Sinne zum Überlegen zu sammeln, als ich mich plötzlich am Arm erfaßt fühlte. Es war mein älterer Bruder, und mein Herz hüpfte vor Freude, denn ich war überzeugt gewesen, auch er sei über Bord geschwemmt. Im nächsten Augenblick aber wandelte sich all diese Freude in Entsetzen; – er preßte seinen Mund an mein Ohr und gellte das Wort hinaus: ›Moskoeström!‹

Ich erbebte von Kopf bis Fuß, wie in einem heftigen Anfall von Schüttelfrost. Ich wußte gut, was er mit diesem einen Worte meinte – ich wußte, was er mir begreiflich machen wollte. Mit dem Wind, der uns jetzt vorwärts jagte, waren wir dem Strudel des Ström verfallen, und nichts konnte uns retten!

Sie müssen im Auge behalten, daß wir uns zur Überquerung des Kanals stets eine Stelle weit oberhalb des Strudels aussuchten; auch bei ruhigstem Wetter taten wir das und warteten sorgsam das Totwasser ab – nun aber trieben wir direkt auf den Wirbelstrom zu – und dabei in diesem Orkan! ›Sicherlich‹, dachte ich, ›kommen wir gerade bei Totwasser dort an – es ist wenigstens Hoffnung dafür vorhanden‹ –, im nächsten Augenblick aber verwünschte ich mich selbst, daß ich Narr genug war, überhaupt von Hoffnung zu träumen. Ich wußte recht gut, daß wir dem Untergang verfallen waren, und wären wir auch zehnmal ein großes, festes Kriegsschiff gewesen.

Die erste Wut des Sturmes hatte sich gelegt, oder vielleicht fühlten wir ihn nur weniger, da er uns vor sich hertrieb – jedenfalls erhoben sich jetzt die Wogen, die der Wind bisher niedergehalten, zu wahren Bergen. Auch der Himmel hatte sich seltsam verändert. Nach allen Richtungen in der Runde war noch immer pechschwarze Nacht, doch beinahe uns zu Häupten brach ein kreisrundes Stück klaren Himmels durch – so klar, als ich ihn je gesehen, und von tiefem strahlenden Blau –, und aus seiner Mitte leuchtete der volle Mond in nie geahntem Glanz! Er rückte unsere ganze Umgebung in hellstes Licht – o Gott, welch ein Schauspiel beleuchtete er!

Ich machte jetzt ein paar Versuche, mit meinem Bruder zu sprechen, aber das Getöse hatte unerklärlicherweise derart zugenommen, daß ich ihm nicht ein einziges Wort verständlich machen konnte, obgleich ich ihm mit aller Gewalt ins Ohr schrie. Er schüttelte den Kopf, sah totenbleich aus und erhob einen Finger, als wolle er sagen ›hoch!‹

Zuerst begriff ich nicht – bald aber überfiel mich ein entsetzliches Begreifen. Ich zog die Uhr aus der Tasche. Sie ging nicht mehr. Ich hielt das Zifferblatt ins Mondlicht und brach in Tränen aus, als ich sie nun weit ins Meer schleuderte. *Sie war um sieben Uhr stehengeblieben! Die Zeit des Totwassers war vorüber und der Strudeltrichter des Ström in voller Wut!*

Ist ein Boot gut gebaut und richtig und nicht allzu schwer beladen, so scheinen in einem heftigen Sturm die Wellen unter dem Schiff hervorzukommen, was einem Unerfahrenen stets merkwürdig erscheint; in der Seemannssprache sagt man, das Schiff reitet. Bisher also waren wir auf den Wogen geritten, nun aber erfaßte uns eine riesenhafte Welle gerade unter der Gilling und hob uns mit sich empor – hinauf, hinauf –, als ginge es in den Himmel. Ich hätte es gar nicht für möglich gehalten, daß eine Woge so hoch steigen könne. Und dann ging es wieder schleifend und gleitend und stürzend hinunter, daß mir ganz übel und schwindlig wurde, wie wenn man im Traum von einem Berggipfel herunterstürzt. Aber während wir oben waren, hatte ich schnell Umschau gehalten – und dieser eine Rundblick genügte. Ich erkannte im Augenblick unsere ganze Lage. Der Strudel des Moskoeström lag etwa eine Viertelmeile vor uns – aber er glich so wenig dem gewöhnlichen Moskoeström wie der Strudel da etwa der Welle eines Mühlbachs. Hätte ich nicht bereits gewußt, wo wir uns befanden und was uns bevorstand, so hätte ich den Ort überhaupt nicht erkannt. Ich schloß vor Entsetzen unwillkürlich die Augen. Die Lider krampften sich wie im Todeskampfe zusammen.

Es konnten kaum zwei Minuten vergangen sein, als wir plötzlich glatteres Wasser spürten und in Gischt eingehüllt waren. Das Boot machte eine kurze, halbe Drehung nach Backbord und schoß dann wie der Blitz in seiner neuen Richtung dahin. Im selben Augenblick ertrank das Brüllen der Wasser in einer Art schrillem Gekreisch – einem Ton, wie ihn etwa die Ventile mehrerer tausend Dampfschiffe beim Auslassen des Dampfes zusammen hervorbringen könnten. Wir befanden uns jetzt in dem Schaumgürtel, der stets den Strudel umringt, und ich dachte natürlich, daß der nächste Augenblick uns in den Abgrund schleudern werde, den wir infolge der Schnelligkeit, mit der wir dahinsausten, nur unklar erkennen konnten. Das Boot schien überhaupt nicht im Wasser zu liegen, sondern wie eine Luftblase über den Schaum dahinzutanzen. Seine Steuerbordseite war dem Strudel zugekehrt, und hinter Backbord dehnte sich das unendliche Meer, mit dem wir noch eben gekämpft. Wie ein mächtiger wandelnder Wall stand die Schiffswand zwischen uns und dem Horizont.

Es mag seltsam erscheinen – aber jetzt, wo wir uns im Rachen des Abgrunds befanden, fühlte ich mich ruhiger als während der Zeit, da wir uns ihm erst näherten. Nun ich mich damit vertraut gemacht, alle Hoffnungen aufzugeben, verlor ich auch ein gut Teil des Schreckens, der mich zuerst gelähmt hatte. Ich glaube, es war Verzweiflung, die meine Nerven stählte.

Wie prahlerisch es auch klingt, es ist dennoch wahr: ich begann zu empfinden, welch herrliche Sache es sei, auf diese Weise zu sterben, und wie töricht es von mir war, beim Anblick solch großartigen Beweises von Gottes Herrlichkeit an mein eigenes erbärmliches Leben zu denken. Ich glaube, ich errötete vor Scham, als dieser Gedanke mir in den Sinn kam. Nach einiger Zeit erfaßte mich eine wilde Neugier bezüglich des Strudels selbst. Ich fühlte tatsächlich den *Wunsch*, seine Tiefen zu ergründen, obgleich ich mich selbst dabei opfern mußte, und mein hauptsächlicher Kummer war der, daß ich meinen alten Gefährten an Land niemals von den Wundern berichten sollte, die ich erschauen würde. Das waren gewiß sonderbare Betrachtungen für einen Mann in meiner Lage, und ich habe schon manchmal gedacht, daß die Drehungen des Bootes im Strudel mir ein wenig den Kopf verrückt hatten.

Noch ein anderer Umstand trug dazu bei, mir meine Selbstbeherrschung wiederzugeben, und das war das Aufhören des Windes, der uns in unserer gegenwärtigen Lage nicht erreichen konnte – denn wie Sie selbst gesehen, liegt der Schaumgürtel beträchtlich tiefer als der Ozean selbst, und dieser letztere türmte sich jetzt über uns auf wie ein hoher schwarzer Bergrücken. Wenn Sie nie bei heftigem Sturm auf See gewesen sind, können Sie sich gar keinen Begriff machen von der allgemeinen Sinnesverwirrung, die Wind und Sturzsee verursachen. Man ist blind und taub und dem Ersticken nahe und verliert alle Kraft zum Denken oder Handeln. Jetzt aber waren wir diese Qualen los – gerade wie zum Tode verurteilte Verbrecher kleine Erleichterungen genießen, die ihnen versagt sind, solange ihr Schicksal noch nicht entschieden.

Wie oft wir den Schaumgürtel umkreisten, kann ich nicht sagen. Wir jagten wohl schon eine Stunde lang in der Runde und gelangten allmählich, mehr fliegend als schwimmend, in die Mitte des Gischtstreifens und näher und immer näher an seinen furchtbaren Rand. In dieser ganzen Zeit hatte ich den Ringbolzen nicht losgelassen. Mein Bruder war am Heck und klammerte sich dort an ein kleines Wasserfaß, das an der Gilling festgebunden und der einzige Gegenstand auf Deck war, den der Sturm nicht über Bord gefegt hatte. Als wir uns dem Rande des Trichters näherten, ließ er seinen Halt fahren und langte nach dem Ring, von dem er in seiner Todesangst meine Hände fortzureißen suchte, denn der Ring war nicht groß genug, uns beiden einen sicheren Griff zu bieten. Nie empfand ich tieferen Kummer, als da ich ihn diese Tat begehen sah – obschon ich wußte, daß er toll war, als er es tat –, ein Wahnsinniger aus namenloser Angst. Es lag mir nichts daran, mit ihm um diesen Halt zu kämpfen. Ich wußte, daß es gleichgültig war, ob einer von uns sich anklammerte oder nicht; so überließ ich ihm den Ring und ging nach hinten zum Faß. Das war nicht schwierig zu bewerkstelligen, denn die Schmack flog in glatter Bahn vorwärts und schwang nur in dem ungeheuren Bogen des Strudels mit. Kaum hatte ich an dem neuen Ort Fuß gefaßt, als wir einen wilden Satz nach Steuerbord machten und in den Trichter hineinjagten. Ich murmelte ein Stoßgebet und glaubte, alles sei vorüber.

In dem taumelnden Schwindelgefühl, das mich bei dem Hinab-sausen erfaßte, preßte ich die Hände fester um das Faß und schloß die Augen. Sekundenlang wagte ich nicht sie zu öffnen, ich erwartete den sofortigen Tod und begriff nicht, daß ich nicht schon im Todes-kampf mit dem Wasser rang. Doch Minute nach Minute verrann. Ich lebte noch immer. Das Gefühl des Hinabfallens hatte aufgehört, und die Bewegung des Schiffes schien ganz die gleiche wie vordem im Schaumgürtel, nur daß es jetzt mehr auf der Seite lag. Ich faßte Mut und warf von neuem einen Blick auf den Schauplatz.

Nie werde ich die Empfindung von Ehrfurcht, Entsetzen und staunender Bewunderung vergessen, mit der ich um mich schaute. Das Boot lag vollkommen auf der Seite, schien wie durch Zauber-macht an der inneren Oberfläche eines ungeheuer weiten Trichters von unerkennbarer Tiefe festzukleben, eines Trichters, dessen voll-kommen glatte Wände man für Ebenholz hätte halten können, hät-ten sie sich nicht mit verwirrender Schnelligkeit im Kreise gedreht und ein seltsam gespenstisches Licht ausgestrahlt, als der Glanz des Vollmonds aus der kreisförmigen Wolkenöffnung in goldener Flut die schwarzen Wälle herabströmte und tief in das Innere des Ab-grunds hinableuchtete.

Zuerst war ich zu verwirrt, um irgend etwas deutlich wahrzu-nehmen. Ich hatte nur den Eindruck eines erhabenen, entsetzlichen Schauspiels. Als ich mich jedoch ein wenig erholt hatte, wandte sich mein Blick unwillkürlich in die Tiefe. In dieser Richtung konnte ich deutlich sehen, auf welche Weise die Schmack am steilen Hang des Abgrunds hinschwebte. Sie lag ganz gleichlastig, das heißt, ihr Deck lag in der gleichen Höhe mit dem Wasserspiegel, der sich in einer Neigung von mehr als fünfundvierzig Grad in die Runde schwang, so daß die Deckbalken unmittelbar auf dem Wasser zu ruhen schie-nen. Ich bemerkte jedoch, daß es mir gegenwärtig kaum schwer fiel, festen Halt und Fuß zu fassen, als da wir uns noch in normaler Schiffslage befunden hatten, und das war vermutlich auf die Ge-schwindigkeit zurückzuführen, mit der wir uns drehten.

Die Strahlen des Mondes schienen bis auf den Grund des unge-heuren Schlundes hinabtauchen zu wollen. Dennoch konnte ich dort nichts deutlich erkennen, infolge eines dichten Nebels, der alles umhüllte und über den sich ein prächtiger Regenbogen spannte, gleich der schmalen und schwanken Brücke, von der die Muslim sagen, daß sie der einzige Pfad zwischen Zeit und Ewigkeit sei. Dieser Nebel oder Gischt wurde wahrscheinlich durch das Aufeinanderprallen der unten am Ende des Trichters zusammenstürzenden Wasserwälle verursacht – das Geheul aber, das aus dem Nebel zu den Himmeln aufgellte, wage ich nicht zu beschreiben.

Unser erstes Hinabgleiten aus dem Schaumgürtel oben in den Trichter selbst hatte uns ein beträchtliches Stück den Abhang hinuntergetragen, unser fernerer Abstieg aber stand in gar keinem Verhältnis zu diesem ersten Sturz. Um und um schwangen wir – nicht in gleichmäßigem Bogen – sondern in schwindelerregenden Schwüngen und Sprüngen, die uns manchmal nur ein paar hundert Meter vorwärts brachten, manchmal um die ganze Rundung des Strudels warfen. Unser Abwärtsgleiten bei jeder solchen Umdrehung war gering, doch immerhin merklich.

Als ich auf der ungeheuren Fläche flüssigen Ebenholzes, auf der wir so entlang getragen wurden, Umschau hielt, gewahrte ich, daß unser Boot nicht der einzige Gegenstand im Schlunde des Abgrunds war. Sowohl über als unter uns waren einzelne Schiffstrümmer erkennbar, mächtige Haufen Bauholz und Baumstämme nebst allerlei kleineren Gegenständen, wie Hausrat, Kisten, Fässer und Dauben. Ich habe schon erwähnt, daß mein erstes Entsetzen einer fast unnatürlichen Neugier gewichen war. Sie schien mehr und mehr anzuwachsen, je näher ich meinem Untergang kam. Ich begann jetzt mit merkwürdigem Eifer alle die Dinge zu verfolgen, die mit uns dahinjagten. Ich muß entschieden im Fieberwahn gewesen sein, denn ich fand sogar *Freude* daran, die relative Geschwindigkeit, mit welcher die einzelnen Dinge dem Nebelstaub drunten zujagten, zu berechnen. ›Diese Fichte‹, überlegte ich einmal, ›wird gewiß das nächste sein, was den fürchterlichen Sprung ins Unergründliche tut‹, und ich war sehr enttäuscht, als das Wrack eines holländischen Handelsschiffes die Fichte überholte und vor ihr verschwand. Als ich schließlich mehrere solcher Mutmaßungen angestellt und in allen getäuscht worden war, gab mir diese Tatsache – die Tatsache, daß meine Berechnungen ausnahmslos falsch gewesen waren – einen Gedanken ein, bei dem meine Glieder von neuem erbebten und mein Herz in schweren Schlägen pulste.

Es war nicht Entsetzen, das mich erfaßte, sondern die dämmernde

Ahnung einer noch viel aufregenderen Hoffnung. Diese Hoffnung knüpfte sich sowohl an frühere Erfahrungen als an soeben gemachte Beobachtungen. Ich erinnerte mich des zahlreichen Strandgutes, das an die Küste der Lofoten angeschwemmt wurde – alles Dinge, die der Moskoeström an sich gerissen und wieder emporgeschleudert hatte. Die große Mehrzahl dieser Dinge war ganz außerordentlich zerfetzt und zerbrochen – so rauh und zersplittert war manches, daß es wie mit Stacheln besät aussah –, doch erinnerte ich mich bestimmt, daß *einige* dieser Dinge gänzlich unversehrt waren. Nun konnte ich mir diese Verschiedenheit nicht anders erklären, als daß die zerfetzten Trümmer die einzigen Dinge waren, die wirklich den Grund des Strudels erreicht hatten, und daß die andern erst gegen Ende einer Tätigkeitsperiode des Maelström in den Trichter geraten oder darin so langsam hinabgeglitten waren, daß sie noch nicht unten angelangt waren, als schon die Flut oder Ebbe – je nachdem – einsetzte. In beiden Fällen hielt ich es für möglich, daß sie wieder an die Oberfläche des Meeres hinaufgewirbelt werden könnten, ohne das Schicksal jener Dinge zu teilen, die früher eingesogen oder schneller hinabgerissen worden waren. Ich machte ferner drei bedeutsame Beobachtungen. Die erste war die allgemeine Regel: je größer die Gegenstände, desto schneller ihre Abwärtsbewegung; die zweite: zwischen zwei Dingen gleicher Größe, von denen das eine sphärische (kugelige) und das andere *irgendeine andere Gestalt* hat, wird das sphärische die größte Schnelligkeit im Abwärtsgleiten aufweisen; die dritte: zwischen zwei Dingen gleicher Größe, von denen das eine zylindrische (längliche), das andere irgendeine andere Gestalt hat, wird das zylindrische langsamer eingesogen werden. Seit meiner Rettung habe ich mit einem alten Lehrer unserer Gegend mehrfach über diese Dinge gesprochen, und von ihm lernte ich die Anwendung der Bezeichnungen ›Zylinder‹ und ›Sphäre‹. Er erklärte mir – ich habe die Erklärung allerdings vergessen –, wie das, was ich beobachtet hatte, in der Tat die natürliche Folgeerscheinung der jeweiligen Formen der schwimmenden Gegenstände sei, und zeigte mir, wie es komme, daß ein in einen Strudel geratener Zylinder der Einsaugekraft desselben mehr Widerstand entgegensetzte und langsamer niedergezogen werde als irgendein andersgeformter Körper gleicher Größe.

Da war noch ein überraschender Umstand, der diesen Beobachtungen recht gab und mich begierig machte, sie zu verwerten, und das war, daß wir bei jeder Umdrehung an irgendeinem Faß oder einer Rahe oder einem Mast vorüberkamen, während viele solche Dinge, die auf gleicher Höhe mit uns gewesen, als ich die Augen zuerst den Wundern des Strudels zu öffnen wagte, jetzt hoch über uns dahinschwammen und ihren Ort nur wenig verändert hatten.

Ich wußte nun, was ich zu tun hatte. Ich beschloß, mich an das Wasserfaß, an dem ich mich noch immer anklammerte, festzubinden, es von der Gilling loszuschneiden und mich mit demselben ins Wasser zu werfen. Ich machte meinen Bruder durch Zeichen aufmerksam, deutete auf die schwimmenden Fässer, an denen wir vorüberschwangen, und tat alles, was in meiner Macht stand, um ihm mein Vorhaben begreiflich zu machen. Ich glaubte schließlich, er habe meine Absicht begriffen, doch – mochte das nun der Fall sein oder nicht – er schüttelte verzweifelt den Kopf und weigerte sich, seinen Platz am Ringbolzen aufzugeben. Es war unmöglich, zu ihm hinzukommen, die schreckliche Lage gestattete keinen Aufschub, und so überließ ich ihn nach hartem Kampf seinem Schicksal, band mich mit Stricken, die das Faß an der Gilling festgehalten, an ersteres fest und warf mich ohne weiteres Zögern ins Meer.

Der Erfolg war ganz so, wie ich ihn erhofft hatte. Da ich selbst es bin, der Ihnen diese Geschichte erzählt, da Sie sehen, daß ich tatsächlich das Leben rettete, und da Sie schon wissen, auf welche Weise diese Rettung bewerkstelligt wurde, will ich meine Geschichte schnell zu Ende bringen.

Es mochte etwa eine Stunde vergangen sein, seit ich die Schmack verlassen, als diese, die mich weit, weit überholt hatte, schnell hintereinander drei oder vier rasende Umdrehungen machte und – meinen geliebten Bruder mit sich führend – kopfüber und für immer in das Chaos von Gischt hinabstürzte. Das Faß, an dem ich mich festgebunden, hatte kaum die Hälfte des Zwischenraums durchlaufen, der damals, als ich den Sprung tat, das Schiff vom Abgrund trennte, da ging mit dem Strudel eine große Veränderung vor sich. Die Neigung der Seitenwände des ungeheuren Trichters wurde weniger und weniger steil. Die Umdrehungen des Wirbels wurden allmählich langsamer und langsamer. Der Gischt und der Regenbogen verschwanden nach und nach, und der Boden des Schlundes begann sich höher und höher zu heben. Der Himmel war klar, der Wind hatte sich gelegt, und der volle Mond ging strahlend im Westen unter, als ich mich auf der Oberfläche des Meeres fand, angesichts der Küste von Lofoten und über der Stelle, wo der Trichter des Moskoeström *gewesen war*. Es war die Stunde des Totwassers – aber das

Meer rollte infolge des vorangegangenen Sturms noch immer in haushohen Wogen. Ich wurde von der Strömung heftig mitgerissen und die Küste entlang zu den Fischplätzen der anderen getrieben. Ein Boot nahm mich auf. Ich war vor Müdigkeit völlig erschöpft und jetzt, da die Gefahr vorüber, sprachlos in der Erinnerung an ihre Schrecken. Die mich an Bord gezogen, waren meine alten Kameraden und täglichen Gefährten, aber sie kannten mich ebensowenig, als sie irgendeinen Wanderer aus dem Reich der Schatten gekannt haben würden. Mein Haar, das tags vorher rabenschwarz gewesen, war so weiß, wie Sie es jetzt erblicken. Man sagt auch, mein Gesichtsausdruck habe sich völlig verändert. Ich erzählte ihnen meine Geschichte – man glaubte sie mir nicht. Ich erzähle sie jetzt Ihnen, doch kann ich auch von Ihnen kaum erwarten, daß Sie ihr mehr Glauben schenken als die kühnen Fischer von Lofoten.«

Das Manuskript in der Flasche

Von meiner Heimat und meiner Familie läßt sich wenig sagen. Schlechte Behandlung hat mich von dieser vertrieben, und Jahre der Trennung haben mich jener entfremdet. Ererbter Reichtum verpflichtete mich zu einem außergewöhnlich sorgfältigen Bildungsgang, und mein grüblerischer Geist ermöglichte es mir, die Schätze frühen Studiums gründlich zu verarbeiten. Von allen Dingen erfreuten mich am meisten die Werke der deutschen Moralisten, nicht etwa, weil ich so unbedacht war, ihre geschwätzige Narrheit zu bewundern, sondern weil meine streng logische Denkweise es mir leicht machte, ihre Fehler aufzudecken. Man hat mir sogar oft ein allzu nüchternes Denken vorgeworfen und meinen Mangel an Phantasie als Verbrechen hingestellt; ja, ich war berüchtigt wegen meiner Skepsis. Und in der Tat befürchte ich, daß meine Vorliebe für Physik auch *meinen* Geist in einen Fehler unserer Zeit verfallen ließ – ich meine: in die Gewohnheit, alle Dinge auf die Prinzipien eben jener Wissenschaft zurückzuführen – selbst wenn sie noch so sehr außerhalb ihres Bereiches lagen.

Nach vielen auf weiten Reisen im Ausland verbrachten Jahren trat ich im Jahre 18 . . von Batavia, der Hafenstadt der wohlhabenden und volkreichen Insel Java, eine Segelreise nach dem Archipel der Sunda-Inseln an. Der Anlaß zu dieser Reise war kein geschäftlicher, sondern lediglich eine nervöse Rastlosigkeit, die mich mit teuflischer Ausdauer plagte.

Unser Fahrzeug war ein schönes kupferbeschlagenes Schiff von etwa vierhundert Tonnen, das in Bombay aus malerischem Teakholz gebaut worden war. Es war mit Baumwolle und Öl von den Lachadive-Inseln befrachtet. Ferner hatten wir Kokosbast, Zucker, konservierte Butter, Kokosnüsse und einige Behälter mit Opium an Bord. Das Schiff war mit dieser leichten Last fest gefüllt und hatte infolgedessen entsprechenden Tiefgang.

Wir stachen bei schwachem Wind in See und segelten tagelang an der Ostküste von Java dahin, und der einzige Zwischenfall auf unserer eintönigen Fahrt war das gelegentliche Zusammentreffen mit einem der unserer Inselgruppe zugehörigen malabarischen Schiffchen.

Eines Abends, als ich an Backbord lehnte, gewahrte ich im Nordosten eine seltsame einzelnstehende Wolke. Sie fiel mir auf-einmal ihrer Farbe wegen, und dann, weil es die erste Wolke war, die sich seit unserer Ausfahrt aus Batavia sehen ließ. Ich beobachtete sie aufmerksam bis Sonnenuntergang, als sie sich ganz plötzlich nach Osten und Westen ausbreitete und den Horizont mit einem schmalen Nebelstreif umgürtete, der aussah wie ein langer flacher Küstenstrich. Bald darauf überraschte mich die dunkelrote Farbe des Mondes und das sonderbare Aussehen des Meeres, das sich ungemein schnell veränderte; das Wasser schien durchsichtiger als gewöhnlich. Obgleich ich deutlich auf den Grund sehen konnte, bewies mir das Senkblei, daß unser Schiff fünfzehn Faden lief. Die Luft war jetzt unerträglich heiß und mit Dunstspiralen geladen, wie sie etwa erhitztem Eisen entsteigen. Je näher die Nacht herankam, desto mehr erstarb der schwache Windhauch, und eine Ruhe herrschte, wie sie vollkommener gar nicht gedacht werden kann. Eine auf Hinterdeck brennende Kerzenflamme machte nicht die leiseste Bewegung, und ein langes, zwischen Daumen und Zeigefinger gehaltenes Haar hing ohne die geringste wahrnehmbare Vibration. Da aber der Kapitän sagte, er sehe keine Anzeichen einer drohenden Gefahr, und da wir quer zum Ufer standen, ließ er die Segel auftuchen und den Anker fallen. Es wurde keine Wache aufgestellt, und die Schiffsmannschaft, die hauptsächlich aus Malaien bestand, lagerte sich ungezwungen auf Deck. Ich ging hinunter – mit der bestimmten Vorahnung eines Unheils. Alle Anzeichen schienen mir auf einen Samum hinzudeuten. Ich sprach dem Kapitän von meinen Befürchtungen; aber er schenkte meinen Worten keine Beachtung und würdigte mich nicht einmal einer Antwort. Meine Unruhe ließ mich jedoch nicht schlafen, und gegen Mitternacht ging ich an Deck. Als ich den Fuß auf die oberste Stufe der Kajütentreppe setzte, überraschte mich ein lautes, summendes Geräusch, das dem Sausen eines kreisenden Mühlrades glich, und ehe ich seine Ursache feststellen konnte, erbebte das Schiff in seinem ganzen Bau. Im nächsten Augenblick stürzte ein heulender Schaumregen auf uns nieder, raste über uns hin und fegte das Schiff von Steven bis Heck leer.

Die jähe Wucht des Windstoßes war für die Rettung des Schiffes in gewissem Grade von Vorteil. Obwohl es vom Wasser überschwemmt worden war, hob es sich doch, als seine Masten über Bord gegangen waren, nach einer Minute schwerfällig wieder aus der Tiefe, schwankte eine Weile unter dem ungeheuren Druck des Sturmes und richtete sich schließlich auf.

Durch welches Wunder ich der Vernichtung entging, ist unmöglich festzustellen. Zuerst durch den Wasserguß betäubt, fand ich mich, als ich wieder zur Besinnung kam, zwischen dem Hintersteven und dem Steuer eingeklemmt. Mit großer Mühe kam ich auf die Füße, und als ich verwirrt um mich blickte, kam mir zunächst der Gedanke, wir seien in die Brandung geraten; so über alles Denken schrecklich war der Wirbel sich türmender, schäumender Wasser, die uns umtosten. Nach einiger Zeit vernahm ich die Stimme eines alten Schweden, der sich, kurz bevor wir den Hafen verließen, als Matrose bei uns verdingt hatte. Mit aller Kraft rief ich ihn an, und sogleich taumelte er zu mir. Wir entdeckten bald, daß wir die einzigen Überlebenden des Unfalls waren. Alle an Deck mit Ausnahme von uns beiden waren über Bord gefegt worden; der Kapitän und die Maate mußten im Schlaf umgekommen sein, denn die Kajüten waren ganz unter Wasser gesetzt worden. Ohne Beistand konnten wir nur wenig zur Sicherheit des Fahrzeugs tun, und unsere ersten Bemühungen wurden durch die Erwartung sofortigen Untergangs lahmgelegt. Unser Ankertau war natürlich beim ersten Sturmstoß zerrissen wie ein Bindfaden, andernfalls wären wir im Nu vernichtet gewesen. Wir trieben mit furchtbarer Schnelligkeit dahin, und die Wasser machten alles um uns her zu Splittern. Das Fachwerk unseres Hecks war gräßlich zerschmettert, und wir waren in jeder Hinsicht furchtbar zugerichtet. Zu unserer unaussprechlichen Freude aber fanden wir die Pumpen unversehrt und sahen, daß wir nur wenig Ballast verloren hatten. Die erste Wut des Sturmes war schon gebrochen, und wir erwarteten von der Heftigkeit des Windes wenig Gefahr; mit Verzweiflung aber sahen wir der Zeit entgegen, da er sich legen würde, denn wir wußten, daß wir mit unserm lecken Fahrzeug in der nachfolgenden Hochflut zugrunde gehen mußten.

Diese sichere Vorahnung schien sich jedoch nicht so bald erfüllen zu wollen. Fünf volle Tage und Nächte – während deren unser einziger Unterhalt aus einer geringen Menge Zucker bestand, die wir mit großer Mühe dem Vorderschiff entnahmen – raste der Schiffsrumpf mit unfaßbarer Geschwindigkeit dahin, von kurzen, sprunghaften Windstößen getrieben, die, ohne der ersten Heftigkeit des Samums gleichzukommen, noch immer schrecklicher waren als irgendein Sturm, den ich vordem erlebt. Unser Kurs war in den ersten vier Tagen bis auf geringe Abweichungen süd-südöstlich, und wir mußten an der Küste von Neu-Holland entlang getrieben sein. Am fünften Tage wurde die Kälte unerträglich, obgleich der Wind ein wenig mehr aus Norden kam. Die aufgehende Sonne hatte einen grünlichgelben Schein und stieg nur wenige Grade über den Horizont empor; sie gab nur ein unbestimmtes Licht. Es waren keine Wolken sichtbar, aber der Wind nahm zu und blies in unregelmäßigen, wuchtigen Stößen. Gegen Mittag – so gut wir das feststellen konnten – wurde unsere Aufmerksamkeit von neuem durch den Anblick der Sonne gefesselt. Sie gab kein eigentliches Licht, aber einen matten, düsteren Glanz ohne Widerschein, als liefen alle ihre Strahlen in einen Punkt zusammen. Gerade bevor sie ins wogende Meer sank, erlosch ihr zentrales Feuer, als habe eine unerklärliche Macht es ausgelöscht. Sie war nur noch ein schwacher silberner Reif, als sie hinabglitt in den unermeßlichen Ozean.

Von nun ab umhüllte uns tiefste Dunkelheit, so daß wir auf zwanzig Schritte Entfernung vom Schiff keinen Gegenstand zu erkennen vermochten. Unausgesetzt umgab uns ewige Nacht, die nicht einmal von dem phosphoreszierenden Meeresleuchten erhellt wurde, an das wir in den Tropen gewöhnt gewesen waren. Der Sturm raste mit unverminderter Heftigkeit, aber die breite Schaumfläche, die uns bisher begleitet hatte, schwamm nicht mehr auf den Wogen. Rundum war Schrecken und tiefste Finsternis und ungeheure, ebenholzschwarze drohende Wüste. Mehr und mehr wurde der Verstand des alten Schweden von abergläubischem Grauen umnachtet, und meine eigene Seele hüllte sich in stummes Entsetzen. Wir gaben den Versuch, die Herrschaft über das Schiff wieder zu erlangen, als völlig nutzlos auf, banden uns, so gut es eben ging, am stehengebliebenen Stumpf des Besanmastes fest und spähten angstvoll in den weiten Ozean hinaus. Jede Möglichkeit einer Zeitberechnung fehlte uns, und ebensowenig wußten wir, wo wir uns befanden. Wir waren uns aber völlig klar, weiter nach Süden vorgedrungen zu sein, als je ein Seefahrer gekommen war, und wunderten uns um so mehr, nicht den üblichen Eisbergen zu begegnen. Inzwischen drohte jeder Augenblick, unser letzter zu sein – jede berghohe Woge uns zu verschlingen. Das Stürmen übertraf alles, was ich für möglich gehalten hätte, und daß wir nicht sofort begraben wurden, ist ein Wunder. Mein Gefährte erwähnte, wie leicht unsere Ladung sei, und erinnerte mich an die hervorragende Leistungsfähigkeit unseres Schiffes. Ich konnte aber nicht umhin, die völlige Sinnlosigkeit jeglicher Hoffnung zu fühlen, und erwartete schweren Herzens den Tod; ich gab uns höchstens noch eine Stunde Frist, denn mit jedem Knoten, den das Schiff machte, wurden die ungeheuren schwarzen Wogen noch ungeheurer, noch grauenvoller. Bald warf es uns in atemberaubende Höhen empor, die nicht einmal der Albatros erfliegt, bald schwindelte uns bei dem rasenden Sturz in irgendeine Wasserhölle, wo die Luft erstickend war und kein Laut den Schlummer des Kraken störte.

Wieder einmal befanden wir uns auf dem Grunde eines solchen Höllenschlundes, als plötzlich ein Schrei meines Gefährten die Nacht durchgellte.

»Sieh! Sieh!« schrie er mir in die Ohren, »allmächtiger Gott! Sieh! Sieh!«

Während er sprach, gewahrte ich einen matten Schimmer roten Lichtes, der an den Seiten des ungeheuren Abgrunds, in dem wir lagen, herunterfloß und unser Deck mit eigentümlichem Glanz überstrahlte. Ich wandte den Blick nach oben und sah ein Schauspiel, das mir das Blut in den Adern erstarren machte. In grauenvoller Höhe über uns und genau am Rande des gewaltigen Trichters schwebte ein riesiges Schiff von etwa viertausend Tonnen. Obgleich es auf dem Gipfel einer Woge stand, die seine eigene Höhe mehr als hundertmal übertraf, so schien es mir dennoch größer, als irgendein Linienschiff oder Ostindienfahrer jemals sein konnte. Sein ungeheurer Rumpf war von tiefem Schwarz und wies keine Schnitzerei und keinen Zierat auf, wie er sonst bei Schiffen üblich ist. Aus den offenen Schießscharten lugten in langer Reihe erzene Kanonenrohre und spiegelten das Licht zahlloser Laternen wider, die in der Takelage hin- und herschwangen. Was uns aber am meisten wunderte und entsetzte, war, daß das Schiff mit vollen Segeln hineinraste in das grauenvolle Meer und den unnatürlichen Orkan. Als wir es zuerst entdeckten, sah man nur den Bug, der langsam aus irgendeinem fürchterlichen Abgrund auftauchte. Einen schaudervollen Augenblick schwebte es auf schwindelnd hohem Wogenkamm, wie in stolzem Bewußtsein seiner Erhabenheit, dann bebte es, schwankte und – kam herab. Und seltsam: ich wurde jetzt ganz ruhig und überlegen. Ich stolperte so weit nach rückwärts, als es anging, und erwartete furchtlos den Untergang. Unser eigenes Schiff hatte mittlerweile den Kampf aufgegeben und versank mit seinem Vorderteil ins Meer. Der niedersausende Koloß traf mit aller Wucht auf diesen unter Wasser befindlichen Teil, und die unausbleibliche Folge war, daß ich mit großer Heftigkeit auf das fremde Schiff hinübergeschleudert wurde.

Als ich niederfiel, stand das Schiff in den Wind und wendete, und der dadurch entstehenden Verwirrung schob ich es zu, daß mein Erscheinen von der Mannschaft nicht bemerkt wurde. Ohne große Schwierigkeit gelangte ich ungesehen zur großen Luke, die zum Teil geöffnet war, und fand bald Gelegenheit, mich im Schiffsraum zu verbergen. Warum ich das tat, vermag ich kaum zu sagen. Ein unbestimmtes Grauen vor der Besatzung des Schiffes hatte mich gleich bei ihrem ersten Anblick erfaßt und war vielleicht die Hauptursache, daß ich mich so versteckte. Ich hatte kein Verlangen, mich einem Haufen Leute anzuvertrauen, die mir beim ersten Blick sonderbar und unheimlich erschienen waren. Ich hielt es daher für ratsam, mir im Schiffsraum ein Versteck herzurichten. Ich tat dies, indem ich einen Haufen Bretter in der Weise zurechtschob, daß ein kleiner freier Raum zwischen den ungeheuren Schiffsrippen für mich entstand.

Ich hatte mein Werk kaum vollendet, als nahende Schritte mich zwangen, in meinen Winkel zu kriechen. Ein Mann ging schwankend unsicheren Schrittes vorbei. Sein Gesicht konnte ich nicht sehen, seine Gesamterscheinung dagegen gut wahrnehmen. Er schien von der Last der Jahre schwach und gebrechlich; seine zitternden Knie vermochten ihn kaum zu tragen. Er murmelte in dumpfen, abgerissenen Worten vor sich hin – in einer Sprache, die ich nicht verstehen konnte – und wühlte in einer Ecke in einem Haufen seltsamer Instrumente und halbzerfallener Schiffskarten. Sein Gebaren war eine sonderbare Mischung von kindischem Greisentum und der feierlichen Würde eines Gottes. Er ging schließlich wieder an Deck, und ich sah ihn nicht mehr.

Ein Gefühl, für das ich keinen Namen habe, hat von meiner Seele Besitz genommen – ein Empfinden, das keine Analyse zuläßt, das durch keinen altüberlieferten Lehrsatz, durch keine Erfahrung geklärt werden und zu dem, wie ich fürchte, selbst die Zukunft keinen Schlüssel bieten kann. Bei einem Geist wie dem meinigen ist alles Nachsinnen von Übel. Ich werde niemals – ja, ich weiß es, niemals diese Gedanken und Vorstellungen zu einem Abschluß bringen. Doch ist es durchaus nicht verwunderlich, wenn diese Vorstellungen unbestimmt sind, da sie so neuartigen Quellen entspringen. Ein neuer Begriff, eine neue Wesenheit, ist meiner Seele aufgegangen.

Es ist lange her, seit ich das Deck dieses grausigen Schiffes zuerst betrat, und die Fäden meines Geschicks scheinen in einem Punkt zusammenzulaufen. Unbegreifliche Menschen! In einer Versunkenheit, deren Art und Ursache mir unergründlich ist, gehen sie an mir vorbei, ohne mich zu sehen. Mich zu verbergen ist einfach Narrheit, denn das Volk *will* mich nicht sehen! Soeben erst bin ich dicht am Steuermann vorbeigegangen; und es ist noch nicht lange her, daß ich mich in die Privatkabine des Kapitäns hineinwagte und ihr das Material entnahm, um diese Aufzeichnungen niederzuschreiben. Ich werde von Zeit zu Zeit dies Tagebuch fortsetzen. Es ist wahr: ich werde nicht leicht Gelegenheit finden, es der Welt bekannt zu geben, ich werde aber den Versuch nicht unterlassen. Ich werde das Manuskript im letzten Augenblick in eine Flasche schließen und diese ins Meer werfen.

Wieder hat sich etwas ereignet, um meinen Grübeleien neue Nahrung zu geben. Sind solche Dinge das Werk blinden Zufalls? Ich hatte mich an Deck gewagt und mich, ohne daß man mir die geringste Beachtung schenkte, zwischen einem Stapel Webleinen und alter Segel auf den Boden der Schaluppe niedergeworfen. Während ich über mein eigenartiges Schicksal nachdachte, strich ich ganz unbewußt mit einem Teerpinsel, der mir irgendwie in die Hand geraten war, über den Knick eines sorgsam gefalteten Leesegels, das neben mir auf einer Tonne lag. Das Leesegel ist jetzt über dem Schiff ausgespannt, und die gedankenlosen Pinselstriche bilden das groß hingeschriebene Wort: *Entdeckung*.

Über die Bauart des Schiffes habe ich in letzter Zeit viele Beobachtungen gemacht. Obgleich gut bewehrt, scheint es mir doch kein Kriegsschiff zu sein. Die Takelage, seine Form und allgemeine Ausrüstung sprechen dagegen. Was es *nicht* ist, kann ich leicht wahrnehmen; was es *ist*, läßt sich unmöglich sagen. Ich weiß nicht, wie es kommt, aber wenn ich seine seltsame Gestalt, den eigentümlichen Bau seiner Spieren, seine riesenhafte Größe, seine unzähligen Segel, seinen streng einfachen Bug und sein altmodisches Heck betrachte, so sind mir das längst vertraute Dinge, und mit diesen unklaren Schatten von Erinnerung vermischt sich eine unbestimmte Vorstellung von alten Büchern und Chroniken und weit vergangenen Jahren.

Ich habe die Schiffsrippen untersucht. Sie bestehen aus einem mir fremden Material. Das Holz hat eine eigenartige Struktur, die es gerade für den Zweck, dem es dient, ungeeignet erscheinen läßt. Ich meine seine ungemeine *Porosität*, die nicht zu verwechseln ist mit dem wurmstichigen Zustand aller Schiffe in diesen Gewässern und auch nichts mit dem natürlichen Altersverfall zu tun hat. Die Bemerkung mag vorwitzig erscheinen, doch ich behaupte, das Holz hätte von der Sumpfeiche sein können, wenn es möglich wäre, Sumpfeichenholz durch irgendwelche Mittel biegsam zu machen.

Beim Überlesen dieses letzten Satzes kommt mir auf einmal ein Kernspruch ins Gedächtnis, den ein alter, wetterharter holländischer Seemann anzuwenden pflegte: »Es ist so gewiß«, sagte er, sobald jemand an seiner Wahrhaftigkeit zweifelte, »so gewiß, als es ein Meer gibt, in welchem das Schiff selbst in seinem Gebälk wächst, wie der lebendige Leib des Seefahrers.«

Vor etwa einer Stunde war ich kühn genug, mich in eine Gruppe der Mannschaft hineinzudrängen. Sie zollten mir nicht die geringste Aufmerksamkeit und schienen, obgleich ich mitten unter ihnen stand, keine Ahnung von meiner Gegenwart zu haben. Sie alle trugen, gleich dem einen, den ich zuerst im Schiffsraum gesehen hatte, untrügliche Zeichen hohen Alters. Ihre Knie wankten vor Schwäche; ihre Schultern waren von Alter und Hinfälligkeit tief gebeugt; ihre zusammengeschrumpfte Haut rasselte im Wind; ihre Stimmen waren leise, zittrig und heiser, ihre Augen glanzlos und triefend, und ihre dünnen grauen Haare sträubten sich furchtbar im Sturm. Rund um sie her, überall an Deck verstreut, lagen mathematische Instrumente von wunderlicher und ganz veralteter Konstruktion.

Ich erwähnte vor einiger Zeit das Hissen des Leesegels. Seit jener Zeit hat das Schiff, vom Winde umhergeworfen, seinen schrecklichen Lauf nach Süden fortgesetzt; alle Segel, selbst die armseligsten Fetzen, sind vom Royalsegel bis zur untersten Leesegelspiere gehißt, und jeden Augenblick tauchen seine Bramsegel-Rahenfocks in die schaudervollste Wasserhölle, die Menschengeist sich nur vorstellen kann. Ich komme soeben von Deck, wo es mir unmöglich war, Fuß zu fassen, obgleich die Mannschaft wenig Unbehagen zu verspüren scheint. Es ist ein unerhörtes Wunder, daß unser ungeheures Schiff nicht sofort von den Wogen verschlungen wird. Sicherlich sind wir verdammt, für immer am Rande der Ewigkeit dahinzuschweben, ohne den letzten Sprung in den Abgrund tun zu dürfen. Von Wogen, tausendmal höher als ich sie je gesehen, gleiten wir herab mit der Sicherheit einer Seemöwe, und die gewaltigen Wasser bäumen sich über uns wie Dämonen der Tiefe, doch wie Dämonen, die nur drohen, aber nicht zerstören dürfen. Ich komme dahin, un-

sere auffallende Rettung aus jeder Gefahr der einzig natürlichen Ursache solcher Wirkung zuzuschieben: ich muß annehmen, das Schiff
befinde sich in irgendeiner Strömung von mitreißender Gewalt.

Ich habe dem Kapitän von Angesicht zu Angesicht gegenüberge-
standen in seiner eigenen Kabine – aber es kam, wie ich erwartete: er schenkte mir keine Beachtung. Obgleich ein zufälliger Beobachter in seiner Erscheinung nichts Außergewöhnliches sehen wird,
so mischte sich doch in die Bewunderung, mit der ich zu ihm aufsah,
ein unwiderstehliches Gefühl von Ehrerbietung und Scheu. An Lei-
besgröße kommt er mir fast gleich; er hat also etwa fünf Fuß acht
Zoll. Seine Gestalt ist stark und wohlgebaut, weder besonders ro-
bust noch sonstwie bemerkenswert. Es ist der eigenartige Gesichtsausdruck – ist die starke, wundersame, ergreifende Gewißheit so
hohen, so ungeheuren Alters, die sich meiner Seele unauslöschlich
einprägen. Seine nur wenig gefurchte Stirn scheint wie von Myria-
den von Jahren gezeichnet. Seine grauen Haare sind Urkunden der
Vergangenheit, und seine graueren Augen Sibyllen der Zukunft.
Auf dem Boden der Kabine lagen allenthalben seltsame Folianten
mit Eisenschlössern und verrostete Instrumente und veraltete, längst
vergessene Karten. Er stützte den Kopf in die Hand und brütete mit
fieberndem, unruhigem Blick über einem Pergamentblatt, das einen
Befehl zu enthalten schien, wenigstens trug es die Unterschrift eines
Monarchen. Er murmelte vor sich hin – ganz wie der erste Seemann,
den ich im Schiffsraum gesehen hatte –, und wieder waren es unver-
ständliche Worte einer fremden Sprache; und obgleich der Mann
dicht neben mir war, schien seine Stimme wie aus Meilenferne zu mir
herzudringen.

Das Schiff und alles auf ihm ist mit Greisenhaftigkeit geladen.
Die Mannschaft gleitet hin und her wie Gespenster begrabener Jahrhunderte; ihre Augen haben einen gierigen, rastlosen Ausdruck, und
wenn ihre Gestalten im unsichern Schein der Laternen meinen Weg
kreuzen, beschleicht mich ein Gefühl, wie ich es nie zuvor empfunden, obwohl ich mich mein Leben lang mit Altertümern befaßt und
in Balbek und Tadmor und Persepolis die Schatten zerfallener Säulen
in mich aufgesogen habe, bis meine Seele selber zur Ruine wurde.
Ich blicke um mich und schäme mich meiner früheren Besorgnis-

se. Wenn ich schon vor dem Winde zitterte, der uns bisher begleitete, muß ich nicht vor Entsetzen vergehen in diesem Chaos von
Sturm und Meer, demgegenüber Bezeichnungen wie Wirbelwind
und Samum bedeutungslos sind? In nächster Nähe des Schiffes ist
alles Nacht und unergründlich schwarzes Wasser; in der Entfernung
von etwa einer Meile aber, zu beiden Seiten des Schiffes, sieht man
undeutlich und in Abständen ungeheure Eiswälle in den trostlosen
Himmel ragen, wie Mauern, die das Weltall umschließen.

Es ist, wie ich annahm: das Schiff befindet sich in einer Strömung –
wenn man diesen Namen anwenden kann auf eine Flut, die heulend
und kreischend zwischen den Eiswällen gen Süden donnert, mit der
Geschwindigkeit eines sich überstürzenden Wasserfalls.

Das Grauen meiner Empfindungen zu begreifen, ist, wie ich annehme, ganz unmöglich; dennoch wird selbst meine Verzweiflung
von der Neugier beherrscht, in die Geheimnisse dieser schaudervollen Gegend einzudringen, von einer Neugier, die mir die entsetz-
lichste Todesart erträglich macht. Es ist Tatsache, daß wir irgendeiner unerhörten Erkenntnis entgegeneilen – irgendeinem unent-
hüllbaren Geheimnis, dessen Enträtselung Untergang bedeutet.
Vielleicht führt dieser Strom uns bis zum Südpol selbst. Ich muß bekennen, daß diese augenscheinlich so absurde Vorstellung alle
Wahrscheinlichkeit für sich hat.

Die Mannschaft wandert mit rastlosen, zitternden Schritten an
Deck auf und ab; ihre Gesichter aber tragen eher den Ausdruck lei-
denschaftlicher Hoffnung, als den mutloser Verzweiflung.

Wir treiben noch immer vor dem Wind, und da wir mit Segeln
ganz bepackt sind, wird das Schiff zuweilen geradezu in die Luft gehoben! O Grauen über Grauen! – Die Eismauern rechts und links
hören plötzlich auf, und wir wirbeln in ungeheuren konzentrischen
Kreisen dahin – rund um den Rand eines riesigen Amphitheaters,
dessen gegenüberliegende Seite sich in Dunkel und Ferne verliert.
Doch wenig Zeit bleibt mir, über mein Schicksal nachzudenken! Die
Spiralen werden enger und enger – wir stürzen mit rasender Eile in
den Strudel – und mitten im Donnergeheul von Meer und Sturm erbebt das Schiff, wankt und – o Gott! – versinkt!

Die Tatsachen im Falle Waldemar

Selbstverständlich finde ich es ganz natürlich, daß der seltsame Fall des Herrn Waldemar viel erörtert worden ist. Es wäre ein Wunder, wenn es anders gewesen wäre, besonders unter den vorliegenden Umständen. Infolge des Wunsches aller Beteiligten, die Sache vor der Öffentlichkeit wenigstens so lange geheimzuhalten, bis uns Gelegenheit zur weiteren Nachforschung gegeben war, und durch unsere Bemühungen, dies zu erreichen, drangen entstellte und übertriebene Gerüchte ins Volk und wurden die Quelle unangenehmer Mißdeutungen und selbstredend auch starker Ungläubigkeit. Es ist nun also notwendig, daß ich die *Tatsachen* berichte – soweit ich sie selbst begreife. Sie seien hier kurz zusammengefaßt.

Während der letzten drei Jahre war mein Interesse mehrfach auf den Mesmerismus hingelenkt worden, und vor neun Monaten etwa fiel es mir ganz plötzlich auf, daß die Reihe der bisher gemachten Experimente eine sehr auffallende und unverantwortliche Lücke aufwies: – man hatte noch keinen *Sterbenden* hypnotisiert! Zunächst blieb zu beobachten, ob ein solcher Patient für magnetische Einwirkungen besonders empfänglich war; ferner ob die Empfänglichkeit in solchem Zustand, falls sie vorhanden, stärker oder schwächer war als sonst; und drittens, in welchem Grade oder für welche Zeitdauer der Tod hinausgeschoben werden konnte. Noch andere Punkte galt es aufzuklären, doch jene vor allem reizten meine Neugier – und ganz besonders der dritte Punkt erschien mir äußerst bedeutungsvoll.

Auf der Suche nach einer Persönlichkeit, mit Hilfe deren ich diese Fragen lösen könnte, fiel mir mein Freund, Herr Ernst Waldemar ein, der bekannte Bibliothekar der ›Bibliotheca Forensica‹ und (unter dem Pseudonym Issachar Marx) Verfasser der polnischen Übersetzungen des ›Wallenstein‹ und des ›Gargantua‹. Herr Waldemar, der hauptsächlich in Harlem gelebt hatte und sich seit 1839 in New York aufhielt, war besonders auffallend durch seine unerhörte Magerkeit und durch die weiße Farbe seines Backenbartes, der mit dem schwarzen Haupthaar seltsam kontrastierte, so daß man oft glauben mochte, er trage eine Perücke. Er war sehr reizbar und eignete sich daher für mesmeristische Versuche vortrefflich. Zwei- oder dreimal war es mir ohne Schwierigkeit gelungen, ihn in Schlaf zu versetzen, doch andere Erwartungen, die seine sonderbare Konstitution in mir erweckt hatte, erfüllten sich nicht. Sein Wille war niemals dem meinigen vollkommen unterworfen, und in bezug auf ›Hellsehen‹ konnte ich mit ihm nichts Zuverlässiges erreichen. Meinen Mißerfolg in dieser Hinsicht schrieb ich immer seiner zerrütteten Gesundheit zu, denn einige Monate, ehe ich mit ihm bekannt wurde, hatten seine Ärzte ihn für unrettbar schwindsüchtig erklärt. Es war übrigens seine Gewohnheit, von seiner bevorstehenden Auflösung als von einer unvermeidlichen Tatsache, die nicht bedauert werden sollte, zu sprechen.

Als jene Gedanken sich mir zum ersten Male aufdrängten, war es ganz natürlich, daß ich an Herrn Waldemar dachte. Ich kannte die ruhevolle Philosophie dieses Mannes zu gut, als daß ich *seinerseits* irgendwelche Bedenken vermutet hätte; und er hatte in Amerika keine Angehörigen, die Einspruch hätten erheben können. Ich sprach mit ihm ganz offen über die Sache, und zu meiner Verwunderung zeigte er lebhaftes Interesse. Ich sage: zu meiner Verwunderung, denn obgleich er sich meinen Experimenten stets willig gefügt hatte, so hatte er ihnen doch niemals besondere Sympathie entgegengebracht. Die Art seines Leidens gestattete es, seine Todesstunde ziemlich genau vorauszusagen, und es wurde also zwischen uns vereinbart, daß er etwa vierundzwanzig Stunden vor der ihm von den Ärzten bezeichneten Sterbestunde mich zu sich rufen lassen würde.

Es sind jetzt mehr als sieben Monate verflossen, seit ich von Herrn Waldemars eigener Hand folgende Zeilen erhielt:

Mein lieber P.!
Sie können nun also kommen. D. und F. haben festgestellt, daß ich nicht lange mehr mitmache – nur noch bis morgen mitternacht; und ich glaube, sie haben den Zeitpunkt ziemlich richtig angegeben.
Waldemar

Ich erhielt diese Mitteilung eine halbe Stunde, nachdem sie geschrieben war, und fünfzehn Minuten später befand ich mich im Zimmer des Sterbenden. Ich hatte ihn seit zehn Tagen nicht gesehen und war entsetzt über die furchtbare Veränderung, die in dieser kurzen Zeit mit ihm vorgegangen war. Sein Antlitz war bleifarben, die Augen blickten stumpf und vollkommen glanzlos, und die Abmagerung hatte so große Fortschritte gemacht, daß die Haut von den Backenknochen durchbohrt worden war. Sein Schleimauswurf war unerhört stark, der Puls kaum vernehmbar. Trotz alledem schien er im vollkommenen Besitz seiner Geisteskräfte und war auch körperlich nicht so schwach, als man hätte annehmen sollen. Er sprach sehr deutlich, nahm ohne jede Hilfe einige lindernde Arzneien zu sich und war, als ich ins Zimmer trat, damit beschäftigt, in sein Notizbuch Aufzeichnungen zu machen. Er saß von Kissen gestützt, aufrecht im Bett. Die Doktoren D. und F. waren anwesend.

Nachdem ich Waldemar die Hand gedrückt, nahm ich die Herren beiseite und empfing von ihnen über den Zustand des Patienten eingehenden Bericht. Der linke Lungenflügel war seit achtzehn Monaten vollkommen verknorpelt und ganz unbrauchbar. Die obere Hälfte des rechten Lungenflügels war ebenfalls teilweise, wenn nicht sogar ganz verknöchert, während die untere Hälfte bereits in Eiterung überzugehen begann. Mehrere umfangreiche Durchbrüche waren vorhanden, und einige Rippen waren ebenfalls von Eiterung ergriffen. Diese Erscheinungen im rechten Lungenflügel waren verhältnismäßig neueren Datums. Die Verknöcherung hatte mit ganz ungewöhnlicher Schnelligkeit um sich gegriffen, und die Rippeneiterung hatte man erst in den letzten drei Tagen wahrgenommen. Unabhängig von der Schwindsucht vermutete man bei dem Kranken eine Geschwulst an der Pulsader, doch machte die Lungenverknöcherung eine genaue Diagnose in dieser Hinsicht unmöglich. Es war die Ansicht beider Ärzte, daß Herr Waldemar gegen Mitternacht des folgenden Tages (eines Sonntags) sterben werde. Jetzt war es Samstag sieben Uhr abends.

Bevor die Doktoren D. und F. sich zu mir wendeten, um mir den Zustand ihres Patienten zu schildern, hatten sie diesem ein letztes Lebewohl geboten. Es hatte nicht in ihrer Absicht gelegen, wiederzukommen, auf mein Ersuchen jedoch erklärten sie sich bereit, gegen zehn Uhr am folgenden Abend noch einmal nach dem Kranken sehen zu wollen.

Als sie gegangen waren, sprach ich mit Herrn Waldemar ganz offen über seine bevorstehende Auflösung und vor allem sehr eingehend über das beabsichtigte Experiment. Er zeigte sich noch immer ganz willig, ja sogar begierig und bat mich, sogleich zu beginnen. Ein Pfleger und eine Pflegerin waren anwesend, aber ich fühlte mich nicht ganz berechtigt, mich einer so bedeutungsvollen Aufgabe zu unterziehen, ohne daß für den Fall eines unerwarteten Ereignisses zuverlässigere Zeugen zugegen waren als diese beiden Leute. Ich verschob daher meine Maßnahmen bis zum anderen Abend gegen acht Uhr, wo das Eintreffen eines Studenten der Medizin, des Herrn

Theodor L...l, zu dem ich einige Beziehungen hatte, mich weiterer Befürchtungen enthob. Ursprünglich war es meine Absicht gewesen, auf die Ärzte zu warten, doch ich war gezwungen anzufangen, erstens infolge der dringenden Bitten Waldemars und zweitens infolge meiner Überzeugung, daß nicht eine Minute zu verlieren sei, denn es ging ersichtlich zu Ende mit ihm.

Herr L...l war so gütig, meinem Ersuchen, den Vorgang schriftlich festzuhalten, willig nachzukommen; und das, was ich jetzt berichte, ist zum großen Teile eine gedrängte oder wörtliche Wiedergabe seiner Aufzeichnungen.

Es war etwa fünf Minuten vor acht, als ich den Patienten bei der Hand nahm und ihn bat, Herrn L...l so klar als möglich anzugeben, ob er, Herr Waldemar, durchaus gewillt sei, daß ich in seinem gegenwärtigen Zustande den Mesmerismus bei ihm anwende.

Er antwortete mit schwacher, aber verständlicher Stimme: »Ja, ich wünsche hypnotisiert zu werden...« und fügte gleich darauf hinzu: »Ich fürchte, Sie haben es schon zu lange hinausgeschoben.« Während er noch sprach, begann ich mit dem Streichen; ich zog die Striche, die ich bereits früher am wirksamsten bei ihm angewendet hatte. Schon als ich meine Hand zum erstenmal seitwärts über seine Stirn zog, erzielte ich eine gewisse Wirkung; doch obgleich ich meine ganze Macht erschöpfte, war bis einige Minuten nach zehn, als die Doktoren D. und F. vorsprachen, kein bemerkenswerter Erfolg zu verzeichnen gewesen. Ich erklärte den Ärzten in kurzen Worten mein Vorhaben, und da sie nichts dagegen einzuwenden hatten, weil der Kranke schon in Agonie lag, setzte ich meine Versuche unverzüglich fort. Statt der seitlichen Striche machte ich jedoch jetzt solche von oben nach unten und konzentrierte meinen Blick auf das rechte Auge des Leidenden. Sein Puls war kaum wahrnehmbar; er atmete röchelnd und in Intervallen von einer halben Minute.

Eine Viertelstunde lang blieb sein Zustand unverändert. Nach Ablauf dieser Frist jedoch entrang sich der Brust des Sterbenden ein tiefer Seufzer, und das Röcheln war nicht mehr zu vernehmen; die Atmungsintervalle blieben dieselben. Die Gliedmaßen des Patienten waren von eisiger Kälte.

Fünf Minuten vor elf ließen sich unwiderlegliche Anzeichen mesmeristischer Einwirkung bemerken. Der glasige Ausdruck des rollenden Auges verwandelte sich in den Ausdruck nach innen gekehrten Sinnens und Suchens, wie er nur bei Somnambulen zu finden ist. Mit ein paar schnellen Querstrichen brachte ich die Augenlider zum

145

Beben, und nach einigen weiteren Strichen schlossen sie sich ganz. Dieser Erfolg genügte mir aber nicht, ich fuhr vielmehr eifrig und mit äußerster Willensanstrengung so lange fort, bis die Glieder des Schläfers, die ich zunächst in eine bequeme Lage gebracht hatte, vollständig steif geworden waren. Die Beine waren lang ausgestreckt; die Arme lagen ebenfalls fast gestreckt; der Kopf ruhte leicht erhöht in den Kissen.

Als dies geschehen war, war es genau Mitternacht, und ich ersuchte die anwesenden Herren, den Zustand Herrn Waldemars zu prüfen. Nach kurzer Untersuchung erklärten sie, daß er sich in ungemein tiefer Trance befinde. Die Neugier beider Ärzte war in höchstem Grade geweckt. Dr. D. beschloß sofort, die ganze Nacht bei dem Patienten zu verbringen, während Dr. F. sich mit dem Versprechen verabschiedete, bei Tagesanbruch wiederzukommen. Herr L . . . l, der Pfleger und die Pflegerin blieben auch da.

Wir ließen nun Herrn Waldemar bis gegen drei Uhr morgens ungestört; dann trat ich zu ihm und fand ihn in derselben Verfassung wie zur Zeit, als Dr. F. fortgegangen war – das will sagen, sein Zustand war unverändert: der Puls kaum fühlbar, der Atem nur mit Hilfe eines dem Kranken vor den Mund gehaltenen Spiegels bemerkbar, die Augen wie im Schlaf geschlossen, die Glieder hart und kalt wie Marmor. Dennoch bot er nicht den Anblick eines Toten.

Als ich mich Herrn Waldemar näherte, machte ich den schwachen Versuch, seinen rechten Arm der Führung des meinigen zu unterwerfen. Ich hatte bisher in solchen Experimenten bei diesem Patienten kein Glück gehabt, und sicherlich hoffte ich jetzt wenig auf Erfolg. Zu meinem großen Erstaunen aber folgte sein Arm bereitwillig, wenn auch sehr matt, jeder Richtung, die mein Arm ihm vorschrieb. Ich beschloß, ein Gespräch zu wagen.

»Herr Waldemar«, sagte ich, »schlafen Sie?« Er gab keine Antwort, doch ich bemerkte ein Zittern um seinen Mund und wurde dadurch veranlaßt, meine Frage ein zweites und drittes Mal zu wiederholen. Als ich sie zum dritten Male stellte, wurde seine ganze Gestalt von einem leichten Schauer befallen: die Augenlider öffneten sich so weit, daß sie ein wenig den weißen Augapfel enthüllten, die Lippen regten sich träge, und in kaum hörbarem Flüstern entrangen sich ihnen die Worte:

»Ja – schlafe jetzt. Wecken Sie mich nicht! – Lassen Sie mich so sterben!«

Ich befühlte seine Gliedmaßen; sie waren so eiskalt wie immer.

Der rechte Arm gehorchte wie vorher der Führung meiner Hand. Ich fragte den Magnetisierten von neuem:

»Fühlen Sie noch Schmerzen in der Brust, Herr Waldemar?«

»Keine Schmerzen – ich sterbe.«

Ich hielt es nicht für ratsam, ihn gerade jetzt noch weiter zu stören, und bis zur Ankunft des Dr. F. wurde nichts mehr gesprochen; dieser traf kurz vor Sonnenaufgang ein und bekundete grenzenloses Erstaunen, den Patienten noch am Leben zu sehen. Nachdem er ihm den Puls gefühlt und einen Spiegel an die Lippen gehalten hatte, ersuchte er mich, den Schlafwachenden nochmals anzureden. Ich folgte der Aufforderung und sagte:

»Herr Waldemar, schlafen Sie noch?«

Wie vordem vergingen einige Minuten, ehe eine Antwort erfolgte, und während dieser Zeit schien der Sterbende seine Energie zu sammeln. Bei der vierten Wiederholung der Frage sagte er sehr schwach, fast unhörbar:

»Ja, schlafe noch – sterbe.«

Es war jetzt die Ansicht oder vielmehr der Wunsch der Ärzte, daß Herr Waldemar in seinem gegenwärtigen, anscheinend ruhevollen Zustand belassen werden solle, bis der Tod obsiege, und das – darin stimmte man überein – müsse nun in wenigen Minuten erfolgen. Ich beschloß jedoch, noch einmal zu ihm zu sprechen, und wiederholte einfach meine vorige Frage.

Während ich sprach, ging mit dem Antlitz des Kranken eine seltsame Veränderung vor. Die Augen öffneten sich langsam, die Pupillen drehten sich so weit nach aufwärts, bis sie ganz unsichtbar waren; die Haut wurde leichenfarben und glich nun weniger dem Pergament als weißem Papier, und die kreisrunden hektischen Flecke, die sich auf jeder Wange streng abzeichneten, erloschen mit einem Male. Ich gebrauche diesen Ausdruck, weil die Plötzlichkeit ihres Verschwindens mich an das plötzliche Erlöschen einer Kerzenflamme, die man ausbläst, erinnerte. Gleichzeitig kräuselte sich die Oberlippe, die bisher die Zähne bedeckt hatte, stark aufwärts, während die untere Kinnlade mit hörbarem Ruck herunterklappte und den Mund weit offen zeigte, in dessen Mitte die geschwollene und schwarz gewordene Zunge voll zu sehen war.

Ich vermute, daß keinem der Anwesenden die Schrecken des Totenbettes fremd waren, aber Herr Waldemar bot in diesem Augenblick einen so entsetzlichen Anblick, daß alle aus der Nähe des Bettes zurückwichen.

Ich fühle jetzt, daß ich in meiner Erzählung einen Punkt erreicht habe, wo jeder Leser sich ungläubig abwendet. Dessenungeachtet ist es meine Pflicht, fortzufahren.

An Herrn Waldemar war nicht das geringste Lebenszeichen mehr zu bemerken, und da wir annahmen, daß er tot sei, wollten wir ihn der Obhut der Pflegeleute überlassen, als seine Zunge von einer heftigen Vibration ergriffen wurde. Diese hielt wohl eine Minute lang an. Nach Ablauf dieser Zeit tönte zwischen den weitgeöffneten und regungslosen Kinnladen eine Stimme hervor – es wäre Wahnsinn, sie beschreiben zu wollen. Es gibt wohl zwei oder drei Vergleiche, die man hier anwenden könnte; ich könnte zum Beispiel sagen, daß der Laut heiser und gebrochen und hohl klang; aber die Fürchterlichkeit des Ganzen ist unbeschreiblich, aus dem einfachen Grunde, weil niemals menschliche Ohren ähnliche Laute vernommen haben. Dennoch waren da zwei Besonderheiten, die, wie ich damals meinte – und auch heute noch denke – als charakteristisch für den Klang angeführt werden können. Erstens schien die Stimme an unsere Ohren – an meine wenigstens – aus weiter Ferne zu dringen oder aus einer tiefen Höhle aus dem Erdinnern. Zweitens (ich fürchte in der Tat, daß es mir unmöglich sein wird, mich verständlich zu machen) –, zweitens empfand mein Gehörsinn diese Laute so, wie etwa der Gefühlsinn gallertartige oder klebrige Dinge empfindet.

Ich sprach sowohl von ›Laut‹ als von ›Stimme‹. Ich will damit sagen, daß der Laut von klarer, von wundersam ergreifender Deutlichkeit der Worte war. Herr Waldemar *sprach* – und vermutlich in Erwiderung der Frage, die ich ihm ein paar Minuten vorher gestellt hatte. Man wird sich erinnern, daß ich ihn gefragt hatte, ob er noch schlafe. Er sagte jetzt: » Ja – nein – *ich habe geschlafen* – und jetzt – jetzt *bin ich tot*.«

Keiner der Anwesenden machte auch nur den Versuch, das unerhörte, schaudernde Entsetzen zu verbergen, das diese wenigen so fürchterlich gesprochenen Worte ihm eingeflößt hatten. Herr L...l, der Student, wurde ohnmächtig. Die Pflegeleute verließen sofort das Zimmer und konnten nicht zur Rückkehr veranlaßt werden. Meine eigenen Empfindungen darf ich gar nicht versuchen, dem Leser nahezubringen. Fast eine Stunde lang bemühten wir uns schweigend – vollkommen schweigend – Herrn L...l ins Leben zurückzurufen. Als er wieder zu sich gekommen war, befaßten wir uns von neuem mit der Untersuchung von Herrn Waldemars Zustand.

Er blieb in jeder Hinsicht genau so, wie ich ihn zuletzt beschrieben habe, ausgenommen, daß der Spiegel keine Atmung mehr erkennen ließ. Ein Versuch, aus dem Arm Blut zu ziehen, schlug fehl. Ich muß ferner erwähnen, daß dies Glied meinem Willen nicht mehr unterworfen war. Der einzige wirkliche Beweis mesmeristischer Einwirkung war nur mehr in der Vibration der Zunge zu erkennen, sobald ich an Herrn Waldemar eine Frage stellte. Er schien jedesmal eine Anstrengung zu machen, um zu antworten, hatte aber nicht mehr genug Willenskraft. Für Fragen, die irgendeine andere Person an ihn richtete, schien er durchaus unempfänglich – obgleich ich mich bemühte, einen jeden aus der Versammlung in mesmeristischen Rapport mit ihm zu setzen.

Ich glaube, ich habe nun alles erzählt, was zum Verständnis für des Schlafwachenden damaligen Zustand notwendig ist. Anderes Pflegepersonal wurde beschafft, und um zehn Uhr verließ ich das Haus, in Begleitung der beiden Ärzte und des Herrn L . . . l.

Am Nachmittag gingen wir alle wieder hin, um den Patienten zu sehen. Sein Befinden war vollkommen unverändert. Wir hatten nun eine Besprechung darüber, ob es richtig und tunlich sei, ihn aufzuwecken; aber es wurde uns nicht schwer, dahin übereinzukommen, daß ein solches Vorgehen nichts Gutes fördern könne. Es war evident, daß bis jetzt der Tod (oder was man gewöhnlich Tod nennt) durch das mesmeristische Verfahren aufgehalten worden war. Es schien uns allen klar, daß ein Aufwecken Herrn Waldemars lediglich dessen augenblickliche oder zum mindesten sehr schnelle Auflösung zur Folge haben werde.

Seit damals bis Ende letzter Woche – eine Zeitdauer von fast sieben Monaten – fuhren wir fort, täglich bei Herrn Waldemar nachzusehen, manchmal auch in Begleitung von Medizinern oder anderen Freunden. Diese ganze Zeit über verblieb der Schlafwachende in *genau* dem Zustande, wie ich ihn vorhin geschildert habe. Die Pfleger widmeten ihm beständige Aufmerksamkeit.

Es war am letzten Freitag, als wir schließlich beschlossen, den Versuch zu machen, ihn zu erwecken; und es ist vermutlich der unglückliche Ausgang dieses Experimentes, das in Laienkreisen zu so vielen Erörterungen Anlaß gab, die ich nicht anders als ungerechtfertigt bezeichnen kann.

Um Herrn Waldemar aus der Trance zu erwecken, brachte ich die üblichen Striche zur Anwendung. Diese waren eine Zeitlang erfolglos. Das erste Anzeichen von Wiederbelebung bot sich in einer teilweisen Herabsenkung der Iris. Als besonders bemerkenswert wurde festgestellt, daß diese Senkung der Pupille begleitet war von dem heftigen Ausfluß eines gelblichen Blutwassers, das unter den Lidern hervorlief und von sehr üblem Geruch war.

Es wurde nun angeregt, daß ich versuchen solle, wie früher den Arm des Patienten mir gehorsam zu machen. Ich machte den Versuch, und er mißlang. Dr. F. äußerte dann den Wunsch, ich solle eine Frage stellen. Ich tat dies, wie folgt:

»Herr Waldemar, können Sie uns klarmachen, was Sie jetzt fühlen oder wünschen?«

Sofort kehrten die hektischen Wangenflecke zurück, die Zunge zuckte, oder besser, sie rollte heftig im Munde hin und her (obgleich Kinnladen und Mund wie vorher weit aufgerissen blieben), und schließlich stürzte dieselbe grauenhafte Stimme hervor, die ich bereits beschrieben habe:

»Um Gottes willen – schnell – schnell – bringen Sie mich wieder in Schlaf – oder, schnell – erwecken Sie mich – schnell – *Ich sage Ihnen, ich bin tot.*«

Ich war so furchtbar entsetzt, daß ich einen Moment lang nicht wußte, was beginnen. Zuerst machte ich den Versuch, den Patienten wieder zu beruhigen; da mir das aber infolge mangelnder Energie vollständig mißlang, änderte ich meine Maßnahmen und bemühte mich ebenso eifrig, ihn zu erwecken. Ich sah bald, daß ich hierin Erfolg haben würde – oder wenigstens bildete ich mir ein, ein günstiges Resultat erzielen zu können; und ich bin gewiß, daß alle Anwesenden darauf vorbereitet waren, den Patienten erwachen zu sehen. Denn auf das, was sich wirklich ereignete, konnte unmöglich irgendein menschliches Wesen vorbereitet sein.

Während ich heftig die mesmeristischen Striche ausführte, inmitten der heulenden Rufe »tot – tot«, die geradezu der Zunge – nicht den Lippen – des Leidenden entquollen, geschah es, daß seine ganze Gestalt urplötzlich – innerhalb einer einzigen Minute – zusammenschrumpfte – zerfiel – unter meinen Händen hinwegfaulte. Auf dem Bett vor der ganzen Versammlung lag eine ekelhafte, stinkende Masse.

Stelldichein

Stay for me there! I will not fail
To meet thee in that hollow vale.
(Erwarte mich, ich werde zu dir finden
Auch in des Schattentales finstern Gründen.)
Nachruf *Henry Kings*, Bischofs von
Chichester, an seine Gattin.

Unglücklicher, geheimnisvoller Mann! der du, in deine eigenen Phantasien verstrickt, hinstürztest in den Flammen deiner eigenen Jugend! Im Geiste sehe ich dich wieder, noch einmal steigst du vor mir auf. Nicht, o nicht so, wie du jetzt bist – im kalten Tal ein stummer Schatten –, sondern so, wie du *sein könntest*: ein Leben köstlicher Träumereien verschwendend in jener Stadt der blassen Traumgeschichte, in *deinem* Venedig, dem Elysium, das die Sterne lieben, und in dem die hohen Fenster der Palastbauten Paladios in tiefem, bitterem Sinnen in die Geheimnisse der stummen Wasser hinabschauen. Ja, ich wiederhole es: – wie du *sein könntest*! Gewißlich gibt es andere Welten denn diese – andere Gedanken als jene der Menge –, andere Anschauungen als jene der Sophisten. Wer also könnte dich zur Verantwortung ziehen? Wer deine träumerischen Stunden tadeln oder solches Tun ein Vergeuden nennen – ein solches Tun, das nur ein Überströmen deiner ewig jungen Kräfte war?

Es war in Venedig unter dem gedeckten Brückengang, genannt ›Ponte dei Sospiri‹, als ich dem Manne, von dem ich hier reden will, zum dritten oder vierten Male begegnete. Meine Erinnerung an die näheren Umstände dieser Begegnung ist wirr und dunkel. Dennoch weiß ich, wie tiefe Mitternacht es war, sehe die Seufzerbrücke, die Weibesschönheit und den Genius der Romantik, der über jenem engen Kanale schwebte.

Die Nacht war ungewöhnlich finster. Die große Uhr auf der Piazza hatte die fünfte Stunde des italienischen Abends geschlagen. Der Platz des Kampanile lag schweigend und verlassen, und die Lichter im alten Dogenpalast verlöschten eins nach dem andern. Ich kehrte auf dem Großen Kanal von der Piazzetta her heim. Als aber meine Gondel gerade bei der Mündung des San-Marco-Kanals angekommen war, gellte aus einem dunklen Schlund eine weibliche Stimme in einem einzigen wilden, langgezogenen Schrei. Erschrocken sprang ich auf, während der Gondolier sein einziges Ruder fallen ließ. Ein Wiederfinden in der pechschwarzen Nacht war unmöglich, wir mußten uns also der Strömung überlassen, die hier vom Großen in den Kleinen Kanal treibt. Wie ein riesiger, schwarzgefiederter Kondor trieben wir langsam der Seufzerbrücke zu, als tausend Fackeln an den Fenstern und am Treppenhaus des Dogenpalastes aufflammten und mit einem Male die tiefe Nacht in bleichen, unnatürlichen Tag verwandelten.

Ein Kind war aus den Armen seiner Mutter von einem der oberen Fenster des hohen Bauwerks in den tiefen dunklen Kanal gestürzt. Die stillen Wasser hatten sich lautlos über ihrem Opfer geschlossen, und obgleich außer meiner Gondel keine einzige andere zu sehen war, kämpfte schon mancher kräftige Schwimmer mit den Fluten und suchte auf der Oberfläche vergebens nach dem Schatz, der, ach! nur drunten in der Tiefe zu finden war. Auf den breiten schwarzen Marmorflächen am Eingang des Palastes und wenige Stufen über dem Wasser stand eine Gestalt, die keiner, der sie damals sah, jemals vergessen haben kann. Es war die ›Marchesa Aphrodite‹ – die Angebetete von ganz Venedig – die Strahlendste der Strahlenden – von allen den Schönheiten die Lieblichste – aber dennoch das junge Weib des alten ränkevollen Mentoni; und sie war die Mutter jenes hübschen Kindes, ihres ersten und einzigen, das jetzt tief im modrigen Wasser in bittrem Harm ihrer süßen Zärtlichkeit gedachte und sein kleines Leben erschöpfte in dem Bemühen, sie herbeizurufen.

Sie stand allein. Ihr schmaler, nackter, silberglänzender Fuß schimmerte auf dem schwarzen Marmor. Ihr Haar, das sie zur Nacht erst halb gelöst, umschmiegte inmitten einer Flut von Diamanten ihr klassisch schönes Haupt in Locken gleich denen des jungen Hyazinth. Ein schneeweißes, schleierfeines Gewand schien fast die einzige Umhüllung des zarten Körpers; doch die Mittsommer- und Mitternachtluft war heiß, stumpf und still, und keine Bewegung der statuenartig reglosen Gestalt verschob die Falten des nebelleichten Gewandes, das sie umhing, wie der schwere Marmor die Niobe umhängt. Doch – seltsam – ihre großen glänzenden Augen blickten nicht hinunter auf das Grab, das ihre strahlendste Hoffnung barg – sondern glühten in eine ganz andere Richtung. Das Gefängnis der alten Republik ist, wie ich glaube, der stattlichste Bau in ganz Venedig; aber wie konnte jene Dame es so starr betrachten, wenn ihr zu Füßen ihr eigenes Kind im Todeskampfe lag? Und jene dunkle Nische – die gerade in das Fenster ihres Zimmers hinübergähnt –, was konnte in ihren Schatten, in ihrer Architektur, in ihren efeuum-

schlungenen, düsteren Kranzgewinden sein, das die Marchesa di
Mentoni nicht schon tausendmal vorher bewundert hätte? Unsinn! –
Wer erinnert sich nicht, daß in solchen Schreckensmomenten das
Auge gleich einem zertrümmerten Spiegel die Bilder seines Leidens
vervielfacht und in zahllosen fernen Plätzen den Jammer sieht, der
vor ihm liegt?

Viele Stufen höher als die Marchesa und innerhalb des Portals
stand in festlichem Gewand die Satyrgestalt Mentonis. Er klimperte
gelegentlich auf einer Gitarre und schien zu Tode gelangweilt, während er hie und da Befehle erteilte zur Wiederauffindung seines Kindes. Ich war so bestürzt und erschrocken, daß ich, nachdem ich bei
dem entsetzlichen Schrei aufgesprungen war, mich nicht zu rühren
vermochte, und so mußte ich wohl den Blicken der aufgeregten
Gruppe einen gespenstischen und unheimlichen Anblick bieten, wie
ich da mit bleichem Antlitz und starren Gliedern in jener trauer-
schwarzen Gondel an ihnen vorüberglitt.

Alle Anstrengungen waren vergebens. Selbst die Ausdauerndsten
gaben die Suche auf und überließen sich düsterem Gram. Es schien
nur wenig Hoffnung noch für das Kind zu sein – wie viel weniger
also für die Mutter! Doch aus dem Dunkel jener Nische, von der ich
schon sagte, daß sie sich am Gefängnis der alten Republik befand
und dem Fenster der Marchesa gerade gegenüber lag, trat jetzt eine
in einen Mantel gehüllte Gestalt ins Licht; einen Augenblick stand
sie droben an der Schwelle des schwindelnden Abgrundes, dann
stürzte sie sich kopfüber in den Kanal. Als der Retter gleich darauf
mit dem noch lebenden, noch atmenden Kind in den Armen auf den
Marmorfliesen neben der Marchesa stand, löste sich sein nasser,
schwerer Mantel und fiel zu seinen Füßen nieder und enthüllte den
erstaunten Zuschauern die anmutige Gestalt eines jungen Mannes,
dessen Name damals in ganz Europa widerhallte.

Kein Wort sprach der Retter. Aber die Marchesa! Jetzt wird sie ihr
Kind an sich nehmen – und es ans Herz drücken – wird seinen kleinen Körper streicheln – wird es in Liebkosungen ersticken. Ach!
Andere Arme haben es dem Fremden abgenommen – andere Arme
haben es fortgenommen und unbeachtet in den Palast getragen! Und
die Marchesa! Ihr Mund, ihr schöner Mund zittert; Tränen treten in
ihre Augen – in jene Augen, die so milde und fast flüssig waren. Ja!
Tränen treten in diese Augen – und sehet! das ganze Weib erbebt aus
innerster Seele, die Statue hat Leben bekommen! Die Weiße des
marmornen Antlitzes, der schwellende marmorne Busen, das edle

Weiß des marmornen Fußes wurden plötzlich von tiefer Röte überflutet; und ein leichter Schauer schüttelt ihren zarten Körper, wie die sanfte Luft Neapels die silbernen Lilien im Grase.

Weshalb errötete die Dame? Auf diese Frage gibt es keine Antwort, es sei denn die, daß sie in Hast und Schrecken ihres mütterlichen Herzens, als sie ihr stilles Gemach verließ, vergessen hatte, die kleinen Füße in Schuhe zu verbergen, und ganz vergessen hatte, über ihre venezianischen Schultern die Hülle zu werfen, die ihnen gebührt. Was sonst hätte sie veranlassen können, so zu erröten? – Was war der Grund für die wilde Klage in diesen Augen? Für den Aufruhr in diesem jagenden Busen? Für den krampfhaften Druck dieser zitternden Hand? Dieser Hand, die, als Mentoni in den Palast zurückkehrte, wie zufällig auf die Hand des Fremden sank? Welcher Grund mochte vorliegen für den leisen, den so sehr leisen Ton jener unverständlichen Worte, die von der Dame hastig geflüstert wurden, ehe sie von ihm ging? »Du hast gesiegt«, sagte sie – oder das Murmeln des Wassers müßte mich getäuscht haben – »du hast gesiegt – eine Stunde nach Sonnenaufgang – werden wir uns treffen – so laß es sein!«

Der Tumult hatte geendet, die Lichter im Palast waren erloschen, und der Fremde, den ich jetzt wiedererkannte, stand allein auf den Fliesen. Er erbebte in unerklärlicher Aufregung, und sein Auge blickte suchend nach einer Gondel umher. Es schien mir das wenigste, daß ich ihm einen Platz in der meinigen anbot. Er nahm dankend an. Wir versahen uns mit einem neuen Ruder und fuhren seiner Wohnung zu, während er seine Selbstbeherrschung schnell zurückgewann und in herzlichem Tone unserer früheren flüchtigen Bekanntschaft gedachte.

Es gibt Menschen, von denen ich gern ausführlich spreche. Der Fremde – laßt mich ihn bei diesem Namen nennen, ihn, der immer aller Welt ein Fremder war –, er ist für mich ein solcher Mensch. An Körpergröße stand er eher unter als über dem Mittelmaß, obgleich es Augenblicke der Leidenschaft gab, in denen seine Gestalt hoch aufwuchs und meine Feststellung Lügen strafte. Die schlanke Ebenmäßigkeit seines Körpers deutete mehr auf jenes schnell bereite Handeln, wie er es an der Seufzerbrücke bewiesen, als auf seine herkulische Kraft, von der man wußte, daß er sie bei gefährlicheren Gelegenheiten gezeigt hatte. Er hatte den schönen Mund und das Kinn eines Gottes – seltsam feurige, tiefe, feuchte Augen, deren Glanz von reinstem Haselnußbraun bis zu strahlendem Schwarz schwankte – und eine Fülle schwarzen Lockenhaares, aus der eine ungewöhnlich breite Stirn wie lauter Licht und Elfenbein hervorstrahlte. Seine Gesichtszüge waren so klassisch ebenmäßig, wie ich sie nur allein im Marmorantlitz des Kaisers Commodus gefunden habe. Dennoch gehörte sein Gesicht zu jenen, die jeder einmal im Leben gesehen hat, doch nie mehr wiederfindet. Es hatte keinen besonderen – keinen herrschenden Ausdruck, der im Gedächtnis haften bleiben konnte; ein Gesicht, das man sah und lieben mußte, doch sofort vergessen hatte – vergessen, mit dem unbestimmten und rastlosen Verlangen, sich seiner wieder zu erinnern. Wohl warf die Seele jeder heftigen Leidenschaft ihr Spiegelbild auf dieses Antlitz – doch gleich dem Spiegel, der nichts festzuhalten weiß, so wies auch dieses keine Spur der Leidenschaft mehr auf, sobald die Leidenschaft verflogen war.

Als ich ihn in der Nacht unseres Abenteuers verließ, bat er mich dringend, ihn *sehr früh* am andern Morgen zu besuchen. Kurz nach Sonnenaufgang betrat ich also seinen Palazzo, einen der hohen düsteren, aber phantastisch prunkvollen Bauten, wie sie sich in der Nachbarschaft des Rialto zu seiten des Großen Kanals auftürmen. Man wies mich eine breite gewundene Mosaiktreppe hinauf und in ein Gemach, dessen unvergleichliche Pracht wie ein Meer von Glanz durch die geöffnete Tür herausströmte und mich blendete und schwindlig machte.

Ich wußte, daß mein Bekannter wohlhabend war. Man hatte von seinen Reichtümern in Ausdrücken gesprochen, die ich als lächerliche Übertreibungen zurückgewiesen hatte. Als ich aber um mich blickte, schien es mir ganz unmöglich, daß die Schätze irgendeines Menschen in Europa hingereicht haben könnten, um diese fürstliche Pracht zu entfalten, die ringsumher glühte und flammte.

Obwohl, wie ich sagte, die Sonne schon aufgegangen, war das Gemach noch strahlend beleuchtet. Aus diesem Umstand sowie aus einem Zug von Abspannung im Antlitz meines Freundes schloß ich, daß er während der ganzen Nacht nicht zur Ruhe gegangen war. In der Architektur wie in der Ausschmückung des Raumes waltete die offenbare Absicht, zu blenden und zu verblüffen. In der Einrichtung war weder eine Harmonie noch irgendein nationaler Charakter zu finden. Das Auge wanderte von Gegenstand zu Gegenstand und blieb nirgends haften – weder auf den Grotesken griechischer Maler noch den Skulpturen aus Italiens größten Tagen noch den rohen Schnitzereien des unkultivierten Ägypten. Überall im Zimmer hingen kostbare Draperien und zitterten unter dem Hauch einer leisen schwermütigen Musik, von der man nicht wußte, woher sie kam. Mannigfache und unvereinbare Düfte, die aus seltsam geformten Räucherbecken zugleich mit zahllosen leckenden, flackernden Zungen grünlichen und violetten Lichtes aufstiegen, legten sich schwer auf die Sinne. Die Strahlen der Morgensonne strömten herein auf das Ganze – herein durch Fenster, deren jedes einzelne aus einer einzigen Scheibe karminroten Glases bestand. In tausend Reflexen sich spiegelnd tanzten diese natürlichen Strahlen über die schweren Draperien, die wie Katarakte flüssigen Silbers aus ihren Nischen quollen, mischten sich schließlich mit dem künstlichen Licht und wogten in gedämpften Massen über einen Teppich, der aussah wie flüssiges Gold.

»Hahaha – hahaha!« lachte der Herr des Hauses, als er mich zu einem Sitz geleitete und sich dann der Länge nach auf ein Ruhebett warf. »Ich sehe«, sagte er, da er bemerkte, daß ich mich in diesen eigenartigen Empfang nicht recht zu finden vermochte – »ich sehe, Sie sind verwundert über meine Wohnung, meine Statuen, meine Bilder – meinen sonderbaren Geschmack in Einrichtung und Ausschmückung! Vollkommen berauscht von meiner Prachtentfaltung, wie? Doch verzeihen Sie, mein lieber Freund (hier wurde seine Stimme die Herzlichkeit selbst), verzeihen Sie mir mein ungezogenes Lachen. Sie sehen so furchtbar erstaunt aus! Übrigens sind manche Dinge wirklich so spaßhaft, daß man lachen *muß* – oder sterben. Lachend zu sterben muß der herrlichste aller herrlichen Tode sein! Sir Thomas More – welch ein feiner Geist war Sir Thomas More –, Sir Thomas More starb lachend, wie Sie wissen. Und in den ›Absurditäten‹ des Ravisius Textor findet sich eine lange Liste von Leuten, die ein solch köstliches Ende nahmen. – Wissen Sie übrigens«, fuhr er nachdenklich fort, »daß in Sparta, dem jetzigen Palaeochori, in Sparta, sage ich, im Westen der Zitadelle inmitten eines Chaos kaum erkennbarer Ruinen eine Art Sockel steht, auf dem noch die Lettern ΛΑΞΜ lesbar sind. Zweifellos sind sie ein Teil des Wortes ΓΕΛΑΞΜΑ. Nun gibt es in Sparta wohl tausend Tempel und Altäre für tausend verschiedene Gottheiten. Wie äußerst seltsam, daß der Altar des Lachens alle anderen überdauert hat! Doch gegenwärtig«, sprach er in ganz anderem Tonfall weiter, »habe ich kein Recht, mich auf Ihre Kosten lustig zu machen. Sie konnten allerdings verblüfft sein. Europa kann nicht zum zweitenmal so Herrliches hervorbringen wie dies mein königliches Gemach. Meine anderen

Räume sind keineswegs gleichartig – entsprechen durchaus der modernen Abgeschmacktheit. Dies hier ist besser als das ›Moderne‹ – nicht wahr? Dennoch würde sich so leicht kein zweiter Mensch von Vermögen finden, der es liebte und verstände, mir es nachzumachen. Ich hüte aber auch den Raum vor jeder Profanierung. Mit einer einzigen Ausnahme sind Sie, abgesehen von mir und meinem Kammerdiener, das einzige menschliche Wesen, das ihn betreten hat, seitdem er so geschmückt ist, wie Sie ihn sehen.«

Ich verneigte mich dankend, denn der überwältigende Eindruck von Pracht und Duft und Musik zusammen mit der eigenartigen Begrüßung benahmen mir die Worte für eine Empfindung, die ich vielleicht zu einem Kompliment hätte formen können.

»Hier«, begann er wieder, indem er aufsprang, mich beim Arm nahm und mit mir die Runde durchs Zimmer machte, »hier sind Gemälde von den Griechen bis Cimabue, und von Cimabue bis zur Gegenwart. Gar manche sind, wie Sie sehen, ohne Rücksicht auf herrschende Sittenbegriffe ausgewählt. Sie geben jedoch alle den passenden Hintergrund für ein Zimmer wie dieses. Hier sind auch Meisterwerke unbekannter Größen, und hier unfertige Entwürfe von Leuten, die zu ihrer Zeit berühmt gewesen, Entwürfe, die der Scharfblick der Akademien der Vergessenheit und mir anheimfallen ließ. Was halten Sie«, fragte er und wandte sich ganz plötzlich einem Bilde zu, »was halten Sie von dieser Madonna della Pietà?«

»Sie ist ein echter Guido«, sagte ich mit all der Begeisterung, deren ich fähig bin, denn ich hatte ihre unvergleichliche Lieblichkeit beseligt in mich aufgenommen. »Ein echter Guido! – Wie *konnten* Sie nur dazu kommen? Sie ist unbedingt das in der Malerei, was die Venus in der Skulptur ist.«

»Oh«, sagte er gedankenvoll, »die Venus – die schöne Venus? – Die Venus von Medici? – Die mit dem kleinen Kopf und dem goldenen Haar? Ein Teil des linken Armes (hier ließ er die Stimme sinken, so daß man ihn kaum verstand) und der ganze rechte sind spätere Ersatzstücke; und in der Koketterie jenes rechten Armes liegt, finde ich, die Quintessenz aller Ziererei. Gebt *mir* den Canova! Der Apollo – auch er ist eine Kopie – da kann kein Zweifel sein – blinder Narr, der ich bin, daß ich die viel gerühmte Offenbarung in dem Apollo nicht finden kann! Ich kann mir nicht helfen, ich muß dem Antonius den Vorzug geben. War es nicht Sokrates, der sagte, der Bildhauer habe sein Bildwerk schon im rohen Marmorblock erblickt? Dann wären also Michelangelos Zeilen keineswegs Original:

Non ha l'ottimo artista alcun concetto
Che un marmo solo in se non circonscriva.«

Es ist – oder sollte doch oft bemerkt worden sein, daß das Gebaren eines Edelmenschen sich von dem der anderen sehr unterscheidet, ohne daß man doch genau feststellen könnte, worin der Unterschied besteht. Konnte ich diese Beobachtung im weitesten Maße auf meines Freundes äußeres Benehmen anwenden, so auch, wie ich an diesem ereignisreichen Morgen spürte, auf seine geistigen Eigenschaften. Auch kann ich die besondere Geistesart, die ihn so wesentlich über alle anderen Menschen hinaushob, nur als eine *Gewohnheit* zu eingehender, immerwährender Betrachtung kennzeichnen, die sein alltägliches Tun durchdrang, seine tändelnden Stunden belebte und selbst die Minuten der Heiterkeit durchwob – gleich den Nattern, die sich aus den Augenhöhlen der grinsenden Masken am Kranzgesims der Tempel von Persepolis herauswinden.

Ich konnte aber nicht umhin, aus der halb leichtfertigen, halb feierlichen Art, mit der er eigentlich unwichtige Dinge umständlich abhandelte, eine zitternde Angst, oder besser eine nervöse Inbrunst herauszufühlen – eine Erregtheit im Tun und Reden, die mir unerklärlich schien und mich mehrfach stark beunruhigte. Öfter hielt er auch mitten in einem Satze inne, dessen Anfang er anscheinend vergessen, und lauschte voll tiefer Andacht vor sich hin, so als erwarte er einen ersehnten Besuch, oder als horche er auf Klänge, die wohl allein in seiner Einbildung ertönen mußten.

Während einer seiner derartigen Träumereien blätterte ich in Polizians, des Dichters und Gelehrten köstlicher Tragödie ›Orpheus‹ – der ersten echt italienischen Tragödie –, die neben mir auf einer Ottomane lag. Gegen Ende des dritten Aktes fand ich eine mit Bleistift unterstrichene Stelle; es war eine Stelle voll herzbewegender Gewalt – eine Stelle so voll tiefer Wollust, daß kein Mann sie lesen könnte ohne einen Schauer unerhörter Erregung, kein Weib ohne einen Seufzer. Die ganze Seite war mit frischen Tränen getränkt, und auf dem daneben eingehefteten Blatt standen in englischer Sprache und in einer Handschrift, in der ich nur mit einiger Mühe die charakteristische Schrift meines Freundes erkennen konnte, folgende Verse:

Du warst für mich all dieses, Lieb,
Was Seele füllt und Sein,
Warst Inselgrün im Meere, Lieb,

Springbrunn und Altarstein
Voll Frucht- und Blumenwunder, Lieb,
Und all das Blühn war mein!

O Traum, dem Sterben kam!
O Sternenhoffen, dessen Licht
Sturmwolke mir benahm!
Ein Rufen aus der Zukunft spricht:
»Voran! Voran!« – Doch Gram
Um das, was war, nimmt Zuversicht,
Macht müd und flügellahm.

Denn weh! des Lebens warmer Glanz
Erstrahlt für mich nicht mehr!
Die Woge raunt im Brandungstanz
Zum Strand: nie mehr, nie mehr
Wird wundgeschoßne Schwinge ganz,
Dürr bleibt und blätterleer
Der Baum, dem Blitz zerschlug den Kranz!

Und Tag ist Traum, der zu dir wacht,
Und Nacht ist Traum und leitet
Hin, wo dein dunkles Auge lacht
Und wo dein Fuß hinschreitet,
Der in ätherischen Tänzen sacht –
Auf welchen Sternen gleitet?

O schwarzer Tag – o Wogenbrand,
Der dich von mir gerissen,
Von Liebe fort zu greisem Stand
Auf ein unheilig Kissen,
Von Weiden fort am Nebelstrand,
Die um dich weinen müssen!

Daß diese Zeilen in Englisch geschrieben waren – in einer Sprache,
mit der ich den Verfasser nicht vertraut geglaubt hätte –, setzte mich
nicht wenig in Erstaunen. Ich wußte, daß er sehr umfangreiche
Kenntnisse besaß und auch besondere Freude darin fand, sie anderen
zu verbergen, so daß die Tatsache an sich mich nicht weiter überraschte. Das Datum aber, muß ich bekennen, verblüffte mich gar
sehr. Das Ortsdatum lautete ursprünglich ›London‹, war aber später
überkritzelt worden – jedoch nicht so, daß ein sorgfältig suchendes

Auge nicht den ursprünglichen Ortsnamen hätte hindurchlesen können. Ich sage, das verblüffte mich gar sehr, denn ich entsann mich gut, daß ich in einer früheren Unterhaltung meinen Freund einmal gefragt hatte, ob er irgendwann einmal in London der Marchesa di Mentoni begegnet sei, die vor ihrer Verheiratung mehrere Jahre in jener Stadt gelebt, und seine Antwort hatte, wenn ich mich nicht irre, mir zu verstehen gegeben, daß er die Hauptstadt Großbritanniens niemals besucht habe. Ich möchte hier aber auch erwähnen, daß ich mehr als einmal hörte (ohne natürlich solchen unwahrscheinlichen Gerüchten Glauben zu schenken), der Mann, von dem ich spreche, sei nicht nur der Geburt, sondern auch der Erziehung nach ein *Engländer*.

»Da ist ein Gemälde«, sagte er, ohne gewahr zu werden, daß ich in der Tragödie blätterte, »da ist noch ein Gemälde, das Sie noch nicht gesehen haben.« Und den Vorhang beiseite schleudernd, enthüllte er das lebensgroße Porträt der Marchesa Aphrodite.

Menschenkunst konnte nicht mehr in der Schilderung übermenschlicher Schönheit tun! Dieselbe himmlische Gestalt, die in der vergangenen Nacht auf den Stufen des Dogenpalastes vor mir gestanden, stand noch einmal vor mir. Doch im Ausdruck des Gesichtes, das über und über in Lächeln erstrahlte, lauerte schon (unbegreiflicher Widerspruch!) jener kleidsame Schatten der Melancholie, der von vollendeter Schönheit stets untrennbar ist. Ihr rechter Arm lag über der Brust, der linke hing herab auf eine eigentümlich geformte Urne. Der eine schmale Elfenfuß, der sichtbar war, berührte nackt den Boden; und kaum erkennbar in der leuchtenden Luft, die ihre Lieblichkeit umwob, breiteten sich ein paar hauchzarte Schwingen. Mein Blick schweifte von dem Gemälde hin zu meinem Freunde, und die monumentalen Worte aus Chapmans ›Bussy d'Ambois‹ kamen mir unwillkürlich über die Lippen:

> *Da droben steht er wie ein römisch Standbild –*
> *Und wird dort stehn, bis Tod ihn marmorn macht.«*

»Kommen Sie«, sagte er endlich und trat an einen kostbaren emaillierten Tisch aus massivem Silber, auf dem ein paar Trinkbecher von seltsamer Farbe neben zwei hohen etruskischen Vasen standen, die dieselbe eigenartige Form hatten wie jene im Vordergrunde des Porträts – und, wie ich annahm, mit Johannisberger gefüllt waren. »Kommen Sie«, sagte er herb, »lassen Sie uns trinken! Es ist früh – doch lassen Sie uns trinken! – Es ist *tatsächlich* früh«, fuhr er versonnen fort, als ein Engel mit schwerem goldenen Hammer dröhnend die erste Stunde nach Sonnenaufgang kündete. »Es ist *tatsächlich* früh – doch was tut's? Trinken wir! Bringen wir der großen feierlichen Sonne, die diese bunten Lampen und Räucherbecken so gerne überstrahlen möchte, ein Opfer dar!« Und nachdem er mit mir angestoßen, goß er in rascher Folge mehrere Becher Wein hinunter.

»Träumen«, fuhr er im leichtfertigen Ton oberflächlicher Unterhaltung fort, während er eine der herrlichen Vasen ins helle Licht der Flammenbecken hob, »Träumen war die Beschäftigung meines Lebens. So habe ich mir, wie Sie sehen, diesen Traumpalast errichtet. Hier im Herzen Venedigs! – Hätte ich es besser machen können? Es ist wahr, Sie sehen da um sich her ein großes Stildurcheinander. Die Keuschheit Joniens wird durch vorsintflutliche Sinnbilder beleidigt, und Ägyptens Sphinxe dehnen sich auf goldenen Teppichen. Dennoch können nur Einfältige eine solche Zusammenstellung unangebracht finden. Einheitlichkeit in Ort und vor allem in Zeit, das sind die Popanze, die die Menschen von der Ansammlung des Schönen zurückschrecken. Einst war auch ich ein Freund der ›Symmetrie‹, des ›Dekorativen‹; aber jene verrückte Einseitigkeit erstickte meine Seele. All dieses hier eignet sich besser für meine Zwecke. Gleich den Arabesken an diesen Räucherbecken windet sich meine Seele in Feuer, und die Trunkenheit der ganzen Szenerie macht mich reif für die wilderen Visionen jenes Landes der wahren Träume, in das ich jetzt enteile.« Hier hielt er plötzlich inne, neigte das Haupt auf die Brust und schien auf einen Ton zu lauschen, den ich nicht hören konnte. Dann stand er auf, reckte seine Gestalt und rief mit Blicken, die in Fernen schauten, die Worte des Bischofs von Chichester:

> *»Erwarte mich, ich werde zu dir finden*
> *Auch in des Schattentales finstern Gründen.«*

Im nächsten Augenblick warf er sich, anscheinend vom Wein überwältigt, der Länge nach auf eine Ottomane.

Jetzt hörte ich von der Treppe her hastige Schritte und gleich darauf ein lautes Klopfen an der Tür. Ich eilte hinzu, weil ich einen Störenfried befürchtete, als ein Page aus Mentonis Hause ins Zimmer stürzte und mit schluchzender Stimme in die Worte ausbrach: »Meine Herrin! – Meine Herrin! – Vergiftet! – Vergiftet! O schöne – o schöne Aphrodite!«

Bestürzt flog ich zur Ottomane und versuchte den Schläfer zum Verstehen dieser Schreckensnachricht zu bringen. Aber seine Glieder waren steif – seine Lippen totenbleich –, seine soeben noch strahlenden Augen im *Tode* erstarrt. Ich schwankte zurück an den Tisch – meine Hand fiel auf einen zersprungenen und schwarz angelaufenen Becher – und die Erkenntnis der ganzen entsetzlichen Wahrheit flammte plötzlich durch meine Seele.

Detektivgeschichten

Der Doppelmord in der Rue Morgue

Was für ein Lied die Sirenen sangen
oder unter welchem Namen Achilles
sich unter den Weibern versteckte, das
sind allerdings verblüffende Fragen –
deren Lösung jedoch nicht außerhalb
des Bereichs der Möglichkeit liegt.

Sir Thomas Browne

Die eigentümlichen geistigen Eigenschaften, die man analytische zu nennen pflegt, sind ihrer Natur nach der Analyse schwer zugänglich. Wir würdigen sie nur nach ihren Wirkungen. Was wir unter anderen Dingen von ihnen wissen, das ist, daß sie demjenigen, der sie in ungewöhnlich hohem Grade besitzt, eine Quelle höchster Genüsse sind. Wie der starke Mann sich seiner körperlichen Kraft freut und besonderes Vergnügen an allen Übungen findet, die seine Muskeln in Tätigkeit setzen, so erfreut sich der Analytiker jener geistigen Fähigkeit, die das Verworrene zu lösen vermag; auch die trivialsten Beschäftigungen haben Reiz für ihn, sobald sie ihm nur Gelegenheit geben, sein Talent zu entfalten. Er liebt Rätsel, Wortspiele, Hieroglyphen und entwickelt bei der Lösung derselben oft einen Scharfsinn, der den mit dem Durchschnittsverstande begabten Menschenkindern unnatürlich erscheint. Obwohl seine Resultate nur das Produkt einer geschickt angewandten Methode sind, machen sie den Eindruck einer Intuition.

Das Auflösungsvermögen wird möglicherweise noch bedeutend durch mathematische Studien erhöht, und zwar besonders durch das Studium jenes höchsten Zweiges der Mathematik, den man nicht ganz richtig und wohl nur wegen seiner rückwärts wirkenden Operationen vorzugsweise Analyse genannt hat. Indessen heißt Rechnen noch nicht analysieren. Ein Schachspieler zum Beispiel tut das eine, ohne sich um das andere im mindesten zu kümmern. Es folgt daraus, daß man das Schachspiel in seiner Wirkung auf den Geist meistens sehr falsch beurteilt. Ich beabsichtige hier keineswegs eine gelehrte Abhandlung zu schreiben, sondern will nur eine sehr eigentümliche Geschichte durch einige mir in den Sinn kommende Bemerkungen einleiten; jedenfalls aber möchte ich diese Gelegenheit benutzen, um die Behauptung aufzustellen, daß die höheren Kräfte des denkenden Geistes durch das bescheidene Damespiel viel nutzbringender und lebhafter angeregt werden als durch die mühe- und anspruchsvollen

Nichtigkeiten des Schachspiels. Bei letzterem Spiel, in dem die Figuren verschiedene wunderliche Bewegungen von ebenso verschiedenem veränderlichen Werte ausführen können, wird etwas, was nur sehr kompliziert ist, irrtümlicherweise für etwas sehr Scharfsinniges gehalten. Beim Schachspiel wird vor allem die Aufmerksamkeit stark in Anspruch genommen. Wenn sie auch nur einen Augenblick erlahmt, so übersieht man leicht etwas, das zu Verlusten oder gar zu Niederlagen führt. Da die uns zu Gebote stehenden Züge zahlreich und dabei von ungleichem Werte sind, ist es natürlich sehr leicht möglich, dieses oder jenes zu übersehen; in neun Fällen unter zehn wird der Spieler, der seine Gedanken vollkommen zu konzentrieren versteht, selbst über den geschickteren Gegner den Sieg davontragen. Im Damespiel hingegen, wo es nur eine Art von Zügen mit wenig Veränderungen gibt, ist die Wahrscheinlichkeit eines Versehens geringer, die Aufmerksamkeit wird weniger in Anspruch genommen, und die Vorteile, die ein Partner über den anderen erringt, verdankt er seinem größeren Scharfsinn. Stellen wir uns, um weniger abstrakt zu sein, eine Partie auf dem Damebrett vor, deren Steine auf vier Damen herabgeschmolzen sind, und wo ein Versehen natürlich nicht zu erwarten ist. Nehmen wir an, daß die Gegner einander gewachsen sind, so ist es klar, daß der Sieg hier nur durch einen außerordentlich geschickten Zug, der das Resultat einer ungewöhnlichen Geistesanstrengung ist, entschieden werden kann. Wenn der Analytiker sich seiner gewöhnlichen Hilfsquellen beraubt sieht, denkt er sich in den Geist seines Gegners hinein, identifiziert sich mit ihm, und dann gelingt es ihm nicht selten, auf den ersten Blick eine oft verblüffend einfache Methode zu finden, durch die er den anderen irreführen oder zu einem unbesonnenen Zuge veranlassen kann.

Das Whistspiel ist schon lange berühmt, weil man ihm einen gewissen Einfluß auf das sogenannte Berechnungsvermögen zuschreibt. Tatsache ist, daß die hervorragendsten Männer dieses Spiel ganz besonders bevorzugt haben, während sie das Schachspiel als kleinlich verschmähten. Allgemein anerkannt ist, daß es kein anderes Spiel gibt, das die analytischen Fähigkeiten in so hohem Grade in Anspruch nimmt. Der beste Schachspieler der Christenheit ist vielleicht nicht mehr als eben nur der beste Schachspieler, die Tüchtigkeit und Gewandtheit im Whist läßt aber auf einen feinen Kopf schließen, der überall, wo der Geist mit dem Geiste kämpft, des Erfolges sicher sein kann. Wenn ich hier von Gewandtheit spreche, so verstehe ich darunter die vollkommene Beherrschung des Spieles, die mit einem Blicke alle Eventualitäten erkennt, aus denen sich ein rechtmäßiger Vorteil ziehen läßt. Es gibt viele sehr verschiedenartige solcher Hilfsquellen, die es aufzufinden und zu benutzen gilt; indessen erschließen sie sich meistens nur einer höheren Intelligenz und sind Menschen von gewöhnlicher Begabung unzugänglich. Aufmerksam beobachten heißt Gedächtnis haben, sich gewisser Dinge deutlich erinnern können, und insofern wird der Schachspieler, der an die Konzentration seiner Gedanken gewöhnt ist, sich sehr gut zum Whist eignen, vorausgesetzt, daß er die Spielregeln Hoyles – die in allgemein verständlicher Weise den Mechanismus des Whists erklären – gut inne hat. Daher kommt es denn, daß man gewöhnlich glaubt, ein gutes Gedächtnis haben und regelrecht nach dem Buche spielen können, das sei alles, was zu einem feinen Spiele erforderlich sei. Aber die Kunst des Analytikers bewährt sich in solchen Dingen, die außerhalb der Grenzen aller Regeln liegen. In aller Stille macht er Beobachtungen, aus denen er seine Schlüsse zieht. Seine Mitspieler tun wahrscheinlich dasselbe; der Unterschied des erlangten Wissens liegt weniger in der Richtigkeit des Schlusses als in dem Werte der Beobachtung. Das Wichtigste ist, sich ganz klar darüber zu sein, was man beobachten muß. Der wirklich feine Spieler hat seine Augen überall, und neben dem Spiel, das natürlich Hauptsache ist, verschmäht er es nicht, Schlüsse aus Dingen zu ziehen, die nur als Äußerlichkeiten erscheinen. So beobachtet er zum Beispiel den Gesichtsausdruck seines Partners und vergleicht ihn sorgfältig mit dem seiner Gegner. Er achtet darauf, wie die Mitspielenden ihre Karten in der Hand ordnen; oft zählt er Trumpf auf Trumpf, Honneurs auf Honneurs an den Blicken nach, mit denen ihre Besitzer sie mustern. Er merkt sich im Verlaufe des Spieles jede Veränderung ihres Gesichtsausdruckes und zieht seine Schlüsse aus jedem Wort, aus jeder Triumph, Überraschung oder Ärger verratenden Geste. Aus der Art, wie jemand einen Stich aufnimmt, schließt er darauf, ob der Betreffende noch mehr Stiche in dieser Farbe machen kann. Ebenso erkennt er an der Weise, wie eine Karte auf den Tisch geworfen wird, ob jemand mogelt. Ein zufälliges, unbedachtes Wort, das gelegentliche Fallenlassen oder Umwenden einer Karte, die Ängstlichkeit, einen so unbedeutenden Vorgang verbergen zu wollen, oder auch die Gleichgültigkeit dagegen, das Zählen der Stiche und die Art, sie zu ordnen, das verwirrte, zögernde, hastige oder übereifrige Wesen der Spielenden, alles muß ihm zum Erkennungszeichen dienen, das ihm den Stand der Dinge verrät. Er macht dabei den Eindruck, als erkenne er alles kraft seiner Intuition. Wenn die ersten zwei oder drei Runden gespielt sind, dann weiß er genau, in welcher Hand die Karten sind, und er spielt die seinen mit einer so absoluten Sicherheit aus, als ob sämtliche Mitspielenden ihm die ihrigen zeigten.

Indessen darf man das Analysierungsvermögen keineswegs mit der Klugheit verwechseln, denn während der Analytiker unbedingt klug ist, haben doch oft recht kluge Leute nicht das geringste Talent zur Analyse. Die Kombinationsgabe, durch die sich die Klugheit gewöhnlich äußert und der die Phrenologen, wie ich glaube irrtümlich, ein besonderes Organ zugewiesen haben, da sie dieselbe für eine angeborene Fähigkeit halten, ist so häufig bei Menschen, deren Verstand beinahe an Blödsinn grenzt, wahrgenommen worden, daß diese Tatsache die Aufmerksamkeit vieler Gelehrten auf sich gezogen hat. Zwischen Klugheit und analytischer Fähigkeit besteht ein Unterschied, der größer ist als der zwischen Phantasie und Einbildungskraft; indessen ist er von streng analogem Charakter. Man kann beinahe mit Sicherheit behaupten, daß die klugen Menschen stets phantasiereich und die mit *wirklicher* Einbildungskraft begabten stets Analytiker sind. –

Nachstehende Erzählung möge dem Leser als Kommentar dieser Behauptungen dienen.

Als ich mich im Frühling und während eines Teils des Sommers 18.. in Paris aufhielt, machte ich die Bekanntschaft eines Herrn C. Auguste Dupin. Dieser junge Mann gehörte einer sehr guten, ja sogar einer berühmten Familie an, die jedoch durch eine Reihe von Schicksalsschlägen in so tiefe Armut geraten war, daß die Energie seines Charakters darunter erlag, so daß er sich ganz von der Welt zurückgezogen hatte und keine Versuche mehr machte, sich in eine bessere Lage emporzuarbeiten. Seine Gläubiger waren so anständig gewesen, ihn im Besitze eines kleinen Restes seines väterlichen Vermögens zu lassen, dessen Zinsen bei äußerster Sparsamkeit zu einem sehr bescheidenen Leben hinreichten, ihm jedoch auch nicht den kleinsten Luxus gestatteten. Bücher waren das einzige, dem er nicht ganz zu entsagen vermochte – und diesen Luxus kann man sich in Paris ohne große Kosten leisten.

Wir begegneten uns zum erstenmal in einem obskuren Buchladen in der Rue Montmartre, wo der Zufall, daß wir beide dasselbe, übrigens sehr seltene und merkwürdige Buch suchten, uns in nähere Beziehung zueinander brachte. Von da an trafen wir uns zuweilen. Ich interessierte mich lebhaft für seine Familiengeschichte, die er mir mit der ganzen Aufrichtigkeit erzählte, in der der Franzose sich gefällt, wenn er von seinem eigenen Ich spricht. Sehr überrascht war ich von seiner ungeheuren Belesenheit, vor allem aber war es die seltene Frische und Lebendigkeit seiner Phantasie, die mich interessierte und anregte. Da er dieselben Ziele verfolgte, um derentwillen ich mich in Paris aufhielt, fühlte ich, daß die Gesellschaft dieses Mannes für mich von unendlichem Wert sein könnte, und ich machte ihm gegenüber auch kein Hehl daraus. Wir machten also miteinander aus, daß wir, so lange mein Aufenthalt in Paris dauern würde, zusammen wohnen wollten. Da meine Vermögensverhältnisse besser waren als die seinigen, konnte ich es mir erlauben, für uns auf meine Kosten ein ziemlich vernachlässigtes und wunderlich aussehendes Häuschen zu mieten, das in einem abgelegenen, einsamen Teil des Faubourg St. Germain lag. Irgendeines Aberglaubens wegen, dem wir nicht weiter nachforschten, hatte es schon lange unbewohnt gestanden; ich richtete es in einem Stil ein, der der phantastischen Düsterkeit unserer gewöhnlichen Stimmung entsprach.

Hätte die Welt gewußt, welche Lebensweise wir in diesem Häuschen führten, so würde man uns wahrscheinlich für Wahnsinnige gehalten haben, wenn auch für sehr harmlose. Unsere Abgeschiedenheit war eine vollkommene. Wir nahmen keine Besuche an. Ich hatte meinen früheren Bekannten und Freunden überhaupt nichts von meinem Wohnungswechsel gesagt, und Dupin lebte schon seit vielen Jahren so einsam, daß ihn in Paris niemand mehr kannte. Wir lebten ganz allein für uns.

Es war eine Marotte meines Freundes – denn wie anders sollte ich es nennen? – daß er in die Nacht um ihrer selbst willen verliebt war; wie alle seine Launen machte ich auch diese mit; ich ließ mich überhaupt ganz von ihm leiten und hieß alle seine bizarren Einfälle gut. Da die Göttin der Nacht nicht immer freiwillig bei uns hausen wollte, erdachten wir Mittel und Wege, uns Ersatz für ihre Gegenwart zu schaffen. Beim ersten Morgengrauen schlossen wir die sämtlichen starken Fensterläden unseres alten Hauses und steckten ein paar duftende Kerzen an, die nur schwache, gespensterhafte Strahlen aussandten. Mit ihrer Hilfe wiegten wir die Seele in Träume – wir lasen, schrieben und unterhielten uns, bis die Uhr uns den Anbruch der wirklichen Dunkelheit verkündete. Dann eilten wir in die Straßen, wo wir Arm in Arm umherschlendernd die Gespräche des Tages fortsetzten, und oft streiften wir bis in die tiefe Nacht umher und suchten im grellen Licht und tiefen Schatten der volkreichen Stadt jene Unendlichkeit geistiger Anregung, die stummes Beobachten sich zu verschaffen weiß.

Bei solchen Gelegenheiten konnte ich nicht umhin, immer wieder Dupins eigenartige analytische Begabung zu bemerken und zu bewundern, obwohl mich sein reiches Geistesleben schon darauf vorbereitet hatte. Er schien auch mit großer Freude diese Gabe zu pflegen, wenngleich er niemals damit renommierte, und er gestand mir offen ein, daß sie für ihn eine Quelle manchen Genusses sei. Mit leisem Kichern rühmte er sich zuweilen, daß für ihn die meisten Menschen ein Fensterchen auf der Brust hätten, und er unterstützte derartige Behauptungen auf der Stelle durch geradezu verblüffende Beweise seiner genauen Kenntnis meines eigenen Seelenlebens. In solchen Augenblicken war er kalt und geistesabwesend, seine Augen starrten ausdruckslos, und seine Stimme, die sonst einen weichen Tenorklang hatte, sprang in hohen Diskant hinauf, der lächerlich gewirkt haben würde, hätte er nicht dabei besonders deutlich und bedächtig gesprochen. Wenn ich ihn in solchen Stimmungen beobachtete, mußte ich immer wieder an die alte Philosophie von dem Zweiseelensystem denken, und mich belustigte der Gedanke, einen doppelten Dupin vor mir zu haben – einen schöpferischen und einen zerstörenden.

Es wäre übrigens falsch, wenn man aus dem Gesagten schließen wollte, daß ich ein Geheimnis zu enthüllen oder einen Roman zu schreiben beabsichtige. Die eben geschilderten Eigenschaften des Franzosen waren lediglich Resultate einer überreizten, vielleicht auch einer krankhaften Intelligenz. Ich glaube durch ein Beispiel die beste Vorstellung von dem Charakter der Aussprüche, die er zu solchen Zeiten machte, geben zu können.

Wir schlenderten eines Abends durch eine lange schmutzige Straße in der Nähe des Palais Royal. Da wir beide ganz mit unseren eigenen Gedanken beschäftigt waren, hatten wir schon länger als eine Viertelstunde keine Silbe miteinander gesprochen. Plötzlich brach Dupin ganz unvermittelt in die Worte aus:

»Er ist wirklich ein sehr kleiner Kerl, das ist wahr! Er würde besser für das Varieté passen.«

»Zweifellos«, erwiderte ich unwillkürlich, und ich war so ganz in meine Gedanken vertieft, daß ich im ersten Augenblick nicht merkte, in wie seltsamer Weise seine Worte mit meinem Gedankengang übereinstimmten. Das fiel mir erst einen Augenblick nachher auf, und da war ich allerdings ziemlich verblüfft.

»Dupin«, sagte ich in ernstem Tone, »das geht über mein Verständnis. Ich zögere nicht, Ihnen zu gestehen, daß ich aufs höchste verwundert bin und meinen Sinnen kaum zu trauen vermag. Wie ist es nur möglich, daß Sie wissen konnten, daß ich gerade dachte an . . .?« Ich hielt inne, um mich zu überzeugen, ob er wirklich den Namen wisse.

»An Chantilly natürlich«, sagte er; »warum halten Sie inne? Sie dachten doch gerade darüber nach, daß seine kleine Gestalt ihn wirklich untauglich zum Tragöden mache.«

Damit hatten meine Gedanken sich wirklich beschäftigt. Chantilly war ein Flickschuster aus der Rue St. Denis, der, von einer wahren Leidenschaft für das Theater ergriffen, es durchgesetzt hatte, in der Rolle des Xerxes in Crébillons gleichnamiger Tragödie aufzutreten, der aber natürlich durchgefallen war und für all seine Mühe nur Hohn und Spott geerntet hatte. »Sagen Sie mir um des Himmels willen«, rief ich aus, »nach welcher Methode Sie vorgegangen sind – wenn hier überhaupt von einer Methode die Rede sein kann –, um so in meiner Seele lesen zu können!« Ich war in der Tat noch viel verblüffter, als ich ihm zeigen wollte.

»Es war der Obsthändler«, antwortete mein Freund gelassen, »der den Gedanken in Ihnen anregte, daß der Flickschuster für die Darstellung eines Xerxes und ähnlicher Rollen nicht die nötige Figur habe.«

»Der Obsthändler! Sie setzen mich in Erstaunen! Ich weiß nichts von einem Obsthändler.«

»Ich meine den Mann, der gegen Sie anrannte, als wir in die Rue C. einbogen; es ist kaum eine Viertelstunde her.«

Ich erinnerte mich jetzt daran, daß, als wir aus der Rue C. in den Durchgang einbogen, in dem wir uns jetzt befanden, ein Mann, der einen großen Korb mit Äpfeln auf dem Kopfe trug, so heftig gegen mich anrannte, daß ich beinahe umgefallen wäre. Aber was das mit Chantilly zu tun haben sollte, war mir unerfindlich.

Dupin hatte auch nicht die Spur von Scharlatanerie an sich. »Ich werde Ihnen das erklären«, sagte er einfach, »und damit Sie mich ganz verstehen, wollen wir den Gang ihrer Gedanken von dem Augenblick an, wo ich zu Ihnen sprach, bis zu dem, wo der Obsthändler gegen Sie anrannte, zurückverfolgen. Die Hauptglieder dieser

Gedankenkette sind folgende: Chantilly, Orion, Dr. Nichols, Epikur, Stereotomie, das Straßenpflaster, der Obsthändler . . .«

Es gibt wenig Personen, denen es nicht in irgendeiner Periode ihres Lebens Vergnügen gemacht hätte, den Stufengang zurückzuverfolgen, auf dem ihr Geist zu gewissen Schlüssen gelangte. Diese Beschäftigung kann sehr interessant sein; wer es zum ersten Male versucht, ist erstaunt über die scheinbar unendliche Entfernung zwischen dem Ausgangspunkte und dem Endpunkte und über den scheinbaren Mangel jeden Zusammenhangs zwischen beiden. Man denke sich daher mein Erstaunen über das, was der Franzose nun zu mir sagte, da ich zugeben mußte, daß er die Wahrheit sprach. Er fuhr fort:

»Wir hatten, wenn ich mich recht erinnere, in der Rue C. von Pferden gesprochen. Das war unser letztes Gesprächsthema. Als wir in diese Straße hier einbogen, kam uns der Obsthändler mit einem großen Korbe auf dem Kopfe entgegen; er war sehr in Eile und stieß Sie gegen einen Haufen von Pflastersteinen, die an einer Stelle, wo die Straße ausgebessert werden sollte, aufgeschüttet lagen. Sie traten auf einen lose liegenden Stein, glitten aus und verstauchten sich leicht den Fuß, was Sie zu verstimmen schien, denn Sie murmelten ein paar Worte, blickten ärgerlich auf den Haufen Steine und setzten schweigend ihren Weg fort. Obwohl ich Ihnen durchaus keine besondere Aufmerksamkeit schenkte, ist mir doch das Beobachten in letzter Zeit zur anderen Natur geworden.

Ich bemerkte, daß Sie den Blick zu Boden gesenkt hielten und mit verschlossener Miene die vielen Löcher und Unebenheiten der Straße betrachteten. Ich sah also, daß Sie noch immer an die Steine dachten. Erst als wir die kleine Lamartinegasse erreichten, deren Pflasterung versuchsweise mit fest ineinander greifenden Holzblökken hergestellt ist, erhellte sich der Ausdruck Ihres Gesichts, und Ihre Lippen murmelten das Wort ›Stereotomie‹, eine etwas anspruchsvolle Bezeichnung für diese einfache Art der Pflasterung. Ich wußte, daß Sie dieses Wort nicht denken könnten, ohne danach an Atome und an die Lehre Epikurs denken zu müssen. Hatten wir uns doch vor nicht langer Zeit über solche Dinge unterhalten, und ich äußerte damals, wie seltsam es sei, daß die vagen Vermutungen dieses tiefsinnigen Griechen durch die neuesten Entdeckungen der Nebel-Kosmogonie eine so glänzende und dennoch so wenig beachtete Bestätigung gefunden hätten. Ich erwartete also jetzt mit Bestimmtheit, daß Sie zu dem großen Nebel des Orion aufblicken würden. Sie taten dies wirklich, und ich war nun meiner Sache sicher und wußte, daß ich Ihren Gedankengang richtig verfolgt hatte. In der abfälligen Kritik, die gestern im ›Musée‹ über Chantilly erschien, machte der Verfasser sich auch über die Namensänderung lustig, die der Flickschuster beim Besteigen des Kothurn für nötig gehalten, und zitierte einen lateinischen Spruch, über den wir oft gesprochen haben: ›Perdidit antiquum litera prima sonum‹.

Ich hatte Ihnen gestern gesagt, daß diese Zeile sich auf den Orion, früher Urion genannt, bezöge, und da ich bei dieser Gelegenheit ein paar bissige Bemerkungen gemacht hatte, glaubte ich sicher zu sein, daß Sie sich unserer Unterhaltung erinnern würden. Es war daher gewiß, daß Sie nicht verfehlen würden, die beiden Begriffe Orion und Chantilly miteinander zu verbinden. Daß Sie dies wirklich taten, ersah ich aus dem Lächeln, das um Ihre Lippen spielte. Sie dachten an das tragische Geschick des armen Flickschusters. Bis dahin war Ihre Haltung nachlässig gebückt gewesen, nun sah ich, wie Sie sich plötzlich zu Ihrer vollen Höhe aufrichteten. Ich war ganz sicher, daß Sie an die kleine Gestalt Chantillys dachten. Ich unterbrach Ihren Gedankengang mit der Bemerkung, daß er wirklich ein kleines Kerlchen sei, dieser Chantilly, und daß er besser daran täte, wenn er zum Varieté ginge.« –

Nicht lange danach lasen wir die Abendausgabe der ›Gazette des Tribunaux‹. Unsere Aufmerksamkeit wurde durch folgende Stelle gefesselt:

»*Sensationeller Mord.* – Heute morgen gegen drei Uhr wurden die Bewohner des Quartiers St. Roch durch entsetzliche Schreie geweckt, die anscheinend aus dem vierten Stockwerk eines Hauses der Rue Morgue drangen, das, wie man wußte, von einer gewissen Madame L'Espanaye und deren Tochter Mademoiselle Camille L'Espanaye allein bewohnt wurde. Nach einer Verzögerung, entstanden durch den fruchtlosen Versuch, sich auf gewöhnlichem Wege Einlaß zu verschaffen, wurde das Haustor mit einer Eisenstange erbrochen, worauf acht bis zehn Nachbarn in Begleitung zweier Gendarmen in das Haus drangen. Das Geschrei war unterdessen verstummt, aber als die Leute die Treppe hinaufstürzten, vernahmen sie von oben her deutlich den Klang von zwei oder mehr rauhen Stimmen, die heftig und laut miteinander stritten. Als man den zweiten Treppenabsatz erreicht hatte, hörten auch diese Töne auf, und es wurde plötzlich totenstill. Die eingedrungenen Personen teilten sich in verschiedene Parteien und eilten von einem Zimmer in

172

das andere. Als man endlich ein großes Hinterzimmer des vierten Stockes erreichte (die Türe dieses Zimmers war von innen verschlossen und mußte aufgebrochen werden), bot sich ein Anblick dar, der alle Anwesenden mit Grauen und höchster Verwunderung erfüllte.

In dem Zimmer herrschte die wildeste Unordnung; die Möbel waren zertrümmert und lagen überall umher. Das Zimmer enthielt eine Bettstatt, und aus dieser waren sämtliche Kissen herausgerissen und in die Mitte des Zimmers geschleppt worden. Auf einem Stuhle lag ein blutiges Rasiermesser. Auf dem Kamin fand man zwei oder drei lange, dicke Strähnen grauen Menschenhaares, die ebenfalls mit Blut besudelt waren und mit den Wurzeln ausgerissen zu sein schienen. Über den Fußboden zerstreut fand man vier Napoleons, einen Topas-Ohrring, drei große silberne Löffel, drei kleinere aus Neusilber, ferner zwei Beutel, die viertausend Franken in Gold enthielten. Aus einem in der Ecke stehenden Schreibtisch waren die Schubfächer herausgezogen und offenbar ausgeplündert worden, obwohl noch viele Gegenstände darin lagen. Unter den Bettkissen, nicht unter der Bettstatt, entdeckte man eine kleine eiserne Kassette. Sie war offen, der Schlüssel steckte in dem Schloß; ihr Inhalt bestand nur aus einigen alten Briefen und anderen belanglosen Papieren.

Von Madame L'Espanaye war keine Spur zu entdecken; da man aber den Kamin und den Fußboden davor ganz mit Ruß bedeckt fand, forschte man im Schornstein nach, und man zog – gräßlich, es zu sagen! – den Leichnam der Tochter daraus hervor, der mit dem Kopf nach unten ziemlich hoch in den engen Schornstein hinaufgestopft worden war. Der Körper war noch ganz warm. Bei der Untersuchung fanden sich zahlreiche Hautabschürfungen, die wahrscheinlich durch die Heftigkeit, mit der der Leichnam in den Schornstein hinaufgestoßen und dann wieder heruntergezogen wurde, verursacht worden waren. Auf dem Gesichte fand man viele schwere Kratzwunden, während sich am Halse schwarze Quetschwunden und der tiefe Eindruck von Fingernägeln vorfanden, die darauf hindeuteten, daß das Mädchen erdrosselt worden war.

Nachdem man jeden Winkel des Hauses auf das gründlichste untersucht hatte, ohne jedoch etwas Weiteres zu entdecken, drangen die Leute in einen kleinen gepflasterten Hof, der hinter dem Hause lag. Und hier war es, wo man die Leiche der alten Dame fand. Der Kopf war vom Rumpfe abgetrennt und hing nur noch durch ein Stück Haut lose damit zusammen, so daß er abfiel, als man die Leiche aufzuheben versuchte. Der Körper sowohl wie der Kopf waren in unerhörter, grauenhaftester Weise verstümmelt, und besonders der erstere sah kaum noch menschenähnlich aus.

Trotz aller Bemühungen ist es bis jetzt noch nicht gelungen, den Schlüssel zu diesem entsetzlichen Geheimnis zu finden . . .«

Tags darauf brachte dieselbe Zeitung noch einige weitere Einzelheiten über den grauenhaften Fall.

»*Die Tragödie in der Rue Morgue.* Viele Personen sind schon in dieser außergewöhnlichen und grauenhaften Sache vernommen worden, doch fand sich nicht das Geringste, was Licht in diese dunkle Angelegenheit gebracht hätte. Wir geben hier die Aussagen der vernommenen Zeugen.

Pauline Dubourg, Wäscherin, sagt aus, daß sie die beiden verstorbenen Damen schon seit drei Jahren gekannt habe, da sie während dieser Zeit die Wäsche für sie besorgte. Mutter und Tochter hätten viel voneinander gehalten und seien stets sehr zärtlich miteinander gewesen. Sie bezahlten alles sofort. Wie und wovon sie gelebt, darüber könne sie nichts sagen. Man munkele, daß Madame L'Espanaye von Beruf Wahrsagerin gewesen sei. Jedenfalls ging die Rede, daß sie Geld gehabt habe. Die Zeugin sagte ferner aus, sie sei im Haus niemals jemandem begegnet, wenn sie die Wäsche geholt oder zurückgebracht habe. Sie wisse mit Bestimmtheit, daß die Damen keine Dienstboten gehabt hätten. Sie habe angenommen, daß nur der vierte Stock des Hauses möbliert gewesen, und daß es im übrigen ganz unbewohnt gewesen sei.

Peter Moreau, Tabakhändler, sagt aus, daß er seit etwa vier Jahren der Madame L'Espanaye ab und zu kleine Quantitäten Rauch- und Schnupftabak verkauft habe. Er sei in der Nachbarschaft geboren und habe immer in der Rue Morgue gewohnt. Die alte Dame und ihre Tochter hätten schon seit mehr als sechs Jahren ganz allein in dem Hause gewohnt, in dem man ihre Leichen gefunden hatte. Das Haus gehörte Madame L'Espanaye. In früheren Zeiten hatte sie es an einen Juwelier vermietet; der Mißbrauch aber, den dieser mit den oberen Räumen trieb, indem er sie an alle möglichen Leute in Aftermiete gab, hatte den Unwillen der alten Dame erregt. Sie zog also selbst in das Haus und weigerte sich von da an hartnäckig, die nicht von ihr bewohnten Räume anderweitig zu vermieten. Der Zeuge meint, Madame L'Espanaye sei etwas kindisch gewesen. Er sagt, daß er die Tochter während der sechs Jahre kaum mehr als fünf- oder sechsmal gesehen habe. Die beiden Frauen hätten ein außerordentlich zurückgezogenes Leben geführt – indessen hätten sie allgemein in dem Rufe gestanden, Geld zu haben. Er hatte auch gehört, daß die Leute in der Nachbarschaft munkelten, Madame L'Espanaye sei eine Wahrsagerin – er habe das aber niemals geglaubt. Er habe nie jemand anders in das Haus treten gesehen als Mutter und Tochter, ein- oder zweimal einen Dienstmann und acht- oder zehnmal einen Arzt.

Noch viele andere Personen aus der Nachbarschaft bestätigten diese Aussage. Von irgendeinem regelmäßigen Verkehr in dem Hause konnte überhaupt gar keine Rede sein, man wußte nicht einmal, ob Madame L'Espanaye und ihre Tochter irgendwelche Verwandten hätten. Die Fensterläden der vorderen Zimmer wurden nur selten geöffnet, die nach dem Hofe waren stets geschlossen, mit Ausnahme derjenigen eines großen Zimmers in der vierten Etage. Das Haus war gut gebaut und nicht alt.

Isidor Muset, Gendarm, sagt aus, daß man ihn gegen drei Uhr morgens zu dem Hause geholt und daß er dort zwanzig bis dreißig Personen angetroffen habe, die vergebens versuchten, sich Eingang zu verschaffen. Er habe schließlich die Tür erbrochen, und zwar mit einem Bajonett, nicht mit einer Eisenstange. Es sei das nicht sehr schwierig gewesen, da es eine Flügeltüre war, die weder oben noch unten ordentlich zugeriegelt gewesen. Man habe oben aus dem Hause ein entsetzliches Geschrei gehört, aber in dem Augenblick, als die Tür aufflog, sei plötzlich alles still geworden. Es waren herzzerreißende Angstschreie gewesen, die, wie es schien, von einer oder mehreren Personen in größter Todesangst ausgestoßen wurden. Der Zeuge war den anderen voran die Treppe hinaufgegangen. Als er den ersten Treppenabsatz erreicht hatte, vernahm er ganz deutlich zwei Stimmen, die laut und zornig miteinander stritten, die eine war rauh und barsch, während die andere einen ganz sonderbaren, schrillen, kreischenden Klang hatte. Er konnte ein paar der von der ersten Stimme gesprochenen Worte verstehen; es war die eines Franzosen; jedenfalls war es keine Frauenstimme, und er unterschied deutlich die Worte ›sacré‹ und ›diable‹. Die schrille Stimme hielt er für die eines Ausländers. Er war sich nicht ganz klar darüber, ob es die Stimme eines Mannes oder einer Frau gewesen sei, auch konnte er nicht bestimmt behaupten, in welcher Sprache sie sich ausgedrückt habe, er meinte jedoch, es sei Spanisch gewesen. Seine Beschreibung von dem Zustande des Zimmers und der Leichen stimmt genau mit unserer gestrigen Beschreibung überein.

Henri Duval, von Beruf Silberschmied, auch ein Nachbar, sagt aus, daß er einer der ersten gewesen, die in das Haus eingedrungen. Seine Aussage stimmt in der Hauptsache ganz mit der Musets überein. Er sagt: nachdem man sich den Eingang erzwungen, habe er rasch die Haustüre von innen abgeschlossen, um die nachdrängende Menge abzuhalten, die sich trotz der späten Stunde sehr bald ansammelte. Der Zeuge meint, die schrille Stimme, die auch er vernommen, sei die eines Italieners gewesen, bestimmt aber nicht die eines Franzosen. Er ist nicht ganz sicher, ob es die Stimme eines Mannes war, es könne auch eine weibliche Stimme gewesen sein. Er könne kein Italienisch und hätte daher natürlich kein Wort verstanden, aber nach dem Klang zu schließen, glaube er, daß es wirklich Italienisch gewesen sei. Gewiß, er habe Madame L'Espanaye und auch ihre Tochter gekannt. Er habe sich öfters mit beiden unterhalten. Es sei ganz ausgeschlossen, daß die schrille Stimme einer der beiden Verstorbenen angehört hätte.

Odenheimer, Restaurateur. Dieser Zeuge war nicht geladen, er ist freiwillig erschienen, um sein Zeugnis abzulegen. Er ist Holländer und aus Amsterdam gebürtig. Da er kein Französisch spricht, wurde er durch einen Dolmetsch vernommen. Er kam zufällig an dem Hause vorüber, als darin das entsetzliche Geschrei ertönte; er glaubt, daß es wenigstens zehn Minuten angedauert haben müsse. Es war ein langgezogenes, lautes, jammervolles und grauenhaftes Schreien. Er gehört zu denen, die in das Haus eindrangen. Seine Aussage stimmt durchaus mit der der anderen Zeugen überein – bis auf einen Punkt: er glaube nämlich mit Sicherheit behaupten zu können, daß die schrille Stimme die eines Mannes, und zwar eines Franzosen gewesen sei. Obgleich er die Worte nicht hatte verstehen können, habe er den Eindruck, als ob die Stimme zugleich angst- und zornerfüllt geklungen habe, sie habe laut, schnell und in abgebrochenen Tönen gesprochen. Die Stimme wäre ihm mehr heiser als schrill erschienen. Eine wirklich schrille Stimme wäre es nicht gewesen. Die andere, rauhe Stimme habe wiederholt ›sacré, diable‹ und einmal ›mon Dieu‹ gesagt.

Jules Mignaud, Bankier und Inhaber der Firma Mignaud & Sohn, Rue Deloraine. Er ist der ältere Mignaud. Er sagt aus: Madame L'Espanaye hatte Vermögen und stand seit dem Frühling 18.. (also seit acht Jahren) in geschäftlicher Verbindung mit seinem Bankhause. Sie hatte mit der Zeit mehrere kleinere Summen bei ihm deponiert, aber nie Kapital zurückgezogen, bis drei Tage vor ihrem Tode, wo sie persönlich die Summe von viertausend Franken erhoben hatte. Die Summe wurde in Gold ausbezahlt, und ein Kommis brachte ihr das Geld ins Haus.

Adolphe Lebon, Kommis bei Mignaud & Sohn, sagt aus, daß er an dem betreffenden Tage gegen Mittag Madame L'Espanaye begleitet habe, um ihr die in zwei Beutel verpackten viertausend Franken nach Hause zu tragen. Als die Türe geöffnet worden, sei Fräulein L'Espanaye erschienen, und er habe ihr den einen Beutel eingehändigt, während die alte Dame ihm den anderen selbst abgenommen habe. Er habe sich dann verabschiedet und sei gegangen. In der Straße habe er zu dieser Zeit keinen Menschen bemerkt. Die Rue Morgue sei eine Nebenstraße und sehr einsam.

William Bird, Schneider, sagt aus, daß er ebenfalls zu denen gehört, die in das Haus gedrungen seien. Er ist Engländer. Er hat zwei Jahre in Paris gelebt. Er war einer der ersten, die die Treppe hinaufstiegen. Er hat einige Worte verstanden, kann sich aber nicht aller erinnern. Daß ›sacré, diable‹ und ›mon Dieu‹ gesagt wurde, hat er deutlich verstanden. Er hat ein Geräusch vernommen, als ob sich mehrere Personen miteinander balgten – darauf ein scharrendes, schlürfendes Geräusch. Die schrille Stimme sei sehr laut, lauter als die barsche gewesen. Er sei sicher, daß es nicht die Stimme eines Engländers, viel eher die eines Deutschen gewesen sei, vielleicht könne es auch eine Frauenstimme gewesen sein. Er verstände kein Deutsch.

Vier der genannten Zeugen sagten, als sie wieder vorgerufen wurden, übereinstimmend aus, daß die Tür des Zimmers, in dem man die Leiche des Fräuleins L'Espanaye gefunden habe, von innen verschlossen gewesen sei. Als man oben ankam, sei plötzlich alles still gewesen – von einem Stöhnen oder sonstigen Geräusch irgendeiner Art war nichts mehr zu hören. Man erbrach die Tür, aber niemand war in dem Zimmer zu sehen. Die Fenster des hinteren wie des vorderen Zimmers seien geschlossen und von innen verriegelt gewesen. Die Verbindungstür zwischen den beiden Zimmern war zu, jedoch nicht verschlossen. Ein kleines, auf dem vierten Stock nach der Straße gelegenes Zimmer am Ende des Korridors stand weit offen. Dieses Zimmer war mit alten Brettern und Koffern ganz voll gestopft. Es wurde ausgeräumt und auf das sorgfältigste durchsucht. Es war überhaupt in dem ganzen Hause nicht das kleinste Winkelchen, das man nicht gründlich durchsucht hätte. Man ließ Schornsteinfeger kommen, die die Schornsteine und Kaminröhren kehren mußten. Das Haus hat vier Stockwerke und enthält außerdem noch einige Mansarden. Auf dem Dache befindet sich eine kleine Falltür, die man aber fest vernagelt gefunden hatte und die seit Jahren nicht mehr benutzt zu sein schien. Über die Länge der Zeit von dem Augenblick an, wo man die streitenden Stimmen vernahm, bis zu dem, wo man die Zimmertür aufbrach, schwanken die Aussagen der Zeugen. Einige meinten, es könne sich höchstens um zwei oder drei Minuten handeln, andere behaupteten, es seien wenigstens fünf gewesen. Es war schwer gewesen, die Tür zu öffnen.

Alfonzo Garcio, Begräbnisbesorger, sagt aus, daß er in der Rue Morgue wohne. Er ist geborener Spanier. Gehört zu den Leuten, die in das Haus eingedrungen, ging aber nicht mit die Treppe hinauf. Ist nervenschwach und fürchtete die Folgen der Aufregung. Die streitenden Stimmen hat er jedoch deutlich gehört. Die rauhe Stimme war die eines Franzosen, und er glaubt sich nicht zu irren, wenn er die schrille Stimme für die eines Engländers halte. Zeuge versteht zwar kein Englisch, urteilt aber nach der Aussprache der Worte.

Alberto Montani, Konditor, sagt aus, er sei einer der ersten gewesen, die die Treppe hinaufgeeilt wären. Er hat die streitenden Stimmen gehört. Die barsche Stimme sei die eines Franzosen gewesen. Zeuge behauptet, einige Worte verstanden zu haben. Es sei ihm so vorgekommen, als ob der Sprecher einem anderen Vorstellungen mache. Von dem, was die schrille Stimme gesagt, habe er nichts verstehen können, sie habe schnell und in abgebrochenen Lauten gesprochen. Zeuge meint, daß es die Stimme eines Russen gewesen sei. In allen wesentlichen Punkten stimmt er vollständig mit der Aussage der anderen Zeugen überein. Er ist Italiener. Er hat niemals mit einem geborenen Russen gesprochen.

Mehrere wieder aufgerufene Zeugen bestätigen, daß die Kamine aller Zimmer der vierten Etage viel zu eng seien, als daß ein menschliches Wesen dadurch hätte entkommen können. Unter Besen verstände man jene zylinderförmigen Kehrbesen, wie die Schornsteinfeger sie zum Reinigen der Kamine gebrauchen. Man sei mit solchen Besen durch sämtliche Schornsteine des Hauses auf und nieder gefahren. Es gibt in dem Hause keine Hintertreppe oder einen sonstigen Ausweg, durch den sich jemand hätte retten können, während die Zeugen die Treppe hinaufeilten. Der Körper des Fräuleins L'Espanaye war so fest in den engen Kamin hineingezwängt, daß es nur den vereinten Kräften von vier oder fünf Männern gelang, ihn wieder herunterzuziehen. –

Paul Dumas, Arzt, sagt aus, daß man ihn gegen drei Uhr gerufen habe, um die Besichtigung der Leichen vorzunehmen. Sie lagen beide auf der Matratze des Bettes, das in dem Zimmer stand, in dem man Fräulein L'Espanaye gefunden hatte. An dem Körper der jungen Dame hatte er viele Quetschungen und Hautabschürfungen gefunden. Es war dies nur zu erklärlich, wenn man den Umstand in Betracht zog, daß das unglückliche Mädchen mit roher Gewalt in den Schornstein hinaufgezwängt worden war. Der Kehlkopf war vollständig zusammengepreßt. Unter dem Kinn befanden sich mehrere tiefe Kratzwunden, sowie eine Reihe blauer Flecken, die offenbar von einem heftigen, mit Fingern ausgeübten Druck herrührten. Das Gesicht war gräßlich entstellt, die Augen waren aus ihren Höhlen hervorgequollen, die Zunge halb durchgebissen. Auf der Magengrube wurde eine große Quetschung entdeckt, die anscheinend von dem Druck des Knies herrührte. Herr Dumas war der Meinung, daß Fräulein L'Espanaye von einer oder mehreren Personen erwürgt worden sei. Die Leiche der Mutter war ebenfalls in entsetzlicher Weise verstümmelt. Sämtliche Knochen des rechten Beins und des rechten Armes hatte er mehr oder weniger zerschmettert gefunden. Ebenso waren das linke Schienbein und die sämtlichen Rippen der linken Seite zersplittert gewesen. Der ganze Körper war in grauenhafter Weise mit Quetschungen bedeckt und zeigte blutunterlaufene Stellen; es sei ein ganz entsetzlicher Anblick gewesen. Es wäre unmöglich, festzustellen, wie und womit diese schweren Verletzungen herbeigeführt worden seien. Ein schwerer hölzerner Knüttel oder eine breite Eisenstange – ein Stuhl oder irgendeine große, schwere, stumpfe Waffe, von den Händen eines sehr starken Mannes geschwungen, könne solche Resultate hervorbringen. Eine Frau würde, mit welcher Waffe es auch sei, niemals so wuchtige Schläge austeilen können. Der Kopf der Toten war, als der Zeuge ihn zu Gesicht bekommen, ganz von dem Körper getrennt und vollständig zerschmettert gewesen. Offenbar sei der Hals mit einem sehr scharfen Instrument, wahrscheinlich einem Rasiermesser, durchschnitten worden.

Alexander Etienne, Wundarzt, war gleichzeitig mit Herrn Dumas zur Leichenschau gerufen worden. Er bestätigte in allen Punkten das Zeugnis und Gutachten des Herrn Dumas.

Obgleich noch verschiedene andere Personen verhört wurden, ließ sich nichts Weiteres feststellen. Noch nie ist in Paris ein so geheimnisvolles Verbrechen verübt worden, dessen Einzelheiten so unerklärlich sind – man möchte beinahe fragen, ob hier wirklich ein Mord vorliegt? Jedenfalls hat die Polizei bis jetzt auch nicht die kleinste Spur gefunden, die sich verfolgen ließe, und das ist bei derartigen Dingen etwas ganz Ungewöhnliches. Bis zur Stunde fehlt jeder Schlüssel, der dieses furchtbare Rätsel zu lösen vermöchte . . .«

In der Abendausgabe derselben Zeitung hieß es dann, daß in dem Quartier St. Roch noch immer die höchste Aufregung herrsche, daß der Tatort wieder, und zwar auf das sorgfältigste untersucht worden sei, daß man noch mehr Personen verhört habe, aber leider ohne das geringste Ergebnis. In einer Nachschrift wurde mitgeteilt, Adolphe Lebon sei verhaftet und in das Untersuchungsgefängnis abgeführt worden, obgleich er durch seine Aussage durchaus nicht belastet erscheine und nichts gegen ihn vorläge.

Dupin schien sich für den Verlauf dieser Angelegenheit auf das lebhafteste zu interessieren, wenigstens schloß ich das aus der Art seines Benehmens: er erwähnte die Sache jedoch mit keinem Wort. Erst nachdem die Zeitung die Nachricht von der Verhaftung Lebons brachte, fragte er mich, was ich von dieser geheimnisvollen Angelegenheit dächte.

Ich stimmte mit der Meinung von ganz Paris überein, daß die Affäre in ein undurchdringliches Dunkel gehüllt sei und daß man bis jetzt auch nicht die kleinste Hoffnung hätte, die Spur der Mörder aufzudecken.

»Was das betrifft«, sagte Dupin, »so dürfen wir uns keinesfalls mit dem Resultate dieser immerhin nur oberflächlichen Untersuchung begnügen. Die Pariser Polizei, die ihres Scharfsinns wegen so sehr gerühmt wird, ist schlau – sonst aber auch nichts. Ihrem Vorgehen liegt keine andere Methode zugrunde, als die, die ihr der Augenblick eingibt. Die von ihr angewandten Mittel, auf die sie sehr stolz ist, entsprechen dem Zwecke jedoch oft so wenig, daß man dabei unwillkürlich an die Anekdote von Herrn Jourdain erinnert wird –›*qui demandait sa robe de chambre – pour mieux entendre la musique*‹.* Man muß zugeben, daß sie trotzdem zuweilen ganz überraschende Resultate erzielt, aber diese verdankt sie wirklich nur ihrem Fleiße und ihrer Rührigkeit. Da, wo diese Eigenschaften nicht ausreichen, hat sie eben keinen Erfolg. Vidocq zum Beispiel war ein Mann, der geschickt im Kombinieren und Erraten, dabei von großer Ausdauer war. Da aber sein Denken nicht die nötige Schulung hatte, machte

*der nach seinem Schlafrock rief – um die Musik besser hören zu können.

180

er viele Fehler, und hauptsächlich durch die zu große Intensität seiner Nachforschungen. Er verlor die Übersicht dadurch, daß er die Dinge zu sehr aus der Nähe betrachtete. Einzelne Punkte erkannte er freilich mit ungewöhnlicher Klarheit, aber naturgemäß verlor er darüber den Überblick über das Ganze. Ein Beweis dafür, daß es nicht taugt, allzu tiefsinnig zu sein. Die Wahrheit ist keineswegs immer in einem Brunnen versteckt. Ich glaube vielmehr, daß sie, soweit wichtigere Dinge in Frage kommen, meist auf der Oberfläche liegt. Die Wahrheit liegt nicht in den tiefen Tälern, wo wir sie suchen, sie liegt auf der Höhe der Berge, wo wir sie finden. Die Beobachtungen der Himmelskörper versinnbildlicht uns in ausgezeichneter Weise Art und Ursprung jenes Irrtums. Wenn man einen Stern ganz flüchtig oder schielend anblickt, so daß man ihm nur die äußeren Teile der Netzhaut zuwendet, die für schwache Lichteindrücke empfänglicher sind als die inneren, so sieht man den Stern in seinem vollen Glanze ganz deutlich; je länger und schärfer wir ihn aber anschauen, je intensiver wir unseren Blick darauf richten, um so mehr wird sein Glanz verblassen. In letzterem Falle konzentrieren sich ja tatsächlich mehr Strahlen auf dem Auge, aber im ersteren besitzt dieses eine feinere, man möchte sagen, geistigere Aufnahmefähigkeit. Durch zu große Gründlichkeit verwirren wir unseren Geist und schwächen die Kraft der Gedanken ab. Ist es doch sogar möglich, selbst die strahlende Venus vom Firmament schwinden zu sehen, wenn man zu lange und zu scharf darauf hinblickt. –

Was nun diese Mordtat betrifft, so wollen wir lieber zuerst die Sache selbst näher untersuchen, ehe wir uns ein Urteil darüber bilden. Ich verspreche mir viel Spaß davon. (Ich fand diesen Ausdruck nicht eben glücklich gewählt, sagte aber nichts.) Außerdem hat Lebon mir einmal einen Dienst erwiesen, für den ich mich dankbar zeigen möchte. Wir wollen zunächst den Tatort mit unseren eigenen Augen untersuchen. Ich kenne den Polizeipräfekten Herrn G. – und ich glaube kaum, daß es mir schwerfallen wird, die nötige Erlaubnis zu erhalten.«

Er erhielt die Erlaubnis sofort, und wir begaben uns ohne weiteren Verzug nach der Rue Morgue. Es ist dies eine jener elenden Querstraßen, die die Rue Richelieu mit der Rue St. Roch verbinden. Es war schon etwas spät am Nachmittage, als wir unser Ziel erreichten, da dieser Stadtteil ziemlich weit von unserer Wohnung entfernt liegt. Das Haus fanden wir sofort; es war immer noch von vielen Menschen umlagert, die mit zweckloser Neugierde von der entge-

gengesetzten Seite der engen Straße auf die geschlossenen Fensterläden gafften. Es war ein gewöhnliches Pariser Haus mit einem Tor-
weg, an dessen einer Seite ein Schiebefensterchen angebracht war,
hinter dem sich ein Portierstübchen befand. Ehe wir jedoch eintraten, gingen wir die Straße hinauf und bogen in ein kleines Gäßchen
ein, dann wandten wir uns noch einmal seitwärts und kamen so an
der Hinterfront des betreffenden Hauses vorbei. Dupin prüfte nicht
nur das Haus, sondern die ganze Nachbarschaft, und zwar mit einer
peinlichen Aufmerksamkeit, deren Grund mir nicht recht einleuchten wollte.

Wir gingen dann wieder zurück und kamen bald in der Rue Mor-
gue und vor der Front des Hauses an. Wir klingelten und wurden,
nachdem wir unseren Erlaubnisschein vorgezeigt hatten, von dem
Wache haltenden Polizeibeamten eingelassen. Wir gingen die
Treppe hinauf und zuerst in das Zimmer, in dem man die Leiche von
Fräulein L'Espanaye gefunden hatte und wo auch jetzt die beiden
Toten lagen. In dem Zimmer herrschte immer noch ein wildes
Durcheinander, da, wie das bei solchen Fällen stets geschieht, der
Tatort unverändert erhalten werden mußte. Ich sah nichts anderes,
als was die ›Gazette des Tribunaux‹ mitgeteilt hatte. Dupin unter-
suchte alles sorgfältig – sogar die Leichen der beiden Frauen. Dann
gingen wir in die anderen Zimmer und in den Hof, während uns ein
Gendarm überallhin begleitete. Die Untersuchung nahm uns bis
zum Eintritt der Dämmerung in Anspruch, dann gingen wir.

Auf unserem Heimwege trat mein Begleiter für einige Augenblicke in die Expedition eines der Tageblätter ein. Ich habe bereits
erzählt, daß mein Freund die seltsamsten Einfälle und Grillen hatte,
und daß ich mich ihnen fügte. Es gefiel ihm plötzlich, das Thema der
Mordtat mit keinem Wort mehr zu berühren, und erst am Nachmittag des darauffolgenden Tages rückte er ganz unvermittelt mit der
Frage heraus, ob mir denn auf dem Schauplatz gar nichts Absonderliches aufgefallen sei.

In der Art, mit der er das Wort ›Absonderliches‹ betonte, lag etwas, das mich unwillkürlich schaudern machte, ohne daß ich wußte,
weshalb.

»Nein«, sagte ich, »nichts Absonderliches, jedenfalls nichts anderes, als was auch in der Gerichtszeitung gestanden hat.«

»Die Gerichtszeitung«, antwortete er, »ist auf das ungewöhnlich
Grauenhafte dieser Affäre nicht genügend eingegangen. Aber sehen
wir ganz von dem Berichte dieses Blattes ab. Mir scheint es, als ob

das für unlösbar gehaltene Geheimnis durchaus nicht unergründlich ist. Ich will damit sagen, daß gerade der outrierte Charakter aller Einzelheiten dieser furchtbaren Begebenheit nur ein kleines und deutlich begrenztes Feld von Vermutungen zuläßt. Die Polizei steht ratlos und verwirrt vor einem Verbrechen, dessen Motive vielleicht weniger unbegreiflich sind als die wilde Scheußlichkeit, mit der die Mordtaten ausgeführt worden sind. Ebensowenig kann sie es begreifen, daß die Aussage so vieler Zeugen feststellt, in dem Zimmer, in dem Fräulein L'Espanaye ermordet gefunden wurde, habe ein aufgeregter Wortwechsel stattgefunden, während doch, als man eindrang, niemand darin war und ganz unmöglich jemand über die Treppe hätte entkommen können, ohne von den hinaufeilenden Leuten bemerkt zu werden. Die in dem Zimmer herrschende wilde Unordnung, die mit dem Kopf nach unten in den engen Schornstein hinaufgepreßte Leiche, die entsetzlichen Verstümmelungen an dem Körper der alten Dame, sowie noch einige weitere Tatsachen, die ich nicht zu erwähnen brauche, haben genügt, um die Tatkraft der Polizei zu lähmen und ihren so viel gerühmten Scharfsinn irrezuführen. Die Polizei ist eben in den häufig vorkommenden, aber groben Irrtum verfallen, das *Ungewöhnliche* mit dem *Unerforschlich* scheinenden zu verwechseln. Indessen bin ich der Ansicht, daß gerade dieses Abweichen von dem Wege des Gewöhnlichen uns einen Fingerzeig dafür geben kann, was geschehen muß, um der Wahrheit auf die Spur zu kommen. Bei Untersuchungen dieser Art sollte man nicht so rasch fragen: was ist geschehen, als: was ist hier geschehen, was noch nicht vorher geschehen ist? Und in der Tat steht die Leichtigkeit, mit der ich dieses Rätsel lösen werde – oder vielmehr schon gelöst habe –, in direktem Verhältnis zu der scheinbaren Unlösbarkeit, die es für die Polizei hat.«

In sprachlosem Erstaunen starrte ich meinen Freund an.

»Ich warte in diesem Augenblicke«, fuhr er ruhig, auf die Zimmertür blickend, fort, »auf einen Mann, der, obwohl er vermutlich nicht selbst diese gräßlichen Metzeleien verübt hat, doch jedenfalls in irgendeiner Beziehung dazu steht. An den schlimmsten Greueln dieses Verbrechens ist er wahrscheinlich unschuldig. Ich hoffe wenigstens, daß es so ist, denn ich habe meine ganze Hoffnung, das Rätsel zu lösen, auf diese Voraussetzung gegründet. Ich erwarte den Mann – hier, in diesem Zimmer –, er kann jeden Augenblick kommen. Es ist wahr, daß er möglicherweise auch nicht kommen könnte, aber aller Wahrscheinlichkeit nach wird er es tun. Sollte er kommen, so wird es unbedingt nötig sein, ihn festzuhalten. Hier sind Pistolen; wir beide wissen damit umzugehen, falls die Gelegenheit es erfordern sollte.«

Ich nahm die Pistolen, fast ohne zu wissen, was ich tat, und ohne zu glauben, was ich hörte, während Dupin, wie mit sich selber sprechend, fortfuhr. Ich habe das seltsame Wesen, in das er zu gewissen Zeiten verfiel, schon erwähnt. Obwohl seine Worte ja offenbar an mich gerichtet waren und er durchaus nicht laut sprach, bediente er sich doch jener eindringlichen, deutlichen Intonation, mit der man zu einer entfernteren Person spricht. Seine vollständig ausdruckslosen Augen hafteten mit starrem Blick an der Wand.

»Daß die von den Leuten auf der Treppe gehörten streitenden Stimmen nicht die der beiden Damen waren, ist durch die übereinstimmenden Aussagen der Zeugen vollständig bewiesen. Dieser Umstand macht die Frage, ob die alte Dame etwa möglicherweise selbst ihre Tochter ermordet und nachher Selbstmord begangen habe, vollständig überflüssig. Ich erwähne diesen Punkt nur, weil ich methodisch vorzugehen liebe, denn die Kräfte der Frau L'Espanaye würden unmöglich hingereicht haben, die Leiche ihrer Tochter in den engen Kaminschacht zu zwängen, in dem sie gefunden worden ist; außerdem ist die Art der Wunden, mit denen ihr ganzer Körper bedeckt war, eine solche, daß jede Möglichkeit eines Selbstmordes ausgeschlossen ist. Es steht somit fest, daß die Mordtaten von einer dritten Partei ausgeführt wurden, und die Stimmen eben dieser dritten Partei waren es, die in heftigem Wortwechsel vernommen wurden. Prüfen wir nun die Eigentümlichkeiten der betreffenden Zeugenaussagen. Ist Ihnen da nichts Absonderliches aufgefallen?«

Ich antwortete, daß es jedenfalls wohl bemerkenswert sei, daß, während alle Zeugen übereinstimmend die rauhe, barsche Stimme für die eines Franzosen gehalten hätten, die Ansichten über die schrille, oder, wie einer der Zeugen meinte, heisere Stimme sehr weit auseinander gingen.

»So lauten die Zeugenaussagen«, sagte Dupin, »indessen ist das nicht das Absonderliche der Aussage. Sie haben also nichts Besonderes bemerkt? Und doch liegt hier eine ganz eigentümliche Tatsache vor. Wie Sie richtig beobachtet haben, stimmten die Aussagen aller Zeugen über die barsche, rauhe Stimme vollkommen überein. Was nun die schrille Stimme betrifft, so liegt das Eigentümliche weniger darin, daß die Aussagen der Zeugen voneinander abweichen, als daß eine Reihe derselben, nämlich ein Italiener, ein Engländer, ein Spanier, ein Holländer und ein Franzose von dieser Stimme als der eines Ausländers sprachen. Jeder ist davon überzeugt, daß es nicht die Stimme eines Landsmanns gewesen sein könnte. Jeder glaubt den Klang einer Sprache daran zu erkennen, die er selbst nicht versteht. Der Franzose hält sie für die Stimme eines Spaniers und – ›würde gewiß ein paar Worte verstanden haben, wenn er nur Spanisch gekonnt hätte‹. Der Holländer behauptet, es müsse die Stimme eines Franzosen gewesen sein, aber wir lesen in dem Zeugenbericht, daß er, weil er kein Französisch könne, durch Vermittlung eines Dolmetschers verhört worden sei. Der Engländer glaubt, daß es die Stimme eines Deutschen gewesen sei, aber: ›er versteht kein Deutsch‹. Der Spanier hingegen ist ganz sicher, daß es die Stimme eines Engländers war – er urteilt nach dem Tonfall –, hat aber nicht die geringste Kenntnis der englischen Sprache. Der Italiener glaubt die Stimme eines Russen vernommen zu haben, hat jedoch niemals mit einem geborenen Russen gesprochen. Die Aussage eines zweiten Franzosen weicht wieder von der des ersten ab: er behauptet, daß es unbedingt die Stimme eines Italieners sei, die er vernommen habe; er versteht kein Wort Italienisch, hat aber wie der Spanier nach dem Tonfall geurteilt. Wie ganz ungewöhnlich muß diese Stimme gewesen sein, daß die Aussagen der Zeugen darüber so weit auseinander gehen konnten, daß sie Menschen aus den fünf großen europäischen Völkergruppen durchaus fremd erschien! Sie werden allerdings einwerfen, daß es ja möglicherweise auch die Stimme eines Asiaten oder Afrikaners gewesen sein könne. Es gibt deren in Paris nicht allzu viele; aber ohne diese Möglichkeit zu bestreiten, möchte ich Ihre Aufmerksamkeit auf drei bestimmte Punkte leiten. Der eine der Zeugen erklärte, daß die Stimme mehr heiser als schrill gewesen sei. Zwei andere behaupten, daß sie schnell und in abgebrochenen Lauten gesprochen habe. Kein einziger der Zeugen konnte Worte oder wortähnliche Laute unterscheiden.

»Ich weiß nicht«, fuhr Dupin fort, »welchen Eindruck meine Auseinandersetzungen auf Sie gemacht haben, aber ich zögere nicht, die Behauptung aufzustellen, daß der Teil der Zeugenaussagen, der sich auf die rauhe und schrille Stimme bezieht, hinreichend ist, einen Verdacht zu erregen, der maßgebend für alle weiteren Forschungen sein sollte und durch den voraussichtlich dieses furchtbare Rätsel seine Lösung finden wird. Ich behaupte, daß die Schlüsse, die *ich* aus den Zeugenaussagen gezogen habe, die *einzig* richtigen sind, und daß sie in bezug auf den Mörder nur *eine* Folgerung zulassen. Welcher Art aber diese Vermutung ist, das möchte ich Ihnen vorläufig noch nicht sagen. Ich möchte Sie nur darauf aufmerksam machen, daß sie mir wichtig genug war, um meinen Untersuchungen in dem Mordzimmer eine ganz bestimmte Richtung zu geben.

Versetzen wir uns im Geiste wieder in jenes Zimmer. Was ist das erste, was wir darin suchen? Selbstverständlich die Mittel und Wege, die die Mörder zu ihrer Flucht benutzt haben. Ich darf doch zweifellos behaupten, daß weder Sie noch ich an übernatürliche Dinge glauben? Frau und Fräulein L'Espanaye sind nicht durch Geister ums Leben gekommen. Die Täter waren materielle Wesen und sind in materieller Weise entkommen. Aber wie? Glücklicherweise bleibt für unsere Schlußfolgerung nur *ein* Weg offen, und dieser muß uns zu einer endgültigen Feststellung führen. Untersuchen wir der Reihe nach die Wege, auf denen den Tätern die Möglichkeit einer Flucht geboten war. Es ist klar, daß die Mörder, als die Zeugen die Treppe heraufeilten, entweder in dem Zimmer, in dem Fräulein L'Espanaye gefunden wurde, oder doch in dem angrenzenden kleinen Zimmer gewesen sein müssen. Sie können daher auch nur aus einem dieser beiden Zimmer den Ausweg gefunden haben. Die Polizei hat den Fußboden, die Decke und das Mauerwerk der Wände auf das sorgfältigste untersucht. Kein geheimer Ausgang würde ihrer Aufmerksamkeit entgangen sein. Da ich aber den Augen der Polizei nicht unbedingt traue, so prüfte ich alles mit meinen eigenen. Es war aber wirklich kein geheimer Ausgang vorhanden. Von den Zimmern führen Türen in den Gang, aber sie waren fest verschlossen, und zwar steckte in beiden Schlössern der Schlüssel von innen. Betrachten wir uns nun die Schornsteine; diese haben zwar oberhalb des Kamins bis zur Höhe von acht bis zehn Fuß die gewöhnliche Breite, verengen sich aber dann so sehr, daß kaum eine große Katze hindurch könnte. Da also die Unmöglichkeit, auf diesen beiden Wegen zu entwischen, bewiesen ist, sehen wir uns auf die Fenster beschränkt. Durch die des Vorderzimmers hätte unmöglich jemand entfliehen können, ohne von den vor dem Hause versammelten Menschen bemerkt zu werden. Die Mörder müssen daher durch eins der Fenster des Hinterzimmers entkommen sein. Nachdem wir zu diesem Schlusse gelangt sind, dürfen wir ihn nicht ohne weiteres verwerfen, weil wir auch hier scheinbaren Unmöglichkeiten gegenüberstehen. Es gilt nur, den Beweis zu liefern, daß in Wirklichkeit diese Unmöglichkeiten nicht bestehen.

Das Zimmer hat zwei Fenster. Eins davon ist nicht durch Möbel verstellt und vollständig sichtbar. Der untere Teil des anderen wird dem Auge ganz durch das Kopfende einer davorstehenden Bettstatt entzogen. Das erste Fenster wurde von innen fest verschlossen gefunden. Die Bemühungen mehrerer Personen, es in die Höhe zu schieben, waren erfolglos. Auf der linken Seite des Rahmens war ein ziemlich großes Loch eingebohrt, und in diesem Loche steckte ein beinahe bis zum Kopfe eingetriebener, sehr starker Nagel. Bei der Untersuchung des zweiten Fensters ergab sich, daß dort ein ebensolcher Nagel angebracht war, und auch hier versuchte man es vergebens, das Fenster in die Höhe zu schieben. Die Polizei beruhigte sich hiermit und war überzeugt, daß die Täter nicht durch eines der Fenster entflohen seien. Man hielt es daher auch für überflüssig, die Nägel herauszuziehen und die Fenster zu öffnen.

Meine eigene Untersuchung fiel etwas sorgfältiger aus, und zwar aus dem eben angeführten Grunde – ich wußte, es müsse sich hier erweisen, daß eine scheinbare Unmöglichkeit in Wirklichkeit nicht bestand.

Ich schloß also weiter – a posteriori. Die Mörder entkamen unbedingt durch eines dieser Fenster. Wenn dies der Fall war, so konnten sie jedoch unmöglich die Schiebefenster von innen in der Weise befestigt haben, wie man sie vorgefunden hatte – ein Umstand, dessen Unbestreitbarkeit dann ja auch allen Nachforschungen der Polizei nach dieser Richtung ein Ende machte. Da die Schiebefenster in der angegebenen Weise wieder zugemacht worden waren, mußte unbedingt ein sogenannter Selbstschließer daran angebracht sein. Diesem Schlusse konnte ich mich nicht entziehen. Ich begab mich an das freiliegende Fenster, zog mit einiger Mühe den Nagel heraus und versuchte dann, die Scheiben in die Höhe zu schieben. Wie ich es eigentlich nicht anders erwartet hatte, gelang mir dies nicht. Ich war nun fest davon überzeugt, daß irgendwo eine Feder verborgen sein mußte, und wenn die Geschichte mit den Nägeln mir auch noch dunkel erschien, so fand ich doch sehr bald die Bestätigung meiner Vermutung. Nach sorgfältigem Suchen fand ich die verborgene Feder. Ich drückte darauf, unterließ es aber, von der Entdeckung einstweilen befriedigt, das Fenster hinaufzuschieben.

Ich steckte den Nagel wieder ein und betrachtete ihn aufmerksam. Wenn jemand durch dieses Fenster entflohen war, konnte er es sehr wohl von außen zuschlagen, so daß die Feder wieder einfallen mußte; aber der Nagel, der konnte unmöglich von außen wieder hineingesteckt werden. Die Schlußfolgerung war klar, und sie verengerte wieder das Feld meiner Nachforschungen. Die Mörder *mußten* durch das andere Fenster entkommen sein. Angenommen, daß der federnde Verschluß beider Fenster der gleiche war, wie dies ja sehr wahrscheinlich, so mußten die Nägel oder wenigstens die Art ihrer Befestigungen verschieden sein. Ich stellte mich auf den im Bette liegenden Strohsack und sah mir über das Kopfende des Bettes weg das zweite Fenster scharf an. Mit der Hand hinter die Bettstatt fassend, entdeckte ich sofort die Feder und drückte darauf; sie war, wie ich dies vorausgesetzt hatte, genauso konstruiert wie die andere. Nun sah ich mir den Nagel näher an. Er war so stark wie sein Gegenstück, auch augenscheinlich in derselben Weise befestigt, das heißt, beinahe bis zum Kopfe in das Loch eingetrieben. Wenn Sie nun annehmen würden, daß mich diese Tatsache verwirrte, so würden Sie das Wesen meiner Induktionsbeweise gründlich mißverstanden haben. Die Glieder der Kette griffen fest und sicher ineinander. Ich hatte das Geheimnis bis zum letzten Punkte verfolgt, und dieser Punkt, das war der Nagel. Wie ich bereits sagte, sah er genau so aus wie der Nagel in dem anderen Fenster, aber was bedeutete diese Tatsache gegenüber der Erwägung, daß ich an dieser Stelle die Spur verlor? Es muß etwas mit dem Nagel nicht in Ordnung sein, sagte ich mir; ich zog daran – und siehe, der Kopf und etwa ein Viertel Zoll des Schaftes blieben in meiner Hand. Der untere Teil blieb in dem Bohrloch stecken, in dem er abgebrochen war. Der Bruch war ein alter, denn die Ränder waren mit Rost bedeckt; er rührte wahrscheinlich von einem Hammerschlage her, mit dem man den oberen Teil des Nagels in den Fensterrahmen getrieben hatte. Ich steckte den Kopf des Nagels wieder sorgsam in das Loch, aus dem ich ihn genommen, und er hatte nun wieder ganz das Aussehen eines vollständig unbeschädigten Nagels, da von der Bruchstelle nichts zu sehen war. Ich drückte auf die Feder und zog ohne Mühe das Schiebefenster vorsichtig ein paar Zoll in die Höhe; der Nagelkopf, der fest in dem Rahmen steckte, ging mit. Ich schloß das Fenster, und der Nagel hatte nun wieder ein ganz unverletztes Aussehen.

So weit war also das Rätsel gelöst. Der Mörder war aus dem hinter dem Bett befindlichen Fenster entflohen; dieses war nach seiner Flucht von selbst wieder zugefallen oder vielleicht auch heruntergedrückt und von der einschnappenden Feder festgehalten worden. Jedenfalls hatte die Polizei irrtümlicherweise angenommen, daß es der Nagel sei, durch den das Fenster befestigt sei, und sie hatte es daher für überflüssig gehalten, weitere Nachforschungen anzustellen. Die nächste Frage, die es zu lösen galt, war nun, in welcher Weise es dem Mörder gelungen sei, am Hause hinunterzukommen. Darüber konnten von dem Augenblick an, wo wir um das Haus herumgegangen und es von hinten gemustert hatten, in mir keine Zweifel mehr bestehen. Ungefähr fünf und ein halb Fuß von dem fraglichen Fenster entfernt läuft ein Blitzableiter nach unten. Es würde nun allerdings unmöglich sein, von dieser Stange aus das Fenster zu erreichen und darin einzusteigen. Ich bemerkte jedoch sofort, daß die Fensterläden des vierten Stockes von jener eigentümlichen Art sind, die die Pariser Schreiner ›ferrades‹ nennen. Sie sind jetzt hier ziemlich selten geworden, während man sie in Lyon und Bordeaux, besonders an älteren Häusern, noch häufig findet. Sie sehen aus wie eine gewöhnliche einfache Tür (keine Flügeltür), deren untere Hälfte aus Latten oder Gitterwerk besteht, um leichter erfaßt und gehandhabt werden zu können. An den betreffenden Fenstern sind die Läden volle drei und einen halben Fuß breit. Als wir sie von der Hinterfront des Hauses aus betrachteten, standen sie zur Hälfte offen, das heißt, sie bildeten einen rechten Winkel mit der Hauswand. Wahrscheinlich hat die Polizei die Rückseite des Hauses ebenso untersucht, wie ich es getan habe; aber wenn dies geschehen, so ist ihr jedenfalls die ungewöhnliche Breite der ›ferrades‹ nicht aufgefallen, oder sie hat derselben keinerlei Bedeutung beigelegt. Da sie die Überzeugung gewonnen hatte, daß von dieser Stelle eine Flucht unmöglich sei, sind auch wohl die hier angestellten Untersuchungen sehr oberflächlicher Natur gewesen. Ich sah jedoch sofort, daß der Laden des Fensters, vor dem das Bett stand, wenn er ganz zurückgeschlagen würde, kaum zwei Fuß vom Blitzableiter entfernt sein könne. Es war also durchaus nicht unmöglich, daß jemand, der über einen ungewöhnlichen Grad von Geschicklichkeit und Mut verfügte, von dem Blitzableiter aus durch das Fenster eindringen konnte, und zwar in folgender Weise. Angenommen, daß der Laden weit offen stand, so war es nicht schwer, nachdem der Blitzableiter erklettert, über eine Entfernung von zwei und ein halb Fuß weg mit festem Griffe das Gitter des Ladens zu erfassen. Dann konnte man, den Blitzableiter fahren lassen, die Füße gegen die Mauer stemmen und durch einen kühnen Schwung den Laden in Bewegung setzen, so daß dieser sich schloß; wenn das Fenster zufällig offen stand, konnte es sogar gelingen, sich gleich in das Zimmer hineinzuschwingen. Ich möchte Sie daran erinnern, daß ich besonders betonte, es sei ein ganz ungewöhnlicher

Grad von Körpergewandtheit erforderlich, um ein solches Wagnis auszuführen. Meine Absicht ist in erster Linie, Ihnen zu beweisen, daß ein solch kühner Sprung allerdings möglich, aber daß dazu eine ganz ungewöhnliche, fast übernatürliche Behendigkeit und körperliche Sicherheit gehöre.

Sie werden, um in der Sprache der Juristen zu reden, mir vielleicht sagen, daß ich, ›um meinen Fall durchzuführen‹, besser tun würde, die zu einem tollkühnen Wagestück erforderliche Körpergewandtheit nicht zu hoch einzuschätzen und nicht wieder und immer wieder darauf zurückzukommen, welcher Grad von Geschicklichkeit dazu erforderlich sei. Vom juristischen Standpunkt würden Sie gewiß ganz recht haben, aber der gesunde Menschenverstand denkt und handelt anders. Worauf es mir ankommt, das ist vorläufig nur, den wahren Tatbestand festzustellen. Mein nächstes Ziel ist, Sie auf den eigentümlichen Zusammenhang aufmerksam zu machen, der zwischen dieser außergewöhnlichen Behendigkeit und jener sonderbaren schrillen Stimme besteht, jener heiseren, kreischenden Stimme, über deren Sprache die Aussagen der Zeugen sich nicht einigen konnten, während alle einstimmig erklärten, nur Laute, keine Worte vernommen zu haben.« –

Nun erst fing ich an zu begreifen, was Dupin sagen wollte. Allerdings verstand ich ihn noch nicht ganz, aber ich ahnte, worauf er abzielte. Mir war ungefähr so zumute, wie wenn man sich auf etwas besinnt, an das man sich nicht genau erinnern kann.

Mein Freund fuhr fort:

»Sie sehen«, sagte er, »daß ich mich zunächst mit der Frage beschäftigt habe, wie der Mörder in das Haus eingedrungen sei, um danach die Art seiner Flucht festzustellen. Ich wünsche Sie davon zu überzeugen, daß er an derselben Stelle herein- und hinausgekommen sein muß. Betrachten wir uns nun das Innere des Zimmers. Man behauptet, die Schubladen des Sekretärs seien ausgeplündert worden, während tatsächlich eine Menge von Schmuck- und anderen Gegenständen darin gefunden wurden. Wie können wir es wissen, ob nicht die noch in den Schubfächern befindlichen Dinge wirklich alles waren, was die Damen darin aufzubewahrn pflegten? Frau L'Espanaye und ihre Tochter führten ein sehr zurückgezogenes Leben – empfingen keine Besuche, gingen selten aus –, sie hatten wenig Gelegenheit dazu, Toilette zu machen und Schmuck zu tragen. Das, was sich an Bekleidungs- und Putzgegenständen vorfand, war alles gediegen und von feinster Qualität, wie sich das kaum anders erwarten ließ.

Wenn ein Dieb einen Teil dieser Sachen gestohlen hatte, warum nahm er nicht die wertvollsten, warum nahm er nicht alles? Mit einem Wort: warum ließ er viertausend Franken in Gold zurück, um sich vielleicht mit einem Bündel getragener Kleider davonzumachen? Das Gold ist zurückgeblieben. Beinahe die ganze vom Bankier Mignaud erwähnte Summe wurde in zwei Beuteln auf dem Fußboden gefunden. Ich möchte gern, Sie ließen die irrtümliche Annahme, daß irgendein Motiv zu dieser Tat vorliege, ganz fahren. Jene alberne Idee ist nur deshalb im Kopfe der Polizeiorgane entstanden, weil durch Zeugenaussagen festgestellt wurde, daß Geld an der Tür abgeliefert worden war. Nun treffen doch wirklich zu jeder Zeit unseres Lebens zehnmal merkwürdigere Umstände zusammen als der, daß Geld abgeliefert und der Empfänger drei Tage darauf ermordet wurde, ohne daß wir uns weiter damit beschäftigen. Über ein solches Zusammentreffen von Umständen stolpern nur jene schlechtgeschulten Denker, die von der Wahrscheinlichkeitstheorie nichts wissen, obwohl die Wissenschaft gerade dieser Theorie manche ruhmvolle Errungenschaft verdankt. Wäre in vorliegendem Falle das Geld verschwunden gewesen, so würde die Tatsache, daß es erst vor drei Tagen abgeliefert worden, mehr als ein bloßer Zufall sein und schwer ins Gewicht fallen. Sie würde uns in dem Gedanken bestärken, daß hier das Motiv der Tat zu suchen sei. Wenn wir aber unter den obwaltenden Umständen das Gold als Motiv für die Gewalttat gelten lassen wollen, so müssen wir notwendig zu dem Schlusse kommen, daß der Mörder ein wankelmütiger Idiot war, der Motiv und Gold im Stich gelassen hat.

Während wir nun die Punkte, auf die ich Ihre Aufmerksamkeit gelenkt, fest im Auge behalten – ich meine also die sonderbare Stimme, die außergewöhnliche Behendigkeit des mutmaßlichen Täters, vor allem aber die Tatsache, daß jedes Motiv zu den gräßlichen Mordtaten fehlt –, wollen wir einen Blick auf die Metzelei selbst werfen. Ein junges Mädchen ist mit den Händen erdrosselt und dann mit dem Kopfe nach unten mit brutaler Gewalt in den Kamin hineingepreßt worden. Gewöhnliche Mörder werden ganz gewiß niemals eine solche Todesart in Anwendung bringen, am allerwenigsten werden sie ihr Opfer in einer solchen Weise zu verbergen suchen. Sie werden zugeben, daß in der Art, wie die Leiche in den Kamin hineingezwängt wurde, etwas so unerhört Scheußliches liegt, daß es sich mit unseren üblichen Begriffen von menschlichem Tun und Lassen nicht vereinigen läßt, selbst dann nicht, wenn wir annehmen, daß die Missetäter ganz entmenschte Bösewichter waren. Bedenken Sie ferner, welche Kraft dazu nötig war, die Leiche in eine so enge Öffnung hinaufzustoßen, da es der vereinten Anstrengungen mehrerer Personen bedurfte, um sie wieder herabzuziehen.

Es ist dies übrigens nicht das einzige Zeichen dafür, daß hier eine fast übermenschliche Kraft im Spiele gewesen. Auf dem Herde lagen dicke Strähnen – *sehr* dicke Strähnen grauen Menschenhaares, die mit den Wurzeln ausgerissen waren. Sie wissen, daß schon eine ziemliche Kraftanstrengung dazu gehört, um nur zwanzig bis dreißig Haare zusammen aus dem Kopfe zu reißen. Sie haben diese Haarsträhnen ebensogut gesehen wie ich. Es war ein scheußlicher Anblick. An den Wurzeln hingen noch Stückchen der Kopfhaut, ein sicheres Zeichen der übermenschlichen Kraft, die angewendet wurde, um vielleicht mehrere tausend Haare auf einmal auszureißen. Der Hals der alten Dame war durchschnitten, mehr noch: der Kopf war fast ganz vom Rumpfe getrennt – und zwar offenbar mit einem Rasiermesser. Ich bitte Sie, die tierische Roheit zu beachten, mit der diese Taten ausgeführt wurden. Von den vielen Verletzungen und Quetschungen an Frau L'Espanayes Leiche will ich nicht reden. Herr Dumas und sein Kollege haben ja beide ausgesagt, daß sie von einem stumpfen Gegenstande herrührten; nun, in gewisser Beziehung haben die Herren da recht. Der stumpfe Gegenwand war das Steinpflaster des Hofes, auf den das Opfer aus dem vierten Stockwerk hinabgeworfen wurde, und zwar durch das Fenster, vor dem das Bett steht. So einfach diese Annahme uns jetzt erscheint, so entging sie der Polizei aus demselben Grunde, aus dem sie die Breite der Fensterläden nicht bemerkt hatte, weil nämlich die bewußten Nägel ihren Kopf derartig vernagelt hatten, daß sie es für unmöglich hielten, daß die Fenster doch vielleicht geöffnet worden waren.

Wenn wir nun noch der im Zimmer herrschenden wüsten Unordnung gedenken und uns ferner der erstaunlichen Behendigkeit, der übermenschlichen Stärke und tierischen Roheit erinnern, mit der diese grundlosen Verbrechen in geradezu bizarrer Scheußlichkeit ausgeführt wurden – wenn wir jene schrille Stimme in Erwägung ziehen, deren Klang den Ohren vieler Zeugen der verschiedensten Nationalität fremd war –, welchen Schluß ziehen Sie aus so viel Tatsachen?« – Ich fühlte, als Dupin diese Frage an mich stellte, wie mich ein Schauder durchrieselte. »Nur ein Wahnsinniger«, sagte ich, »kann diese Tat vollbracht haben, ein Tobsüchtiger, der aus der benachbarten Irrenanstalt entsprungen ist.«

»In gewisser Beziehung«, antwortete er, »ist Ihr Verdacht vielleicht nicht ganz unbegründet. Aber die Stimmen Wahnsinniger, selbst wenn diese Tobsuchtsanfälle haben, gleichen keineswegs jener eigentümlich schrillen Stimme, die auf der Treppe vernommen worden ist. Ein Wahnsinniger gehört doch irgendeiner Nation an, und wenn der Sinn seiner Rede noch so unzusammenhängend und verworren sein sollte, so wird er doch immer Worte zu bilden vermögen. Außerdem haben Wahnsinnige nicht solches Haar, wie ich es hier in meiner Hand habe. Ich habe dieses kleine Haarbüschel aus den zusammengekrampften Fingern der Frau L'Espanaye gelöst. Sagen Sie mir, was Sie davon denken.«

»Dupin«, sagte ich ganz überwältigt, »dieses Haar ist kein Menschenhaar.«

»Ich habe das auch nicht behauptet«, erwiderte er. »Aber ehe wir jenen Punkt feststellen, bitte ich Sie, einen Blick auf diese kleine, von mir gezeichnete Skizze zu werfen. Es ist eine genaue Wiedergabe von dem, was in der Zeugenaussage als ›dunkle Quetschungen‹ angegeben wurde und was die Herren Dumas und Etienne ›eine Reihe blutunterlaufener Flecke‹ nannten, ›die augenscheinlich durch den tiefen Eindruck von Fingernägeln am Halse von Fräulein L'Espanaye entstanden sind.‹

Sie werden bemerken«, fuhr mein Freund fort, das Blatt vor mir auf dem Tische ausbreitend, »daß diese Zeichnung auf einen festen, eisernen Griff schließen läßt. Von einem Abgleiten ist hier nichts zu bemerken. Jeder Finger hat bis zum Tode des Opfers den furchtbaren Griff beibehalten, mit dem er sich zuerst eingekrallt hatte. – Versuchen Sie jetzt einmal, Ihre Finger gleichzeitig auf die schwarzen Flecke zu legen, die Sie hier sehen.«

Ich versuchte es, jedoch vergebens.

»Wir greifen die Sache vielleicht doch nicht ganz richtig an«, meinte Dupin. »Das Papier liegt auf einer ebenen Fläche, während der menschliche Hals eine zylindrische Form hat. Hier ist ein rundes Stück Holz, das ungefähr den Umfang eines Halses hat. Stecken Sie die Zeichnung um das Holz fest und versuchen Sie es noch einmal.«

Ich tat es, aber es gelang mir noch weniger als das erstemal.

»Diese Eindrücke können unmöglich von einer Menschenhand herrühren«, sagte ich entschieden.

»Nun denn«, fuhr Dupin fort, »so lesen Sie jetzt diese Stelle von Cuvier.«

Es war ein ausführlicher anatomischer und allgemein beschreibender Bericht über den großen schwarzbraunen Orang-Utan, wie er auf den ostindischen Inseln vorkommt. Die riesige Gestalt, die wunderbare Kraft und Behendigkeit, die ungebändigte Wildheit und der Nachahmungstrieb dieses Säugetieres sind ja allgemein bekannt. Nun fiel es mir wie Schuppen von den Augen, und ich begriff sofort die grauenhaften Einzelheiten jener Mordtaten.

»Diese Beschreibung der Finger«, sagte ich, nachdem ich den Artikel ausgelesen, »stimmt genau mit Ihrer Zeichnung überein. Ich sehe, daß kein anderes Tier als ein Orang-Utan von der hier genannten Gattung solche Fingereindrücke, wie die von Ihnen gezeichneten, hinterlassen könnte. Auch das kleine Büschel lohfarbener Haare stimmt mit der Beschreibung überein, die Cuvier uns von dem Tiere macht. Indessen kann ich immer noch nicht alle Einzelheiten des grauenhaften Geheimnisses verstehen. Auch hat man zwei streitende Stimmen gehört, und alle Zeugen behaupten, daß die eine davon die eines Franzosen gewesen sei.«

»Das ist richtig. Sie werden sich ebenso des Umstandes erinnern, daß die Zeugen einstimmig erklärten, wiederholt gehört zu haben, wie diese Stimme sich des Ausdrucks ›Mon Dieu‹ bediente. Einer der Zeugen, der Konditor Montani, behauptet sogar, daß im Tone dieser Worte ein strenger Verweis gelegen habe. Auf diesen beiden Worten beruht meine Hoffnung, das Rätsel voll und ganz zu lösen. Jedenfalls weiß ein Franzose um den Mord. Es ist möglich – ja sogar wahrscheinlich –, daß er vollkommen unschuldig an dem blutigen Drama ist. Der Orang-Utan ist ihm vielleicht entflohen. Er hat ihn wahrscheinlich bis zu dem bewußten Zimmer verfolgt, kam aber zu spät, um die Greuel zu verhindern, die das furchtbare Tier anstiftete, und vermochte es auch nicht, ihn wieder einzufangen. Wahrscheinlich treibt der Orang-Utan sich immer noch frei herum. Indessen sind das nur Vermutungen, und sie sind so schwach begründet, daß mein eigener Verstand sich wehrt, sie anzuerkennen; ich kann daher nicht erwarten, daß irgendein anderer ihnen Bedeutung beilegen sollte. Wenn, wie ich das annehme, der betreffende Franzose unschuldig an dem Blutbade ist, dann wird die Anzeige, die ich gestern Abend in der Redaktion der Zeitung ›Le Monde‹ aufgab, ihn bald in unsere Wohnung führen. ›Le Monde‹ ist ein Blatt, das die Interessen der Schiffahrt vertritt, und das besonders von Matrosen und Seefahrern viel gelesen wird.«

Er reichte mir eine Zeitung und ich las: »*Eingefangen*. Im Bois de

Boulogne ist am ... (Datum des Tages nach dem Morde) ein sehr großer lohfarbener Orang-Utan, der vermutlich aus Borneo stammt, eingefangen worden. Der rechtmäßige Eigentümer – man hat ermittelt, daß er als Matrose auf einem maltesischen Schiffe dient – kann das Tier in Empfang nehmen, wenn er sich als Besitzer ausweisen kann und bereit ist, die geringen Kosten für das Einfangen und die Verpflegung des Tieres zu bezahlen. Näheres Faubourg Saint-Germain, Rue ... Nr. .... im dritten Stock.«

»Aber«, rief ich, »wie ist es möglich, daß Sie wissen, daß dieser Mann ein Matrose ist und auf einem maltesischen Schiffe dient?«

»Das weiß ich auch gar nicht«, sagte Dupin, »und ich bin durchaus nicht sicher, daß es so ist. Indessen habe ich hier ein kleines Stück Band, das seiner Form und seinem fettigen Aussehen nach vielleicht zum Binden eines jener Zöpfe gedient hat, wie die Matrosen sie so gerne tragen. Es ist in einen sogenannten Seemannsknoten verschlungen, den fast nur die Matrosen, und zwar hauptsächlich die auf maltesischen Schiffen dienenden, zu machen verstehen. Ich habe das Band vor dem Blitzableiter gefunden. Jedenfalls hat es keiner der gemordeten Damen gehört. Es ist ja sehr möglich, daß meine Vermutung, der Franzose sei ein Matrose und gehöre zu einem maltesischen Schiffe, eine durchaus irrige ist. Doch kann das, was ich in dieser Anzeige gesagt habe, jedenfalls nichts schaden. Irre ich mich, so wird der Mann höchstens denken, ich hätte mich durch irgendeinen Umstand, den zu erforschen er sich nicht die Mühe geben wird, irreführen lassen. Habe ich aber recht, so ist sehr viel gewonnen. Wenngleich er selbst unschuldig an den Mordtaten ist, weiß er doch, was der Orang-Utan angerichtet hat, und es ist daher erklärlich, daß er zunächst zögern wird, auf die Anzeige zu antworten und nach seinem Affen zu fragen. Er wird etwa so überlegen: ›Ich bin unschuldig, ich bin arm, mein Orang-Utan hat einen bedeutenden Wert, für einen Mann in meinen Verhältnissen bedeutet er ein kleines Vermögen; warum sollte ich ihn um einer vielleicht völlig unbegründeten Befürchtung willen einbüßen? Es steht bei mir, ihn zurückzubekommen. Er ist im Bois de Boulogne eingefangen worden, also sehr weit entfernt vom Schauplatze jener Mordtaten. Wie sollte jemand auf die Vermutung kommen, daß ein vernunftloses Tier eine solche Tat begangen habe? Die Polizei ist ratlos; es ist ihr nicht gelungen, auch nur den kleinsten Anhalt zu finden, der sie auf die richtige Spur leiten könnte. Aber selbst wenn es gelänge, der Fährte des Tieres nachzukommen, so würde es darum doch unmöglich sein, mir zu beweisen, daß ich Mitwisser der Mordtaten bin, oder gar, mich auf Grund dieser Mitwissenschaft zu verurteilen. Vor allem jedoch – man kennt mich. Der Inserent dieser Anzeige bezeichnet mich als den Besitzer des Tieres. Wie weit sich seine Kenntnis meiner Person erstreckt, weiß ich nicht. Sollte ich es unterlassen, das wertvolle Tier zu reklamieren, so wird, da man weiß, daß es mir gehört, gerade dadurch möglicherweise ein Verdacht geweckt. Es wäre sehr unklug von mir, wenn ich jetzt die Aufmerksamkeit der Polizei auf mich oder auf das Tier lenken wollte. Ich will mich daher als Eigentümer des Affen melden und ihn fest eingesperrt halten, bis Gras über die Sache gewachsen ist.›«

In diesem Augenblick hörten wir Schritte.

»Halten Sie Ihre Pistolen bereit«, sagte Dupin, »aber machen Sie keinen Gebrauch davon, bis ich Ihnen ein Zeichen gebe.«

Da die Haustür offen stand, war der Besucher, ohne zu läuten, eingetreten und befand sich schon auf der Treppe. Hier schien er plötzlich zu zögern. Wir hörten, wie er wieder hinunterging. Dupin stand rasch auf und schritt nach der Tür; aber schon hörten wir den Mann wieder heraufkommen. Diesmal kehrte er nicht um, sondern trat entschlossen an unsere Zimmertür heran und klopfte.

»Herein!« rief Dupin in heiterem herzlichen Tone.

Ein Mann trat ein; er war offenbar Matrose; er hatte eine große, kräftige, muskulös aussehende Gestalt, und sein Gesicht trug einen offenen, verwegenen Ausdruck, der durchaus nicht abstoßend war. Sein stark von der Sonne verbranntes Gesicht wurde über die Hälfte von einem mächtigen Schnurr- und Backenbart verdeckt. In der Hand trug er einen großen Eichenknüttel, schien aber sonst keine Waffen bei sich zu haben. Er verbeugte sich linkisch und sagte guten Abend, und zwar mit einem Akzent, der, obwohl er etwas nach Neuchâtel klang, doch seine Pariser Abstammung verriet.

»Setzen Sie sich, mein Freund«, sagte Dupin, »ich vermute, daß Sie wegen Ihres Orang-Utans kommen? Es ist ein außerordentlich schönes und dabei gewiß sehr wertvolles Tier; ich möchte Sie beinahe darum beneiden. Für wie alt halten Sie es wohl?«

Der Matrose holte tief Atem – mit der Miene eines Menschen, dem eine Last vom Herzen fällt, und erwiderte dann in ruhigem Tone:

»Das kann ich Ihnen nicht genau sagen, aber er kann kaum mehr als vier oder fünf Jahre alt sein. Haben Sie ihn hier?«

»O nein, hier hatten wir keinen passenden Raum, in dem wir ihn hätten unterbringen können. Er ist aber hier ganz in der Nähe, Rue

Dubourg, in einem Stall untergebracht. Sie können ihn sofort bekommen. Natürlich können Sie sich als rechtmäßigen Besitzer des Tieres ausweisen?«

»Gewiß kann ich das, Herr.«

»Es tut mir ordentlich leid, mich von dem Tiere zu trennen«, sagte Dupin.

»Ich will nicht, daß Ihre Mühe unbelohnt bleibe, Herr. Das verlange ich nicht. Ich bin bereit, Ihnen für das Einfangen des Tieres eine angemessene Belohnung zu zahlen.«

»Nun«, antwortete mein Freund, »das ist ja gewiß recht schön. Lassen Sie mich nachdenken – was könnte ich wohl beanspruchen? Oh, ich will Ihnen sagen, was ich als Belohnung fordere: Sie sollen mir ganz genau alles mitteilen, was Sie über die in der Rue Morgue verübten Mordtaten wissen.«

Dupin hatte die letzten Worte in leisem, sehr ruhigem Tone gesprochen. Ebenso ruhig stand er nun auf, schritt auf die Tür zu, verschloß sie und steckte den Schlüssel in seine Tasche. Dann zog er eine Pistole aus der Tasche und legte sie, ohne die geringste Erregung zu verraten, auf den Tisch.

Das Gesicht des Matrosen bedeckte sich mit einer glühenden Röte; es war, als kämpfe er mit einem Erstickungsanfall. Er sprang auf und ergriff seinen Knüttel, aber im nächsten Augenblick fiel er in seinen Stuhl zurück; er zitterte heftig, und seine Wangen wurden aschfahl. Er sprach kein Wort. Ich empfand tiefes Mitleid mit dem Mann.

»Mein Freund«, fuhr Dupin in gütigem Tone fort, »Sie regen sich ganz unnötigerweise auf; glauben Sie es mir: wir denken gar nicht daran, Ihnen irgendwie schaden zu wollen. Ich gebe Ihnen mein Wort als Ehrenmann und als Franzose, daß Sie von uns nicht das Geringste zu fürchten haben. Ich weiß, daß Sie an den in der Rue Morgue verübten scheußlichen Mordtaten unschuldig sind. Freilich läßt es sich nicht leugnen, daß Sie in gewisser Beziehung in diese Sache verwickelt sind. Aus dem, was ich Ihnen gesagt habe, werden Sie wohl erkennen, daß mir Mittel zu Gebote stehen, ganz genaue Erkundigungen über den Tatbestand einzuziehen – Mittel, deren Tragweite Sie nicht ermessen können. Die Sache steht nun so: das, was geschehen ist, haben Sie nicht verhindern können, und jedenfalls haben Sie selbst sich nicht schuldig gemacht. Sie haben auch keinen Diebstahl begangen, obwohl Ihnen dazu glänzende Gelegenheit geboten war. Sie haben nichts zu verheimlichen, haben nicht den kleinsten Grund dazu. Als ehrenhafter Mensch sind Sie außerdem geradezu verpflichtet, alles zu gestehen, was Sie wissen. Ein vollständig Unschuldiger, auf den der Verdacht gefallen ist, diese Verbrechen begangen zu haben, ist festgenommen worden, während Ihnen der wirkliche Täter bekannt ist.«

Der Matrose hatte, während Dupin diese Worte sprach, seine Geistesgegenwart wiedererlangt, obwohl seine anfängliche Keckheit vollständig verschwunden war.

»So wahr mir Gott helfe«, sagte er nach einer kurzen Pause, »ich will Ihnen alles sagen, was ich von der Sache weiß, obwohl ich kaum erwarten kann, daß Sie meinen Worten Glauben schenken werden – es wäre töricht von mir, das zu denken. Und doch *bin* ich unschuldig, und ich will mein Herz erleichtern und Ihnen alles sagen, was ich weiß, und wenn es mir das Leben kosten sollte.«

Was er uns dann mitteilte, war folgendes: er war mit einem Schiffe im indischen Archipel gewesen, und man war in Borneo gelandet. Einige Matrosen, denen er sich angeschlossen hatte, machten einen Ausflug in das Innere des Landes. Es gelang ihm und einem seiner Kameraden, einen Orang-Utan zu fangen. Da sein Gefährte bald darauf starb, kam er in den alleinigen Besitz des Tieres.

Nach vielen Schwierigkeiten, die das Tier ihm auf der Reise durch seine unbezähmbare Wildheit verursachte, kam er endlich glücklich in Paris an. Um der Neugier der Nachbarn auszuweichen, hielt er die Bestie vorläufig in seiner Wohnung eingeschlossen; sein Plan war, den Affen zu verkaufen, sobald dieser von einer Fußwunde geheilt sein würde, die er sich an Bord durch das Eindringen eines Splitters zugezogen hatte.

Er kam an dem Abende, oder besser gesagt, an dem frühen Morgen, an dem die Mordtaten verübt wurden, von einem Matrosenfest nach Hause zurück und fand dort die Bestie in seinem Schlafzimmer. Es war ihr gelungen, aus dem angrenzenden Gelaß, wo der Matrose sie angebunden hatte und sicher bewahrt glaubte, auszubrechen. Er fand das Tier eingeseift und mit dem Rasiermesser in der Hand vor dem Spiegel, wo es sich zu rasieren versuchte; wahrscheinlich hatte es öfter durch das Schlüsselloch seinen Herrn bei dieser Beschäftigung beobachtet.

Entsetzt von dem Anblick einer so gefährlichen Waffe in den Händen des wilden Tieres, das möglicherweise einen furchtbaren Gebrauch davon machen würde, verlor der Mann im ersten Augenblick den Kopf. Indessen war es ihm bisher stets gelungen, das Tier,

selbst wenn es sich noch so wild und unbändig erwies, durch Anwendung der Peitsche zu beruhigen, und zu diesem Mittel nahm er
auch jetzt seine Zuflucht. Als aber der Orang-Utan die Peitsche sah,
entsprang er mit einem Satze durch die geöffnete Zimmertür, jagte
die Treppe hinab und entfloh durch ein zufällig offenes Fenster auf
die Straße.

Der Franzose folgte in Verzweiflung. Der Affe, der immer noch
das Rasiermesser in der Hand hatte, blieb zuweilen stehen, um sich
nach seinem Verfolger umzusehen und ihm Grimassen zu schneiden. Wenn der Mann ihn dann beinahe erreicht hatte, lief er wieder
in tollen Sprüngen weiter.

In dieser Weise setzte sich die Jagd lange fort. In den Straßen
herrschte tiefe Stille; es war gegen drei Uhr morgens. Als der Flüchtling das hinter der Rue Morgue liegende Gäßchen erreicht hatte,
wurde seine Aufmerksamkeit durch den Lichtschein gefesselt, der
durch das offene Fenster des im vierten Stock liegenden Zimmers der
Madame L'Espanaye schimmerte. Das Tier stürzte auf das Gebäude
zu, und als es den Blitzableiter bemerkte, kletterte es mit verblüffen-
der Geschwindigkeit daran hinauf, klammerte sich an den weit of-
fenstehenden Fensterladen, gab sich damit einen Schwung und gelangte direkt in das Zimmer und auf das Kopfende des Bettes. Es
hatte kaum mehr als eine Minute zu alledem gebraucht. Den Fensterladen stieß der Affe, sobald er in das Zimmer gedrungen, wieder
zurück.

Der Matrose war sowohl erfreut, als tief beunruhigt. Er hoffte,
nun das Tier wieder einzufangen, denn es würde kaum einen anderen Ausweg aus der Falle, in die es geraten, finden, als den Blitzableiter, und wenn es dann herunterkletterte, würde es nicht allzu schwer
sein, sich seiner zu bemächtigen. Anderseits war Grund genug, zu
befürchten, es werde in dem Hause Unheil anrichten. Diese letzte
Erwägung bestimmte den Matrosen, den Flüchtling weiterzuverfol-
gen. An einem Blitzableiter in die Höhe zu klettern ist eine Aufgabe,
die einem Matrosen nicht allzu große Schwierigkeiten bietet. Als er
jedoch bis zur Höhe des Fensters, das links von ihm lag, gekommen
war, konnte er nicht weiter. Es gelang ihm aber, sich so weit vorzu-
beugen, um einen Blick in das Innere des Zimmers zu tun. Bei dem
entsetzlichen Anblick, der sich ihm darin bot, wäre er beinahe vor
Schrecken abgestürzt. Und dann wurde die Stille der Nacht plötzlich durch jenes furchtbare Geschrei unterbrochen, das die Bewohner der Rue Morgue aus dem Schlafe weckte. Madame L'Espanaye

und ihre Tochter waren, in ihre Nachtkleider gehüllt, offenbar damit beschäftigt gewesen, irgendwelche Papiere in der schon erwähnten eisernen Geldkiste zu ordnen, die sie zu diesem Zwecke mitten in das Zimmer gerollt hatten. Sie war offen und ihr Inhalt lag auf dem Fußboden daneben. Die Opfer hatten wahrscheinlich so gesessen, daß sie dem Fenster den Rücken zukehrten; und da eine kleine Weile zwischen dem Eindringen des Tieres und dem entsetzten Angstgeschrei der Damen verstrich, ist es möglich, daß sie die Bestie nicht sogleich bemerkt hatten. Das Zurückschlagen des Fensterladens haben sie vielleicht dem Winde zugeschrieben.

Als der Matrose in das Zimmer blickte, hatte die riesige Bestie Madame L'Espanaye an dem lose herabhängenden Haar gepackt und schwenkte das Rasiermesser vor ihrem Gesicht, die Bewegungen eines Barbiers nachahmend. Die Tochter lag langausgestreckt und regungslos auf dem Fußboden; sie war ohnmächtig geworden. Das Geschrei und die Befreiungsversuche der alten Dame, der er das Haar aus dem Kopfe riß, versetzten den Orang-Utan, der vorher vielleicht ganz friedliche Absichten gehabt hatte, in wildeste Wut. Mit einem kräftigen Schwunge seines muskulösen Armes trennte er den Kopf der Dame beinahe ganz vom Rumpfe. Der Anblick des Blutes steigerte seine Wut bis zur Tollheit. Zähnefletschend und mit funkelnden Augen stürzte er sich auf das junge Mädchen, grub seine entsetzlichen Krallen in ihren Hals und würgte die Unglückliche, bis sie tot war. Zufällig wohl fielen in diesem Augenblick seine wild rollenden Augen auf das Kopfende des Bettes, hinter dem das schreckensbleiche Gesicht seines Herrn sichtbar wurde. Die Wut des Tieres, das schon allzuoft die Bekanntschaft mit der Peitsche gemacht hatte, verwandelte sich sofort in feige Angst. Wohl wissend, daß es Strafe verdiene, schien es, als ob es die Spuren seiner Bluttat zu verwischen strebte; es lief in nervöser Hast im Zimmer umher, riß die Möbel um und zerschlug sie und zerrte die Kissen und Decken aus dem Bette. Endlich ergriff es die Leiche der Tochter und stieß und zwängte sie gewaltsam in den Schornstein hinauf, wo sie dann später gefunden wurde. Dann stürzte es sich auf die der alten Dame und schleuderte sie kopfüber zum Fenster hinaus.

Als der Affe sich mit seiner verstümmelten Last dem Fenster näherte, fuhr der Matrose erschrocken zurück; voll Angst ließ er sich am Blitzableiter hinabgleiten und beeilte sich, so schnell als möglich nach Hause zu kommen, weil er die Folgen der Metzelei fürchtete. Um das Schicksal des Orang-Utans kümmerte er sich vorläufig nicht. Die Worte, welche von den die Treppe hinauflaufenden Leuten vernommen wurden, waren dem Matrosen in seinem Entsetzen entfahren. Das schrille teuflische Gekreisch der Bestie hatte man irrtümlich für eine eigentümlich scharfe, heiser gellende menschliche Stimme gehalten. –

Mir bleibt kaum noch etwas hinzuzufügen. Der Orang-Utan muß, gerade ehe die Tür aufgebrochen wurde, durch das Fenster entwischt und an dem Blitzableiter herabgeglitten sein. Er ist schließlich doch, und zwar von seinem rechtmäßigen Besitzer, wieder eingefangen worden, der ihn zu einem hohen Preise an den › Jardin des Plantes‹ verkauft hat. Lebon wurde sofort aus der Untersuchungshaft entlassen, nachdem wir im Bureau des Polizeipräfekten den von einem Kommentar Dupins begleiteten genauen schriftlichen Bericht über diese Affäre niedergelegt hatten. Obwohl der Präfekt meinen Freund sehr hoch schätzte, konnte er doch eine gewisse Gereiztheit über die Wendung der Dinge nicht verbergen, und er verriet dies durch ein paar spöttische Bemerkungen über Leute, die ihre Nase in Dinge steckten, die sie im Grunde nichts angingen.

»Laß ihn reden«, sagte Dupin, der ihn keiner Antwort gewürdigt hatte; »laß ihn reden! Er will nur sein Gewissen dadurch beruhigen. Mit genügt es, ihn auf seinem eigenen Gebiet geschlagen zu haben. Übrigens ist es nicht zu verwundern, daß er die Lösung dieses Geheimnisses nicht zu finden vermochte. Unser Freund, der Präfekt, ist eben zu *schlau*, um *tief* sein zu können. Seine Weisheit hat keinen soliden Boden. Sie gleicht den Abbildungen der Göttin Laverna – sie besteht nur aus Kopf und hat keinen Körper – oder höchstens Kopf und Schultern – wie ein Stockfisch! Aber er ist darum doch ein ganz famoser Kerl. Ich habe ihn besonders gern und schätze ihn vor allem wegen einer Gabe, der er den Ruf, ein Genie an Scharfsinn zu sein, hauptsächlich verdankt, nämlich seine Vorliebe *›de nier ce qui est, et d'expliquer ce qui n'est pas‹** – wie es in Rousseaus › Nouvelle Héloise‹ heißt.«

* zu leugnen, was ist, und zu erklären, was nicht ist.

Das Geheimnis der Marie Rogêt

Vorbemerkung

Ein junges Mädchen namens Mary Cecilia Rogers war in der Nähe New Yorks ermordet worden. Ihr Tod hatte eine ungeheure und nachhaltige Aufregung hervorgerufen; das Geheimnis desselben war in der Zeit, da diese Geschichte geschrieben und veröffentlicht wurde, noch nicht aufgedeckt. In vorliegender Erzählung folgt der Autor, unter dem Vorgeben, das tragische Geschick einer Pariser Grisette zu berichten, bis in die kleinsten Einzelheiten den wesentlichen Tatsachen des wirklichen Mordes an der Mary Rogers, während er die unwesentlichen nur parallel stellte. So ist also jede auf die Fiktion gegründete Schlußfolgerung auf das wahre Ereignis anwendbar, und der Zweck der Geschichte war die Ergründung der Wahrheit.

›Das Geheimnis der Marie Rogêt‹ wurde weit entfernt vom Tatorte niedergeschrieben und basierte lediglich auf den betreffenden Zeitungsberichten. So entging dem Schreiber manches, woraus er an Ort und Stelle hätte Nutzen ziehen können. Dessenungeachtet ist zu bemerken, daß die Aussagen zweier Personen (deren eine die Frau Deluc der Erzählung ist), die zu verschiedenen Zeiten und lange nach Veröffentlichung der folgenden Blätter gemacht wurden, nicht nur die allgemeine Schlußfolgerung, sondern auch die hauptsächlichsten hypothetischen Einzelheiten, durch die diese Schlußfolgerung gewonnen wurde, voll bestätigten.

> Es gibt eine Reihe idealischer Begebenheiten, die der Wirklichkeit parallel läuft. Selten fallen sie zusammen. Menschen und Zufälle modifizieren gewöhnlich die idealische Begebenheit, so daß sie unvollkommen erscheint und ihre Folgen gleichfalls unvollkommen sind. So bei der Reformation; statt des Protestantismus kam das Luthertum hervor.
>
> *Novalis:* Moral-Ansichten

Selbst unter den kühlsten Denkern gibt es nur wenige, die nicht gelegentlich durch ein fast wundervolles Zusammentreffen von Ereignissen sich versucht gefühlt hätten, an übernatürliche Dinge zu glauben. Solches Fühlen – denn dies halbe Glauben, von dem ich rede, wird nur *gefühlt*, nicht streng *gedacht* –, solches Fühlen ist schwer zu unterdrücken, höchstens durch die Lehre von den Zufälligkeiten, oder, wie der terminus technicus lautet, durch die Wahrscheinlichkeitsrechnung. Nun ist solche Berechnung in ihrem Wesen rein mathematisch, und da haben wir also die Absonderlichkeit, die exakteste aller Wissenschaften auf die Schatten und Schemen der spekulativsten Wissenschaft angewendet zu sehen.

Man wird finden, daß meine zeitlich voranliegende Geschichte, zu deren Veröffentlichung ich jetzt aufgefordert worden bin, in ihren Einzelheiten höchst merkwürdigerweise das vollkommene Seitenstück bildet zu der jüngst geschehenen Mordtat an der Mary Cecilia Rogers in New York.

Als ich vor Jahresfrist in einer Erzählung, betitelt ›Der Doppelmord in der Rue Morgue‹, versuchte, die auffallenden Geistesgaben meines Freundes, des Chevalier C. Auguste Dupin zu schildern, ahnte ich nicht, daß ich dies Thema je wieder aufnehmen würde. Meine Absicht hatte sich vollkommen erfüllt, und der seltsame Gang der Ereignisse hatte den Beweis für Dupins eigentümliche Fähigkeiten zur Genüge erbracht. An keinem anderen Beispiel hätte ich sie so trefflich zeigen können. Jüngste Ereignisse aber, überraschende Enthüllungen, haben mir einige weitere höchst seltsame Dinge offenbart, über die ich nicht schweigend hinweggehen kann.

Nachdem Dupin die Tragödie aufgedeckt, die über dem geheimnisvollen Tode der Frau L'Espanaye und ihrer Tochter lag, widmete er der Angelegenheit keine Aufmerksamkeit mehr und fiel wieder in seine alte träumerische Versunkenheit zurück. Selbst immer zur Einsamkeit geneigt, teilte ich ohne weiteres seine Stimmung. In unsere Zimmer im Faubourg Saint-Germain vergraben, schlugen wir alle Zukunftspläne in den Wind und schlummerten friedlich dahin, die düstere Welt mit Träumen vergoldend.

Diese Träume waren jedoch nicht ganz ungestört. Man kann sich denken, daß die Rolle, die mein Freund in dem Drama der Rue Morgue gespielt, auf die Pariser Polizei nicht wenig Eindruck gemacht hatte. Bei ihren Beamten wurde der Name Dupins viel genannt. Da die einfachen Rückschlüsse, mit Hilfe deren er das Geheimnis entwirrt hatte, nicht einmal dem Präfekten, sondern einzig nur mir bekannt waren, ist es weiter nicht erstaunlich, daß man die Sache für ein Wunder und des Chevaliers analytische Fähigkeiten für eine Art Sehergabe nahm. Seine Offenheit würde ihn veranlaßt haben, ein solches Vorurteil zu zerstreuen; dazu kam es aber nicht, weil seine Indolenz ihm gegenüber das Berühren eines Themas verbot, das für ihn selbst alles Interesse verloren hatte. So kam es, daß die Augen der Polizei bewundernd an ihm hingen und man in nicht wenigen Fällen versuchte, seine Dienste für die Präfektur in Anspruch zu nehmen. Einer der bemerkenswertesten Fälle war der der Ermordung eines jungen Mädchens namens Marie Rogêt.

Dieser Mord ereignete sich ungefähr zwei Jahre nach den Greueltaten in der Rue Morgue. Marie, deren Tauf- und Familienname durch seine Ähnlichkeit mit jenem der unglücklichen ›Zigarren-Verkäuferin‹ sofort auffällt, war die einzige Tochter der Witwe Estelle Rogêt. Der Vater war gestorben, als Marie noch ein Kind gewesen, und seit seinem Tode bis achtzehn Monate vor der Mordtat, die den Gegenstand unserer Erzählung bildet, hatten Mutter und Tochter gemeinsam in der Rue Pavée Sainte Andrée gewohnt, wo die Mutter unter Mithilfe ihrer Tochter eine Pension leitete. So lebten sie dahin, bis das junge Mädchen zweiundzwanzig Jahre zählte; da erregte ihre große Schönheit die Aufmerksamkeit eines Parfümeurs, der im Erdgeschoß des Palais Royal einen Laden hatte und dessen Kundschaft in der Hauptsache von den verzweifelten Abenteurern gebildet wurde, die die Nachbarschaft unsicher machten. Herr Le Blanc war sich über den Vorteil klar, der seinem Parfümeriegeschäft durch Anwesenheit der schönen Marie erwachsen würde, und seine glänzenden Angebote wurden von dem Mädchen gern, von der Mutter nach einigem Zögern angenommen.

Die Erwartungen des Kaufmanns erfüllten sich, und die Reize der anmutigen ›Grisette‹ machten seinen Laden bald bekannt. Sie stand ungefähr ein Jahr in seinen Diensten, als ihre Verehrer durch ihr plötzliches Verschwinden in Verwirrung gesetzt wurden. Herr Le Blanc wußte für ihr Fernbleiben keine Erklärung zu geben, und Frau Rogêt war in verzweifelter Angst und Aufregung. Die Zeitungen nahmen die Sache auf, und die Polizei wollte gerade ernstliche Nachforschungen anstellen, als Marie eines schönen Morgens nach Verlauf einer Woche, gesund, wenn auch mit etwas trüber Miene, wieder hinter dem Ladentisch erschien. Selbstredend wurde alles Forschen und Fragen sofort unterdrückt. Herr Le Blanc behauptete wie vorher, nichts zu wissen. Marie und ihre Mutter erwiderten auf alle Fragen, das junge Mädchen habe die letzte Woche bei Verwandten auf dem Lande zugebracht. Man beruhigte sich also, und die Sache wurde bald vergessen, um so mehr als das Mädchen, augenscheinlich um sich der dreisten Neugier zu entziehen, ihre Stellung aufgab und sich in den Schutz der mütterlichen Behausung, Rue Pavée Sainte Andrée, zurückzog.

Es war etwa fünf Monate nach dieser Rückkehr, als ihre Freunde zum zweiten Male durch ihr plötzliches Verschwinden beunruhigt wurden. Drei Tage gingen hin, und man hörte nichts von ihr. Am vierten fand man ihren Leichnam in der Seine, und zwar in einer Gegend, die dem Viertel der Rue Sainte Andrée nahezu entgegengesetzt und nicht sehr weit von der Barrière du Roule lag.

Die Gräßlichkeit dieses Mordes – denn es war klar, daß ein Mord geschehen war –, die Jugend und Schönheit des Opfers und vor allem des Mädchens allgemeine Beliebtheit riefen bei den leicht erregbaren Gemütern der Pariser große Aufregung hervor. Ich kann mich keines ähnlichen Ereignisses erinnern, das einen so allgemeinen und so tiefen Eindruck gemacht hätte. Wochenlang vergaß man im Gespräch über diesen einen Fall selbst die wichtigsten politischen Tagesereignisse. Der Präfekt machte ganz ungewöhnliche Anstrengungen; und die gesamte Pariser Polizei spannte ihre Kräfte aufs äußerste an.

Zuerst, als man die Leiche entdeckte, nahm man an, der Mörder werde sich höchstens ganz kurze Zeit vor den sofort in Angriff genommenen Nachstellungen verborgen halten können. Erst nach Ablauf einer Woche hielt man es für nötig, eine Belohnung auszusetzen, und selbst da meinte man, mit tausend Francs genug getan zu haben. Inzwischen wurden die Nachforschungen mit Eifer, wenn auch nicht immer mit Verstand, fortgesetzt, und zahlreiche Personen wurden zwecklos verhaftet; da aber nach wie vor jeder Schlüssel zu dem Geheimnis fehlte, wuchs die allgemeine Aufregung aufs höchste. Nach zehn Tagen hielt man es für ratsam, die ursprünglich festgesetzte Summe zu verdoppeln, und schließlich, als die zweite Woche verstrichen war, ohne irgendwelche Anhaltspunkte zu liefern, und das Vorurteil, das in Paris gegen die Polizei nun einmal herrscht, sich in mehreren ernsthaften Angriffen Luft gemacht hatte, nahm es der Präfekt auf sich, die Summe von zwanzigtausend Francs auszusetzen ›für Überführung des Mörders‹, oder, falls es sich erweisen sollte, daß mehr als einer beteiligt gewesen, ›für Überführung irgendeines der Mörder‹. In der Proklamation, die diese Belohnung verkündete, wurde jedem, der seinen Mitschuldigen nannte, völlige Straffreiheit zugesichert, und dieser Proklamation war ein privater Aufruf einiger Bürger angefügt, die sich zusammengetan hatten, um der von der Präfektur ausgesetzten Summe aus eigenen Mitteln zehntausend Francs hinzuzufügen. Die gesamte Belohnung belief sich also auf nicht weniger als dreißigtausend Francs, ein ganz ungewöhnlich hoher Betrag, in Anbetracht der niedrigen sozialen Stellung des Mädchens und der Häufigkeit solcher Mordtaten in der Großstadt.

Niemand bezweifelte mehr, daß sich nun schnell das Dunkel über dem geheimnisvollen Mord lichten werde. Doch obgleich ein oder zwei Verhaftungen vorgenommen wurden, von denen man sich

Aufklärung versprach, ergab sich nichts, was die Verdächtigungen gegen die Betreffenden gerechtfertigt hätte, und man mußte sie wieder entlassen. So seltsam es auch scheinen mag, so war doch schon die dritte Woche nach Auffindung der Leiche hingegangen – und hingegangen, ohne in das Dunkel der Sache Licht zu bringen –, ehe auch nur ein Gerücht über diese die öffentliche Meinung so aufregenden Ereignisse Dupin und mir zu Ohren kam. In Forschungen vertieft, die unsere ganze Aufmerksamkeit erforderten, war es fast ein Monat, seit einer von uns zuletzt ausgegangen oder einen Besucher empfangen oder mehr als einen flüchtigen Blick auf den politischen Leitartikel der führenden Tageszeitung geworfen hatte. G. selbst war es, der uns die erste Mitteilung von dem Morde machte. Er besuchte uns am 13. Juli 18.. früh am Nachmittag und blieb bis tief in die Nacht. Er war über das Fehlschlagen aller seiner Bemühungen, die Mordbuben ausfindig zu machen, sehr gereizt. Sein Ruf – so sagte er mit der Selbstgefälligkeit des Parisers – stehe auf dem Spiele. Selbst seine Ehre sei gefährdet. Die Augen der Menge seien auf ihn gerichtet, und es gäbe kein Opfer, das er nicht für die Aufdeckung des Geheimnisses bereitwillig brächte. Er schloß seine etwas konfuse Rede mit einem Kompliment auf das, was er Dupins ›Taktgefühl‹ zu nennen beliebte und machte ihm ein direktes Angebot – ein glänzendes Angebot, das näher darzutun ich mich nicht berufen fühle, das aber auch für den eigentlichen Gegenstand meiner Erzählung von keiner Bedeutung ist.

Das Kompliment wies mein Freund zurück, so gut er konnte, das Angebot aber nahm er ohne weiteres an, obwohl dasselbe lediglich in der Zuerkennung einer Provision bestand. Dies erledigt, erging sich der Präfekt sogleich in Darlegungen seiner eigenen Ansichten, sie mit langen Kommentaren über die tatsächlichen Geschehnisse würzend. Über diese letzteren waren wir noch immer nicht aufgeklärt. Er redete viel und keineswegs unerfahren, während ich hie und da eine Vermutung, einen Rat einwarf und die Nacht langsam hinschlich. Dupin, der behaglich in seinem gewohnten Lehnstuhl saß, schien die verkörperte Aufmerksamkeit. Er hatte die ganze Zeit seine Brille auf, und ein gelegentlicher Blick hinter ihre grünen Gläser genügte, mich zu überzeugen, daß er während der ganzen sieben oder acht bleiernen Stunden, die der Präfekt noch bei uns weilte, tief und friedlich schlief.

Am Morgen beschaffte ich von der Präfektur einen genauen Bericht der Beweisaufnahme und aus den verschiedenen Zeitungsverlagen ein Exemplar jeder Nummer, in der Angaben in dieser traurigen Angelegenheit veröffentlicht worden waren. Unter Weglassung alles dessen, was sich als positiv falsch erwies, lauteten die Angaben wie folgt:

Marie Rogêt verließ die Wohnung ihrer Mutter in der Rue Pavée Sainte Andrée am Sonntag, den 22. Juni 18.. gegen 9 Uhr morgens. Beim Fortgehen machte sie einem Herrn Jacques St. Eustache – und diesem allein – Mitteilung von ihrer Absicht, den Tag bei einer Tante in der Rue des Drômes zu verbringen. Die Rue des Drômes ist eine kurze und schmale, doch sehr belebte Straße, nicht allzuweit vom Fluß, und auf dem nächsten Wege etwa zwei Meilen von der Pension Frau Rogêts entfernt. St. Eustache war der anerkannte Bewerber Maries und wohnte und speiste in der Pension. Er sollte seine Verlobte bei Dunkelwerden abholen und heimbegleiten. Am Nachmittag jedoch begann es stark zu regnen, und im Glauben, sie werde, wie das bei ähnlichen Gelegenheiten bereits geschehen, die Nacht bei der Tante verbleiben, hielt er es nicht für nötig, sein Versprechen zu halten. Als die Nacht kam, äußerte Frau Rogêt – eine kränkliche alte Dame von siebzig Jahren –, sie fürchte, ›Marie nie wieder zu sehen‹; diese Bemerkung fand aber damals wenig Beachtung.

Am Montag wurde festgestellt, daß das Mädchen nicht in der Rue des Drômes gewesen war. Und als der Tag verging, ohne daß man von ihr hörte, nahm man an verschiedenen Punkten der Stadt und ihrer Umgebung eine verspätete Streife vor. Doch erst am vierten Tage ihres Verschwindens ließ sich Bestimmtes feststellen. An diesem Tage (Mittwoch, den 25. Juni) wurde ein Herr Beauvais, der gemeinsam mit einem Freunde in der Nähe der Barrière du Roule Nachforschungen anstellte, davon benachrichtigt, daß zwei Fischer soeben einen Leichnam aus dem Wasser gezogen hätten. Bei Besichtigung der Leiche erkannte Beauvais nach einigem Zögern in ihr das gesuchte Ladenmädchen. Sein Freund erkannte sie mit Bestimmtheit. Das Gesicht war ganz mit geronnenem Blut bedeckt; auch aus dem Mund floß Blut. Der bei Ertrunkenen übliche Schaum fehlte. Das Zellengewebe zeigte normale Färbung. Am Halse waren Quetschwunden und Fingerabdrücke. Die Arme waren über der Brust gekreuzt und steif, die rechte Hand geballt, die linke halb offen. Am linken Handgelenk zeigten sich rundum Hautabschürfungen, wie von Stricken; auch das rechte Handgelenk war arg zerschunden, ebenso der ganze Rücken, besonders die Schulterblätter. Um die Leiche an Land zu ziehen, hatten die Fischer ein Seil daran befestigt, doch hatte dies keine der Hautabschürfungen verursacht. Der Hals war stark geschwollen. Schnittwunden waren nicht sichtbar, auch keine blutunterlaufenen Stellen, die etwa auf Schläge mit einem stumpfen Instrument hingedeutet hätten. Ein Spitzenstreifen war so fest um den Hals geschlungen, daß er zunächst nicht sichtbar war; er war tief im Fleisch vergraben und mit einem Knoten geschlossen, der gerade unter dem linken Ohr lag. Der Streifen allein hätte genügt, den Tod herbeizuführen. Das ärztliche Gutachten sprach der Verstorbenen einen tugendhaften Lebenswandel zu. Sie sei, so hieß es, brutaler Gewalt unterlegen. Als die Leiche gefunden wurde, war ihr Zustand noch derartig, daß sie unschwer von Bekannten identifiziert werden konnte.

Die Bekleidung war sehr beschädigt und zerrissen. Aus dem Oberkleid war ein Streifen von etwa einem Fuß Breite vom unteren Saum bis zur Taille auf-, aber nicht abgerissen. Er war dreimal um die Hüften geschlungen und im Rücken zu einer Art Henkel verknotet. Auch aus dem Unterkleid aus feinem Musselin war ein achtzehn Zoll breiter Streifen herausgerissen – und zwar fadengerade und sorgsam. Er lag lose um ihren Hals und war mit festem Knoten geschlossen. Über dem Musselinstreifen und dem Spitzenstreifen lagen die zusammengeknüpften Bänder einer Haube, die lose daran hing. Der Knoten, mit dem die Haubenbänder geschlossen waren, war ein regelrechter Seemannsknoten.

Nach Rekognoszierung der Leiche wurde diese nicht, wie sonst üblich, nach der Morgue verbracht, sondern, da diese Formalität diesmal überflüssig, schleunigst beerdigt – nicht weit von der Stelle, wo sie gelandet worden war. Durch die Bemühungen Beauvais' gelang es, die Sache vorläufig nicht bekanntwerden zu lassen, und mehrere Tage vergingen, ehe sie von der Öffentlichkeit aufgenommen wurde. Ein Wochenblatt griff dann aber doch den Fall auf, die Leiche wurde wieder ausgegraben und einer nochmaligen Untersuchung unterzogen. Neues ergab sich dadurch aber nicht. Die Kleidungsstücke wurden nun doch der Mutter und den Bekannten der Verstorbenen vorgelegt und von diesen als jene bezeichnet, die sie bei ihrem Fortgehen von Hause getragen.

Inzwischen wuchs die Aufregung von Stunde zu Stunde. Mehrere Personen wurden festgenommen und wieder freigelassen. Besonders auf St. Eustache fiel der Verdacht; und er vermochte zunächst nicht, eine zufriedenstellende Erklärung über sein Tun und Lassen während des fraglichen Sonntags abzugeben. Später jedoch gab er

Herrn G. eidlich Rechenschaft von jeder Stunde des Tages. Als die Zeit verging, ohne daß man irgend etwas entdeckte, gingen verschiedene Gerüchte um, und die Journalisten griffen sie auf. Am meisten Aufsehen erregte die Mutmaßung, daß Marie Rogêt noch am Leben und die in der Seine gefundene Leiche diejenige einer andern Unglücklichen sei. Ich halte es für nötig, dem Leser einige Stellen, die eben diese Vermutung dartun, zu übermitteln. Die betreffenden Stellen sind eine wörtliche Übersetzung aus ›L'Etoile‹, einem Blatt, das sehr geschickt geleitet wird.

»Fräulein Rogêt verließ das Haus der Mutter am 22. Juni 18.., einem Sonntagmorgen, mit der ausgesprochenen Absicht, ihre Tante oder sonstige Bekannte in der Rue des Drômes aufzusuchen. Von dieser Stunde an hat sie erwiesenermaßen keiner mehr gesehen. Keine Spur war mehr von ihr zu finden, keine Nachricht zu erlangen . . . Niemand hat sich bis jetzt gemeldet, der sie an jenem Tag, da sie von Hause fortgegangen, gesehen hätte . . . Wenn es also auch nicht erwiesen ist, daß Marie Rogêt am Sonntag, den 22. Juni, morgens 9 Uhr noch unter den Lebenden weilte, so haben wir doch Beweise dafür, daß sie bis zu dieser Stunde noch lebte. Am Mittwoch mittag entdeckte man in der Gegend der Barrière du Roule eine auf dem Wasser treibende Frauenleiche. Das waren also, selbst wenn wir voraussetzen, daß Marie Rogêt innerhalb drei Stunden nach Verlassen der mütterlichen Wohnung ins Wasser geworfen worden wäre, nur drei Tage, seit sie von Hause fortgegangen – genau drei Tage! Es ist aber Torheit anzunehmen, daß der Mord – falls hier ein Mord vorliegt – früh genug ausgeführt werden konnte, um den Mördern zu ermöglichen, die Leiche vor Mitternacht in den Fluß zu werfen. Wer sich so scheußlicher Verbrechen schuldig macht, wählt die Nacht und nicht den Tag zu seiner Tat . . . Wir sehen also, daß die gefundene Leiche, wenn sie diejenige der Marie Rogêt gewesen sein sollte, nur zwei und einen halben Tag, im Höchstfalle drei Tage, im Wasser gewesen sein kann. Die Erfahrung zeigt aber, daß Leichen Ertrunkener oder sofort nach dem Tode gewaltsam ins Wasser Geworfener sechs bis zehn Tage brauchen, ehe die Zersetzung eingetreten ist, die sie an die Oberfläche bringt. Selbst wenn man über einer unter Wasser ruhenden Leiche eine Kanone abfeuert und so das Steigen der ersteren vor dem fünften oder sechsten Tag veranlaßt, sinkt dieselbe wieder unter, sowie die Erschütterung vorbei ist. Wir fragen nun: weshalb sollte in diesem Falle ein Abweichen von der natürlichen Regel stattgefunden haben?

. . . . Hätte die Leiche in ihrem verstümmelten Zustand bis Dienstag nacht an Land gelegen, so hätte man Spuren von den Mördern finden müssen; auch ist es höchst zweifelhaft, ob der Körper, selbst wenn er erst zwei Tage nach eingetretenem Tode ins Wasser geworfen worden wäre, so bald schon an der Oberfläche treiben kann. Und fernerhin ist es äußerst unwahrscheinlich, daß Kerle, die einen solchen Mord begangen, den Leichnam ins Wasser geworfen haben sollten, ohne ihn durch einen Ballast zum Sinken zu bringen, wo solche Vorsichtsmaßregel doch so leicht getroffen werden kann.«

Der Schreiber fährt nun fort darzutun, daß der Körper nicht »drei, sondern mindestens fünfmal drei Tage« im Wasser gelegen haben muß, weil er so stark verwest war, daß Beauvais ihn nur mit Mühe identifizieren konnte. Dieser letzte Punkt wurde übrigens später völlig widerlegt. Ich fahre in der Übersetzung fort:

»Worin bestehen nun die Tatsachen, auf Grund deren Herr Beauvais aussagt, die Leiche sei die der Marie Rogêt? Er riß den Kleiderärmel auf und sagt, er fand Zeichen, die ihn von der Identität überzeugten. Man hat allgemein angenommen, diese Zeichen hätten in irgendwelchen Narben oder Flecken bestanden. Er hatte den Arm gerieben und ihn *behaart* gefunden! Etwas Unbestimmteres läßt sich gar nicht denken – es ist dasselbe, wie wenn man in einem Ärmel einen Arm findet. Herr Beauvais kehrte in jener Nacht nicht zurück, sondern sandte Frau Rogêt am Mittwoch abend um 7 Uhr Nachricht, daß die Untersuchungen noch im Gange seien. Wenn wir zugeben, daß Frau Rogêt, von Alter und Gram gebeugt, unfähig war, der Untersuchung beizuwohnen, so müßte doch immerhin irgend jemand es für wert gehalten haben, sich hinzubegeben, wenn man der Meinung war, die Leiche könne die des jungen Mädchens sein. Doch niemand tat das. Man war so verschwiegen, daß nicht einmal die Mitbewohner des Hauses in der Rue Pavée Sainte Andrée etwas von der Sache erfuhren. Herr St. Eustache, der Liebhaber und künftige Gatte Maries, der im Hause ihrer Mutter wohnte, gibt an, er habe von der Auffindung der Leiche seiner Zukünftigen erst am folgenden Morgen gehört, als Herr Beauvais bei ihm eintrat und ihm davon berichtete. Wir sind erstaunt, wie kühl die Schreckensbotschaft entgegengenommen wurde.«

In dieser Weise versuchte die Zeitung ihre Leser zu überzeugen, daß die Familie Maries den Ereignissen eine Gleichgültigkeit entgegenbringe, die unvereinbar sei mit der Annahme, daß jene die Leiche als die des Mädchens anerkenne. Die Vermutungen des Blattes sind diese: Marie habe mit Wissen ihrer Freunde die Stadt verlassen, aus Gründen, die ihre jungfräuliche Reinheit in Frage stellten, und diese Freunde hätten die Gelegenheit der Auffindung einer Leiche, die mit der Vermißten einige Ähnlichkeit aufweise, benutzt, um die Öffentlichkeit von ihrem Tode zu überzeugen. Doch ›L'Etoile‹ war übereifrig gewesen. Es wurde klar erwiesen, daß auf seiten der Familie durchaus keine Gleichgültigkeit herrschte; daß die alte Dame außerordentlich hinfällig und viel zu aufgeregt war, um irgendwelchen Pflichten genügen zu können; daß St. Eustache, weit davon entfernt, die Nachricht kühl aufzunehmen, vor Kummer außer sich war und sich so rasend gebärdete, daß Herr Beauvais einen Freund und Verwandten ersuchte, ihn zu bewachen und zu verhindern, daß er der Wiederausgrabung der Leiche beiwohne. Und obgleich ›L'Etoile‹ behauptete, daß die Leiche nunmehr auf öffentliche Kosten beerdigt wurde – daß ein vorteilhaftes Angebot eines Privat-Begräbnisses von der Familie schroff abgelehnt wurde – und daß kein Familienglied der Zeremonie beiwohnte –, obgleich, sage ich, alles dies von ›L'Etoile‹ zur Bekräftigung der von ihm aufgestellten Ansicht behauptet wurde – so wurde doch alles genügend widerlegt. In einer späteren Nummer machte das Blatt den Versuch, Beauvais selbst zu verdächtigen. Es hieß da:

»Die Sachlage ändert sich nun. Wir erfahren, daß Herr Beauvais eines Tages zu einer sich damals im Hause Rogêt aufhaltenden Frau B. sagte, er beabsichtige auszugehen, es werde vermutlich ein Gendarm kommen, dem sie nichts über die Angelegenheit sagen solle, ehe er zurück sei; sie möge die Sache ihm selbst überlassen ... So wie die Dinge jetzt stehn, scheint es, als habe Herr Beauvais sie in seinem Gehirnkasten hinter Schloß und Riegel gesetzt. Nicht der kleinste Schritt kann ohne Herrn Beauvais geschehen, immer stößt man auf ihn ... Aus irgendeinem Grunde wünscht er, daß niemand außer ihm mit den Nachforschungen zu tun habe, und er hat nach Angabe der männlichen Verwandten sie alle in höchst sonderbarer Weise beiseite geschoben. Es widerstrebte ihm anscheinend sehr, den Verwandten die Besichtigung der Leiche zu gestatten.«

Folgende Tatsache wirft ein wenig Licht auf die Verdächtigung gegen Herrn Beauvais. Einige Tage vor dem Verschwinden des Mädchens hatte ein Herr, der Beauvais in seinem Bureau besuchen kam und diesen abwesend fand, im Schlüsselloch eine Rose stecken gesehen und auf einer nahebei hängenden Tafel den Namen ›Marie‹ gelesen.

Die allgemeine Auffassung der Sache – soweit wir sie den Zeitungen entnehmen konnten – schien die zu sein, daß Marie das Opfer einer wüsten Bande geworden sei, die sie über den Fluß geschleppt, mißhandelt und ermordet habe. ›Le Commercial‹ jedoch, ein Blatt von weittragender Bedeutung, suchte ernstlich diese Volksmeinung zu widerlegen. Ich zitiere ein paar Stellen aus seinen Spalten:

»Wir sind überzeugt, daß die Verfolgung bisher auf falscher Fährte war, sofern sie die Barrière du Roule im Auge hatte. Es ist ausgeschlossen, daß eine Tausenden bekannte Persönlichkeit, wie dieses junge Weib, drei Häuserquadrate durchqueren könnte, ohne erkannt zu werden; und wer sie erkannt hätte, würde sich dessen erinnern, denn sie interessierte jeden, der sie kannte. Ihr Fortgang erfolgte zu einer Zeit, da die Straßen voller Menschen waren . . . Es ist unmöglich, daß sie zur Barrière du Roule oder Rue des Drômes gegangen sein sollte, ohne von einem Dutzend Leuten erkannt worden zu sein; dennoch hat sich niemand gemeldet, der sie außerhalb des mütterlichen Hauses gesehen hätte, und was spricht dafür, daß sie es überhaupt verlassen hat – ausgenommen die ausgesprochene Absicht dazu? Ihr Kleid war zerrissen und wie ein Strick um ihren Leib geknotet – offenbar ist die Leiche daran wie ein Bündel getragen worden. Wäre der Mord an der Barrière du Roule begangen worden, so wäre eine solche Maßregel überflüssig gewesen. Die Tatsache, daß die Leiche bei der Barrière im Wasser treibend gefunden wurde, ist kein Beweis dafür, daß sie auch dort ins Wasser geworfen worden . . . Aus dem Unterrock der Unglücklichen war ein zwei Fuß langes und ein Fuß breites Stück herausgerissen und ihr um Kopf und Kinn gebunden, vermutlich um sie am Schreien zu verhindern. Das müssen Leute getan haben, die nicht im Besitze von Taschentüchern waren.«

Ein oder zwei Tage ehe der Präfekt uns besuchte, hatte die Polizei eine bedeutsame Nachricht erhalten, die zumindest die von ›Le Commercial‹ vertretene Hauptansicht über den Haufen warf. Zwei kleine Knaben, Söhne einer Frau Deluc, drangen bei einer Streife durch die Waldungen nahe der Barrière du Roule in ein Dickicht, wo drei oder vier große Steine eine Art Sitz mit Lehne und Fußbank bildeten. Auf dem oberen Stein lag ein weißer Unterrock, auf dem zweiten eine seidene Schärpe. Auch ein Sonnenschirm, Handschuhe und ein Taschentuch wurden hier gefunden. Das Taschentuch trug den Namen ›Marie Rogêt‹. An den benachbarten Brombeerbüschen hingen Kleiderfetzen. Die Erde war zerstampft, die Zweige waren geknickt, und alles deutete auf einen stattgehabten Kampf. Zwischen Dickicht und Fluß waren die Hecken umgebrochen, und der Boden zeigte, daß hier eine schwere Last entlang geschleppt worden war.

Ein Wochenblatt, ›Le Soleil‹, machte zu dieser Entdeckung folgende Bemerkung – die übrigens ein Echo der gesamten Pariser Presse war:

»Alle diese Dinge haben offenbar mindestens drei bis vier Wochen dort gelegen; sie waren sämtlich vom Regen durchfeuchtet und modrig geworden und klebten zusammen vor Moder. Das eine oder andere war hoch von Gras überwachsen. Die Seide des Sonnenschirms war kräftig, aber so verwittert und modrig, daß sie beim Öffnen des Schirms zerfiel. Die an den Büschen hängenden Kleiderfetzen hatten eine Größe von drei zu sechs Zoll. Ein Fetzen war der Saum des Kleides und war geflickt; ein anderer war aus dem Unterrock, nicht der Saum. Sie glichen abgerissenen Streifen und hingen am Dornbusch, etwa einen Fuß über dem Erdboden . . . Es kann also kein Zweifel sein, daß man die Stelle der empörenden Gewalttat aufgefunden hat.«

Diese Entdeckung brachte neue Tatsachen ans Licht. Frau Deluc sagte aus, daß sie an der Landstraße, nicht weit vom Flußufer, gegenüber der Barrière du Roule, eine Gastwirtschaft betreibe. Die Umgegend ist sehr einsam. Sie ist besonders des Sonntags der Zufluchtsort schlechter Elemente aus der Stadt, schlimmer Burschen, die in Booten übersetzen. Am fraglichen Sonntag erschien nachmittags gegen drei Uhr ein junges Mädchen im Gasthaus, in Begleitung eines jungen Mannes von dunkler Gesichtsfarbe. Die beiden hielten sich einige Zeit hier auf. Als sie gingen, schlugen sie die Richtung nach den dichten Wäldern der Umgegend ein. Frau Delucs Aufmerksamkeit war durch des Mädchens Kleid gefesselt worden, das dem einer verstorbenen Verwandten ähnlich gewesen war. Besonders der Schärpe erinnerte sie sich. Bald nach Fortgang des Paares erschien eine Rotte ›Bösewichter‹, gebärdete sich wüst und lärmend, aß und trank ohne zu bezahlen, folgte dem Weg, den der junge Mann und das Mädchen genommen, kehrte zur Dämmerzeit zum Gasthof zurück und setzte in Eile wieder über den Fluß.

Es war am selben Abend, bald nach Dunkelwerden, als Frau Deluc und ihr ältester Sohn in der Nähe des Gasthofs eine Frauenstimme schreien hörten. Die Schreie waren heftig, doch kurz. Frau D. erkannte nicht nur die Schärpe wieder, die man im Dickicht gefunden, sondern auch das Kleid, das die Leiche getragen. Jetzt bekundete auch ein Omnibuskutscher, Valence, daß er am fraglichen Sonntag Marie Rogêt gesehen habe, wie sie in Begleitung eines jungen Mannes von dunkler Gesichtsfarbe auf einem Fährboot die Seine überquerte. Er, Valence, kannte Marie und konnte über ihre Identität nicht im Zweifel sein. Die im Dickicht gefundenen Gegenstände wurden alle von den Verwandten Maries wiedererkannt.

Die Ansichten und Tatsachen, die ich auf Dupins Anregung hin aus den Zeitungen gesammelt hatte, enthielten nur noch einen weiteren Punkt – doch dies war ein Punkt von scheinbar weittragender Bedeutung. Es ergab sich, daß kurz nach Auffindung der oben beschriebenen Kleidungsstücke der leblose – oder nahezu leblose – Körper St. Eustaches, Maries Verlobten, in der Nähe des Ortes gefunden wurde, den alle jetzt für den Mordplatz hielten. Ein Fläschchen mit der Aufschrift ›Laudanum‹ lag leer neben ihm. Sein Atem roch nach dem Gift. Er starb, ohne gesprochen zu haben. Man fand einen Brief bei ihm, der kurz besagte, daß er Marie liebe und in den Tod gehen wolle.

»Ich brauche Ihnen wohl nicht zu sagen«, bemerkte Dupin, nachdem er meine Notizensammlung überflogen hatte, »daß dieser Fall weit verwickelter ist als jener aus der Rue Morgue, von dem er besonders in einem Punkte abweicht. Dies hier ist trotz seiner Scheußlichkeit ein *gewöhnliches* Verbrechen. Es hat nichts Absonderliches, nichts Unerklärliches. Aus diesem Grunde hat man die Lösung des Geheimnisses für leicht gehalten – die aber aus ebendiesem Grunde besonders schwierig ist. Man hielt es also zunächst für überflüssig, eine Belohnung auszusetzen. G.s Häscher wußten unschwer zu begreifen, wie und warum solche Scheußlichkeit begangen worden sein mochte. Sie hatten Erfindungskraft genug, um sich mannigfache Art und Weisen und mannigfache Gründe auszumalen; und weil es *nicht unmöglich* war, daß eine dieser zahlreichen Vermutungen den Tatsachen entspräche, nahmen sie das einfach für *gewiß* an. Doch die Leichtigkeit, mit der man zu allen diesen Möglichkeiten kam, und die Wahrscheinlichkeit, die jede für sich hatte, hätte als bezeichnend für die Schwierigkeit, nicht für die Leichtigkeit der Lösung erachtet werden müssen. Ich sagte vorhin, daß gerade die Absonderlichkeiten es sind, die der Vernunft auf ihrer Suche nach der Wahrheit die beste Handhabe bieten, und daß in Fällen wie dieser hier die Frage nicht sein sollte: was ist geschehen?, sondern vielmehr: was ist geschehen, das noch nie vorher geschehen ist? Bei den

Nachforschungen im Hause der Frau L'Espanaye waren die Beamten G.s entmutigt und verzweifelt wegen eben der *Ungewöhnlichkeit* des Ereignisses, die einem gut geschulten Intellekt gerade das sicherste Zeichen zum Erfolg geboten hätte. Derselbe Intellekt könnte aber durch den gewöhnlichen Verlauf dieser anderen Mordsache, die den Polizeibeamten so leichten Triumph vorgaukelt, in Verzweiflung gestürzt werden.

In der Angelegenheit der Frau L'Espanaye und ihrer Tochter gab es schon bei Beginn unserer Untersuchungen keinen Zweifel, daß ein Mord stattgefunden hatte. Der Gedanke an Selbstmord war von Anfang an ausgeschlossen. Auch hier können wir diese Vermutung sofort zurückweisen. Der an der Barrière du Roule gelandete Leichnam wurde unter Umständen gefunden, die uns in diesem wichtigen Punkte alle Zweifel nehmen. Es ist aber die Annahme aufgetaucht, die aufgefundene Leiche sei gar nicht jene der Marie Rogêt – und nur für Überführung *ihres* Mörders oder ihrer Mörder ist die Belohnung ausgesetzt, und nur auf sie bezieht sich unsere Abmachung mit dem Präfekten. Wir beide kennen den Herrn gut. Man darf ihm nicht allzusehr trauen. Wenn wir bei unseren Nachforschungen von der gefundenen Leiche ausgehen und dann einen Mörder aufstellen, so geschähe es vielleicht doch, daß man die Leiche gar nicht als jene der Marie ansieht; gehen wir aber von der lebenden Marie aus, so haben wir wohl sie, finden sie aber nicht ermordet – in beiden Fällen tun wir nutzlose Arbeit, da wir es mit Herrn G. zu tun haben. Also schon um unsertwillen, wenn nicht um des Rechtes willen, ist es unvermeidlich, daß unser erster Schritt sein muß, die Identität der Leiche mit der vermißten Marie Rogêt festzustellen.

Im Publikum haben die Beweisführungen von ›L'Etoile‹ Gewicht gehabt; und daß die Zeitung selbst von ihrer Bedeutung durchdrungen ist, geht aus der Art hervor, wie sie einen ihrer Aufsätze über dieses Thema einleitet: ›Mehrere Tagesblätter‹, sagt sie, ›sprechen von dem entscheidenden Artikel in unserer Montagsnummer.‹ Mir scheint der Artikel nur für den Eifer seines Verfassers entscheidend zu sein. Wir müssen im Auge behalten, daß die Aufgabe unserer Zeitungen im allgemeinen mehr darin besteht, Sensation zu erwecken – Fragen aufzuwerfen –, als die Sache der Wahrheit zu fördern. Dieser Zweck wird nur dann verfolgt, wenn er mit dem ersteren zusammenfällt. Das Blatt, das einfach die allgemeine Ansicht teilt, erntet – so wohlbegründet diese Ansicht auch sein mag – keinen Glauben beim Volk. Die Menge sieht nur den als weise an, der die *schärfsten*

Widersprüche mit der allgemeinen Ansicht aufstellt. In der Schlußfolgerung wie in der Literatur ist es das Epigramm, das am schnell-
sten und am meisten geschätzt wird, obschon es am wenigsten wirklichen Wert hat.

Was ich sagen will, ist, daß lediglich diese Mischung von Sensa-
tionellem und Melodramatischem und nicht etwa irgendwelche
Wahrscheinlichkeitsgründe maßgebend waren, daß ›L'Etoile‹ die
Behauptung, Marie Rogêt sei noch am Leben, aufstellte, und was
ihm den Erfolg beim Publikum sicherte. Prüfen wir die Punkte, von
denen aus das Blatt seine Beweisführung antritt, indem wir die üblichen falschen Schlußfolgerungen aufdecken.

Das Bestreben des Schreibers geht zunächst dahin, an der geringen
Zeit zwischen Maries Verschwinden und der Auffindung der Leiche
zu zeigen, daß diese Leiche nicht jene der Marie sein kann. Dem Dialektiker wird es somit Zweck, diesen Zeitraum so viel als möglich zu
verkürzen. In eiliger Verfolgung dieses Ziels setzt er an den Beginn
seiner Argumentierung weiter nichts als eine Hypothese. ›Es ist
Torheit anzunehmen‹, sagt er, ›daß der Mord – falls hier ein Mord
vorliegt – früh genug ausgeführt werden konnte, um es den Mördern
zu ermöglichen, die Leiche vor Mitternacht in den Fluß zu werfen.‹
Wir fragen sofort und selbstverständlich, *warum?* Warum ist es
Torheit, anzunehmen, daß der Mord fünf Minuten nach Verlassen
des mütterlichen Hauses erfolgte? Warum ist es Torheit anzunehmen, daß der Mord zu irgendeiner Tageszeit ausgeführt wurde? Es
hat zu allen Stunden Ermordungen gegeben. Aber hätte der Mord
am Sonntag zu irgendeiner Zeit zwischen neun Uhr früh und fünfzehn Minuten vor Mitternacht stattgefunden, so wäre immer noch
Zeit genug gewesen, die Leiche vor Mitternacht in den Fluß zu werfen. Jene Voraussetzung kommt also zu der Schlußfolgerung, daß
der Mord am Sonntag überhaupt nicht begangen worden sei; und
wenn wir ›L'Etoile‹ eine derartige Annahme gestatten, so können
wir ihm ebensogut alle erdenklichen andern Willkürlichkeiten gestatten. Die mißglückte Äußerung, die im ›Etoile‹ mit den Worten
beginnt: ›Es ist Torheit anzunehmen, daß . . .‹, könnte aber im Hirn
ihres Verfassers *so* gelautet haben: ›Es ist Torheit anzunehmen, daß
der Mord – falls die Leiche ermordet worden ist – früh genug ausgeführt werden konnte, um es den Mördern zu ermöglichen, die Leiche vor Mitternacht in den Fluß zu werfen.‹ Es ist Torheit, sage ich,
dies anzunehmen und gleichzeitig anzunehmen (wozu wir aber entschlossen sind), daß die Leiche *nicht* früher als *nach* Mitternacht hin-

eingeworfen worden – eine an sich höchst inkonsequente Behauptung, aber immerhin nicht so widersinnig wie die abgedruckte.

Wäre es meine Absicht«, fuhr Dupin fort, »lediglich die Unhalt-
barkeit dieses von ›L'Etoile‹ aufgestellten Satzes nachzuweisen, so
lohnte es sich wohl kaum der Mühe. Es ist aber nicht ›L'Etoile‹,
womit wir es zu tun haben, sondern die Wahrheit. Der fragliche Satz
hat, so wie er dasteht, nur *einen* Sinn, und diesen Sinn habe ich festgestellt. Es ist jedoch nötig, daß wir hinter die Worte blicken, die die
Aufgabe hatten, einen Gedanken zu vermitteln. Die Absicht des
Journalisten ging dahin, zu sagen, daß es unwahrscheinlich sei, daß
die Mörder gewagt haben sollten, die Leiche vor Mitternacht in den
Fluß zu werfen – zu welcher Tages- oder Nachtzeit am Sonntag der
Mord auch begangen sein sollte. Und hierin liegt die Annahme, die
ich verwerfe: es wird angenommen, daß die Mordtat an solchem
Orte und unter solchen Umständen geschah, daß es nicht nötig wur-
de, die Leiche zum Fluß *zu schleppen*. Nun könnte der Mord zum
Beispiel am Flußufer oder auf dem Fluß selbst stattgefunden haben,
und so könnte das Inswasserwerfen der Leiche zu jeder Tages- oder
Nachtzeit sich als die naheliegendste und selbstverständlichste Art
zu ihrer Entledigung erwiesen haben. Sie werden verstehen, daß ich
hier nichts als wahrscheinlich aufstelle oder etwa als meiner eigenen
Ansicht entsprechend. Meine Ansicht hat bis jetzt mit den *Tatsachen*
des Falles nichts zu tun. Ich will Sie nur vor dem ganzen Ton der von
›L'Etoile‹ ausgesprochenen *Vermutung* warnen, indem ich Ihre
Aufmerksamkeit darauf hinlenke, von wie falschen Voraussetzun-
gen das Blatt ausgeht.

Nachdem die Zeitung diese ihrer vorgefaßten Meinung entsprechende Grenze gezogen und zu dem Schlusse gekommen, daß die
Leiche Maries – falls es ihre Leiche sei – nur ganz kurze Zeit im Wasser gelegen haben könne, fährt sie fort:

›Die Erfahrung zeigt aber, daß Leichen Ertrunkener oder sofort
nach dem Tode gewaltsam ins Wasser Geworfener sechs bis zehn
Tage brauchen, ehe die Zersetzung eingetreten ist, die sie an die
Oberfläche bringt. Selbst wenn man über einer unter Wasser ruhenden Leiche eine Kanone abfeuert und so das Steigen der ersteren vor
dem fünften oder sechsten Tage veranlaßt, sinkt dieselbe wieder unter, sowie die Erschütterung vorbei ist.‹

Diese Versicherungen sind von allen Pariser Blättern stillschweigend hingenommen worden, mit Ausnahme von ›Le Moniteur‹.
Letztere Zeitung versucht lediglich die Äußerung über die Leichen

Ertrunkener zu bekämpfen, und zwar indem sie fünf oder sechs Fälle zitiert, in denen Ertrunkene schon nach kürzerer Zeit an der Wasseroberfläche gesehen wurden, als ›L'Etoile‹ für möglich hält. Aber der ›Moniteur‹ geht in seinem Bemühen, die allgemeine Annahme von ›L'Etoile‹ durch Zitierung einzelner abweichender Fälle zu widerlegen, sehr unphilosophisch vor. Hätte man auch fünfzig statt fünf Beispiele von bereits nach zwei bis drei Tagen wieder emporgetauchten Leichen anführen können, so hätten selbst diese fünfzig Beispiele nur als Ausnahme von der von ›L'Etoile‹ aufgestellten Regel betrachtet werden müssen – so lange, bis die Regel selbst widerlegt wäre. Gibt man die Regel zu (der ›Moniteur‹ weist sie nicht zurück, sondern besteht nur auf seinen Ausnahmen), so behält die Beweisführrung von ›L'Etoile‹ ihre volle Kraft, denn sie will ja nichts weiter, als die *Wahrscheinlichkeit* in Frage stellen, daß die Leiche nach weniger als drei Tagen an die Oberfläche gelangt sei; und diese Wahrscheinlichkeit bleibt so lange bestehen, bis die angeführten Beispiele eine genügende Zahl aufweisen, um eine entgegengesetzte Regel zu ergeben.

Sie sehen sofort, daß jede Beweisführung hier nur gegen die Regel selber vorzugehen hätte; und aus diesem Grunde müssen wir die *Begründung* der Regel nachprüfen. Nun ist der menschliche Körper im allgemeinen weder viel leichter noch viel schwerer als das Wasser der Seine; ich meine: das spezifische Gewicht des menschlichen Körpers entspricht für gewöhnlich der Menge des von diesem verdrängten Süßwassers. Die Körper fetter und fleischiger Menschen mit dünnen Knochen, besonders also von Frauen, sind leichter als solche von Mageren und Grobknochigen und von Männern; und das spezifische Gewicht des Flußwassers wird etwas von Ebbe und Flut beeinflußt. Sehen wir aber von dieser unbedeutenden Tatsache ab, so kann man sagen, daß höchst selten ein menschlicher Körper, selbst in Süßwasser, *aus eigenem Antrieb* untergeht. Fast jeder, der ins Wasser fällt, kann sich an der Oberfläche halten, wenn er das spezifische Gewicht des Wassers mit seinem eigenen ins Gleichgewicht zu bringen weiß – das heißt, wenn er seinen ganzen Körper so weit als irgend möglich unter Wasser bringt. Die richtige Stellung für einen, der nicht schwimmen kann, ist die aufrechte Haltung, mit zurückgelegtem und so weit untergetauchtem Kopf, daß nur Mund und Nase aus dem Wasser ragen. In dieser Lage treiben wir mühelos an der Oberfläche dahin. Es ist jedoch Tatsache, daß das Gewicht unseres Körpers und das der verdrängten Wassermenge einander so gleich sind, daß eine Kleinigkeit das eine oder andere überwiegen läßt. So bedeutet zum Beispiel ein aus dem Wasser erhobener Arm eine genügende Gewichtszunahme, um den ganzen Kopf unter Wasser zu drücken, wohingegen der zufällige Beistand des kleinsten Treibholzes es uns ermöglichen würde, den Kopf so weit zu erheben, um Umschau halten zu können. Nun wird ein Nichtschwimmer in seiner Angst unfehlbar die Arme emporwerfen und den Versuch machen, den Kopf in seiner üblichen senkrechten Lage zu erhalten. Die Folge ist, daß Mund und Nase unter Wasser kommen und daß dann durch das Atmen Wasser in die Lungen eindringt. Vieles gelangt auch in den Magen, und der ganze Körper wird um das Gewicht des eingedrungenen Wassers schwerer, abzüglich des Gewichts der verdrängten Luft, die vorher die Höhlungen ausfüllte. Diese Differenz genügt in der Regel, den Körper zum Sinken zu bringen, ist aber ungenügend in Fällen, wo es sich um Leute mit feinen Knochen und ungewöhnlicher Fleisch- und Fettmasse handelt. Solche Leute treiben selbst nach dem Ertrinken an der Oberfläche.

Der auf den Grund des Flusses hinabgesunkene Körper wird so lange dort bleiben, bis aus irgendwelchen Ursachen sein spezifisches Gewicht geringer wird als die von ihm verdrängte Wassermenge. Diese Wirkung wird durch Zersetzung oder sonstige Ursachen erzielt. Die Folge der Zersetzung ist die Entstehung von Gas, das das Zellengewebe erweitert, alle Höhlungen auftreibt und die Leichen fürchterlich aufbläht. Ist diese Ausdehnung so weit fortgeschritten, daß der Umfang des Körpers zugenommen hat, ohne daß doch eine entsprechende Zunahme der Masse und des Gewichts erfolgt wäre, so wird sein spezifisches Gewicht geringer als das des verdrängten Wassers, und er erscheint an der Oberfläche. Die Zersetzung wird aber durch zahllose Umstände beeinflußt, zum Beispiel durch hohe oder niedere Lufttemperatur, durch Mineralgehalt oder Reinheit des Wassers, durch dessen Tiefe oder Untiefe, Strömung oder Stagnation, durch die Körpertemperatur, durch etwaige vor dem Tode vorhanden gewesene Krankheitserscheinungen. Dies zeigt klar, daß wir unmöglich mit Genauigkeit die Zeit angeben können, zu der ein Körper infolge Zersetzung an der Oberfläche erscheinen kann. Unter gewissen Umständen könnte diese Wirkung schon nach einer Stunde eintreten, unter anderen überhaupt nicht. Es gibt chemische Einflüsse, welche den Leib *für immer* vor Zerstörung bewahren; dazu gehört zum Beispiel doppelt-chlorsaures Quecksilber. Doch abgesehen von der Zersetzung kann, was häufig vorkommt, im Magen eine Gaserzeugung infolge Gärung vegetabilischer Substanzen (oder in andern Höhlungen infolge anderer Vorgänge) stattfinden, die genügt, den Körper so weit auszudehnen, daß er steigt. Die durch das Abfeuern einer Kanone erzielte Wirkung ist einfach eine Vibration. Diese kann entweder den Körper aus dem weichen Schlamm lösen, in den er eingebettet ist, und ihm so das Steigen ermöglichen, wenn andere Einflüsse ihn schon dazu vorbereitet haben, oder die Zähigkeit faulender Teile des Zellengewebes vermindern, so daß die Höhlungen sich nunmehr unter der Einwirkung des Gases auszudehnen vermögen.

Nachdem wir so den ganzen Gegenstand beherrschen, fällt es uns leicht, die Behauptungen von ›L'Etoile‹ zu beurteilen.

›Die Erfahrung zeigt aber‹, sagt dieses Blatt, ›daß Leichen Ertrunkener oder sofort nach dem Tode gewaltsam ins Wasser Geworfener sechs bis zehn Tage brauchen, ehe die Zersetzung eingetreten ist, die sie an die Oberfläche bringt. Selbst wenn man über einer unter Wasser ruhenden Leiche eine Kanone abfeuert und so das Steigen der ersteren vor dem fünften oder sechsten Tage veranlaßt, sinkt dieselbe wieder unter, sowie die Erschütterung vorbei ist.‹

Dieser ganze Absatz erscheint nun zusammenhanglos und folgewidrig. Die Erfahrung zeigt *nicht,* daß Leichen Ertrunkener sechs bis zehn Tage *brauchen*, bis die Zersetzung so weit gediehen ist, um sie an die Oberfläche zu bringen. Vielmehr zeigen Wissenschaft und Erfahrung, daß der Zeitpunkt ihres Emporsteigens unbestimmt ist und notgedrungen sein muß. Ist überdies eine Leiche infolge eines Kanonenschusses emporgestiegen, so wird sie *nicht* ›wieder untersinken, sowie die Erschütterung vorbei ist‹, nicht eher vielmehr, als bis die Zersetzung so weit fortgeschritten ist, daß das entstandene Gas entweichen kann. Doch ich möchte Ihre Aufmerksamkeit auf den Unterschied lenken, der gemacht ist zwischen ›Leichen Ertrunkener‹ und ›Leichen sofort nach dem Tode gewaltsam ins Wasser Geworfener‹. Obgleich der Schreiber einen Unterschied zuläßt, bringt er doch beide in dieselbe Kategorie. Ich habe gezeigt, wie es kommt, daß der Körper eines Ertrinkenden spezifisch schwerer wird als die verdrängte Wassermenge, und daß man überhaupt nicht untersinken würde, wenn man nicht in seiner Verzweiflung die Arme aus dem Wasser streckte und unter Wasser Atembewegungen machte – Atembewegungen, die an Stelle der in den Lungen enthaltenen Luft Wasser einführen. Diese Arm- und Atembewegungen würden aber bei einem ›sofort nach dem Tode gewaltsam ins Wasser

Geworfenen‹ nicht vorkommen. Infolgedessen würde in letzterem
Falle der Körper *in der Regel überhaupt nicht sinken* – eine Tatsache,
die dem ›Etoile‹ offenbar unbekannt ist. Wenn die Zersetzung sehr
weit fortgeschritten wäre – wenn das Fleisch zum großen Teil schon
von den Knochen verschwunden wäre –, dann, doch nicht *eher*,
würde der Körper unsern Blicken entschwinden.

Und was haben wir nun von der Schlußfolgerung zu halten, daß
die gefundene Leiche nicht die der Marie Rogêt sein könne, weil erst
drei Tage vergangen waren, als man diese Leiche an der Oberfläche
treibend fand? Ist sie eine Ertrunkene, so war sie, ein Weib, vielleicht überhaupt nicht untergegangen oder konnte, falls sie gesunken, in vierundzwanzig Stunden oder früher wieder emporgestiegen
sein. Doch niemand vermutet hier ein Ertrinken. War das Weib
aber tot, ehe es in den Fluß geriet, so hätte die Leiche jederzeit danach treibend gefunden werden können.

›Aber‹, sagt ›L'Etoile‹, ›hätte die Leiche in ihrem verstümmelten
Zustand bis Dienstagnacht an Land gelegen, so hätte man Spuren
von den Mördern finden müssen.‹ Hier ist es zunächst schwer, herauszufinden, was der Schreiber gewollt hat. Er will einen eventuel-
len Einwand gegen seine Theorie widerlegen – den Einwand nämlich, daß die Leiche zunächst zwei Tage an Land gelegen und rascher
Verwesung unterworfen gewesen sein könne – rascherer Verwesung
als im Wasser. Er nimmt an, daß sie in diesem Falle am Mittwoch an
der Oberfläche aufgetaucht sein könne, und meint, daß dies *nur* unter solchen Umständen geschehen sein könne. Er hat es infolgedessen eilig zu zeigen, daß sie *nicht* an Land gelegen hat, denn wenn das
gewesen wäre, ›hätte man Spuren von Mördern finden müssen‹. Ich
denke, Sie lächeln über diese Schlußfolgerung. Sie können nicht einsehen, wieso ein längeres Anlandliegen der Leiche die Spuren der
Mörder vermehren sollte – auch ich kann das nicht einsehen.

›Und fernerhin ist es äußerst unwahrscheinlich‹, fährt die Zeitung
fort, ›daß Kerle, die einen solchen Mord begangen, den Leichnam
ins Wasser geworfen haben sollten, ohne ihn durch einen Ballast
zum Sinken zu bringen, wo solche Vorsichtsmaßregel doch so leicht
getroffen werden kann.‹ Beachten Sie hier die lächerliche Gedanken-
verwirrung. Niemand – nicht einmal ›L'Etoile‹ – bestreitet, *daß an
dem aufgefundenen Körper* ein Mord begangen worden. Die Spuren
roher Vergewaltigung sind zu auffällig. Unseres Dialektikers Absicht geht nur dahin, zu zeigen, daß dieser Körper nicht mit Marie
identisch ist. Er wünscht nachzuweisen, daß *Marie* nicht ermordet

worden – nicht etwa, daß die Leiche es nicht sei. Dennoch beweist seine Äußerung nur diesen letzteren Punkt: hier ist eine Leiche ohne beschwerendes Gewicht. Mörder würden beim Inswasserwerfen derselben nicht versäumt haben, ein Gewicht daran zu befestigen. Daher ist sie also nicht von Mördern hineingeworfen. Das ist alles, was bewiesen wird – wenn überhaupt etwas bewiesen wird.

Die Frage der Identität wird nicht einmal berührt, und das Blatt hat sich furchtbare Mühe gemacht, lediglich das zu leugnen, was es einen Moment früher zugegeben. ›Wir sind vollkommen überzeugt‹, sagt es weiter, ›daß die gefundene Leiche diejenige eines ermordeten Weibes war.‹

Dies ist aber nicht das einzige Mal, daß unser Dialektiker sich selbst widerlegt. Seine offenbare Absicht ist, wie ich schon sagte, den Zwischenraum zwischen Maries Verschwinden und der Auffindung der Leiche so viel als möglich zu verringern. Dennoch sehen wir ihn den Punkt geltend machen, daß kein Mensch das Mädchen nach Verlassen ihrer Wohnung mehr gesehen hat. ›Es ist nicht erwiesen‹, sagt er, ›daß Marie Rogêt am Sonntag, den 22. Juni, nach neun Uhr noch unter den Lebenden weilte.‹ Da seine Beweisführung offenbar nur eine einseitige ist, hätte er wenigstens diese Sache außer acht lassen sollen; denn wäre es erwiesen, daß irgend jemand, sei es nun am Montag oder am Dienstag, Marie gesehen hat, so wäre der fragliche Zeitraum sehr vermindert und durch seine eigene Schlußfolgerung die Wahrscheinlichkeit verringert worden, daß die Leiche jene der Grisette sei. Es ist nichtsdestoweniger amüsant zu sehen, daß ›L'Etoile‹ auf diesem Punkt besteht, in der festen Überzeugung, daß er ihm für seine gesamte Beweisführung dienlich sei.

Lesen wir nun nochmals den Teil der Beweisführung, der sich auf die Identifizierung der Leiche durch Beauvais bezieht. Was das *Haar* auf den Armen anlangt, so ist ›L'Etoile‹ augenscheinlich in diesem Punkte unaufrichtig. Herr Beauvais ist kein Idiot und konnte unmöglich bezüglich der Identifizierung der Leiche nichts weiter geltend gemacht haben, als daß sie *Haare auf den Armen* habe. Kein Arm ist *ohne* Haare. Die Verallgemeinerung der Äußerung von ›L'Etoile‹ ist einfach eine Verdrehung der Worte des Zeugen. Er muß von irgendeiner *Eigenart* dieses Haares gesprochen haben; es muß eine Besonderheit in der Farbe, der Menge, der Länge oder der Anordnung gewesen sein.

›Ihr Fuß‹, sagt das Blatt, ›war klein – so sind tausend Füße. Ihre Strumpfbänder sind überhaupt kein Beweis, ebensowenig ihre

Schuhe, denn Schuhe und Strumpfbänder werden bündelweise verkauft. Dasselbe ist von den Blumen auf ihrem Hut zu sagen. Eine Sache, auf die Herr Beauvais sich besonders stützt, ist die, daß die Schließe des Strumpfbands zurückgesetzt war, um es enger zu machen. Das besagt gar nichts; denn die meisten Frauen pflegen nicht die Strumpfbänder im Kaufladen anzuprobieren, sondern kaufen sich ein Paar und ändern es zu Hause entsprechend um.‹ Hier ist es schwer, den Schreiber ernst zu nehmen. Hätte Herr Beauvais auf seiner Suche nach Marie eine Leiche gefunden, die an Gestalt und Aussehen dem vermißten Mädchen ähnlich gewesen, so wäre er (ganz abgesehen von der Kleiderfrage) zu der Behauptung berechtigt gewesen, daß seine Suche Erfolg gehabt habe. Wenn außer der Übereinstimmung von Gestalt und Aussehen noch hinzukam, daß die Behaarung der Arme eine Eigenart aufwies, die er bei der lebenden Marie wahrgenommen, so mag seine Überzeugung sich verstärkt haben, und diese Zunahme wird zu der Seltsamkeit oder Ungewöhnlichkeit der Haarbildung im entsprechenden Verhältnis gestanden haben. Wenn überdies Maries Fuß schmal und jener der Leiche ebenso gewesen, so würde die Wahrscheinlichkeit, daß diese Leiche die der Marie war, nicht eine Verstärkung in lediglich arithmetischer, sondern eine solche in geometrischer oder akkumulativer Hinsicht erfahren. Und zu alledem Schuhe, wie Marie sie am Tage ihres Verschwindens getragen! Obgleich diese Schuhe ›bündelweise‹ verkauft werden, so steigt doch nun die Wahrscheinlichkeit bis an die Grenze der Gewißheit. Was an und für sich kein Identitätsbeweis wäre, wird durch ein Zusammentreffen mit anderen zum sichersten Beweis. Finden wir nun noch Blumen auf dem Hut, die denen des vermißten Mädchens gleichen, so suchen wir keine weiteren Zeichen. Schon *eine* Blume würde genügen – wie nun, wenn es zwei oder drei oder gar mehr sind? Jede hinzukommende vervielfältigt den Beweis, fügt nicht Erkennungszeichen zu Erkennungszeichen, sondern multipliziert diese mit Hunderten und Tausenden. Lassen Sie uns nun noch bei der Leiche solche Strumpfbänder finden, wie die Lebende sie getragen, und es ist Torheit, noch weiter zu suchen. Doch diese Strumpfbänder sind durch Zurücksetzen einer Schnalle enger gemacht, in derselben Weise, wie Marie die ihrigen, nicht lange ehe sie von Hause fortging, verändert hatte. Nun ist es Wahnsinn oder Heuchelei, weiterzusuchen. Was ›L'Etoile‹ darüber sagt, daß solches Engernähen der Strumpfbänder häufig vorgenommen werde, zeigt nichts als seine eigene Verranntheit. Die Elastizität der

Strumpfbänder beweist allein schon die *Ungewöhnlichkeit* einer solchen Maßnahme. Was so beschaffen ist, daß es sich selbst anpaßt, braucht notwendigerweise nur selten passend geändert zu werden. Es muß im wahrsten Sinne des Wortes ein besonderes Ereignis gewesen sein, was das Engernähen von Maries Strumpfbändern nötig machte. Sie allein hätten ihre Identität zur Genüge nachgewiesen. Aber es war nun nicht so, daß man an der Leiche die Strumpfbänder der Vermißten oder ihre Schuhe, oder ihren Hut, oder die Blumen ihres Hutes fand, oder ihre kleinen Füße, oder ein besonderes Kennzeichen auf den Armen, oder ihre Größe und Erscheinung – man fand vielmehr jedes dieser Dinge und *alle zusammen*. ›L'Etoile‹ hat es für klug gefunden, die kleinliche Redeweise der Rechtsgelehrten nachzuahmen, die sich zum großen Teil damit begnügen, die Regeln und Formeln der Gerichtshöfe herunterzuschnurren. Ich möchte hier bemerken, daß sehr viel von dem, was ein Gericht als Beweis verwirft, dem Intellekt als bester Beweis erscheint. Denn das Gericht, das sich zur Erlangung von Beweisen nach den allgemeinen Grundregeln richtet – den festgesetzten und gebuchten Grundregeln –, betrachtet eine abweichende Beweisführung als Abschweifung. Und dieses standhafte Kleben an den Formeln, unter schärfster Mißachtung aller diesen zuwiderlaufenden Punkte, ist wohl ein sicherer Weg, das Maximum der ergründbaren Wahrheiten herauszufinden; aber es ist nicht weniger gewiß, daß es zu ungeheuren Irrtümern führen kann.

Was die gegen Beauvais vorgebrachten Verdächtigungen betrifft, so werden Sie diese ohne weiteres abtun. Sie haben den wahren Charakter des guten Mannes erraten. Er ist sensationsgierig, phantastisch und beschränkt und spielt sich gerne ein bißchen auf. Wer so veranlagt ist, wird sich in Fällen wirklicher Aufregung leicht so benehmen, daß er sich den Überschlauen und Unwissenden verdächtig macht. Herr Beauvais hatte, wie es den Anschein hat, ein persönliches Interview mit dem Herausgeber des Blattes und kränkte diesen, indem er, ungeachtet der Theorie des Herausgebers, seine Ansicht zu äußern wagte, daß die Leiche tatsächlich mit Marie identisch sei. ›Er besteht darauf‹, sagt das Blatt, ›daß die Leiche jene der Marie sei, weiß aber außer den Angaben, die wir hier einer Beurteilung unterzogen haben, nichts anzuführen, was auch für andere überzeugend wäre.‹ Ohne daß wir nun auf die Tatsache zurückkommen, daß stärkere Beweise, ›die auch für andere überzeugend wären‹, gar nicht erbracht werden könnten, so ist doch zu bemerken, daß in einem Fall wie dem vorliegenden ein Mann sehr wohl selbst überzeugt sein kann, ohne daß es ihm möglich wäre, einen einzigen Grund anzugeben, der für andere stichhaltig wäre. Nichts ist unbestimmter als das Gefühl für individuelle Identität. Jeder kann seinen Nachbarn erkennen, dennoch gibt es wenig Anlässe, bei denen irgendeiner *den Grund* für dieses Erkennen anzugeben vermöchte. Der Herausgeber des ›L'Etoile‹ hatte kein Recht, über Herrn Beauvais' unbegründete Überzeugung beleidigt zu sein. Die gegen diesen vorliegenden Verdachtsmomente passen viel besser zu meiner Hypothese eines sensationshungrigen Phantasten als zu des Artikelschreibers Vermutung, daß Beauvais der Schuldige sei. Neigen wir dieser milderen Auffassung zu, so gibt uns die Rose im Schlüsselloch, das ›Marie‹ auf der Tafel, keine Rätsel mehr auf. Wir verstehen nun das ›Beiseiteschieben der männlichen Verwandten‹, sein ›Widerstreben, den Verwandten die Besichtigung der Leiche zu gestatten, die der Frau B. erteilte Warnung, daß sie bis zu seiner (Beauvais') Rückkehr kein Gespräch mit dem Gendarmen führen solle, und endlich sein offenbares Bestreben, daß niemand außer ihm mit den Nachforschungen zu tun haben solle‹. Es scheint mir außer Frage, daß Beauvais ein Verehrer Maries gewesen, daß sie mit ihm kokettierte und daß ihm daran lag, als ihr naher Freund und Vertrauter zu gelten. Ich habe über diesen Punkt nichts mehr zu sagen; und da die Tatsachen die Behauptung des ›L'Etoile‹ bezüglich der Gleichgültigkeit von seiten der Mutter und der anderen Verwandten völlig widerlegt haben – eine Gleichgültigkeit, die unvereinbar war mit der Voraussetzung, daß sie die Leiche als jene des vermißten Mädchens anerkannten –, so wollen wir nun fortfahren, als wäre die Frage der Identität zu unserer vollen Zufriedenheit erledigt.«

»Und was«, fragte ich jetzt, »halten Sie von den Äußerungen des ›Commercial‹?«

»Daß sie weit mehr Beachtung verdienen als alle andern, die in der Sache vorgebracht worden sind. Die aus den Prämissen gezogenen Schlüsse sind gewissenhaft und philosophisch; aber die Prämissen beruhen – in zwei Punkten wenigstens – auf falscher Beobachtung. Der ›Commercial‹ wünscht anzudeuten, daß Marie nicht weit vom Hause ihrer Mutter von einer Rotte roher Burschen aufgegriffen worden sei. ›Es ist unmöglich‹, äußert er, ›daß eine Tausenden bekannte Persönlichkeit wie dieses junge Weib drei Häuserquadrate durchqueren könnte, ohne erkannt zu werden.‹ Dies ist die Anschauung eines in Paris lange Ansässigen – eines im öffentlichen Le-

ben Stehenden – und eines, dessen Gänge ins Stadtinnere sich meistens auf die Gegend öffentlicher Gebäude beschränkten. Er ist sich
bewußt, daß *er* selten vom Bureau aus ein Dutzend Häuserquadrate
passiert, ohne erkannt und gegrüßt zu werden. Und nach dem Umfang seines eigenen Bekanntenkreises berechnet er jenen der Verkäu-
ferin, findet keinen großen Unterschied zwischen beiden und
kommt ohne weiteres zu dem Schluß, daß sie auf ihren Gängen
ebensoviel erkannt werden müsse, wie er selbst auf seinen. Das
könnte nur dann der Fall sein, wenn ihre Gänge denselben methodi-
schen, einförmigen Charakter aufwiesen und ihnen dieselben engen
Grenzen gezogen wären, wie den seinigen. Er macht seine Wege
immer zu denselben Zeiten, durch immer dieselben Straßen, die voller Menschen sind, deren Interessen den seinigen gleichen, und die
darum auch an ihm ein Interesse nehmen. Die Gänge Maries aber
mögen im allgemeinen ein größeres Gebiet umfaßt haben. In diesem
besonderen Fall ist es als sehr wahrscheinlich anzunehmen, daß sie
eine von ihren gewohnten Wegen sehr abweichende Richtung nahm.
Die Parallele, die, wie wir annehmen, der ›Commercial‹ im Geiste
zog, wäre nur dann aufrecht zu erhalten, wenn beide Personen die
ganze Stadt durchquerten. Angenommen, der persönliche Bekanntenkreis wäre gleich groß, so wäre in diesem Falle auch die Möglichkeit einer gleichen Anzahl von Begegnungen dieselbe. Ich für mein
Teil halte es nicht nur für möglich, sondern für mehr als wahrscheinlich, daß Marie zu jeder gewünschten Zeit irgendeinen der vielen
Wege zwischen ihrer eigenen Behausung und der der Tante hätte
nehmen können, ohne einem einzigen Menschen zu begegnen, den
sie kannte oder dem sie bekannt war. Wollen wir diese Frage ins
rechte Licht rücken, so müssen wir uns immer das große Mißver-
hältnis vorstellen, das zwischen dem Bekanntenkreis selbst der be-
kanntesten Persönlichkeit in Paris und der Gesamtbevölkerung von
Paris besteht.

Doch welche überzeugende Kraft die Vermutung des ›Commercial‹ auch immer haben mag, sie wird sehr vermindert, wenn wir *die
Stunde* in Betracht ziehen, zu der das Mädchen ausging. ›Ihr Fortgang erfolgte zu einer Zeit, da die Straßen voller Menschen waren‹,
sagt der ›Commercial‹. Aber weit gefehlt! Es war um neun Uhr morgens. Nun sind an jedem Morgen um neun Uhr, mit *Ausnahme des
Sonntags,* die Straßen der Stadt gedrängt voll. Am Sonntagmorgen
um neun ist die Bevölkerung großenteils zu Hause und *bereitet sich
zum Kirchgang vor.* Keinem Menschen mit Beobachtungsgabe kann

es entgehen, wie geradezu vereinsamt die Straßen an jedem Feiertag von acht bis zehn Uhr morgens sind. Zwischen zehn und elf sind die Straßen überfüllt, nicht aber zu so früher Zeit wie die angegebene.

Da ist noch ein Punkt, der einen Beobachtungsfehler von seiten des ›Commercial‹ aufzuweisen scheint. Er sagt: ›Aus dem Unterrock der Unglücklichen war ein zwei Fuß langes und ein Fuß breites Stück herausgerissen und ihr um Kopf und Kinn gebunden, vermutlich um sie am Schreien zu verhindern; das müssen Leute getan haben, die nicht im Besitze von Taschentüchern waren.‹ Inwiefern dieser Gedanke mehr oder weniger gut begründet ist, werden wir später sehen; aber unter ›Leuten, die nicht im Besitze von Taschentüchern waren‹, versteht der Herausgeber die niedrigste Klasse von Lumpen. Diese sind aber gerade die Art von Leuten, die man immer im Besitze von Taschentüchern sehen wird – selbst wenn sie nicht einmal Hemden haben. Sie müssen schon Gelegenheit gehabt haben, zu bemerken, wie geradezu unentbehrlich dem wirklichen Vagabunden in den letzten Jahren das Taschentuch geworden ist.«

»Und was haben wir von dem Artikel in ›Le Soleil‹ zu halten?« fragte ich.

»Daß es ungemein zu bedauern ist, daß sein Verfasser nicht als Papagei geboren worden – in welchem Falle er der bedeutendste Papagei seiner Zeit geworden wäre. Er hat lediglich die verschiedenen Einzelpunkte der bereits veröffentlichten Meinungen wiederholt, nachdem er sie mit lobenswertem Eifer aus diesem und jenem Blatt zusammengetragen. ›Alle diese Dinge‹, sagte er, ›haben offenbar mindestens drei bis vier Wochen dort gelegen, und es kann also kein Zweifel sein, daß man die Stelle der empörenden Gewalttat aufgefunden hat.‹ Die hier von ›Le Soleil‹ wiederangeführten Tatsachen sind weit davon entfernt, meine Zweifel in dieser Hinsicht zu beheben, und wir wollen sie späterhin in Verbindung mit einer andern Seite unseres Themas eingehender nachprüfen.

Zunächst müssen wir uns mit andern Beobachtungen befassen. Es muß Ihnen aufgefallen sein, wie außerordentlich oberflächlich die Untersuchung der Leiche gehandhabt wurde. Gewiß, die Frage der Identität war schnell entschieden – oder hätte es wenigstens sein müssen; aber es gab andere Dinge festzustellen. War die Leiche etwa *geplündert* worden? Hatte die Verstorbene, als sie von Hause fortging, irgendwelche Schmucksachen bei sich? Und wenn, hatte sie dieselben noch, als man ihre Leiche fand? Das sind wichtige Fragen, die bei der Untersuchung ganz übergangen wurden; und es gibt noch andere, ebenso wichtige, die unberücksichtigt blieben. Wir müssen versuchen, uns diese Fragen selbst zu beantworten. Der Fall St. Eustache muß nachgeprüft werden. Ich habe keinen Verdacht auf diesen Herrn, aber wir wollen methodisch vorgehen. Wir wollen den Wert seiner eidlichen Aussage darüber, wie und wo er den Sonntag verbracht, feststellen. In solchen Fällen sind Meineide nichts Seltenes. Sollte aber hier nichts Böses zu entdecken sein, so wollen wir St. Eustache aus unserem Forschungsgebiet ausscheiden. Sein Selbstmord, wie verdächtig er auch im Falle eines Meineids wäre, ist ohne solchen Meineid durchaus nichts so Unerklärliches, als daß es uns von der geraden Linie unserer Analyse abbringen könnte.

Mein Vorschlag geht nun dahin, den inneren sichtbaren Kern dieser Tragödie außer acht zu lassen und unserer Aufmerksamkeit weitere Grenzen zu ziehen. Ein nicht geringer Fehler bei solcher Nachforschung ist das Beschränken derselben auf die unmittelbaren Ereignisse, unter völliger Nichtachtung der mittelbaren, nebensächlichen Umstände. Es ist eine üble Angewohnheit der Gerichte, Beweisaufnahme und Zeugenverhör auf das anscheinend Wichtige zu beschränken. Denn Erfahrung hat gezeigt, daß ein großer – vielleicht der größere Teil der Wahrheit aus dem scheinbar Unwichtigen geschöpft wird. Diesem Grundsatz folgend hat sich die heutige Wissenschaft entschlossen, mit dem *Unvorhergesehenen zu rechnen.* Doch vielleicht verstehen Sie mich nicht. Die Geschichte menschlicher Erkenntnis hat uns so unausgesetzt gezeigt, wie wir den unrichtigen, nebensächlichen, zufälligen Ereignissen die wertvollsten Entdeckungen schulden, daß es schließlich nötig geworden ist, im weitesten Sinne den zufälligen Vermutungen, wenn sie auch ganz abseits vom gewöhnlichen Wege liegen, Beachtung zu schenken. Der *Zufall* ist als ein grundlegender Teil zur weiteren Nachforschung anerkannt worden; das Unvorhergesehene, Unvermutete legen wir den mathematischen Formeln zugrunde.

Ich wiederhole: es ist Tatsache, daß der größere Teil aller Wahrheiten aus dem Nebensächlichen gewonnen wurde; und in der Überzeugung von der Bedeutsamkeit dieser Erkenntnis möchte ich die Nachforschungen in unserm Fall hier von dem vielbegangenen und bisher unfruchtbaren Boden des Ereignisses selbst auf die ihm eng verknüpften Begleitumstände ablenken. Während Sie die Zeugeneide auf ihre Wahrhaftigkeit nachprüfen, will ich die Zeitungen in weiterem Sinne durchsuchen, als Sie es bisher getan haben. Bis jetzt haben wir nur das Feld für unsere Nachforschungen festgestellt; aber es wäre wirklich sonderbar, wenn eine verständnisvolle Durchsicht der öffentlichen Blätter, wie ich sie beabsichtige, uns nicht einige winzige Andeutungen für die einzuschlagende *Richtung* unserer Suche einbrächte.«

Dupins Anregung folgend, unterzog ich die eidlichen Aussagen einer sorgfältigen Nachprüfung. Das Resultat war meine feste Überzeugung von ihrer Wahrhaftigkeit und demnach von der Unschuld St. Eustaches. Währenddessen beschäftigte sich mein Freund mit einer Durchsicht der verschiedensten Zeitungsblätter, was mir als eine höchst überflüssige Umständlichkeit erschien. Nach Verlauf einer Woche legte er mir folgende Auszüge vor:

»Vor etwa dreieinhalb Jahren ereignete sich ein Fall, der mit dem vorliegenden große Ähnlichkeit hat. Jene selbe Marie Rogêt verschwand auch damals aus dem Parfümerieladen des Herrn Le Blanc im Palais Royal. Nach Ablauf einer Woche erschien sie jedoch wieder wohlbehalten im Geschäft, nur daß sie ungewöhnlich bleich war. Durch Herrn Le Blanc und ihre Mutter wurde bekanntgegeben, daß sie eine Freundin auf dem Lande besucht habe, und die ganze Angelegenheit wurde so schnell als möglich niedergeschlagen. Wir nehmen an, daß ihr diesmaliges Verschwinden einer ähnlichen Laune entspringt und daß nach Verlauf einer Woche oder auch eines Monats Marie wieder auftaucht.« – *Abendzeitung, Montag, 23. Juni.*

»Ein gestriges Abendblatt erinnert an ein früheres geheimnisvolles Verschwinden des Fräulein Rogêt. Es ist bekannt, daß sie die Woche ihrer Abwesenheit aus Herrn Le Blancs Parfümerieladen in Gesellschaft eines jungen Marineoffiziers, der einen Ruf als leichtsinniger Verführer hat, verbrachte. Ein Streit, so mutmaßt man, war die Ursache ihrer Rückkehr nach Hause. Wir kennen den Namen des in Frage stehenden Lothario, der gegenwärtig in Paris stationiert ist, unterlassen aber aus naheliegenden Gründen, ihn zu nennen.« – *Le Mercure, Dienstag, 24. Juni, morgens.*

»Eine abscheuliche Gewalttat wurde vorgestern in der Nähe der Stadt verübt. Ein Herr, in Begleitung von Frau und Tochter, ließ sich in der Dämmerung von sechs jungen Leuten, die auf der Seine ziellos umherruderten, in ihrem Boote übersetzen. Am anderen Ufer angekommen, stiegen die drei Passagiere aus und waren dem Boot bereits außer Sicht, als die Tochter gewahr wurde, daß sie ihren Sonnenschirm darin zurückgelassen. Sie kehrte um, ihn zu holen, wurde von der Bande ergriffen, in den Strom hinausgeschleppt, geknebelt, vergewaltigt und schließlich nicht weit von der Stelle, wo sie mit ihren Eltern das Boot bestiegen, an Land gesetzt. Die Schurken sind entkommen, aber die Polizei ist auf ihrer Spur, und mehrere werden bald gefaßt sein.« – *Morgenzeitung, 25. Juni.*

»Wir haben einige Zuschriften erhalten, die das jüngst begangene Verbrechen einem gewissen Mennais zur Last legen. Da dieser Herr aber bei näherer Untersuchung seine Unschuld nachweisen konnte und da die Beweisführungen jener verschiedenen Korrespondenten mehr Übereifer als Scharfsinn zeigen, halten wir es nicht für ratsam, sie zu veröffentlichen.« – *Morgenzeitung, 28. Juni.*

»Es sind uns von anscheinend verschiedenen Seiten mehrere Zuschriften zugegangen, die in bestimmtestem Ton behaupten, die unglückliche Marie Rogêt sei das Opfer einer der zahlreichen Banden von Herumstreichern geworden, die des Sonntags die Umgebung der Stadt unsicher machen. Dies stimmt mit unserer eigenen Meinung vollkommen überein. Wir werden versuchen, demnächst für einige dieser Beweisführungen hier Raum zu finden.« – *Abendzeitung, Montag, 30. Juni.*

»Am Sonntag sah einer der beim Zolldienst beschäftigten Bootsknechte ein leeres Boot auf der Seine treiben. Die Segel lagen auf dem Boden des Bootes. Der Knecht vertäute es unterhalb des Zollgebäudes. Am andern Morgen war es von dort wieder verschwunden, ohne daß einer der Beamten darüber Rechenschaft zu geben wußte. Das Steuerruder liegt im Zollgebäude.« – *Le Diligence, Donnerstag, 26. Juni.*

Als ich diese verschiedenen Auszüge las, schienen sie mir nicht nur nebensächlich, sondern ich konnte auch nicht einsehen, wie sie zu der vorliegenden Sache in Beziehung zu bringen sein sollten. Ich erwartete Dupins Erklärungen.

»Es ist vorläufig nicht meine Absicht«, sagte er, »bei dem ersten und zweiten dieser Auszüge zu verweilen. Ich habe sie hauptsächlich deshalb herausgeschrieben, um Ihnen die geradezu verblüffende Nachlässigkeit der Polizei zu zeigen, die, soweit ich den Präfekt richtig verstanden habe, sich überhaupt nicht mit einem Verhör des betreffenden Marine-Offiziers befaßt hat. Dennoch ist es wirklich Torheit anzunehmen, daß zwischen dem ersten und zweiten Verschwinden Maries keine *Möglichkeit* eines Zusammenhangs bestehe. Nehmen wir an, das erstmalige Entweichen des Mädchens habe mit einem Streit zwischen den Liebenden und der Rückkehr der Enttäuschten geendet. Nun sind wir vorbereitet, ein zweites Entweichen (falls wir *wissen*, daß ein Entweichen stattgefunden) eher als die Folge eines Wiederanknüpfungsversuchs des ersten Verführers anzusehen, als daß wir etwa neue Anträge einer zweiten Person annehmen – wir glauben eher an ein Wiederanspinnen des alten Liebesverhältnisses als an den Beginn eines neuen. Die Wahrscheinlichkeit ist wie zehn zu eins, daß eher der, der schon einmal mit Marie entflohen war, sie zum zweiten Mal zur Flucht auffordern würde, als daß ihr, der schon einmal jemand einen derartigen Antrag gemacht, nun wieder ein anderer denselben Vorschlag machen sollte. Und hier lassen Sie mich Ihre Aufmerksamkeit darauf hinweisen, daß die Zeit zwischen dem ersten festgestellten und dem zweiten vermuteten Fluchtversuch gerade ein paar Monate mehr ist, als eine Seefahrt unserer Marinesoldaten zu dauern pflegt. Ist der Liebhaber bei seinem ersten Bubenstreich dadurch, daß er zur See mußte, gestört worden und hat er den ersten Augenblick der Rückkehr dazu benutzt, die noch nicht ganz erfüllten bösen Absichten oder die *von ihm* noch nicht ganz erfüllten bösen Absichten nun wahr zu machen? Von alledem wissen wir nichts.

Sie werden nun aber sagen, beim zweiten Fall handle es sich um keine Entführung. Gewiß nicht – doch können wir mit Bestimmtheit die vereitelte Absicht dazu verneinen? Außer St. Eustache und vielleicht Beauvais sehen wir keine anerkannten, keine ernsthaften Verehrer Maries. Von keinem anderen wird je gesprochen. Wer ist denn da der geheimnisvolle Liebhaber, von dem die Verwandten und Bekannten (wenigstens die meisten von ihnen) nichts wissen, doch mit dem Marie am Sonntag morgen zusammentrifft und der so sehr ihr Vertrauen genießt, daß sie keine Bedenken trägt, mit ihm in den einsamen Gehölzen an der Barrière du Roule zu verweilen, bis die Abenddämmerung sinkt? Wer ist dieser geheimnisvolle Liebhaber, frage ich, von dem wenigstens die *meisten* Bekannten nichts wissen? Und was bedeutet die seltsame Prophezeiung Frau Rogêts am Morgen von Maries Fortgang: ›Ich fürchte, ich werde Marie nie wiedersehen.‹?

Doch wenn wir uns auch nicht vorstellen, daß Frau Rogêt von dem Entführungsplan gewußt habe, können wir nicht wenigstens bei dem Mädchen dieses Wissen vermuten? Als sie das Haus verließ, gab sie zu verstehen, daß sie ihre Tante in der Rue des Drômes besuchen wolle, und St. Eustache wurde ersucht, sie bei Dunkelwerden abzuholen. Diese Tatsache spricht allerdings auf den ersten Blick gegen meine Vermutung, doch lassen Sie uns nachdenken. Daß sie *wirklich* mit einem Begleiter zusammentraf und mit ihm über den

Fluß setzte und erst um drei Uhr nachmittags an der Barrière du Roule ankam, ist bekannt. Als sie aber zustimmte, den Betreffenden zu begleiten (ganz gleich, aus welchem Grunde und ob ihre Mutter davon wußte oder nicht), mußte sie sich erinnern, welche Absicht sie beim Verlassen des Hauses ausgesprochen; sie mußte sich das Erstaunen und den Argwohn St. Eustaches, ihres erklärten Bräutigams, denken können, wenn er, zur angegebenen Stunde in der Rue des Drômes vorsprechend, entdecken würde, daß sie gar nicht dagewesen war, und wenn er überdies, mit dieser beunruhigenden Botschaft in die Pension zurückkehrend, gewahr werden würde, daß sie noch immer nicht heimgekommen. Ich sage, sie muß an diese Dinge gedacht haben. Sie muß den Kummer St. Eustaches, den Argwohn aller vorausgesehen haben. Sie kann nicht vorgehabt haben, zurückzukehren und diesem Argwohn standzuhalten; wenn wir aber annehmen, daß sie *nicht* zurückzukehren beabsichtigte, so sehen wir, daß ihr der Argwohn der andern gleichgültig sein konnte.

Ihr Gedankengang wird etwa so gewesen sein: ›Ich will mit einer bestimmten Person zusammentreffen, um mit ihr zu entfliehen – oder aus andern nur mir bekannten Gründen. Es ist nötig, jede Möglichkeit einer Störung fernzuhalten – wir müssen Zeit genug haben, der Verfolgung auszuweichen – ich werde zu verstehen geben, daß ich den Tag bei meiner Tante in der Rue des Drômes verbringen will – ich werde St. Eustache sagen, mich nicht vor Dunkelwerden abzuholen – auf diese Weise wird meine Abwesenheit von Hause für einen möglichst langen Zeitraum erklärt, ohne Verdacht oder Beunruhigung zu wecken, und ich gewinne mehr Zeit, als wenn ich irgend etwas anderes vorgegeben hätte. Wenn ich St. Eustache bitte, mich bei Dunkelwerden abzuholen, wird er bestimmt nicht früher kommen; wenn ich aber ganz unterlasse, ihn dazu aufzufordern, verringert sich meine Zeit zur Flucht, da man meine Rückkehr früher erwarten, mein Fernbleiben also früher Beunruhigung wecken wird. Wenn ich nun überhaupt zurückzukehren beabsichtige – wenn ich nur den einen Tag in Gesellschaft des Betreffenden verbringen wollte –, wäre es unklug von mir, St. Eustache zu bitten, mich abzuholen; denn wenn er es tut, entdeckt er mit *Bestimmtheit*, daß ich ihn hintergangen habe – was ich ihm vollkommen verbergen könnte, wenn ich fortginge, ohne ein Ziel anzugeben, vor Dunkelwerden zurückkäme und dann angäbe, ich hätte meine Tante in der Rue des Drômes besucht. Da es aber meine Absicht ist, *nie* zurückzukehren

– oder wenigstens für mehrere Wochen nicht – oder nicht, ehe gewisse Dinge geschehen sind –, ist das einzige, um was ich mich jetzt zu kümmern brauche, Zeit zu gewinnen.‹

Sie haben aus Ihren Notizen ersehen, daß die allgemeine Auffassung in dieser traurigen Angelegenheit von Anfang an dahin geht, das Mädchen sei ein Opfer von Herumstreichern geworden. Nun ist die Volksmeinung in gewisser Beziehung keineswegs zu mißachten. Wenn sie aus sich selbst entsteht – sich in spontaner Weise äußert –, sollten wir sie wie eine Intuition einschätzen. In neunundneunzig von hundert Fällen würde ich für ihr sicheres Urteil eintreten. Aber es ist auffallend, daß wir hier keine Art *Eingebung* bemerken. So eine Ansicht muß durchaus *im Volke selbst entstanden*, seine eigenste Meinung sein; und der Unterschied ist oft äußerst schwer zu sehen und festzuhalten. Im vorliegenden Falle scheint es mir, als sei die ›öffentliche Meinung‹ bezüglich einer Bande von Herumstreichern sehr beeinflußt durch den gleichzeitigen Vorfall, der in der dritten meiner Notizen dargelegt wird. Ganz Paris ist in Aufregung über die gefundene Leiche der Marie, eines jungen, schönen und vielgekannten Mädchens. Diese Leiche wird mit schweren Verletzungen im Strome aufgefischt. Nun ist aber bekanntgeworden, daß zur selben Zeit, in der die Ermordung des Mädchens angenommen wird, eine ähnliche, wenn auch weniger grausame Untat, wie man sie an diesem jungen Mädchen festgestellt, von einer Bande Herumstreicher an einem anderen jungen Mädchen verübt worden ist. Ist es verwunderlich, daß die *eine* bekanntgewordene Schändlichkeit das öffentliche Urteil über die *andere* beeinflußt hat? Man brauchte für dies Urteil eine Richtung, und die eine Tat schien sie auch für die andere anzugeben! Marie war im Fluß gefunden worden, und auf diesem selben Fluß war die andere Untat begangen worden. Die beiden Ereignisse miteinander in Beziehung zu bringen, war so naheliegend, daß es ein Wunder gewesen wäre, wenn das Volk dies unterlassen hätte. In der Tat aber ist – wenn irgend etwas – gerade die eine begangene Tat ein Beweis, daß der sich fast zu gleicher Zeit abspielende zweite Fall *nicht* so verlaufen ist. Es wäre doch wirklich mehr als seltsam, wenn zur selben Zeit in derselben Stadt und an demselben Ort, da eine Bande Rohlinge eine unerhörte Schandtat verübte, unter denselben Umständen eine andere Bande ganz das gleiche getan haben sollte! Dies Wundersame aber ist es, was die Volksmeinung uns glauben machen will.

Ehe wir weiter urteilen, wollen wir die angebliche Mordstelle im

Gehölz an der Barrière du Roule betrachten. Dieses Dickicht war ganz nahe an einer öffentlichen Straße. Es befanden sich dort drei oder vier große Steine, die eine Art Sitz mit Lehne und Fußbank bildeten. Auf dem oberen Stein lag ein weißer Unterrock, auf dem zweiten eine seidene Schärpe. Auch ein Sonnenschirm, Handschuhe und ein Taschentuch wurden hier gefunden. Das Taschentuch trug den Namen ›Marie Rogêt‹. An den benachbarten Büschen hingen Kleiderfetzen. Die Erde war zerstampft, die Zweige waren geknickt, und alles deutete auf einen stattgehabten Kampf.

Ungeachtet der Einmütigkeit, mit der die Presse dieses Dickicht als den Mordplatz ansah, muß gesagt werden, daß die Sache doch anzuzweifeln war. Ich mag nun glauben oder nicht glauben, daß dies der Platz war – jedenfalls gab es hervorragenden Grund zu zweifeln. Wäre, wie ›Le Commercial‹ annahm, die *wahre* Mordstelle in der Nähe der Rue Pavée Sainte Andrée gewesen, so hätte es die Verbrecher, falls sie noch in Paris weilten, erschrecken müssen, die öffentliche Aufmerksamkeit so ganz auf den richtigen Weg gebracht zu sehen, und in bestimmten Seelen wäre sofort der Gedanke an die Notwendigkeit aufgestiegen, diese Aufmerksamkeit abzulenken. Und da das Dickicht an der Barrière du Roule schon in Verdacht gezogen war, mag man leicht darauf verfallen sein, die Dinge dahinzulegen, wo sie dann gefunden worden sind. Obgleich ›Le Soleil‹ annimmt, die Sachen hätten wochenlang dagelegen, so ist doch kein wirklicher Beweis dafür vorhanden, daß es mehr als einige Tage waren; wohingegen es sehr wahrscheinlich ist, daß sie nicht die zwanzig Tage zwischen dem betreffenden Sonntag und dem Nachmittag, als die Knaben sie fanden, dagelegen haben konnten, ohne gesehen zu werden. ›Sie waren sämtlich vom Regen durchfeuchtet und *modrig* geworden und klebten zusammen vor *Moder*‹, sagt ›Le Soleil‹. ›Das eine oder andere war hoch von Gras überwachsen. Die Seide des Sonnenschirms war kräftig, aber so verwittert und *modrig*, daß sie beim Öffnen des Schirms zerfiel.‹ Was nun das Gras anlangt, von dem sie ›überwachsen‹ waren, so wissen wir, daß man diese Tatsache nur den Worten und also dem Gedächtnis zweier kleiner Knaben entnahm; denn diese Knaben nahmen die Sachen fort und trugen sie heim, ehe sie von dritter Seite gesehen worden waren. Aber Gras wächst sehr rasch, und besonders bei warmem und feuchtem Wetter (wie es zur Mordzeit herrschte) kann es in einem einzigen Tage zwei bis drei Zoll wachsen. Ein Sonnenschirm, der auf einem kurzgeschorenen Rasen liegt, kann in einer einzigen Woche durch das aufschießende Gras den Blicken entzogen sein. Der Moder aber, von dem ›Le Soleil‹ so überzeugt ist, daß er das Wort in dem kurzen Absatz nicht weniger als dreimal gebraucht – weiß das Blatt wirklich nicht, was dieser Moder ist? Muß ihm gesagt werden, daß er zu einer jener zahlreichen Pilzarten gehört, deren Hauptmerkmal das Aufschießen und Vergehen innerhalb vierundzwanzig Stunden ist?

So sehen wir also mit einem Blick alles, was triumphierend zur Bekräftigung der Mutmaßung, daß die Sachen wenigstens drei oder vier Wochen dagelegen hätten, angeführt wurde, vollständig null und nichtig werden, sobald man den Tatsachen nachgeht. Andrerseits ist es ungeheuer schwer zu glauben, daß die Sachen länger als eine Woche – länger als von einem Sonntag zum andern – dort gelegen haben sollten. Wer die Umgebung von Paris kennt, weiß, wie außerordentlich schwer es ist, dort *Einsamkeit* zu finden. So etwas wie ein unentdecktes oder auch nur selten besuchtes Plätzchen inmitten der Wälder und Haine ist überhaupt nicht anzunehmen. Lassen Sie irgendeinen Naturschwärmer, den die Pflicht an Staub und Hitze der Großstadt fesselt – lassen Sie ihn selbst wochentags versuchen, seinen Durst nach Einsamkeit in der lieblichen Natur, die uns so nahe umgibt, zu stillen – auf Schritt und Tritt wird er den Zauber durch die Stimme und das Erscheinen eines Vagabunden oder einer Rotte betrunkener Strolche gestört finden. Im dichtesten Buschwerk wird er vergeblich Alleinsein suchen. Hier eben sind die Orte, zu denen sich die schlechten Elemente hingezogen fühlen – hier sind ihre verrufenen Tempel. Mit Leid im Herzen wird der Wanderer ins sündige Paris zurückfliehen, als zu dem weniger schlimmen, weil weniger naturwidrigen Pfuhl der Verderbnis. Wenn aber die Umgebung der Stadt an Werktagen so bevölkert ist, wieviel mehr an Feiertagen! Denn nun, befreit von den Forderungen der Arbeit, oder der werktäglichen Gelegenheiten zum Verbrechen beraubt, sucht der Strolch die nahen Wälder auf – nicht aus Liebe zum Landleben, das er in seinem Herzen verachtet, sondern um beengenden Schranken zu entfliehen. Es verlangt ihn weniger nach frischer Luft und grünen Bäumen als nach der völligen Freiheit dort draußen. Hier, im Wirtshaus an der Landstraße oder unterm Blätterdach, gibt er sich, verborgen vor allen unliebsamen Blicken, in Gesellschaft seiner Genossen einer künstlich geschaffenen Heiterkeit hin – den vereinten Folgen der Ungebundenheit und des Branntweins. Ich sage nicht mehr, als was jedem objektiven Beobachter einleuchten muß, wenn ich wiederhole: die Tatsache, daß die fraglichen Dinge länger als von einem Sonntag zum andern in irgendeinem Dickicht der nächsten Umgebung von Paris gelegen haben sollten, wäre mehr als ein Wunder.

Aber wir bedürfen keiner weiteren Gründe für die Vermutung, daß die Gegenstände in der Absicht im Dickicht niedergelegt wurden, die Aufmerksamkeit von der wahren Mordstätte abzulenken. Lassen Sie mich zuerst auf das *Datum* der Auffindung der Dinge hinweisen. Vergleichen Sie dasselbe mit jenem des fünften Auszugs, den ich aus den Zeitungen gemacht. Sie werden finden, daß die Entdeckung fast sofort nach den der Abendzeitung zugegangenen Hinweisen erfolgte. Diese Zuschriften, die aus verschiedenen Quellen stammen sollten, liefen alle in einen Punkt zusammen – in den Hinweis, daß eine Herumstreicherbande die Tat verübt und daß die Gegend der Barrière du Roule der Tatort sei. Nun ist der Verdacht hier natürlich nicht der, daß die Sachen als Folge dieser Mitteilungen oder der von ihnen beeinflußten öffentlichen Meinung von den Knaben gefunden worden seien; doch der Verdacht liegt nahe, daß die Sachen nicht *früher* von den Knaben gefunden wurden, weil sie eben früher nicht in dem Dickicht gelegen haben, sondern erst am Tage der betreffenden Mitteilungen oder kurz vor diesem Tage von den Verfassern der Zuschriften selbst hingelegt worden waren.

Dieses Dickicht war von besonderer Art. Es war ungewöhnlich dicht. Hinter seinen grünen Wällen befanden sich drei seltsame Steine, *die eine Art Sitz mit Lehne und Fußbank bildeten*. Und dieses so anmutige Plätzchen lag in der nächsten Nähe – nur wenige Ruten entfernt – von der Behausung der Frau Deluc, deren Knaben die umliegenden Gebüsche nach der Rinde des Sassafras zu durchstöbern pflegten. Wäre es übereilt, eine Wette einzugehen, daß *nie* ein Tag verging, ohne daß wenigstens einer der Jungens auf dem natürlichen Thron in der schattigen Laube gesessen? Wer zögern würde, diese Wette anzunehmen, ist entweder selbst nie ein Junge gewesen, oder er hat die kindliche Natur vergessen. Ich wiederhole: es ist kaum zu begreifen, daß die Sachen mehr als ein oder zwei Tage unentdeckt in jenem Dickicht gelegen haben sollten, und daher haben wir trotz der Unwissenheit des ›Soleil‹ allen Grund, anzunehmen, daß sie an einem verhältnismäßig späten Datum an der Fundstelle niedergelegt wurden.

Doch es gibt noch andere und triftigere Gründe für diese Annahme, als ich bisher vorgebracht habe. Lassen Sie mich auf die so überaus auffällige Anordnung der Gegenstände hinweisen. Auf dem *obe-*

ren Steine lag ein weißer Unterrock; auf dem zweiten eine seidene Schärpe; rundum verstreut lagen ein Sonnenschirm, Handschuhe und ein Taschentuch mit dem Namen ›Marie Rogêt‹. Hier haben wir so recht eine Anordnung, wie sie einer vorgenommen haben würde, der den Anschein erwecken wollte, daß die Sachen seit dem Morde dagelegen hätten. Mir schiene es natürlicher, wenn die Sachen alle am Boden gelegen und zertrampelt gewesen wären. Bei dem engen Raum in jenem Buschwerk wäre es kaum möglich gewesen, daß Unterrock und Schärpe während des Hin und Her mehrerer miteinander ringender Menschen auf den Steinen liegen geblieben wären. ›Alle Anzeichen‹, so heißt es, ›deuteten auf einen stattgehabten Kampf, die Erde war zerstampft, die Zweige waren geknickt‹ – aber Unterrock und Schärpe werden gefunden, als hätten sie weit aus dem Bereich des Kampfes gelegen. ›Die an den Büschen hängenden Kleiderfetzen hatten eine Größe von drei zu sechs Zoll. Ein Fetzen war der Saum des Kleides und war geflickt; ein anderer war ein Stück vom Unterrock, aber nicht der Saum. Sie *glichen* abgerissenen Streifen.‹ Hier hat ›Le Soleil‹ unbeabsichtigt eine sehr verdächtige Wendung gebraucht. Die beschriebenen Stücke gleichen in der Tat abgerissenen Streifen – aber absichtlich und mit der Hand abgerissen. Es ist einer der seltensten Zufälle, daß von irgendeinem der genannten Kleidungsstücke ein Fetzen durch einen *Dorn heraus*gerissen wird. Bei der Art solcher Stoffe aber wird ein Dorn oder Nagel, der sich in sie verfängt, sie rechtwinklig auseinanderreißen – in zwei längliche Risse, die da, wo der Dorn eingedrungen, zusammentreffen – aber es ist kaum je möglich, das Stück ›herausgerissen‹ zu sehen. Weder Sie noch ich haben das je erlebt. Um aus solchen Stoffen ein Stück *heraus*zureißen, bedarf es wohl immer zweier verschiedener Kräfte, die in zwei verschiedenen Richtungen tätig sind. Wenn der Stoff zwei Enden hat – wenn es zum Beispiel ein Taschentuch wäre, von dem man einen Fetzen abzureißen wünschte –, dann und nur dann würde die eine Kraft genügen. Doch im vorliegenden Falle handelt es sich um ein Kleid, das nur *einen* Rand hat. Nur ein Wunder konnte bewirken, daß Dornen aus den inneren Stoffteilen, wo kein Rand sich bietet, einen Fetzen herauszureißen imstande wären – und ein *einzelner* Dorn würde es nie fertig bringen. Doch selbst wo ein Rand vorhanden ist, bedarf es zweier Dornen, von denen der eine in zwei verschiedenen und der andere in einer Richtung arbeitet – und das unter der Voraussetzung, daß der Rand eingesäumt ist. Ist ein Saum vorhanden, so ist es beinahe ein Unding. Wir sehen also die zahlreichen und großen Hindernisse, die dem ›Herausreißen‹ von Fetzen durch ›Dornen‹ im Wege stehen; dennoch sollen wir glauben, daß nicht nur ein Stück, sondern viele so herausgerissen worden. Und eins der Stücke war dazu der Saum! Ein anderes war aus dem Unterrock, nicht der Saum – war also aus dem inneren Stoffteil mittels Dornen vollständig herausgerissen! Dies, sage ich, sind Dinge, denen mit Unglauben zu begegnen verzeihlich ist. Dennoch bilden sie zusammengenommen vielleicht weniger Gründe zum Argwohn, als der eine verblüffende Umstand, daß die Dinge von Mördern, die vorsichtig genug waren, die Leiche fortzuschaffen, in diesem Dickicht zurückgelassen sein sollten. Sie hätten mich aber falsch verstanden, wenn Sie meinen, ich beabsichtigte nachzuweisen, daß das Dickicht als Tatort nicht in Frage komme. Das Unrecht mag *hier* oder wahrscheinlicher bei Frau Deluc geschehen sein. Doch das ist im Grunde ein nebensächlicher Punkt. Wir machen nicht den Versuch, den Tatort zu entdecken, sondern die Täter. Was ich anführte, geschah, ungeachtet der peinlichen Sorgfalt, mit der es geschah, erstens, um die Albernheit der positiven und überstürzten Behauptungen des ›Soleil‹ nachzuweisen; zweitens aber und hauptsächlich, um auf allernatürlichstem Wege Zweifel in Ihnen zu wecken, daß dieser Mord das Werk einer Bande von Strolchen gewesen ist.

Wir wollen diese Frage beantworten, indem wir uns der empörenden Einzelheiten erinnern, die der mit der Untersuchung betraute Wundarzt feststellte. Es braucht nur gesagt zu werden, daß seine veröffentlichten *Schlußfolgerungen* hinsichtlich der Zahl der Strolche als ungerechtfertigt und unbegründet ehrlich verlacht worden sind – und zwar von den angesehensten Anatomen von Paris. Nicht, daß die Sache *nicht so gewesen sein dürfte* wie er gefolgert, sondern daß überhaupt kein Grund vorhanden war, so zu folgern – war das nicht Grund genug zu einer anderen Vermutung?

Prüfen wir nun die ›Spuren eines Kampfes‹, und lassen Sie mich fragen, was diese Spuren beweisen sollten. Eine Bande Strolche! Aber beweisen sie nicht gerade das Gegenteil? Welch ein *Kampf* konnte stattgefunden haben – ein Kampf, so heftig und langdauernd, daß er nach allen Seiten Spuren hinterließ – zwischen einem schwachen und wehrlosen Mädchen und einer Bande Strolche? Ein paar kräftige Arme zum Zupacken – und alles wäre erledigt gewesen! Das Opfer wäre ihrem Willen vollständig unterworfen gewesen. Sie müssen im Auge behalten, daß die gegen das Dickicht als Tatort vorgebrachten Argumente nur dann stichhaltig sind, wenn es sich um *mehr als einen* Täter handeln sollte. Wenn wir nur einen Mörder annehmen, so können wir begreifen, daß ein Kampf stattgefunden hat, heftig genug, um sichtbare Spuren zu hinterlassen.

Und noch einmal! Ich erwähnte schon, daß diese Vermutung vor allem durch die Tatsache erweckt wird, daß die fraglichen Gegenstände im Dickicht belassen wurden. Es scheint geradezu ausgeschlossen, daß diese Schuldbeweise zufällig am Fundort liegengeblieben seien. Es war (so scheint es) Geistesgegenwart genug vorhanden, die Leiche fortzuschaffen; und da sollte man einen weit überzeugenderen Beweis als die Leiche selbst (deren Züge infolge Verwesung schnell unkenntlich geworden wären) offen am Mordplatz liegen lassen? Ich meine das Taschentuch der Verstorbenen. Wenn das ein Zufall war, so konnte dieser Zufall unmöglich bei einer ganzen Bande von Mordbuben vorgekommen sein. Wir können ein solches Versehen nur einem einzelnen zutrauen. Lassen Sie sehen! Ein einzelner hat den Mord begangen. Er ist allein mit dem Geist der Abgeschiedenen. Er ist entsetzt über den regungslosen Körper da vor ihm. Die Raserei der Leidenschaft ist vorbei, und sein Herz hat Raum genug für die natürliche Folge der Tat – für das Entsetzen. Ihm fehlt die Zuversicht, die die Gegenwart anderer dem einzelnen verleiht. Er ist *allein* mit der Toten. Er zittert und ist fassungslos. Dennoch ist es nötig, sich der Leiche zu entledigen. Er trägt sie zum Fluß, läßt aber die anderen Schuldbeweise hinter sich; denn es ist schwer, wenn nicht unmöglich, die ganze Last auf einmal zu tragen, und es wird leicht sein, wiederzukommen und das Zurückgelassene zu holen. Doch während seiner mühsamen Wanderung zum Wasser verdoppeln sich seine Ängste. Nachtgeräusche umtönen seinen Weg. Ein dutzendmal hört er den Schritt eines Spähers – glaubt ihn zu hören. Selbst die Lichter der Stadt erschrecken ihn. Endlich aber und nach langen und häufigen Pausen halber Ohnmacht erreicht er das Ufer des Flusses und entledigt sich seiner gespenstischen Last – vielleicht mit Hilfe eines Bootes. Doch *nun* – welchen Schatz böte die Welt – welche Rachedrohung könnte sie haben, die Macht hätte, den einsamen Mörder zu bewegen, auf jenem qualvollen und gefährlichen Pfad nach dem Dickicht und seinen grauenhaften Gegenständen zurückzukehren? Er geht *nicht* zurück, mögen die Folgen sein, welche sie wollen. Sein einziger Gedanke ist sofortige Flucht. Er wendet jenem furchtbaren Buschwerk *für immer* den Rücken und enteilt wie von Furien gejagt.

Doch wie nun eine ganze Bande? Ihre Zahl würde sie mit Zuversicht erfüllt haben, wenn überhaupt je in der Brust des Strolches an Zuversicht Mangel wäre. Ihre Zahl, sage ich, würde den verwirrenden und lähmenden Schrecken, der den einzelnen befallen, gar nicht haben aufkommen lassen. Könnten wir uns bei einem oder zweien oder dreien ein zufälliges Versehen denken – ein vierter würde es wieder gutgemacht haben! Sie würden nichts hinter sich gelassen haben; denn ihre Zahl hätte es ihnen ermöglicht, *alles* auf einmal zu tragen. Sie hätten nicht nötig gehabt, *zurückzukehren*.

Bedenken Sie ferner den Umstand, daß ›aus dem Oberkleid ein Streifen von etwa einem Fuß Breite vom unteren Saum bis zur Taille auf –, aber nicht abgerissen war. Er war dreimal um die Hüften geschlungen und im Rücken zu einer Art Henkel verknotet‹. Dies war in der offenbaren Absicht geschehen, einen *Handgriff* zu schaffen, an dem die Leiche sich tragen ließe. Doch würden *mehrere* Männer auf den Einfall gekommen sein, sich solch ein Hilfsmittel zu schaffen? Dreien oder vieren hätten die Arme und Beine der Leiche nicht nur einen genügenden, sondern den allerbesten Halt geboten. Der Einfall kann nur einem einzelnen gekommen sein, und dies führt uns auf die Erscheinung, daß ›zwischen Dickicht und Fluß die Hecken umgebrochen waren und der Boden zeigte, daß hier eine schwere Last entlanggeschleppt worden war‹. Aber würden *mehrere* Männer sich die überflüssige Mühe gemacht haben, eine Hecke umzubrechen, um eine Leiche hindurchzuzerren, die sie mit Leichtigkeit über jede Hecke hätten hinüberheben können? Würden *mehrere* Männer eine Leiche überhaupt so *geschleift* haben, daß davon deutlich sichtbare Beweise zurückgeblieben?

Und hier müssen wir uns einer Bemerkung des ›Commercial‹ zuwenden, über die ich bereits in etwa mein Urteil abgegeben. ›Aus dem Unterrock der Unglücklichen‹, heißt es da, ›war ein zwei Fuß langes und ein Fuß breites Stück herausgerissen und ihr um Kopf und Kinn gebunden, vermutlich um sie am Schreien zu verhindern. Das müssen Leute getan haben, die nicht im Besitze von Taschentüchern waren.‹

Ich sprach schon vorhin die Vermutung aus, daß ein echter Herumtreiber *nie ohne* Taschentuch sei. Doch nicht auf diese Tatsache will ich jetzt besonders hinweisen. Daß es nicht der Mangel eines Taschentuchs war, weshalb dieses Band geknüpft worden ist, ist durch das im Dickicht gelassene Taschentuch ersichtlich; und daß das Band auch nicht geknüpft worden, ›um sie am Schreien zu verhindern‹, zeigt sich auch eben daran, daß es dem dazu so viel besser geeigneten

Taschentuch vorgezogen worden. Aber die Beweisaufnahme sagt von jenem Streifen: ›Er lag lose um den Hals und war mit festem Knoten geschlossen.‹ Diese Worte sind unklar genug, weichen aber von denen des ›Commercial‹ einigermaßen ab. Der Streifen war achtzehn Zoll breit und mußte darum, obgleich von Musselin, der Länge nach zusammengefaltet eine kräftige Fessel bilden. Und so gefaltet wurde er gefunden.

Meine Folgerung ist so: nachdem der einsame Mörder die Leiche eine Strecke lang an dem um die Taille angebrachten Henkelband getragen hatte (sei es nun vom Dickicht oder von sonstwoher), schien ihm der Transport der Last auf diese Weise zu schwer. Er beschloß, sie zu schleifen – die Beweise zeigen, daß er das *getan hat*. Da er also diese Absicht hatte, war es notwendig, so etwas wie einen Strick an einem der Glieder zu befestigen. Am besten ließ sich dergleichen am Halse anbringen, wo der Kopf ein Abrutschen verhindern würde. Und nun fiel dem Mörder ohne Frage das Band um die Hüften ein. Er würde dieses genommen haben, wäre es nicht so fest um den Leib geschlungen gewesen, auch war der Henkel daran hinderlich und ferner die Tatsache, daß dieser Streifen ja nicht ›abgerissen‹ war, sondern noch im Kleide festsaß. Es war einfacher, einen neuen Streifen aus dem Unterrock zu reißen. Das tat er, befestigte ihn um den Hals und schleifte so sein Opfer zum Flußufer. Daß diese Schlinge, die nur mit Mühe und Zeitverlust zu erlangen gewesen und wenig zweckentsprechend war – daß diese Schlinge *überhaupt* gebraucht wurde, beweist, daß die Umstände, die ihre Anwendung notwendig machten, erst eintraten, als das Taschentuch nicht mehr erreichbar war, das heißt, eintraten, nachdem das Dickicht (falls es das Dickicht war) bereits verlassen worden – also auf dem Weg zwischen Dickicht und Fluß.

Aber, werden Sie sagen, das Zeugnis Frau Delucs weist ausdrücklich auf die Anwesenheit einer Bande von Strolchen in der Gegend des Dickichts und zur ungefähren Mordzeit hin. Das gebe ich zu. Es soll mich wundern, wenn nicht in der Gegend der Barrière du Roule und zu jener Zeit ein Dutzend Banden, wie Frau Deluc sie beschrieben, sich herumgetrieben haben sollten. Aber die Bande, die sich die Ungnade Frau Delucs zugezogen, ist laut der verspäteten und zweifelhaften Aussage der alten Dame die *einzige*, die ihren Kuchen gegessen und ihren Schnaps getrunken, ohne dafür zu bezahlen. Et hinc illae irae?

Doch was *besagt* die bestimmte Aussage der Frau Deluc? Eine

Bande übler Subjekte erschien bei ihr, benahm sich frech, aß und trank, ohne zu zahlen, ging in der Richtung davon, die vorher das Pärchen eingeschlagen, kam *zur Dämmerzeit* zurück und setzte in großer Eile über den Fluß.

Nun erschien dieser Rückzug Frau Deluc sicher *eiliger,* als er in Wirklichkeit war, eilig, weil sie noch immer auf Bezahlung gehofft hatte. Wie hätte sie sonst etwas an der Eile der Leute finden können, da es doch *zur Dämmerzeit* war! Es ist doch wahrlich nichts Verwunderliches, daß selbst Herumtreiber Eile haben, heimzukommen, wenn ein breiter Fluß in kleinen Booten überquert werden muß, wenn ein Sturm heraufzieht und wenn die Nacht naht.

Ich sage *naht*; denn *noch* war sie *nicht* da. Es war erst *Dämmerzeit,* als die unhöfliche Eile der ›Bösewichter‹ die gute Frau Deluc beleidigte. Aber uns wurde gesagt, daß Frau Deluc und ihr ältester Sohn an *demselben* Abend ›in der Nähe des Gasthofs eine Frauenstimme schreien hörten‹. Und mit welchen Worten bezeichnet Frau Deluc die Abendzeit, zu der diese Schreie vernommen worden? Es war ›*bald nach Dunkelwerden*‹, sagte sie. Aber bald *nach Dunkelwerden* ist zum mindesten *dunkel,* und ›*zur Dämmerzeit*‹ ist bestimmt noch bei Tageslicht. Es ist also vollkommen klar, daß die Bande die Barrière du Roule verlassen hatte, *ehe* Frau Deluc jene Schreie vernahm. Und obgleich bei den zahlreichen Wiedergaben der Zeugenberichte die von den Zeugen gebrauchten Ausdrücke deutlich und unverändert angewendet wurden, genau wie ich sie in diesem Gespräch mit Ihnen angewendet habe, ist doch weder von den öffentlichen Blättern noch von der Polizei der Unterschied in den beiden Ausdrücken der Zeugin festgestellt worden.

Ich will den *gegen* eine größere Bande angeführten Gründen nur noch einen hinzufügen, dieser *eine* aber fällt, wenigstens für meine Begriffe, entscheidend ins Gewicht. Unter den vorliegenden Umständen einer ungeheuer großen Belohnung und völliger Straffreiheit kann keinen Moment angenommen werden, daß ein Mitglied einer *Bande* gemeiner Strolche überhaupt seine Schuldgenossen nicht verraten haben sollte. Jeder einzelne solch einer Bande ist weniger auf die Belohnung oder die Straffreiheit versessen, als *ängstlich, verraten zu werden.* Er verrät schnell und ohne Besinnen, damit *er selbst nicht verraten werde.* Daß das Geheimnis nicht aufgedeckt worden, ist der allerbeste Beweis dafür, daß es eben wirklich ein Geheimnis ist. Die Schrecken dieser dunklen Tat sind außer Gott nur *einem* oder zwei lebenden Wesen bekannt.

Lassen Sie uns nun die mageren, doch einwandfreien Früchte unserer langen Analyse zusammenzählen. Wir sind dahingekommen, entweder einen Unfall unter dem Dache der Frau Deluc oder einen im Dickicht an der Barrière du Roule begangenen Mord anzunehmen – einen Mord, den ein Liebhaber oder wenigstens ein intimer und geheimer Freund der Verstorbenen begangen. Dieser Freund ist von dunkler Hautfarbe. Diese Farbe, der ›Henkel‹ am Tragband und der ›Seemanns-Knoten‹, mit dem die Hutbänder zusammengebunden waren, deuten auf einen Seemann. Sein Verhältnis zu der Verstorbenen, einem verwegenen, aber nicht verworfenen Mädchen, kennzeichnete ihn als über dem gemeinen Matrosen stehend. Hierin bestärken uns die gut und überzeugend geschriebenen Mitteilungen, die den Zeitungen zugegangen sind. Der Umstand jener ersten Entführung legt den Gedanken nahe, diesen Seemann mit jenem von ›Le Mercure‹ erwähnten ›Marine-Offizier‹, der damals das Mädchen zu unrechtem Tun verleitet, zu identifizieren.

Und hierher paßt nun sehr gut die auffallende Tatsache, daß jener Mann mit der dunklen Gesichtsfarbe bisher nicht wieder aufgetaucht ist. Ich möchte nochmals bemerken, daß er von dunkler Gesichtsfarbe ist – sie muß schon außergewöhnlich dunkel sein, da sie das *einzige* Merkmal bildet, das sowohl Valence als Frau Deluc für den Betreffenden anzugeben wissen. Aber warum ist dieser Mann abwesend? Wurde er von der Bande gemordet? Und wenn, wieso waren nur Spuren des *Mädchens* zu finden? Der Tatort für beide Morde muß natürlich als ein und derselbe angenommen werden. Und wo ist seine Leiche? Die Mörder hätten sich doch wahrscheinlich beider Leichen in gleicher Weise entledigt. Man könnte aber sagen, der Mann lebt und meldet sich nicht, aus Angst, daß ihm der Mord zur Last gelegt werde. Diese Betrachtung könnte ihm jetzt – zu so später Zeit – gekommen sein, nachdem ausgesagt worden, daß man ihn mit Marie gesehen habe, sie hätte aber zur Zeit der Tat keine Bedeutung gehabt. Der erste Impuls eines Unschuldigen hätte doch sein müssen, die Untat anzuzeigen und zur Feststellung der Mordbuben mitzuwirken. Diese Klugheit hätte ihn gerettet. Er war mit dem Mädchen gesehen worden. Er hatte mit ihr in einem öffentlichen Fährboot den Fluß gekreuzt. Die Denunzierung der Mörder hätte selbst einem Idioten als sicherstes und einziges Mittel erscheinen müssen, sich selbst vom Verdacht zu reinigen. Wir können nicht annehmen, daß er an den Ereignissen jener Sonntagnacht erstens unschuldig sei und zweitens auch von der Greueltat nichts wisse. Dennoch ist nur unter solchen Umständen die Tatsache zu erklären, daß er – falls er am Leben – die Denunzierung der Mörder unterließ.

Und welche Mittel besitzen wir, die Wahrheit zu ergründen? Wir werden sehen, wie diese Mittel während unseres Fortschreitens sich multiplizieren und klarere Gestalt annehmen. Wir müssen die Geschichte der ersten Entführung bis zu Ende verfolgen, müssen das ganze Leben und Treiben des ›Offiziers‹, seine gegenwärtige Tätigkeit, sein Tun und Lassen zur Zeit des Mordes in Erfahrung bringen. Wir müssen die der ›Abendzeitung‹ zugegangenen Zuschriften, sowohl Stil wie Handschrift, sorgfältig miteinander und mit den schon früher der ›Morgenzeitung‹ zugegangenen vergleichen, die so heftig darauf bestanden, daß Mennais der Schuldige sei. Und all dies getan, müssen wir diese sämtlichen Schreiben mit der wohlbekannten Handschrift jenes Offiziers vergleichen. Wir müssen versuchen, aus Frau Deluc und ihren Knaben sowie dem Omnibuskutscher Valence etwas mehr über die äußere Erscheinung und das Benehmen des ›Mannes mit der dunklen Gesichtsfarbe‹ herauszubekommen. Es muß klug gestellten Fragen gelingen, von diesem oder jenem Informationen über diesen speziellen Punkt oder auch über andere zu erhalten – Informationen, von denen die Leute selbst nicht einmal wissen mögen, daß sie sie besitzen. Doch wenden wir uns nun *dem Boot* zu, das der Bootsknecht am Montagmorgen, am dreiundzwanzigsten Juni, aufgriff und das, ohne daß die wachthabenden Offiziere etwas bemerkten und *ohne Steuerruder* kurz vor Auffindung der Leiche vom Zollgebäude wieder verschwunden war. Mit genügender Um- und Vorsicht müssen wir unfehlbar das Boot ausfindig machen; denn nicht nur, daß der Bootsmann, der es aufgriff, es identifizieren kann – wir haben auch das *Steuerruder als Beweis*. Einer mit einem ruhigen Gewissen hätte wohl kaum das Steuerruder eines Segelbootes so ohne weiteres im Stich gelassen. Und hier lassen Sie mich eine Frage aufwerfen. Über die Auffindung des Bootes wurde nichts bekanntgegeben; es wurde stillschweigend am Zollgebäude angekettet und ebenso heimlich wieder fortgeholt. Wie aber *konnte* sein Besitzer, ohne Mitteilung erhalten zu haben, schon am Dienstagmorgen wissen, wo am Montag das Boot aufgegriffen worden war, wenn wir nicht annehmen, daß der Betreffende mit der Seine-Schiffahrt Bescheid wußte, daß dauernde persönliche Beziehungen ihm hier die Kenntnis aller lokalen Geschehnisse sofort verschafften?

Als ich davon sprach, wie der einsame Mörder seine Last zum

Ufer schleifte, erwähnte ich schon die Möglichkeit, daß er sich ein Boot verschafft habe. Das ist sehr wahrscheinlich der Fall gewesen. Die Leiche durfte den seichten Wassern am Ufer nicht anvertraut werden. Die eigentümlichen Wunden auf Rücken und Schultern des Opfers stammen von den Bodenrippen eines Bootes. Daß die Leiche ohne Belastung gefunden wurde, trägt zu meiner Ansicht bei. Wäre sie vom Ufer aus ins Wasser geworfen worden, so wäre eine Belastung gewiß nicht unterblieben. Wir können uns das Fehlen einer solchen nur so erklären, daß der Mörder es versäumt hatte, sich, ehe er vom Ufer abstieß, mit Ballast zu versehen. Als er die Leiche dem Wasser übergab, wird er zweifellos das Versäumnis bemerkt haben; doch da war nichts mehr zur Hand. Man wollte lieber die Gefahr auf sich nehmen, als noch einmal ans fluchbeladene Ufer zurückkehren. Als er sich seiner unheimlichen Last entledigt hatte, trieb es den Mörder zur Stadt zurück. An dunkler, geeigneter Stelle sprang er an Land. Aber das Boot – würde er es festgelegt haben? Er wird es zu eilig gehabt haben, um sich um so etwas zu kümmern. Und außerdem, hätte er es am Landungsplatz verankert, so hätte er damit selbst Zeugnis gegen sich abgelegt. Sein natürlicher Gedanke mußte sein, so weit wie möglich alles von sich zu werfen, was zu seinem Verbrechen in Beziehung stand. Er wird nicht nur eilends vom Landungsplatz entflohen sein, sondern auch das Boot nicht dort zurückgelassen haben; er wird es in den Fluß zurückgestoßen haben. – Weiter. Am Morgen wird der Schurke von unaussprechlichem Entsetzen erfaßt, als er das Boot an einem Orte angekettet findet, den er täglich aufzusuchen pflegt – den aufzusuchen vielleicht zu seiner Pflicht gehört. In der folgenden Nacht bringt er das Boot fort – ohne es *gewagt* zu haben, das *Steuerruder einzufordern*. Wo ist nun dieses steuerlose Boot? Es wird eine unserer ersten Aufgaben sein, das ausfindig zu machen. Sowie wir eine Spur davon entdecken, beginnt unser Erfolg zu tagen. Dies Boot wird uns mit einer Schnelligkeit, über die sogar wir selbst erstaunen werden, zu ihm führen, der es in jener unheilvollen Sonntagnacht benutzte. Klarer und klarer wird eins sich aus dem anderen ergeben, und der Mörder wird gefunden sein.«

(Aus Gründen, auf die wir nicht näher eingehen wollen, die aber vielen Lesern klar sein werden, haben wir uns die Freiheit genommen, aus dem in unsere Hände gelegten Manuskript hier das fortzulassen, was sich auf die Verfolgung des von Dupin gegebenen Fingerzeiges bezieht. Wir halten es für ratsam, nur kurz zu erwähnen, daß der erwünschte Erfolg erzielt wurde, und daß der Präfekt, wenn auch widerwillig, den Bedingungen seines mit dem Chevalier geschlossenen Vertrages nachkam. Herrn Poes Erzählung schließt mit den hier folgenden Bemerkungen. – Die Redaktion*)

Man wird verstehen, daß ich von seltsamem *Zusammentreffen* spreche und von *nichts weiter*. Was ich oben über diesen Gegenstand gesagt, muß genügen. In meinem eigenen Herzen lebt kein Glaube an Übernatürliches. Daß Natur und Gott zweierlei ist, wird kein denkender Mensch verneinen. Daß letzterer, der die erstere geschaffen hat, diese nach Wunsch meistern und ändern kann, steht ebenfalls außer Frage. Ich sage »nach Wunsch«, denn es handelt sich hier um den Wunsch und nicht, wie eine unsinnige Logik meinte, um die Macht. Nicht daß die Gottheit ihre Gesetze nicht ändern *könnte*, sondern wir beleidigen sie, indem wir die Notwendigkeit einer Änderung überhaupt voraussetzen. Von vornherein sind ihre Gesetze so beschaffen, daß sie *alle* Möglichkeiten, die je im Schoße der Zukunft ruhen konnten, umfassen. Bei Gott ist alles *Jetzt*.

Ich wiederhole also, daß ich jene Dinge nur als Zusammentreffen erwähne. Und ferner: Man wird aus meinem Bericht ersehen, daß zwischen dem Schicksal der unseligen Mary Cecilia Rogers, soweit man dieses Schicksal kennt, und dem einer gewissen Marie Rogêt bis zu einem bestimmten Punkt eine Parallele besteht, deren wundersame Genauigkeit die Vernunft verwirren könnte. Ich sage, alles dies wird man sehen. Möge man aber nicht einen Augenblick annehmen, daß es meine versteckte Absicht gewesen sei, im weiteren Verlauf dieser Geschichte und in der Wiedergabe der Aufdeckung ihres Geheimnisses diese Parallele zu verlängern oder anzudeuten, daß die in Paris zur Entdeckung des Mörders einer Grisette angewandten Maßnahmen nun in einem ähnlichen Falle ein ähnliches Resultat zeitigen würden.

Denn hinsichtlich dieser letzteren Annahme sollte man bedenken, daß die unbedeutendste Abweichung in den Einzelheiten der beiden Fälle zu den bedeutsamsten Fehlschlüssen führen könnte, da sie den Lauf der beiden Geschehnisse ganz voneinander treiben würde; gleich wie in der Arithmetik ein an sich unwesentlicher Fehler schließlich durch die Macht der Multiplikation an allen Enden ein Resultat zeitigt, das von der Richtigkeit ungeheuer abweicht. Und was die erstere Annahme anlangt, so müssen wir im Auge behalten, daß gerade die Wahrscheinlichkeitsrechnung, auf die ich hingewie-

* der Zeitschrift, in der die Erzählung ursprünglich veröffentlicht wurde.

sen, jeden Gedanken an die weitere Ausdehnung der Parallele verbietet: – verbietet mit einer Positivität, die um so strenger ist, als diese Parallele bereits lang und genau verlaufen ist. Dies ist einer jener sonderbaren Sätze, die scheinbar einer höchst unmathematischen Denkweise entspringen, auf die aber gerade nur der Mathematiker einzugehen weiß. Nichts zum Beispiel ist schwerer, als den Durchschnittsleser zu überzeugen, daß man beim Würfelspiel, nachdem einer zweimal hintereinander die Sechs geworfen hat, die höchste Wette darauf eingehen kann, daß derselbe Spieler die Sechs nicht zum drittenmal werfen wird. Der Verstand kann im allgemeinen einen Grund dafür nicht einsehen. Es scheint unmöglich, daß die beiden erledigten Würfe, die schon ganz der Vergangenheit angehören, auf den Wurf Einfluß haben könnten, der noch in der Zukunft liegt. Die Aussichten auf einen Wurf der Sechs scheinen genau dieselben zu sein, wie sie jederzeit gewesen – das heißt, abhängig nur von den verschiedenen anderen Würfen, die mit dem Würfel gemacht werden können. Und dies ist eine Betrachtung, die so einleuchtend ist, daß Versuche, sie zu widerlegen, häufiger einem spöttischen Lächeln als achtungsvoller Aufmerksamkeit begegnen. Den hierin enthaltenen Irrtum – ein großer unheilvoller Irrtum – darzulegen, kann ich innerhalb der mir hier gezogenen Grenzen nicht versuchen, und dem philosophisch Denkenden braucht er nicht dargetan zu werden. Es mag genügen, hier zu sagen, daß er ein Glied einer endlosen Kette von Irrtümern ist, die auf dem Wege der Vernunft entstehen, weil diese den Trieb hat, im Kleinen der Wahrheit nachzuspüren.

Der entwendete Brief

Nil sapientiae odiosus acumine nimio.
Seneca

Es war in Paris an einem stürmischen Herbstabend des Jahres 18. .
Ich saß im dritten Stockwerk des Hauses Nr. 33 der Rue Donot,
Faubourg St. Germain, in dem nach hinten gelegenen Bibliothek-
zimmerchen bei meinem Freunde Auguste Dupin und gab mich dem
zweifachen Genuß des Nachdenkens und einer Meerschaumpfeife
hin. Seit mindestens einer Stunde hatten wir beide kein Wort gesprochen. Ein zufälliger Beobachter hätte sicherlich geglaubt, wir seien
einzig und allein damit beschäftigt, die kräuselnden Rauchwolken
zu verfolgen, die in dichten Schwaden das Zimmer füllten. Indessen
was mich betraf, so sann ich dem Gesprächsstoff nach, mit dem wir
uns zu einer früheren Stunde desselben Abends eifrig befaßt hatten;
ich meine die Affäre aus der Rue Morgue und den geheimnisvollen
Mordfall der Marie Rogêt. Es erschien mir daher als ein wunderbares
Zusammentreffen, daß plötzlich unser alter Bekannter Herr G., der
Polizeipräfekt von Paris, ins Zimmer trat.

Wir begrüßten ihn herzlich; denn wenn wir den Mann auch nicht
eben achteten, so war er anderseits doch unterhaltend, und wir hatten ihn seit Jahren nicht gesehen. Wir hatten im Dunkel gesessen,
und Dupin erhob sich nun, um die Lampe anzuzünden; er unterließ
es jedoch und setzte sich wieder, als G. sagte, er sei gekommen, uns
um Rat zu fragen, oder vielmehr die Meinung meines Freundes zu
hören in einer Amtsangelegenheit, die ihm schon viel Beschwer gemacht habe.

»Wenn es eine Sache ist, die Nachdenken erfordert«, bemerkte
Dupin, indem er mit Anzünden des Dochtes innehielt, »so ist es besser, wir prüfen sie im Dunkeln.«

»Wieder so eine Ihrer sonderbaren Ansichten!« sagte der Präfekt,
der alles ›sonderbar‹ nannte, was über sein Begriffsvermögen hin-
ausging, und sich daher von einer Legion von ›Sonderbarkeiten‹ umgeben sah.

»Sehr wahr«, sagte Dupin, während er seinem Besuch eine Pfeife
reichte und einen bequemen Sessel hinschob.

»Und um was für Schwierigkeiten handelt es sich diesmal?« fragte
ich. »Hoffentlich nicht wieder eine Mordgeschichte?«

»O nein; nichts dergleichen. In der Tat – die Sache ist an sich *sehr* einfach, und ich bezweifle nicht, daß wir ganz gut allein damit fertig werden könnten; aber dann dachte ich, der Fall würde Dupin interessieren, denn er ist höchst sonderbar.«

»Einfach und sonderbar!« sagte Dupin.

»Nun ja; und doch wieder keins von beiden. Es hat uns alle so verwirrt, daß die Geschichte so einfach ist und man ihr doch nicht beikommen kann.«

»Vielleicht ist es gerade die Einfachheit der Sache, die Sie irreleitet, mein Freund.«

»Was für Unsinn Sie reden!« erwiderte der Präfekt lachend.

»Vielleicht ist das Geheimnis ein wenig *zu* klar«, sagte Dupin.

»O Himmel! Welche verrückte Idee!«

»Ein wenig *zu* durchsichtig.«

»Ha, ha, ha! – Ha, ha, ha! – Ho, ho, ho!« brüllte unser Besuch aufs höchste belustigt. »O Dupin, Sie werden noch an meinem Tode schuld sein.«

»Was für eine Sache ist es nun aber eigentlich?« fragte ich.

»Schön, Sie sollen es hören«, erwiderte der Präfekt und tat einen langen, kräftigen und nachdenklichen Zug aus der Pfeife; dann rückte er sich im Stuhl zurecht und begann: »Ich will es Ihnen in kurzen Worten sagen; doch ehe ich anfange, muß ich Sie darauf aufmerksam machen, daß die Sache tiefstes Geheimnis ist und größte Diskretion verlangt, und daß ich höchstwahrscheinlich meinen Posten verlieren würde, wenn es herauskäme, daß ich sie jemand erzählt habe.«

»Fahren Sie fort«, sagte ich.

»Oder auch nicht«, sagte Dupin.

»Also gut; ich wurde von sehr hoher Stelle benachrichtigt, daß ein Dokument von höchster Wichtigkeit aus den königlichen Gemächern entwendet worden sei. Die Person, die den Diebstahl ausführte, kennt man; das steht fest, denn sie wurde bei der Tat beobachtet. Man weiß ferner, daß sie noch im Besitze des Dokumentes ist.«

»Woher weiß man das?« fragte Dupin.

»Dies ergibt sich aus der Natur des Dokumentes selbst und daraus, daß gewisse Ergebnisse nicht eingetreten sind, die unausbleiblich erfolgen würden, wenn der Dieb das Papier aus den Händen gäbe – das heißt, wenn er es so anwendete, wie er es im Grunde beabsichtigen muß.«

»Seien Sie ein bißchen deutlicher«, sagte ich.

»Schön, ich kann so weit gehen, zu sagen, daß das Papier seinem gegenwärtigen Besitzer eine gewisse Macht verleiht, an einer gewissen Stelle, wo diese Macht von ungeheurem Werte ist.« Der Präfekt liebte es, sich diplomatisch auszudrücken.

»Ich verstehe noch immer nicht ganz«, sagte Dupin.

»Nicht? Also: würde der Inhalt des Dokumentes einer dritten Person, die ich hier ungenannt lassen will, eröffnet, so würde das die Ehre einer sehr hochstehenden Persönlichkeit in ein schlechtes Licht setzen, und dieser Umstand gibt dem Inhaber des Papiers ein Übergewicht über die erlauchte Person, deren Ruhe und Ehre dadurch gefährdet ist.«

»Aber dieses Übergewicht«, warf ich ein, »würde nur dann bestehen, wenn der Dieb wüßte, daß der Bestohlene von dem Diebe Kenntnis hat. Wer aber könnte wagen –«

»Der Dieb«, sagte G., »ist der Minister D., der alle Dinge wagt, ob sie einem Ehrenmanne nun anstehen oder nicht. Das Vorgehen des Diebes war ebenso sinnreich als kühn. Die hohe Persönlichkeit hatte das fragliche Dokument – einen Brief, frei herausgesagt – bekommen, als sie sich allein im königlichen Boudoir befand. Während sie ihn las, wurde sie plötzlich durch den Eintritt einer anderen hohen Person gestört, der nämlichen, vor der sie gerade diesen Brief geheimzuhalten wünschte. Nach einem hastigen und vergeblichen Versuch, ihn in ein Schubfach zu werfen, war sie genötigt, ihn, offen wie er war, auf einen Tisch zu legen. Indessen lag die Adresse zuoberst, und da der Inhalt also nicht sichtbar war, fiel der Brief nicht weiter auf. So standen die Dinge, als der Minister D. eintrat. Sein Luchsauge erblickt sofort das Papier, erkennt die Handschrift der Adresse, bemerkt die Verwirrung des Adressaten und errät sein Geheimnis. Nach einigen geschäftlichen Unterhandlungen, die er in gewohnter Weise schnell abwickelt, zieht er einen Brief aus der Tasche, der dem in Frage stehenden einigermaßen gleicht, öffnet ihn, tut, als lese er ihn und legt ihn dann dicht neben den andern nieder. Wieder spricht er etwa fünfzehn Minuten über die öffentlichen Angelegenheiten. Schließlich verabschiedet er sich und nimmt von dem Tisch den Brief, auf den er kein Anrecht hatte. Der rechtmäßige Besitzer sah dies, wagte aber natürlich nicht in Gegenwart jener dritten Person, die dicht an seiner Seite stand, die Sache zu erwähnen. Der Minister entfernte sich, seinen eigenen, ganz unwichtigen Brief auf dem Tisch zurücklassend.«

»Da haben Sie also«, sagte Dupin zu mir, »genau das, was Sie zur

Erlangung des Übergewichtes für erforderlich halten: die Kenntnis des Räubers, daß der Beraubte den Räuber kenne.«

»Ja«, entgegnete der Präfekt; »und die derart erlangte Gewalt wird nun schon seit Monaten in gefährlichem Umfange zu politischen Zwecken ausgenützt. Die bestohlene Person erkennt mit jedem Tage mehr die Notwendigkeit, den Brief zurückzuerlangen. Das kann aber natürlich nicht offen geschehen. In ihrer Verzweiflung hat sie schließlich mir die Angelegenheit übertragen.«

»Denn wie hätte sie sich«, sagte Dupin und stieß eine gewaltige Rauchwolke aus, »einen scharfsinnigeren Vermittler wünschen oder auch nur vorstellen können.«

»Sie schmeicheln«, entgegnete der Präfekt, »aber es ist möglich, daß eine solche Ansicht vorlag.«

»Es ist, wie Sie selbst bemerkt haben, klar«, sagte ich, »daß der Brief noch in den Händen des Ministers ist; denn dieser Besitz und nicht etwa irgendeine Anwendung des Briefes ist es, was Macht verleiht. Mit der Ausbeutung des Briefes ist die Macht dahin.«

»Sehr wahr«, sagte G.; »und von dieser Überzeugung ging ich aus. Meine erste Sorge war, das Palais des Ministers gründlich zu durchsuchen. Die Schwierigkeit lag nun darin, dies ohne sein Wissen zu bewerkstelligen. Ich wurde nämlich vor der Gefahr gewarnt, die daraus entstehen würde, wenn er unsere Absicht argwöhnte.«

»Nun«, sagte ich, »Sie sind in solchen Nachforschungen ja durchaus bewandert. Die Pariser Polizei hat dergleichen schon oft vorgenommen.«

»Ja, gewiß; und darum verzweifle ich auch nicht. Überdies boten mir die Lebensgewohnheiten des Ministers einen großen Vorteil. Er ist oft die ganze Nacht nicht zu Hause. Seine Dienerschaft ist keineswegs zahlreich. Ihre Schlafzimmer liegen in ziemlicher Entfernung von den Wohnräumen des Herrn. Die Leute sind übrigens zum großen Teil Neapolitaner und daher leicht betrunken zu machen. Wie Sie wissen, habe ich Schlüssel, mit denen ich jedes Zimmer in Paris öffnen kann. Seit drei Monaten ist kaum eine Nacht vergangen, in der ich nicht mehrere Stunden lang persönlich das D.sche Palais durchstöbert hätte. Meine Ehre steht auf dem Spiel, und – ganz im geheimen! – die Belohnung ist ungewöhnlich hoch. Ich gab also die Suche nicht eher auf, als bis ich vollkommen davon überzeugt war, daß der Dieb schlauer sei als ich. Ich habe sicherlich jede Ecke und jeden Winkel durchforscht, in dem nur irgend das Papier versteckt sein konnte.«

»Aber ist es nicht möglich«, mutmaßte ich, »daß der Minister den Brief woanders als in seinem eigenen Hause verborgen hat?«

»Das ist kaum möglich«, sagte Dupin. »Die gegenwärtige Lage der Dinge bei Hof und vor allem jene Intrigen, in die D., wie man weiß, verwickelt ist, lassen die derzeitige sofortige Verwendbarkeit des Dokumentes – die Möglichkeit, es immer vorweisen zu können – als einen ebenso wichtigen Punkt erscheinen, wie der Besitz desselben es ist.«

»Die Möglichkeit, es vorzuweisen?« fragte ich.

»Nämlich um es gleich *vernichten* zu können«, sagte Dupin.

»Ja, das ist richtig«, bemerkte ich. »Das Papier ist also bestimmt im Hause. Daß der Minister dasselbe etwa beständig bei sich trägt, kommt wohl gar nicht in Frage.«

»Nein«, sagte der Präfekt. »Er ist zweimal von meinen Leuten in der Maske von Straßenräubern angefallen und unter meinen eigenen Augen gründlich durchsucht worden.«

»Diese Mühe hätten Sie sich sparen können«, sagte Dupin. »D. ist, denke ich, kein ganzer Narr, und muß daher diese Straßenüberfälle vorausgesetzt haben.«

»Wohl nicht ein *ganzer* Narr«, sagte G., »aber er ist ein Dichter, und solche Leute stehen den Narren nicht allzufern.«

»Ja, gewiß«, sagte Dupin nachdenklich, »obschon auch ich hie und da Knittelverse verbrochen habe.«

»Wie wäre es«, fragte ich, »wenn Sie uns die Einzelheiten Ihrer Suche darlegen würden?«

»Schön. Die Sache ist die, daß wir uns Zeit ließen und *überall* suchten. In solchen Dingen habe ich große Erfahrung. Ich nahm das ganze Haus vor, Zimmer nach Zimmer; und jedem einzelnen widmete ich die Nächte einer ganzen Woche. Zunächst untersuchten wir in jedem Raum die Möbel. Wir öffneten alle möglichen Schubfächer; ich nehme an, Sie wissen, daß es für einen gut geschulten Polizeiagenten so etwas wie ein *Geheimfach* nicht gibt. Der Mann, dem bei einer solchen Suche ein ›Geheim‹-fach entgeht, ist ein Tölpel. Die Sache ist ja so einfach! Da ist doch der Raum, der Umfang, den man bei jedem Schreibtisch im Auge haben muß. Es ist doch nicht schwer zu berechnen, ob der von außen sichtbare Raum eines Möbels von den Fächern wirklich ausgefüllt wird. Und dann haben wir unsere ganz bestimmten Regeln. Der fünfzigste Teil einer Linie könnte uns nicht entgehen! Nach den Schreibtischen und Kommoden nahmen wir die Stühle vor. Die Sitze untersuchten wir mit den dünnen langen Nadeln, die Sie mich gelegentlich schon anwenden sahen. Von den Tischen entfernten wir die Platten.«

»Warum das?«

»Die Person, die einen Gegenstand zu verbergen wünscht, tut das manchmal in der Weise, daß sie die Platte eines Tisches oder ähnlichen Möbelstückes entfernt, ein Bein desselben aushöhlt, den Gegenstand in die Höhlung legt und die Platte wieder aufsetzt. In derselben Weise benutzt man die Füße und Knäufe der Bettpfosten.«

»Könnte man so eine Höhlung nicht durch Klanguntersuchung entdecken?« fragte ich.

»Unmöglich, falls der Gegenstand beim Hineinlegen genügend in Watte gebettet wurde. Übrigens waren wir in diesem Falle genötigt, geräuschlos vorzugehen.«

»Aber Sie konnten doch unmöglich *alle* Möbelstücke auseinandernehmen, in denen ein Versteck, wie Sie es soeben beschrieben haben, angelegt hätte sein können! Ein Brief kann spiralförmig so dünn zusammengerollt werden, daß er in Form und Umfang nicht anders ist als eine große Stricknadel, und in solcher Form könnte er zum Beispiel bequem in einer ganz dünnen Stuhlleiste untergebracht werden. Sie nahmen doch wohl nicht alle Stühle auseinander?«

»Gewiß nicht; aber wir taten etwas Besseres – wir prüften sämtliche Stuhlleisten und die Verbindungsstellen sämtlicher Möbel im Hause mit Hilfe eines sehr starken Vergrößerungsglases. Wäre irgendwo die geringste Spur einer jüngst vorgenommenen Veränderung gewesen, so hätten wir sie unfehlbar entdecken müssen. Ein einziges Körnchen Holzmehl zum Beispiel wäre unserm bewaffneten Auge in der Größe eines Apfels erschienen. Jede Verschiebung an den zusammengeleimten Stellen – ein ungewöhnliches Klaffen der Fugen – hätte genügt, eine Entdeckung herbeizuführen.«

»Ich nehme an, daß Sie auch die Spiegel zwischen Rückwand und Glasplatte untersuchten, sowie die Betten und Leintücher, Vorhänge und Teppiche.«

»Natürlich; und nachdem wir auf diese Weise jeden Einrichtungsgegenstand untersucht hatten, nahmen wir das Haus selbst in Angriff. Wir teilten sämtliche Wand- und Bodenflächen in Felder ein, die wir numerierten, so daß keines übersehen werden konnte. Dann durchforschten wir jeden Quadratzoll des Hauses und der beiden Nachbarhäuser mit dem Mikroskop.«

»Der beiden Nachbarhäuser?« rief ich aus; »da hatten Sie aber eine ungeheure Arbeit!«

»Das hatten wir auch; aber die angebotene Belohnung ist ungemein hoch.«

»Sie hatten auch die angrenzenden Bodenflächen mit eingeschlossen, die Höfe und so weiter?«

»Höfe und Wege sind mit Ziegelsteinen gepflastert. Sie machten uns verhältnismäßig geringe Mühe. Wir prüften das Moos zwischen den Steinen und fanden nichts Verdächtiges.«

»Selbstverständlich blickten Sie auch in D.s Papiere und in die Bücher seiner Bibliothek?«

»Gewiß; wir öffneten jeden Stoß und jedes Päckchen; wir öffneten nicht nur jedes Buch, um es, wie einige unserer Polizeioffiziere das tun, nur zu schütteln, sondern wir wendeten Seite um Seite um. Wir maßen auch die Dicke jedes Buchdeckels mit peinlichster Sorgfalt und arbeiteten auch hier mit dem Mikroskop. Irgendeine unlängst vorgenommene Verletzung der Einbände hätte unserm Augenmerk unmöglich entgehen können. Vier oder fünf Bände, die gerade vom Buchbinder gekommen waren, prüften wir eingehend der Länge nach mit den Nadeln.«

»Sie durchforschten den Fußboden unter den Teppichen?«

»Selbstredend. Wir entfernten alle Teppiche und untersuchten die Bretter mit dem Mikroskop.«

»Und ebenso die Wandtapeten?«

»Auch diese.«

»Sie suchten in den Kellern?«

»Ja.«

»Dann«, sagte ich, »haben Sie einen Fehlschluß getan, und der Brief ist *nicht* mehr, wie Sie vermuteten, im Hause selbst.«

»Ich fürchte, darin haben Sie recht«, sagte der Präfekt. »Und nun, Dupin, sagen Sie, was Sie mir raten würden!«

»Das Haus nochmals gründlich zu durchsuchen.«

»Das ist durchaus zwecklos«, erwiderte G. »Ich bin wie von meinem Leben davon überzeugt, daß der Brief nicht im Palais ist.«

»Einen besseren Rat kann ich Ihnen nicht geben«, sagte Dupin. »Sie besitzen natürlich eine genaue Beschreibung des Briefes?«

»O ja!« Und der Präfekt zog ein Notizbuch heraus und las eine genaue Beschreibung der inneren und namentlich der äußeren Beschaffenheit des vermißten Dokumentes vor. Bald nachdem er die Vorlesung beendet, verabschiedete er sich, niedergedrückter, als ich ihn je vordem gesehen.

Etwa einen Monat später machte er uns wiederum einen Besuch

und fand uns bei ziemlich derselben Beschäftigung wie damals. Er ließ sich einen Stuhl und eine Pfeife reichen und begann ein gleichgültiges Gespräch. Endlich sagte ich:

»Nun, G., erzählen Sie doch: wie steht's mit dem entwendeten Brief? Ich glaube, Sie sind wohl doch zu der Überzeugung gekommen, daß es eine Unmöglichkeit ist, den Gesandten zu übertölpeln?«

»Verflucht, ja! Ich habe, Dupins Rat folgend, noch einmal alles durchsucht – doch alle Arbeit war umsonst, wie ich mir schon dachte.«

»Wie groß, sagten Sie, ist die angebotene Belohnung?« fragte Dupin.

»Nun, sehr groß – wirklich *sehr* groß – ich möchte die genaue Summe nicht angeben; aber eins kann ich sagen: ich selbst würde demjenigen, der mir den Brief verschaffte, sofort einen Scheck von fünfzigtausend Francs ausstellen. Tatsache ist, daß der Fall von Tag zu Tag schlimmer, dringlicher wird; und die Belohnung wurde verdoppelt. Aber wenn sie auch verdreifacht würde, könnte ich doch nicht mehr tun, als ich getan habe.«

»Ja, ich meine, G.«, sagte Dupin gedehnt und tat ein paar kräftige Züge aus der Meerschaumpfeife, »Sie haben noch nicht Ihr Äußerstes getan. Sie könnten – noch etwas mehr tun, denke ich, he?«

»Wie – was meinen Sie denn?«

»Nun«, – paff, paff – »Sie könnten« – paff, paff – »Rat einholen, wie?« – Paff, paff, paff. »Kennen Sie die Geschichte, die man von Abernethy erzählt?«

»Nein, zum Henker mit Abernethy!«

»Gewiß, zum Henker mit ihm! Aber da war einmal ein reicher Geizhals, der wollte diesen Abernethy gern umsonst konsultieren. In dieser Absicht lud er ein paar Leute zu sich ein und erzählte während der Unterhaltung dem Arzt den Krankheitsfall einer gedachten Person:

›Nehmen wir an‹, sagte der Geizhals, ›die Symptome seien die und die; nun, Doktor, was würden Sie ihm wohl zu nehmen verordnet haben?‹

›Nehmen?‹ sagte Abernethy, ›ärztlichen Rat natürlich!‹«

»Ja«, sagte der Präfekt ein wenig betroffen, »Ich bin ja ganz willig, Rat zu nehmen und dafür zu bezahlen. Ich würde *wirklich* demjenigen, der mir in der Sache helfen würde, fünfzigtausend Francs geben.«

»Nun, wenn es sich *so* verhält«, sagte Dupin, aus einem Schubfach ein Scheckbuch nehmend, »können Sie mir die erwähnte Summe sofort hierherschreiben. Wenn Sie unterzeichnet haben, werde ich Ihnen den Brief aushändigen.«

Ich war aufs höchste verblüfft. Der Präfekt schien wie vom Blitz getroffen. Sprachlos, mit offenem Mund und aufgerissenen Augen starrte er Dupin an; dann, als er sich ein wenig erholt hatte, nahm er eine Feder, und unter mehrfachen Pausen und fragenden Blicken füllte er das Formular auf die Summe von fünfzigtausend Francs aus, unterzeichnete es und reichte es meinem Freund über den Tisch. Dieser prüfte es sorgsam und legte es in seine Brieftasche. Dann schloß er ein Schreibpult auf, entnahm ihm einen Brief und reichte ihn dem Präfekten. Der Beamte ergriff ihn, halb berauscht vor Freude, öffnete ihn mit zitternder Hand, warf einen schnellen Blick auf die Zeilen, suchte hastend und taumelnd die Tür und eilte ohne Abschied davon; seit Dupin ihn aufgefordert, den Scheck auszufüllen, hatte er kein Wort mehr gesprochen.

Als er gegangen war, gab mein Freund mir Aufklärung.

»Die Pariser Polizei«, sagte er, »ist in ihrer Weise sehr geschickt. Sie ist ausdauernd, pfiffig und scharfsinnig und in all den Dingen bewandert, die ihre Pflichten ihr auferlegen. Als darum G. uns auseinandersetzte, in welcher Weise er die Durchsuchung des Gesandtschaftspalais vorgenommen, war ich ganz überzeugt, daß er gründliche Arbeit getan hatte – soweit sein Arbeitsfeld eben reichte.«

»Soweit sein Arbeitsfeld reichte?« fragte ich.

»Ja«, sagte Dupin. »Die angewandten Maßnahmen waren nicht nur in ihrer Art die besten, sondern auch auf das vollkommenste ausgeführt. Wäre der Brief im Bereich ihrer Suche niedergelegt gewesen, so hätten diese Leute ihn zweifellos gefunden.«

Ich lachte; es schien ihm aber mit dem, was er sagte, ernst zu sein.

»Die Maßnahmen«, fuhr er fort, »waren also in ihrer Weise sehr gut; der Fehler war nur, daß sie auf den besonderen Fall hier und auf den schlauen Dieb nicht paßten. Der Präfekt hat eine gewisse Reihe sehr sinnreicher Hilfsmittel, denen er wie einem Prokrustesbett jeden Kriminalfall anzupassen sucht. Aber er begeht beständig den Fehler, den jeweiligen Fall zu gründlich oder zu leicht zu nehmen, und mancher Schuljunge ist ein schlauerer Kopf als er. Ich kannte einen achtjährigen Jungen, der bei dem Spiel von ›Gerad oder Ungerad‹ zur Bewunderung aller immer gewann. Das Spiel ist sehr einfach und wird mit Murmeln gespielt. Einer der Spieler hält eine Anzahl derselben in der geschlossenen Hand, und ein anderer muß erraten, ob sie an Zahl gerad oder ungerad sind. Hat er richtig geraten, so gewinnt er eine Kugel, hat er falsch geraten, so verliert er eine. Der Knabe, von dem ich hier spreche, gewann seinen Mitschülern alle Murmeln ab. Natürlich hatte er sich ein bestimmtes System gebildet, und das bestand in klugem Beobachten und in der Berechnung der Scharfsinnigkeit seines jeweiligen Gegners. Nehmen wir zum Beispiel an, sein Gegner sei ein rechter Einfaltspinsel und fragt, die geschlossenen Hände hinhaltend: ›Gerad oder ungerad?‹ Unser Junge antwortet ›ungerad‹, und verliert; beim nächstenmal aber gewinnt er, denn inzwischen hatte er sich gesagt: ›Der Tropf hatte beim erstenmal eine gerade Zahl in der Hand, und seine Pfiffigkeit reicht sicherlich nur hin, jetzt eine ungerade zu haben, ich werde darum ungerad sagen.‹ Er tut es und gewinnt. Bei einem etwas schlaueren Einfaltspinsel als dieser erste gewesen, würde er folgenden Schluß gezogen haben: ›Er hat gehört, daß ich beim erstenmal ungerad gesagt habe, sein erster Einfall wäre natürlich genau wie bei dem andern, mit gerad oder ungerad abzuwechseln; dann wird ihm aber gleich der Gedanke kommen, daß dies zu einfach sei, und er wird sich dahin entscheiden, wie beim erstenmal eine gerade Zahl zu wählen. Ich werde also gerad sagen.‹ Er tut es und gewinnt. Worin besteht nun eigentlich die Methode der Schlußfolgerung bei diesem Schuljungen, von dem seine Kameraden sagen, daß er einfach Glück habe?«

»Der Überlegene«, sagte ich, »sucht seinen Intellekt mit dem seines Gegners zu identifizieren.«

»So ist es«, sagte Dupin, »und als ich den Knaben fragte, wie ihm diese *vollkommene* Identifizierung gelänge, in der sein Erfolg bestände, bekam ich folgende Antwort: ›Wenn ich herausbekommen will, wie klug oder wie dumm, wie gut oder wie böse irgend jemand ist oder was für Gedanken er gerade hat, so suche ich den Ausdruck meines Gesichtes so viel als möglich dem seinigen anzupassen, und dann warte ich ab, was für Gedanken oder Gefühle in mir aufsteigen und dem Gesichtsausdruck entsprechen.‹ Diese Antwort des Schuljungen bildet die Grundlage zu all dem scheinbaren Scharfsinn, den man Rochefoucauld, La Bruyère, Machiavelli und Campanella zugeschrieben hat.«

»Wenn ich Sie richtig verstehe«, sagte ich, »so hängt die Identifizierung des Intellektes des Schlußfolgernden mit dem seines Geg-

ners davon ab, wie scharf ersterer den Intellekt seines Gegners abzuschätzen vermag?«

»Ja, ihr praktischer Wert hängt durchaus davon ab«, erwiderte
Dupin, »und eben aus Mangel an diesem Identifizierungsvermögen
gehen der Präfekt und seine Kohorte so häufig fehl, und ferner auch,
weil sie die Höhe des jeweiligen Intellekts, mit dem sie zu tun haben,
falsch oder gar nicht abzuschätzen vermögen. Sie rechnen immer nur
mit ihrem eigenen Scharfsinn, und wenn sie etwas Verborgenes suchen, so denken sie immer nur daran, wie sie selbst es versteckt haben würden. Sie haben ja so ziemlich recht, wenn sie ihre eigene Erfindungsgabe für *die große Masse* als maßgebend erachten; wenn
aber der Scharfsinn des verbrecherischen Individuums sich in seinem
Grundwesen von ihrem eigenen unterscheidet, so entgeht der Verbrecher ihnen natürlich. Dies geschieht immer, sobald er ihnen geistig überlegen ist, und auch sehr häufig, wenn er ihnen geistig nach-
steht. Sie haben für ihre Nachforschungen eine feststehende Norm,
von der sie nie abweichen; höchstens erweitern oder übertreiben sie
ihre altgewohnte praktische Methode, wenn irgendwelche außergewöhnliche Umstände, wie zum Beispiel eine hohe Belohnung, sie
besonders antreiben – das Prinzip aber bleibt dasselbe. Betrachten
wir einmal den vorliegenden Fall. Was hat man getan, das auch nur
im geringsten von der gewohnten Untersuchungsmethode abgewi-
chen wäre? Was ist all das Bohren und Prüfen und Klopfen und mi-
kroskopische Untersuchen und Einteilen des Hauses in numerierte
Quadrate – was ist es anders als ein Übertreiben in der Anwendung
ihres einen Prinzipes, das auf der geringen Kenntnis menschlichen
Scharfsinnes aufgebaut ist, die diese Leute eben haben, und das der
Präfekt in gewohnter Pflichterfüllung immer wieder anwendet? Haben Sie nicht bemerkt, daß es ihm als ganz ausgemacht gilt, daß *alle*
Menschen, wenn sie einen Brief verstecken wollen, ihn – wenn auch
nicht gerade in einem ausgehöhlten Stuhlbein – so doch wenigstens
in irgendeinem verborgenen Loch oder Winkel unterbringen würden, infolge derselben Gedankenreihe, die einen Mann veranlassen
würde, einen Brief in einem ausgehöhlten Stuhlbein zu verbergen?
Und sehen Sie nicht ebenso klar, daß solche geheimen Verstecke nur
in einfachen Fällen und bei gewöhnlichen Intellekten Anwendung
finden, denn fast immer, wenn es sich um das Verbergen eines Gegenstandes handelt, wird man so besonders versteckte Orte wählen,
und die Entdeckung hängt also nicht lediglich von dem Scharfsinn,
aber durchaus von der Sorgfalt, Geduld und Ausdauer der Suchen-

den ab; und war der Fall von Bedeutung, oder – was in den Augen der Polizei dasselbe ist – war die *Belohnung* bedeutend, so haben die genannten Eigenschaften stets zum Ziel geführt. Sie werden nun verstehen, was ich meinte, als ich die Vermutung aussprach, daß der entwendete Brief zweifellos gefunden worden wäre, wenn er im Untersuchungsbereich des Präfekten niedergelegt worden wäre – mit anderen Worten, wenn man bei Verbergung desselben von den gleichen Grundanschauungen ausgegangen wäre, wie der Präfekt bei seiner Suche sie anwendet. Der Beamte ist jedoch in seinen Berechnungen geschlagen worden, und die verborgene Ursache seiner Niederlage liegt in der falschen Annahme, der Gesandte sei ein Narr, weil er zufällig den Ruf eines Dichters genießt. Alle Narren sind Dichter, das hat der Präfekt so im Gefühl, und er macht sich nur eines non distributio medii schuldig, wenn er daraus schließt, daß alle Dichter Narren seien.«

»Aber ist denn dieser wirklich der Dichter?« fragte ich. »Es sind zwei Brüder, wie ich weiß, und beide haben als Schriftsteller einen Namen. Der Gesandte, glaube ich, hat eine gelehrte Abhandlung über Differentialrechnung geschrieben. Er ist Mathematiker und kein Dichter.«

»Sie irren sich. Ich kenne ihn gut; er ist beides. Als Dichter und Mathematiker versteht er, schlau zu überlegen; als bloßer Mathematiker verstände er überhaupt nicht zu schlußfolgern und wäre sicherlich dem Präfekten in die Hände gefallen.«

»Sie überraschen mich«, sagte ich. »Ihre Anschauung wird von der ganzen Welt Lügen gestraft. Sie werden doch wohl nicht eine seit Jahrhunderten festbegründete Ansicht umstoßen wollen? Die Vernunft des Mathematikers gilt seit langem als die Überlegungsfähigkeit par excellence.«

»*Il y a à parier*«, erwiderte Dupin, Chamfort zitierend, »*que toute idée publique, toute convention reçue, est une sottise, car elle a convenu au plus grand nombre.* – Ich gebe zu, daß die Mathematiker ihr Bestes getan haben, die allgemeine, aber irrige Ansicht, auf die Sie hinweisen, zu verbreiten. So haben sie zum Beispiel mit einer Kunstfertigkeit, die einer besseren Sache würdig gewesen wäre, den Ausdruck ›Analysis‹ in die Algebra hineingebracht. Die Franzosen sind es, denen wir diesen Trug verdanken; soll aber eine Bezeichnung überhaupt Bedeutung haben, soll ein Wort nach seiner Anwendbarkeit bewertet werden, so stehen ›Analysis‹ und ›Algebra‹ etwa im selben Verhältnis zueinander, wie der lateinische Ausdruck *ambitus*

unser Wort Ehrgeiz, *religio* Religion oder *homines honesti* ehrenwerte Männer in sich schließt.«

»Sie scheinen demnächst einen Feldzug gegen die Pariser Alge-
braisten zu planen«, sagte ich – »doch bitte nur weiter!«

»Ich bestreite die philosophische Berechtigung eines Systems, das
anders als mit abstrakter Logik arbeitet. Ich bestreite im besonderen
ein aus mathematischen Studien abgeleitetes Philosophieren. Mathematik ist die Lehre von Form und Größe; die Philosophie der
Mathematiker ist weiter nichts als auf Beobachtung von Form und
Größe aufgebaute Logik. Der große Irrtum liegt in der Annahme,
daß die Wahrheiten dessen, was man *reine* Algebra nennt, abstrakte
oder allgemeine Wahrheiten seien. Und dieser Irrtum ist so ungeheuer, daß ich es gar nicht begreifen kann, wie man ihm so allgemein
verfallen konnte. Mathematische Axiome sind *keine* Axiome von
allgemein gültiger Wahrheit. Was *relativ* wahr ist – also in Beziehung auf Form und Größe –, ist zum Beispiel durchaus falsch in moralischer Hinsicht. In der Morallehre ist es meistenteils *un*wahr, daß
diese zusammengefaßten Einzelteile dem Ganzen entsprechen.
Auch in der Chemie ist das Axiom nicht anwendbar, ebensowenig in
der Lehre von der Bewegung; denn zwei Bewegungen, jede von einem gegebenen Wert, haben nicht notwendigerweise einen Wert,
wenn sie gemäß ihrer Einzelwerte zu einer Summe vereinigt werden.
Es gibt zahlreiche andere mathematische Wahrheiten, die nur innerhalb ihrer relativen Grenzen Wahrheiten darstellen. Aber der Mathematiker schließt aus Gewohnheit nach seinen begrenzten Wahrheiten, als ob sie von einer absoluten allgemeinen Anwendbarkeit
wären – wie man dies in der Tat allgemein annimmt. Bryant erwähnt
in seiner geistvollen ›Mythologie‹ eine ähnliche Quelle des Irrtums,
indem er sagt: ›Obgleich die Fabeln der Heiden nicht geglaubt werden, vergißt man sich doch immer wieder und zieht Folgerungen aus
ihnen, als ob sie bestehende Wirklichkeiten wären.‹ Bei den Alge-
braisten nun, die selber Heiden sind, werden die ›Heiden-Fabeln‹
geglaubt und die Folgerungen gezogen, nicht so sehr aus Gedanken-
losigkeit als vielmehr aus einer erklärlichen Geistesverwirrung.
Kurz, ich bin noch nie einem reinen Mathematiker begegnet, dem
man über seine Quadratwurzeln hinaus irgendwie hätte trauen können, oder einem, der es nicht im stillen als Glaubenssache betrachtet
hätte, daß $x^2 + px$ unbedingt und unwiderleglich gleich q sei. Bitte
machen Sie die Probe und sagen Sie einem dieser Herren, Sie glaub-
ten, daß Fälle vorkommen könnten, wo $x^2 + px$ *nicht* ganz gleich q

sei – ich möchte Ihnen raten, schleunigst Reißaus zu nehmen, sobald er verstanden hat, was Sie eigentlich meinen; denn zweifellos wird er versuchen, Sie niederzuhauen.

Ich will damit sagen«, fuhr Dupin fort, während ich über seine letzten Betrachtungen fröhlich lachte, »daß der Präfekt nicht nötig gehabt hätte, mir diesen Scheck auszustellen, wenn der Gesandte nichts als Mathematiker gewesen wäre. Ich kannte ihn jedoch als Mathematiker *und* Dichter, und meine Maßnahmen richteten sich nach seinen Fähigkeiten, unter besonderer Berücksichtigung der gegebenen Verhältnisse. Ich wußte auch, daß er ein Hofmann und kühner *Intrigant* war. Ich folgerte, daß solch ein Mensch mit den üblichen polizeilichen Maßnahmen gut vertraut sein müsse. Er *mußte* – und die Ereignisse haben dies bewiesen – die fingierten Raubanfälle voraussahen. Er *muß*, so überlegte ich weiter, die geheimen Haussuchungen vorausgesehen haben. Seine häufige nächtliche Abwesenheit, die der Präfekt so freudig als unerwartete Glücksfälle begrüßte, erachtete ich lediglich als List, um der Polizei Gelegenheit zu gründlichen Nachforschungen zu geben und ihr möglichst schnell die Überzeugung beizubringen (zu der G. ja tatsächlich auch schließlich gelangte), daß der Brief sich nicht im Hause befinden könne. Ich fühlte auch, daß die ganze Gedankenreihe, die ich Ihnen soeben mit einiger Mühe entwickelte, nämlich das unveränderte Prinzip, nach dem die Polizei ihre Maßnahmen bei der Suche nach versteckten Dingen richtet – ich fühlte, daß dieser ganze Ideengang notwendigerweise auch dem Gesandten kommen mußte und daß er ihn zwingend dahinführen würde, alle die gewöhnlichen Versteckplätze zu vermeiden. Dieser Mann, sagte ich mir, konnte unmöglich so beschränkt sein, sich nicht selbst vor Augen zu halten, daß die allerverborgensten Winkel seines Palais den Nachforschungen, den Bohrern und Mikroskopen des Präfekten so offen daliegen würden wie seine unverschlossenen Wohnräume. Kurzum, ich erkannte, daß er ganz selbstverständlich zu den allereinfachsten Maßnahmen gedrängt werden mußte, falls er sie nicht schon freiwillig gewählt haben sollte. Sie werden sich vielleicht erinnern, in welch ein Gelächter der Präfekt ausbrach, als ich bei unserer ersten Unterredung die Mutmaßung äußerte, daß dies Geheimnis ihm vielleicht darum so viel Arbeit mache, weil es so gar nicht verwickelt sei.«

»Ja«, sagte ich, »ich erinnere mich noch gut seines Heiterkeitsausbruches. Ich dachte wirklich, er würde noch in Krämpfe fallen.«

»Die materielle Welt«, fuhr Dupin fort, »hat strenge Analogien mit der immateriellen Welt. Und darum hat das rhetorische Dogma, daß eine Metapher oder ein Gleichnis geeignet sein soll, ein Argument zu erhärten oder eine Beschreibung zu verschönern, einen Schimmer von Wahrheit. So scheint zum Beispiel das Prinzip der vis inertiae in Physik und Metaphysik identisch zu sein. Wenn die Physik behauptet, daß ein großer Körper schwerer in Bewegung zu setzen ist als ein kleiner und daß seine nachherige Geschwindigkeit zu dieser Schwierigkeit in entsprechendem Verhältnis steht, so sagt sie keine größere Wahrheit als die Metaphysik, wenn sie den Satz aufstellt, daß stärkere Intellekte, also solche, die fester und in ihren Regungen reicher sind als solche schwächeren Grades, dennoch weniger leicht beweglich, vielmehr leichter verwirrt und in ihren ersten Schritten zögernder sind. Ferner: haben Sie jemals beobachtet, welche Art von Schildern an den Kaufmannsläden am meisten Aufmerksamkeit auf sich lenken?«

»Ich habe nie darüber nachgedacht«, sagte ich.

»Es gibt ein Rätselspiel«, sprach Dupin weiter, »das auf einer Landkarte gespielt wird; die eine Partei verlangt von der andern, daß sie ein gegebenes Wort finde – den Namen einer Stadt, eines Flusses, einer Provinz, eines Staates –, irgendein Wort, das in dem Durcheinander von Benennungen auf der Karte zu finden ist. Ein Neuling in diesem Spiel sucht gewöhnlich seine Gegner dadurch zu verwirren, daß er ihnen Namen von allerkleinster Schrift zu suchen gibt, der Erfahrene aber wählt solche Worte, die in großen Lettern von einem Ende der Karte zum anderen laufen. Diese entgehen, gleich den übergroßen Plakaten und Schilderaufschriften in den Straßen, der Beobachtung infolge ihrer übertrieben großen Sichtbarkeit; und dieses physische Übersehen ist genau analog der Unachtsamkeit, mit der der Intellekt jene Erwägungen unbeachtet läßt, die zu aufdringlich und zu naheliegend selbstverständlich sind. Doch das ist eine Sache, scheint mir, die für das Begriffsvermögen des Präfekten zu hoch oder zu niedrig ist. Er hielt es nie für wahrscheinlich oder für möglich, daß der Gesandte den Brief aller Welt vor die Nase gelegt hätte, um eben auf diese Weise alle Welt von der Entdeckung fernzuhalten.

Doch je mehr ich über das kühne, wagemutige, besondere Wesen D.s nachdachte, über die Tatsache, daß er das Dokument immer zur Hand haben mußte, um es verwerten zu können, und über das von dem Präfekten erzielte Ergebnis, demzufolge es nicht innerhalb der Grenzen des Untersuchungskreises jenes Würdenträgers verborgen war – desto überzeugter wurde ich, daß der Gesandte, um den Brief zu verbergen, zu dem verständlichen und scharfsinnigen Mittel gegriffen hatte, ihn gar nicht zu verbergen.

Ganz erfüllt von diesem Gedanken versah ich mich mit einer grünen Brille und sprach eines Morgens wie zufällig im Gesandtschaftspalais vor. Ich fand D. zu Hause; er gähnte und faulenzte wie gewöhnlich und tat, als langweile er sich aufs höchste. Er ist vielleicht der tätigste Mensch, den wir jetzt haben – doch das ist er nur, wenn niemand ihn sieht.

Um seiner Schlauheit gewachsen zu sein, klagte ich über schwache Augen und die Notwendigkeit, eine Brille tragen zu müssen; dieselbe diente mir jedoch nur, um ruhig und eingehend den ganzen Raum durchspähen zu können, während ich scheinbar mit ganzer Aufmerksamkeit bei dem Gespräch war, in das ich ihn verwickelt hatte.

Besondere Aufmerksamkeit widmete ich einem großen Schreibtisch, neben dem er saß und auf dem allerlei Briefe und andere Papiere, ein paar kleinere Musikinstrumente und einige Bücher umherlagen. Trotz sorgfältigster Prüfung aber konnte ich hier nichts finden, was einen Verdacht gerechtfertigt hätte.

Ich blickte nun weiter im Zimmer umher und entdeckte schließlich einen zerfetzten Kartenhalter aus Pappe, der an einem verstaubten blauen Band von einem kleinen Messingknopf oben über dem sehr niedrigen Kaminsims herabhing. In diesem Halter, der drei oder vier Abteilungen hatte, steckten fünf oder sechs Visitenkarten und ein einziger Brief. Der letztere war sehr schmutzig und zerknittert. Er war in der Mitte fast ganz durchgerissen – als habe man zuerst die Absicht gehabt, ihn als wertlos fortzuwerfen, habe sich dann aber doch anders besonnen. Er hatte ein großes schwarzes Siegel, auf dem sehr deutlich der Buchstabe D. sichtbar war, und war in zierlicher Damenhandschrift an D., den Gesandten adressiert. Er war sorglos, ja geradezu oberflächlich, in das zweitoberste Abteil des Halters gesteckt.

Kaum hatte ich diesen Brief erblickt, als ich überzeugt war, das gesuchte Dokument vor mir zu haben. Gewiß, dem Anschein nach war es sehr verschieden von dem, dessen eingehende Beschreibung der Präfekt uns geliefert hatte. Hier war das Siegel groß und schwarz mit der Letter D.; dort war es klein und rot, mit dem herzoglichen Wappen der Familie V. Hier war die Adresse zierlich und von weiblicher Hand und an den Gesandten selbst gerichtet; dort war die

Aufschrift kräftig und kühn und für ein Mitglied des königlichen Hauses bestimmt; nur das Format bot eine gewisse Ähnlichkeit. Aber gerade die *Übertriebenheit* dieser Unterschiede war es, die mir auffiel. Der Schmutz, der zerknitterte, zerrissene Zustand des Briefes, der so gar nicht zu den wahren, ordnungsliebenden Gewohnheiten D.s paßte und so sehr darauf hindeutete, daß hier eine Absicht vorliege, die Wertlosigkeit dieses Dokumentes vorzutäuschen; alle diese Dinge in Verbindung mit dem ins Auge fallenden Aufbewahrungsort des Papiers, was so ganz zu den Schlußfolgerungen paßte, zu denen ich vorher gelangt war – alle diese Dinge, sage ich, waren dazu angetan, Verdacht zu erregen, bei einem, der gekommen war, Verdachtgründe zu finden.

Ich dehnte meinen Besuch so lange als möglich aus und verwikkelte den Gesandten in eine eifrige Diskussion über ein Thema, das ihn, wie ich wußte, stark interessierte, während ich meine ganze Aufmerksamkeit dem Briefe zuwandte. Ich wollte mir seine Form und seine Lage im Halter genau einprägen; bei dieser Gelegenheit machte ich schließlich noch eine Entdeckung, die mir den letzten Zweifel nahm. Die Ränder des Papiers waren kräftiger umgebrochen, als nötig schien. Der Bruch sah aus, als habe man ein steifes Papier, das kräftig zusammengefaltet gewesen, geöffnet und unter Benützung der alten Kniffalten nach der andern Seite umgebrochen. Diese Wahrnehmung genügte. Es war mir klar, daß man den Brief wie einen Handschuh umgewendet, in seine ursprüngliche Form zurückgefaltet und mit einem neuen Siegel versehen hatte. Ich verabschiedete mich von dem Gesandten und entfernte mich; eine goldene Schnupftabakdose ließ ich auf dem Tisch zurück.

Am anderen Morgen sprach ich vor, um die vergessene Dose zu holen, und wir waren bald wieder in das interessante Gesprächsthema verwickelt, das uns am Tage vorher so eifrig beschäftigt hatte. Plötzlich aber ertönte gerade unter den Fenstern des Gesandtschaftspalais ein Pistolenschuß, gefolgt von Angstschreien und lärmenden Ausrufen einer erregten Menge. D. eilte an ein Fenster, riß es auf und blickte hinaus. Inzwischen trat ich zu dem Kartenhalter, nahm den Brief, steckte ihn in die Tasche und ersetzte ihn durch ein Faksimile (was sein äußeres Aussehen anlangte), das ich zu Hause sorgsam hergestellt; die Chiffre D.s hatte ich mit Hilfe eines aus Brot geformten Petschafts leicht nachahmen können.

Die Ruhestörung auf der Straße war durch das verrückte Gebaren eines Mannes verursacht worden. Er hatte in eine Gruppe von Weibern und Kindern einen Flintenschuß abgegeben. Es stellte sich aber heraus, daß es ein blinder Schuß gewesen war, und man ließ den Burschen als harmlosen Narren oder Betrunkenen laufen. Als die Menge sich verlaufen, trat D. vom Fenster zurück, wohin ich ihm gefolgt war, nachdem ich meinen Raub in Sicherheit gebracht hatte. Bald darauf verabschiedete ich mich. Der anscheinend Wahnsinnige war ein von mir bezahltes Subjekt.«

»Welche Absicht verfolgten Sie damit«, fragte ich, »daß Sie den Brief durch ein Faksimile ersetzten? Wäre es nicht besser gewesen, ihn gleich beim ersten Besuch zu ergreifen und davonzulaufen?«

»D.«, erwiderte Dupin, »ist ein kühner Bursche voll großer Tatkraft, und seine Dienerschaft ist ihm blind ergeben. Hätte ich den tollen Versuch gemacht, den Sie da vorschlagen, so hätte ich das Haus wohl kaum mehr lebend verlassen, und die guten Pariser hätten nichts mehr von mir gehört. Doch war es nicht dies Bedenken allein, was mich zurückhielt. Sie kennen mein politisches Vorurteil. Im vorliegenden Fall bin ich ein Parteigänger der betreffenden hohen Dame. Achtzehn Monate hat der Gesandte sie in seiner Gewalt gehabt; jetzt hat sie ihn in der ihrigen – denn, da er nicht weiß, daß er den Brief nicht mehr besitzt, wird er sein herausforderndes Wesen beibehalten. Er wird sich also selbst den Sturz bereiten, der ebenso plötzlich als beschämend für ihn sein wird. Mag man über das facilis descendus Averni sagen, was man will – bei allem Emporkommen gilt das, was die Catalani vom Singen sagte: ›Es ist viel leichter hinauf- als hinunterzukommen‹. In unserm Fall hier habe ich kein Mitgefühl mit dem, der da stürzt. Er ist ein monstrum horrendum, ein genialer Kopf ohne edle Grundsätze. Ich gestehe aber, daß ich etwas darum gäbe, in dem Augenblick seine Gedanken lesen zu können, wenn er sich durch das veränderte Benehmen derjenigen, die der Präfekt ›eine gewisse Person‹ nennt, veranlaßt sieht, den Brief zu öffnen, den ich ihm in den Kartenhalter gesteckt habe.«

»Wieso? Haben Sie ihm etwas hineingeschrieben?«

»Nun – es schien mir nicht ganz recht, das Innere leer zu lassen – das wäre ja beleidigend gewesen. D. spielte mir einst in Wien einen schlimmen Streich, und ich versicherte ihm damals halb scherzhaft, ich würde ihm das nicht vergessen. Ich hielt es also, in der Überzeugung, daß er begierig sein werde, zu erfahren, wer ihn so überlistet, für schade, ihm nicht einen Anhaltspunkt zu geben. Er kennt meine Handschrift gut, und so schrieb ich denn mitten auf das weiße Blatt die Worte:

› . . . Un dessein si funeste,
S'il n'est digne d'Atrée, est digne de Thyeste.‹ Sie stehen in
Crébillons ›Atrée‹.«

Amerikanische Literatur
im Diogenes Verlag

● **Joan Aiken**
Die Kristallkrähe
Roman. Deutsch von Helmut Degner.
detebe 76

● **Woody Allen**
Manhattan
Vollständiges Drehbuch mit ca. 20 Szenen-
fotos. Deutsch von Hellmuth Karasek.
detebe 225/1

Der Stadtneurotiker
Vollständiges Drehbuch mit ca. 20 Szenen-
fotos. Deutsch von Alexander Schmitz.
detebe 225/2

Interiors
Vollständiges Drehbuch mit ca. 20 Szenen-
fotos. detebe 225/3
Weitere Werke in Vorbereitung

● **Sherwood Anderson**
Ich möchte wissen warum
Ausgewählte Erzählungen. Deutsch von
Karl Lerbs und Helene Henze. detebe 156

● **Louis Armstrong**
Mein Leben in New Orleans
Autobiographie. Deutsch von Hans Georg
Brenner. detebe 133

● **John Bellairs**
Das Haus das tickte
Roman. Deutsch von Alexander Schmitz.
Mit Zeichnungen von Edward Gorey.
detebe 131

● **Ambrose Bierce**
Die Spottdrossel
Erzählungen und Fabeln. Auswahl und
Vorwort von Mary Hottinger. Deutsch von
Joachim Uhlmann, Günter Eichel und Maria
von Schweinitz. Zeichnungen von Tomi
Ungerer. detebe 106

● **Ray Bradbury**
Der illustrierte Mann
Science-Fiction-Geschichten. Deutsch von
Peter Naujack

● **Harold Brodkey**
Erste Liebe und andere Sorgen
Erzählungen. Aus dem Amerikanischen von
Elizabeth Gilbert. detebe 218

● **Fredric Brown**
Flitterwochen in der Hölle
Science-Fiction-Geschichten. Aus dem
Amerikanischen von B. A. Egger. Mit
Illustrationen von Peter Neugebauer.
detebe 192

● **Raymond Chandler**
Der große Schlaf
Roman. Deutsch von Gunar Ortlepp.
detebe 70/1

Die kleine Schwester
Roman. Deutsch von W. E. Richartz.
detebe 70/2

Das hohe Fenster
Roman. Deutsch von Urs Widmer.
detebe 70/3

Der lange Abschied
Roman. Deutsch von Hans Wollschläger.
detebe 70/4

Die simple Kunst des Mordes
Essays, Briefe, eine Geschichte und ein
Romanfragment. Herausgegeben von
Dorothy Gardiner und Katherine Sorley
Walker. Deutsch von Hans Wollschläger.
detebe 70/5

Die Tote im See
Roman. Deutsch von Hellmuth Karasek.
detebe 70/6

Lebwohl, mein Liebling
Roman. Deutsch von Wulf Teichmann.
detebe 70/7

Playback
Roman. Deutsch von Wulf Teichmann.
detebe 70/8

Mord im Regen
Frühe Stories. Vorwort von Prof. Philip Durham. Deutsch von Hans Wollschläger. detebe 70/9

Erpresser schießen nicht
Gesammelte Detektivstories I. Mit einem Vorwort des Autors. Deutsch von Hans Wollschläger. detebe 70/10

Der König in Gelb
Gesammelte Detektivstories II. Deutsch von Hans Wollschläger. detebe 70/11

Gefahr ist mein Geschäft
Gesammelte Detektivstories III. Deutsch von Hans Wollschläger. detebe 70/12

Englischer Sommer
Geschichten, Parodien, Essays. Mit einem Vorwort von Patricia Highsmith, Zeichnungen von Edward Gorey und einer Erinnerung an den Drehbuchautor Chandler von John Houseman. Deutsch von Wulf Teichmann, Hans Wollschläger u. a. Mit einer kompletten Chandler-Bibliographie und -Filmographie. detebe 70/13

● **Stephen Crane**
Das blaue Hotel
Erzählungen. Herausgegeben, aus dem Amerikanischen übersetzt und mit einem Nachwort von Walter E. Richartz. detebe 229

● **William Faulkner**
Brandstifter
Gesammelte Erzählungen I. Deutsch von Elisabeth Schnack. detebe 30/1

Eine Rose für Emily
Gesammelte Erzählungen II. Deutsch von Elisabeth Schnack. detebe 30/2

Rotes Laub
Gesammelte Erzählungen III. Deutsch von Elisabeth Schnack. detebe 30/3

Sieg im Gebirge
Gesammelte Erzählungen IV. Deutsch von Elisabeth Schnack. detebe 30/4

Schwarze Musik
Gesammelte Erzählungen V. Deutsch von Elisabeth Schnack. detebe 30/5

Die Unbesiegten
Roman. Deutsch von Erich Franzen. detebe 30/6

Sartoris
Roman. Deutsch von Hermann Stresau. detebe 30/7

Als ich im Sterben lag
Roman. Deutsch von Albert Hess und Peter Schünemann. detebe 30/8

Schall und Wahn
Roman. Revidierte Übersetzung von Elisabeth Kaiser und Helmut M. Braem. detebe 30/9

Absalom, Absalom!
Roman. Deutsch von Hermann Stresau. detebe 30/10

Go down, Moses
Chronik einer Familie. Roman. Deutsch von Hermann Stresau und Elisabeth Schnack. detebe 30/11

Der große Wald
Vier Jagdgeschichten. Deutsch von Elisabeth Schnack. detebe 30/12

Griff in den Staub
Roman. Deutsch von Harry Kahn. detebe 30/13

Der Springer greift an
Kriminalgeschichten. Deutsch von Elisabeth Schnack. detebe 30/14

Soldatenlohn
Roman. Revidierte Übersetzung von Susanna Rademacher. detebe 30/15

Moskitos
Roman. Revidierte Übersetzung von Richard K. Flesch. detebe 30/16

Wendemarke
Roman. Revidierte Übersetzung von Georg Goyert. detebe 30/17

Briefe
Nach der von Joseph Blotner edierten amerikanischen Erstausgabe von 1977, herausgegeben und übersetzt von Elisabeth Schnack und Fritz Senn

● **Patrick Quentin**
Bächleins Rauschen tönt so bang...
Geschichten. Deutsch von Günter Eichel.
detebe 87

● **Henry Slesar**
Schlimme Geschichten für schlaue Leser
Deutsch von Thomas Schlück. Ein Diogenes
Sonderband

Ruby Martinson
Geschichten vom größten erfolglosen
Verbrecher der Welt. Deutsch von Helmut
Degner

Das graue distinguierte Leichentuch
Roman. Deutsch von Paul Baudisch und
Thomas Bodmer. detebe 77/1

Vorhang auf, wir spielen Mord!
Roman. Deutsch von Thomas Schlück.
detebe 77/2

Erlesene Verbrechen und makellose Morde
Geschichten. Deutsch von Günter Eichel
und Peter Naujack. Vorwort von Alfred
Hitchcock. Zeichnungen von Tomi Ungerer.
detebe 77/3

Ein Bündel Geschichten für lüsterne Leser
Deutsch von Günter Eichel. Einleitung von
Alfred Hitchcock. Zeichnungen von Tomi
Ungerer. detebe 77/4

Hinter der Tür
Roman. Deutsch von Thomas Schlück.
detebe 77/5

Aktion Löwenbrücke
Roman. Deutsch von Günter Eichel.
detebe 77/6

● **Henry David Thoreau**
Walden oder Leben in den Wäldern
Deutsch von Emma Emmerich und Tatjana
Fischer. Mit Anmerkungen, Chronik und
Register und mit einem Vorwort von
W. E. Richartz. detebe 19/1

Über die Pflicht zum Ungehorsam gegen den Staat
und andere Essays. Auswahl, Übersetzung
und Nachwort von W. E. Richartz.
detebe 19/2

● **Mark Twain**
Schöne Geschichten
Auswahl und Vorwort von N. O. Scarpi.
Zeichnungen von Bob van den Born.
Ein Diogenes Sonderband

● **Nathanael West**
Schreiben Sie Miss Lonelyhearts
Roman. Mit einer Einführung von Alan Ross.
Deutsch von Fritz Güttinger. detebe 40/1

Tag der Heuschrecke
Roman. Deutsch von Fritz Güttinger.
detebe 40/2

Eine glatte Million oder Die Demontage des Mister Lemuel Pitkin
Roman. Übersetzung, Anmerkungen und
Nachwort von Dieter E. Zimmer. detebe 40/3

● **Der Baum mit den bitteren Feigen**
Erzählungen aus dem Süden der USA. Von
William Faulkner bis Carson McCullers.
Ausgewählt und aus dem Amerikanischen
übersetzt von Elisabeth Schnack. Ein
Diogenes Sonderband

● **Das Diogenes Lesebuch amerikanischer Erzähler**
Geschichten von Washington Irving bis
Harold Brodkey. Mit einleitenden Essays
von Edgar A. Poe und Ring Lardner, Zeit-
tafel, bio-bibliographischen Notizen und
Literaturhinweisen. Herausgegeben von
Gerd Haffmans. detebe 117

● **Liebesgeschichten aus Amerika**
Von Nathaniel Hawthorne bis Harold
Brodkey. Ausgewählt von John G. Machaffy.
Ein Diogenes Sonderband